新原点丛书

傅斯年

论 历史

上穷碧落下黄泉，动手动脚找东西

傅斯年 著

上海書店出版社
SHANGHAI BOOKSTORE PUBLISHING HOUSE

出版说明

　　十九、二十世纪之交，随着中国发生"数千年来未有之变局"，中西封闭的地理、文化格局解体，中西交流日益增多，中国学者开始对西方学术研究方法投入极大的关注。无论是传统学者的自觉转型，还是留洋归来学人用西学治学方法研究探讨中国文化，传统的学术主流研究方法与西方的实证法、诠释法等交汇，激荡出不少新思想和新观念，这种学术方法上的创新，使民国学术面貌为之灿然一新，产生了一个卓然的学者群落。这批民国学人不管是秉持"独立之精神、自由之思想"，还是守望知识度人、学术纯粹的天空，他们都以自己的思想、人格、学识、修养，为那个时代建立起了各个学科的新型学术范式。

　　时代发展到今日，那些当年建立的新型学术范式仍然规定着我们当下的学术研究路径。无论人们如何标新，如何骄傲，民国学人作为一个整体，像山一样绕不过去。事实上，他们一直是中国现当代学术的原点所在。

　　上海书店出版社长期以来致力于传统文化、文史资料、学术精品的整理和出版，"新原点丛书"本着这一出版传统，将优秀的民国学人的学术成果不断介绍给读者，希望这一举动能给当代学人的学术研究带来某种便利。

目　录

史学方法导论

史学方法导论[*]

第一节　直接史料对间接史料

　　史料在一种意义上大致可以分做两类：一、直接的史料；二、间接的史料。凡是未经中间人手修改或省略或转写的，是直接的史料；凡是已经中间人手修改或省略或转写的，是间接的史料。《周书》是间接的材料，毛公鼎则是直接的；《世本》是间接的材料（今已佚），卜辞则是直接的；《明史》是间接的材料，明档案则是直接的。以此类推。有些间接的材料和直接的差不多，例如《史记》所记秦刻石；有些便和直接的材料成极端的相反，例如《左传》《国语》中所载的那些语来语去。自然，直接的材料是比较可信的，间接材料因转手的缘故容易被人更改或加减；但有时某一种直接的材料也许是孤立的，是例外的，而有时间接的材料反是前人精密归纳直接材料而得的，这个都不能一概论断，要随时随地的分别着看。

---

　　* 编者按：此篇系作者于20世纪30年代初在北京大学任教时的讲义稿。原稿七讲，分别为第一讲《论史学非求结论之学问》《论史学在"叙述科学"中之位置》《论历史的知识与艺术的手段》、第二讲《中国及欧洲历代史学观念演变之纲领》、第三讲《统计方法与史学》、第四讲《史料论略》、第五讲《古代史与近代史》、第六讲《史学的逻辑》和第七讲《所谓"史观"》。现仅存第四讲第一章"史料之相对的价值"，本书所录即此。

直接史料的出处大致有二：一、地下；二、古公廨、古庙宇及世家之所藏。不是一切东西都可在地下保存的，而文字所凭的材料，在后来的，几乎全不能在地下保存，如纸如帛。在早年的幸而所凭借者是骨，是金，是石，是陶，是泥；其是竹木的，只听见说在干燥的西域保存着，在中国北方的天气，已经很不适于保存这些东西于地下。至于世家，中国因为久不是封建的国家，所以是很少的，公廨庙宇是历经兵火匪劫的。所以敦煌的巨藏有一不有二，汲冢的故事一见不再见。竹书一类的东西，我也曾对之"寤寐思服"，梦想洛阳周冢，临淄齐冢，安知不如魏安僖王冢？不过洛阳陵墓已为官匪合作所盗尽，临淄滨海，气候较湿，这些梦想未必能实现于百一罢？直接材料的来源有些限制，所以每有偏重的现象。如殷卜辞所记"在祀与戎"，而无政事。周金文偏记光宠，少记事迹。敦煌卷子少有全书（其实敦煌卷子只可说是早年的间接材料，不得谓为直接材料）。明清内阁大库档案，都是些"断烂朝报"。若是我们不先对于间接材料有一番细工夫，这些直接材料之意义和位置，是不知道的；不知道则无从使用。所以玩古董的那么多，发明古史的何以那么少呢？写钟鼎的那么多，能借殷周文字以补证经传的何以只有许瀚、吴大澂、孙诒让、王国维几个人呢？何以翁方纲、罗振玉一般人都不能呢？（《殷虚书契考释》一书，原是王国维作的，不是罗振玉的）珍藏唐写本的那么多，能知各种写本的互相位置者何以那么少呢？直接材料每每残缺，每每偏于小事，不靠较为普遍、略具系统的间接材料先作说明，何从了解这一件直接材料？所以持区区的金文，而不熟读经传的人，只能去做刻图章的匠人；明知《说文》有无穷的毛病，无限的错误，然而丢了它，金文更讲不通。

以上说直接材料的了解，靠间接材料做个预备，做个轮廓，做个界落。然而直接材料虽然不比间接材料全得多，却比间接材料正确得多。一件事经过三个人的口传便成谣言，我们现在看报纸的记载，竟那么靠不住。则时经百千年,辗转经若干人手的记载,假定中间人并无成见,并无恶意,已可使这材料全变一番面目;何况人人免不了他自己时代的精神:即免不了他不自觉而实在深远的改动。一旦得到一个可信的材料,自然应该拿它去校正间接史料。间接史料的错误,靠它更正;间接史料的不足,靠它弥补;间接史料的错乱,靠它整齐;间接史料因经中间人手而成之灰沉沉样,靠它改给一个活泼泼的生气象。我们要能得到前人所得不到的史料,然后可以超越前人;我们要能使用新的材料于遗传材料上,然后可以超越同见这材料的同时人。那么以下两条路是不好走的:

一、只去玩弄直接材料,而不能把它应用到流传的材料中。例如玩古董的,刻图章的。

二、对新发现之直接材料深固闭拒的,例如根据秦人小篆,兼以汉儒所新造字,而高谈文始,同时说殷墟文字是刘铁云假造的章太炎。

标举五例,以见直接间接史料之互相为用。

例一　王国维君《殷卜辞中所见先公先王考》

王静安君所作《殷卜辞中所见先公先王考》两篇(《观堂集林》卷九),实在是近年汉学中最大的贡献之一。原文太长,现在只节录前篇的"王亥"、"王恒"、"上甲"三节,下篇的"商先王世数"一节,以见其方法。其实这个著作是不能割裂的,读者仍当取原书全看。

王君拿直接的史料,用细密的综合,得到了下列的几个大结果。第一,证明《史记》袭《世本》说之不虚构;第二,改正了《史记》中所有由于传写而生的小错误;第三,于间接材料之矛盾中(《汉书》与《史记》),取决了是非。这是史学上再重要不过的事。至于附带的发现也多。假如王君不熟习经传,这些材料是不能用的;假如熟习经传者不用这些材料,经传中关涉此事一切语句之意义及是非是不能取决的。那么,王君这个工作,正可为我们上节所数陈的主旨作一个再好不过的实例。

王 亥

卜辞多记祭王亥事，《殷虚书契前编》有二事，曰：贞燎于王亥（卷一第四十九叶），曰：贞之于王亥卌牛辛亥用（卷四第八叶）。后编又有七事，曰：贞于王亥求年（卷上第一叶），曰：乙巳卜□贞之于王亥十（下阙同上第二十叶），曰：贞燎于王亥（同上第十九叶），曰：燎于王亥（同上第二十三叶），曰：癸卯□贞□□高祖王亥□□□（同上第二十一叶），曰：甲辰卜□贞辛亥燎于王亥卌牛十二月（同上第二十三叶），曰：贞登王亥羊（同上第二十六叶），曰：贞之于王亥羊□三百牛（同上第二十八叶）。龟甲兽骨文字有一事，曰：贞燎于王亥五牛（卷一第九叶）。观其祭日用辛亥，其牲用五牛，三十牛，四十牛，乃至三百牛，乃祭礼之最隆者，必为商之先王先公无疑。案：《史记·殷本纪》及《三代世表》，商先祖中无王亥。惟云：冥卒，子振立；振卒，子微立。《索隐》：振，系本作核；《汉书·古今人表》作垓。然则《史记》之振当为核，或为垓字之讹也。《大荒东经》曰：有困民国，句姓，而食有人，曰王亥。两手操鸟，方食其头。王亥托于有易，河伯仆牛，有易杀王亥，取仆牛。郭璞注引《竹书》曰：殷王子亥宾于有易，而淫焉，有易之君绵臣杀而放之。是故殷主甲微假师于河伯，以伐有易，克之，遂杀其君绵臣也（此《竹书纪年》真本，郭氏隐括之如此）。今本《竹书纪年》，帝泄十二年，殷侯子亥宾于有易，有易杀而放之。十六年，殷侯微以河伯之师伐有易，杀其君绵臣。是《山海经》之王亥，古本《纪年》作殷王子亥，今本作殷侯子亥。又前于上甲微者一世，则为殷之先祖，冥之子，微之父，无疑。卜辞作王亥，正与《山海经》同。又祭王亥皆以亥日，则亥乃其正字，《世本》作核，《古今人表》作垓，皆其通假字；《史记》作振，则因与核或垓二字形近而讹。夫《山海经》一书，其文不雅驯，其中人物，世亦以子虚乌有视之。《纪年》

一书，亦非可尽信者。而王亥之名竟于卜辞见之，其事虽未必尽然，而其人则确非虚构。可知古代传说存于周秦之间者，非绝无根据也。

王亥之名及其事迹，非徒见于《山海经》《竹书》，周秦间人著书多能道之。《吕览·勿躬篇》：王冰作服牛。案，篆文冰作 $\bigwedge$，与亥字相似，王 $\bigwedge$ 亦王亥之讹。《世本·作篇》，胲作服牛，(《初学记》卷九十引，又《御览》八百九十引《世本》，鲧作服牛，鲧亦胲之讹。《路史注》引《世本》胲为黄帝马医，常医龙。疑引宋衷注。《御览》引宋注曰：胲黄帝臣也，能驾牛。又云：少昊时人，始驾牛。皆汉人说，不足据。实则《作篇》之胲，即《帝系篇》之核也)其证也。服牛者，即《大荒东经》之仆牛，古服仆同音。《楚辞·天问》：该秉季德，厥父是臧。胡终弊于有扈，牧夫牛羊？又曰：恒秉季德，焉得夫朴牛？该即胲，有扈即有易(说见下)，朴牛亦即服牛。是《山海经》《天问》《吕览》《世本》皆以王亥为始作服牛之人。盖夏初奚仲作车，或尚以人挽之，至相土作乘马，王亥作服牛，而车之用益广。《管子·轻重戊》云：殷人之王立帛牢服牛马以为民利，而天下化之。盖古之有天下者，其先皆有大功德于天下。禹抑洪水，稷降嘉种，爰启夏周。商之相土王亥，盖亦其俦。然则王亥祀典之隆，亦以其为制作之圣人，非徒以其为先祖。周秦间王亥之传说，胥由是起也。

卜辞言王亥者九，其二有祭日，皆以辛亥，与祭大乙用乙日，祭大甲用甲日同例，是王亥确为殷人以辰为名之始，犹上甲微之为以日为名之始也。然观殷人之名，即不用日辰者，亦取于时为多，自契以下，若昭明，若昌若，若冥，皆含朝莫明晦之意，而王恒之名亦取象于月弦。是以时为名或号者，乃殷俗也。夏后氏之以日为名者，有孔甲，有履癸，要在王亥及上甲之后矣。

王 恒

卜辞人名于王亥外又有王 亙。其文曰：贞之于王 亙(《铁云藏龟》第一百九十九叶及《书契后编》卷上第九叶)。又曰：贞 彡 之于王 亙

（《后编》卷下第七叶）。又作王█，曰：贞王█□（下阙，《前编》卷七第十叶）。案，█即恒字。《说文解字》二部；█，常也，从心从舟，在二之间，上下一心以舟施恒也。█，古文█从月。《诗》曰：如月之恒。案，许君既云古文█从月，复引《诗》以释从月之意，而今本古文乃作█，从二，从古文外，盖传写之讹，字当作█。又，《说文》木部：极，竟也，从木█声。█，古文极。案，古从月之字，后或变而从舟，殷虚卜辞朝莫之朝作█（《后编》卷下第三叶），从日月在茻间，与莫字从日在茻间同意，而篆文作朝，不从月而从舟。此例之█本当作█。极鼎有字█，从心从█，与篆文之█从█者同，即█之初字，可知██一字。卜辞█字从二从█，（卜辞月字或作█或作█）其为██二字，或恒字之省无疑。其作█者，《诗·小雅》：如月之恒。毛传：恒，弦也。弦本弓上物，故字又从弓。然则██二字，确为恒字。王恒之为殷先祖，惟见于《楚辞·天问》。《天问》自"简狄在台喾何宜"以下二十韵，皆述商事（前夏事后周事）。其问王亥以下数世事曰：该秉季德，厥父是臧。胡终弊于有扈，牧夫牛羊？干协时舞，何以怀之？平胁曼肤，何以肥之？有扈牧竖，云何而逢？击床先出，其命何从？恒秉季德，焉得夫朴牛？何往营班禄，不但还来？昏微遵迹，有狄不宁。何繁鸟萃棘，负子肆情？眩弟并淫，危害厥兄。何变化以作诈，后嗣而逢长？此十二韵以《大荒东经》及郭注所引《竹书》参证之，实纪王亥王恒及上甲微三世之事。而《山海经》《竹书》之有易，《天问》作有扈，乃字之误，盖后人多见有扈，少见有易，又同是夏时事，故改易为扈。下文又云：昏微遵迹，有狄不宁。昏微即上甲微，有狄亦即有易也。古狄易二字同音，故互相通假。《说文解字》辵部，逖之古文作逿。《书·牧誓》：逷矣西土之人。《尔雅》郭注引作逿矣西土之人。《书·多士》：离逷尔土。《诗·大雅》：用逷蛮方。《鲁颂》：狄彼东周。《毕狄钟》：毕狄不龚。此逖逿狄三字，异文同义。

《史记·殷本纪》之简狄，《索隐》曰：旧本作易。《汉书·古今人表》作简遏。《白虎通·礼乐篇》：狄者，易也。是古狄易二字通。有狄即有易，上甲遵迹而有易不宁，是王亥弊于有易，非弊于有扈，故曰扈当为易字之误也。狄易二字不知孰正孰借，其国当在大河之北，或在易水左右（孙氏之骃说）。盖商之先自冥治河，王亥迁殷（今本《竹书纪年》，帝芒三十三年，商侯迁于殷，其时商侯即王亥也。《山海经》注所引《真本竹书》，亦称王亥为殷王子亥，称殷不称商，则《今本纪年》此条，古本想亦有之。殷在河北，非亳殷，见余前撰《三代地理小记》），已由商丘越大河而北，故游牧于有易高爽之地，服牛之利即发现于此。有易之人杀王亥，取服牛，所谓胡终弊于有扈，牧夫牛羊者也。其云有扈牧竖，云何而逢，击床先出，其命何从者，似记王亥被杀之事。其云恒秉季德，焉得夫朴牛者，恒盖该弟，与该同秉季德，复得该所失服牛也。所云昏微遵迹，有狄不宁者，谓上甲微能率循其先人之迹，有易与之有杀父之仇，故为之不宁也。繁鸟萃棘以下，当亦记上甲事，书阙有间，不敢妄为之说，然非如王逸章句所说，解居父及象事，固自显然。要之，《天问》所说当与《山海经》及《竹书纪年》同出一源，而《天问》就壁画发问，所记尤详。恒之一人，并为诸书所未载。卜辞之王恒，与王亥同以王称，其时代自当相接，而《天问》之该与恒，适与之相当，前后所陈又皆商家故事，则中间十二韵自系述王亥王恒上甲微三世之事。然则王亥与上甲微之间，又当有王恒一世。以《世本》《史记》所未载，《山经》《竹书》所不详，而今于卜辞得之；《天问》之辞，千古不能通其说者，而今由卜辞通之：此治史学与文学者所当同声称快者也。

上 甲

《鲁语》：上甲微，能帅契者也，商人报焉。是商人祭上甲微。而卜辞不见上甲。郭璞《大荒东经注》引《竹书》作主甲微，而卜辞亦不见主甲。余由卜辞有 ⊠⊡⊡ 三人名，其乙丙丁三字皆在∟或⌐中，而悟卜辞中凡数十见之田（或作），即上甲也。卜辞中凡田狩之田字，其囗中横直二笔皆与其四旁相接；而人名之田，则其中横直二笔或其直笔必与四旁不接，与田字区别较然。田中十字即古甲字（卜辞与古金文皆同），甲在囗中，与丙之乙丙丁三字在匚或匸中同意。亦有囗中横直二笔与四旁接，而与田狩字无别者，则上加一作以别之。上加一者，古六书中指事之法，一在田上，与二字（古文上字）之一在一上同意，去上甲之义尤近。细观卜辞中记田或者数十条，亦惟上甲微始足当之。卜辞中云自田（或作）至于多后衣者五（《书契前编》卷二第二十五叶三见，又卷三第二十七叶，《后编》卷上第二十叶各一见），其断片云自田至于多后者三（《前编》卷二第二十五叶两见，又卷三第二十八叶一见），云自田至于武乙衣者一（《后编》卷上第二十叶）。衣者，古殷祭之名。又卜辞曰：丁卯，贞来乙亥告自田（《后编》卷上第二十八叶）；又曰：乙亥卜宾贞囗大御自田（同上卷下第六叶）；又曰：（上阙）贞翌甲囗自田（同上第三十四叶）。凡祭告皆曰自田，是田实居先公先王之首也。又曰：辛巳卜大贞之自田元示三牛二示一牛十三月（《前编》卷三第二十二叶）。又云：乙未贞其求自田十又三示牛小示羊（《后编》卷上第二十八叶）。是田为元示及十又三示之首。殷之先公称示，主壬主癸卜辞称示壬示癸，则田又居先公之首也。商之先人王亥始以辰名，上甲以降皆以日名，是商人数先公当自上甲始。且田之为上甲，又有可征证者。殷之祭先，率以其所名之日祭之，祭名甲者用甲日，祭名乙者用乙日，此卜辞之通例也。今卜辞中凡专祭田者皆用甲日，如曰：在三月甲子囗祭（《前编》卷四第十八叶）；又曰：在十月又一（即十有一月）甲申囗酚祭田（《后编》卷下第二十叶）；又曰：癸卯卜翌甲辰之田牛吉（同上第二十七叶）；又曰：甲辰卜贞来甲寅又伐田羊五卯牛一（同上第二十一叶）。此四事祭田有日皆用甲日。又云：在正月囗囗（此二字阙）祭大甲田（同上第二十一叶）。此条虽无祭日，然与大甲同日祭，则亦用甲日矣。即与诸先王先公合祭时，其有日可考者，亦用甲日。如曰：贞翌甲□ 自由（同上）；又曰：癸巳卜贞肜肜日自 田 至于多后衣亡它自□在四月惟王二祀（《前编》卷三第二十七叶）；又曰：癸卯，王卜贞肜翌日自 田 至多后衣亡它在□在九月惟王五祀（《后编》卷上第二十叶）。此二条以癸巳及癸卯卜，则其所云之肜日翌日，皆甲日也。是故 田 之名甲，可以祭日用甲证之； 田 字为十（古甲字）在□中，可以 三名乙丙丁在匚中证之；而此甲之即上甲，又可以其居先公先王之首证之。此说虽若穿凿，然恐殷人复起，亦无以易之矣。

《鲁语》称商人报上甲微，《孔丛子》引《逸书》：惟高宗报上甲微。（此魏晋间伪书之未采入梅本者，今本《竹书纪年》武丁十二年报祀上甲微，即本诸此）报者，盖非常祭。今卜辞于上甲有合祭，有专祭，皆常祭也。又商人于先公皆祭，非独上甲，可知周人言殷礼已多失实，此孔子所以有文献不足之叹欤？

商先王世数

《史记》《殷本纪》《三代世表》及《汉书·古今人表》所记殷君数同，而于世数则互相违异。据《殷本纪》则商三十一帝（除大丁为三十帝），共十七世；《三代世表》以小甲雍己大戊为大庚弟（《殷本纪》大庚子），则为十六世；《古今人表》以中丁外壬河亶甲为大戊弟（《殷本纪》大戊子），祖乙为河亶甲弟（《殷本纪》河亶甲子），小辛为盘庚子（《殷本纪》盘庚弟），则增一世，减二世，亦为十六世。今由卜辞证之，则以《殷本纪》所记为近。案，殷人祭祀中有特祭其所自出之先王而非所自出之先王不与者，前考所举求祖乙（小乙）、祖丁（武丁）、康祖丁（庚丁）、武乙衣，其一例也。今检卜辞中又有一断片，其文曰：
（上阙）大甲大庚（中阙）丁祖乙祖（中阙）一羊一南（下阙，共三行，左读，
见《后编》卷上第五叶）此片虽残阙，然于大甲、大庚之间，不数沃丁，中
丁（中字直笔尚存）、祖乙之间，不数外壬河亶甲，而一世之中仅举一帝，
盖亦与前所举者同例。又其上下所阙得以意补之，如下：

由此观之，则此片当为盘庚、小辛、小乙三帝时之物，自大丁至祖丁
皆其所自出之先王。以《殷本纪》世数次之，并以行款求之，其文当如是
也。惟据《殷本纪》则祖乙乃河亶甲子，而非中丁子，今此片中有中丁而
无河亶甲，则祖乙自当为中丁子，《史记》盖误也。且据此则大甲之后有
大庚，则大戊自当为大庚子，其兄小甲雍己亦然，知《三代世表》以小甲、
雍己、大戊为大庚弟者，非矣。大戊之后有中丁，中丁之后有祖乙，则中
丁、外壬、河亶甲自当为大戊子，祖乙自当为中丁子，知《人表》以中丁、
外壬、河亶甲、祖乙皆为大戊弟者非矣。卜辞又云：父甲一牡，父庚一
牡，父辛一牡（《后编》卷上第二十五叶）甲为阳甲，庚则盘庚，辛则小辛，
皆武丁之诸父，故曰父甲，父庚，父辛；则《人表》以小辛为盘庚子者，非
矣。凡此诸证，皆与《殷本纪》合，而与《世表》《人表》不合。是故殷自小
乙以上之世数可由此二片证之，小乙以下之世数可由祖乙、祖丁、祖甲、
康祖丁、武乙一条证之。考古者得此，可以无遗憾矣。

　　附殷世数异同表

帝　名	殷本纪	三代世表	古今人表	卜　辞
汤	主癸子	主癸子	主癸子	一世
大丁	汤子	汤子	汤子	汤子二世
外丙	大丁弟	大丁弟	大丁弟	
中壬	外丙弟	外丙弟	外丙弟	
大甲	大丁子	大丁子	大丁子	大丁子三世
沃丁	大甲子	大甲子	大甲子	

大庚	沃丁弟	沃丁弟	沃丁弟	大甲子四世
小甲	大庚子	大庚弟	大庚子	
雍己	小甲弟	小甲弟	小甲弟	
大戊	雍己弟	雍己弟	雍己弟	大庚子五世
中丁	大戊子	大戊子	大戊子	大戊子六世
外壬	中丁弟	中丁弟	中丁弟	
河亶甲	外壬弟	外壬弟	外壬弟	
祖乙	河亶甲子	河亶甲子	河亶甲弟	中丁子七世
祖辛	祖乙子	祖乙子	祖乙子	祖乙子八世
沃甲	祖辛弟	祖辛弟	祖辛弟	
祖丁	祖辛子	祖辛子	祖辛子	祖辛子九世
南庚	沃甲子	沃甲子	沃甲子	
阳甲	祖丁子	祖丁子	祖丁子	祖丁子十世
盘庚	阳甲弟	阳甲弟	阳甲子	阳甲弟十世
小辛	盘庚弟	盘庚弟	盘庚子	盘庚弟十世
小乙	小辛弟	小辛弟	小辛弟	小辛弟十世
武丁	小乙子	小乙子	小乙子	小乙子十一世
祖庚	武丁子	武丁子	武丁子	武丁子十二世
祖甲	祖庚弟	祖庚弟	祖庚弟	祖庚弟十二世
廩辛	祖甲子	祖甲子	祖甲子	
庚丁	廩辛弟	廩辛弟	廩辛弟	祖甲子十三世
武乙	庚丁子	庚丁子	庚丁子	庚丁子十四世
大丁	武乙子	武乙子	武乙子	
帝乙	大丁子	大丁子	大丁子	
帝辛	帝乙子	帝乙子	帝乙子	

例二　陈寅恪君《吐蕃彝泰赞普名号年代考》

例一所举虽系史学上之绝大问题,然或有人嫌其多半仍是文字学的问题,不是纯粹史学的问题(其实史学语学是全不能分者)。现在更举一个纯粹史学的考定。我的朋友陈寅恪先生,在汉学上的素养不下钱晓徵,更能通习西方古今语言若干种,尤精梵藏经典。近著《吐蕃彝泰赞普名号年代考》一文,以长庆唐蕃会盟碑为根据,"千年旧史之误书,异国译音之讹读,皆赖以订"。此种异国古文之史料至不多,而能使用此项史料者更属至少，苟其有之，诚学术中之快事也。文不长，兹全录之如下：

《吐蕃彝泰赞普名号年代考》（《蒙古源流》研究之一）（《国立中央研究院历史语言研究所集刊》第二本第一分）

小彻辰萨囊台吉著《蒙古源流》，其所纪土伯特事，盖本之西藏旧史。然取新旧唐书吐蕃传校其书，则赞普之名号，往往不同，而年代之后先，相差尤甚。夫中国史书述吐蕃事，固出于唐室当时故籍，西藏志乘，虽间杂以宗教神话，但历代赞普之名号世系，亦必有相传之旧说，决不尽为臆造。今二国载籍互相差异，非得书册以外实物以资考证，则无以判别二者之是非，兼解释其差异之所由来也。

《蒙古源流》卷二云："穆迪子藏（坊刊本作减，误）玛达尔玛持（坊刊本作特，误）松垒罗垒伦多卜等兄弟五人，长子藏玛出家，次子达尔玛特松（略一垒字，满文本已如是）自前岁戊子纪二千九百九十九年之丙戌年所生，岁次戊戌年十三岁，众大臣会议辅立即位，岁次辛酉年三十六岁，殁，汗无子，其兄达尔玛即位"云云。按小彻辰萨囊台吉以释迦年足佛涅槃后一岁为纪元，据其所推算佛灭度之年为西历纪元前二千一百三十四年，故其纪元前之戊子元年为西历纪年前二千一百三十三年。其所谓自前岁戊子纪二千九百九十九年之丙戌年，即西历纪元后八百六十六年，唐懿宗咸通七年。戊戌即西历纪年后八百七十八年，唐僖宗乾符五年。辛酉年则西历纪元后九百零一年，唐昭宗天复元年。惟《蒙古源流》此节所纪达尔玛持松垒赞普之名号年代，皆为讹误。兹先辨正其名号，兼解释其差异之所由来，然后详稽其年代之先后，以订正中国西藏二国旧史相传之讹误，或可为治唐史者之一助欤？

名号之讹误有二，一为误联二名为一名，一为承袭蒙古文旧本字形之讹而误读其音。

何谓误联二名为一名？按《唐书·吐蕃传》："赞普（指可黎足即彝泰赞普）立几三十年死，以弟达磨嗣。"《资治通鉴考异》卷二十一唐纪十三文宗开成三年，吐蕃彝泰赞普卒弟达磨立条云"彝泰卒，及达磨立，实录不书，旧传及续会要皆无之，今据补国史"。坊刊本《蒙古源流考》卷二："汗（指持松垒）无子，其兄达尔玛癸未年所生，岁次壬戌，年四十岁，即位，因其从前在世为象时，曾设恶愿，二十四年之间，恶习相沿，遂传称为天生邪妄之朗达尔玛。"（按藏语谓象为朗 glan）又藏文嘉喇卜经 rgyalrabs 者，（闻中国有蒙文刊本，予末见）本书译本子注及《四库总目提要》，皆言其与小彻辰萨囊台吉所纪述多相符合。今据 Emil Schalgiutweit 本嘉喇卜经藏文原文第十二页第十二行，其名亦为 glan darma，即本书之朗达尔玛也。而本书之持松垒，在嘉喇卜经则称为 ral-pa-chan，与朗达玛为二人，章章明甚。又乾隆中敕译中文《首楞严经》为藏文时，章嘉胡图克图言此经西藏古译本为五百年前之浪达尔玛汗所毁灭云云。（见清高宗御制文集藏译楞严经序）持松垒与达尔玛孰为兄弟，及浪达尔玛汗是否生于乾隆前五百年，以至《首楞严经》乾隆以前有无藏文译本，皆不必论；而持松垒与达尔玛之为二人，则中国史籍、《蒙古源流》本书及西藏历世相传之旧说，无不如是。今景阳宫所藏《蒙古源流》满文译本，误联达尔玛、持松垒二名为一名，此必当日满文译者所据喀尔喀亲王成衮札布进呈之蒙文本，已有此误，以致辗转传讹，中文译本遂因而不改，即彭楚克林沁所校之中文译本，（曾见江安傅氏转录本）亦误其句读。以予所见诸本，惟施密德氏 Isaac Jacob schmidt 之蒙文校译本，二名分列，又未省略，实较成衮札布本为佳也。

何谓承袭蒙文旧本字形之讹而误读其音？此赞普名号诸书皆差异，今据最正确之实物，即拉萨长庆唐蕃会盟碑碑阴吐蕃文（据前北京大学研究所国学门所藏缪氏艺风堂拓本）补正其省略讹误，并解释其差异之所由来焉。

按长庆唐蕃会盟碑碑阴吐蕃文，首列赞普名号，末书长庆及蕃彝泰纪元，其所载赞普之名号为 khri-gtsug lde-brtsan。近年西北发见之藏文写本亦同（见 F. W. Thomas：Tibetan Documents concerning Chinese Tur-kestan PP. 71. 72. 76. Journal of the Royal Asiatic Society of Great Britain and Ireland，Jan. 1928）。兹取此碑碑阴蕃文，历校诸书，列其异同于左。《新唐书·吐蕃传》："元和十二年赞普死，可黎可足立为赞普。"按可黎可足即碑文 khri-gtsug，其下之 Idebrtsan 则从省略，且据此可知当时实据藏文之复辅音而对音也。

《资治通鉴》卷二百三十九唐纪五十五："宪宗元和十一年二月，西川奏吐蕃赞普卒，新赞普可黎可足立。"又卷二百四十六唐纪六十二："文宗开成三年吐蕃彝泰赞普卒，弟达磨立。"按会盟碑碑阴末数行吐蕃年号为 Skyid-rtag，即彝泰之义，然则可黎可足之号为彝泰赞普者实以年号称之也。

《菩提末》（Bodhimör）此书纪赞普世系，实出于藏文之嘉喇卜经，据施密德氏蒙文《蒙古源流》校译本第三百六十页所引菩提末之文，此赞普之名为 Thi-atsong-Itebdsan。按此书原文予未见，此仅据施密德氏所转写之拉丁字而言，Thi 者藏文 Khri 以西藏口语读之之对音，严格言之，当作 Thi。Ite 者据会盟碑蕃文应作 lde，蒙文 dt 皆作 ꡊ 形无分别，bdsan 即碑文及西北发现之藏文写本之 brtsan，此乃施密德氏转写拉丁字之不同，（藏文古写经多一 r）非原文之有差异也。惟 atsong 一字，则因蒙文字形近似而讹，盖此字依会盟碑蕃文本及西北发见之藏文写本，应作 gtsug，蒙文转写藏文之ꡒ(g)作一形，转写藏文之 ꡢ (a)（或作 h）作 ꡲ 形，ug，ük 作 ꡯ 形，ung 或 ong 作 ꡰ 形，字体极相似故讹。或菩提末原书本不误，而读者之误，亦未可知也。

《蒙古源流》施密德校译本　据此本，此赞普名作 Thibtsonglte，此名略去名末之 brtsan。至 btsong 者，gtsug 之讹读，藏文(ꡒ)(g)字，蒙文作一，与蒙文 6 (b) 字形近故讹，蒙文之 ug 转为 ük 亦以形近误为 ong，见上文菩提末条。

《蒙古源流》满文译本 《蒙古源流》中文译本非译自蒙文，乃由满文而转译者，今成衮扎布进呈之蒙文原本，虽不可得见，（予近发现北平故宫博物院藏有《蒙古源流》之蒙文本两种：一为写本，一为刊本。沈阳故宫博物馆亦藏有蒙文本，盖皆据成衮扎布本抄写刊印者也。）幸景阳宫尚藏有满文译本，犹可据以校正中文译本也。按满文本，此赞普名凡二见，一作 Darmakriltsung Lni，一作 Darmakribtsung，皆略去 brt-san 字，此名误与达尔玛之名联读，已详上文。惟藏文之 khri，满文或依藏文复辅音转写，如此名之 kri 即其例；或依西藏口语读音转写，如持苏陇德灿 Cysurongtetsan 之 Cy（满文 ᠴᠶ）即其例。盖其书之对音，先后殊不一致也。un 乃 ug 转写 ük 之误，见上文菩提末条。又藏文 Ide 所以讹成垒者，以蒙文 t 字 d 字皆作 d 形，o 字 u 字皆作 d 形，又 e 字及 i 字结尾之形作 丿及 彡，皆极相似，颇易淆混，故藏文之 Ide，遂讹为满文之 Lui 矣。或者成衮扎布之蒙文原本，亦已讹误，满文译本遂因袭而不知改也。

文津阁本及坊刊本汉译《蒙古源流》中文《蒙古源流》既译自满文，故满文译本之误，中文译本亦因袭不改，此二本中，此赞普名一作达尔玛持松垒，一作达尔玛持松，满文 kri 作持者，依藏文口语读之也。按义净以中文诧为梵文 tha 字对音，（见高楠顺次郎英译南海寄归内法传）则 thi 固可以满文之 ᠴᠶ（cy）字，中文之持字对音。又此本持字俱作特，乃误字，而先后校此书者皆未改正，松字乃满文 Tsung 之对音，其误见上文菩提末条。

蒙文书社本汉语《蒙古源流》此本此赞普名一作（达尔玛）哩卜崇垒，一作（达尔玛）持松哩卜崇。第一名作哩者，依满文 kri 而对哩音，其作卜者，满文译本固有 b 字音也。第二名则持哩二字重声，松崇二字亦垒音，殆当时译者并列依原字及依口语两种对音，而传写者杂糅为一，遂致此误欤？余见上文。

此赞普之名号既辨正，其年代亦可得而考焉。《唐会要》卷九十七："元和十一年西川奏吐蕃赞普卒，十二年吐蕃告丧使论乞冉献马十匹玉带金器等。"《旧唐书·吐蕃传》："宪宗元和十二年吐蕃以赞普卒来告。"《新唐书》："宪宗元和十二年赞普死，使论乞髯来（告丧），可黎可足立为赞普。"《资治通鉴》卷二百三十九唐纪五十五："宪宗元和十一年二月西川奏吐蕃赞普卒，新赞普可黎可足立。"《新唐书·吐蕃传》："赞普立（指可黎可足）几三十年，死，以弟达磨嗣。"《资治通鉴》卷二百四十六唐纪六十二："文宗开成三年吐蕃彝泰赞普卒，弟达磨立。"《资治通鉴考异》卷二十一唐纪十三，会昌二年十二月吐蕃来告达磨赞普之丧，略云"《实录》丁卯吐蕃赞普卒，遣使告丧，赞普立仅三十余年。据《补国史》，彝泰卒后，又有达磨赞普，此年卒者，达磨也。《文宗实录》不书彝泰赞普卒，旧传及《续会要》亦皆无达磨，新书据《补国史》，疑《文宗实录》阙略，故他书皆因而误。彝泰以元和十一年立，至此二十七年，然开成三年已卒，达磨立至此五年，而《实录》云仅三十年，亦是误以达磨为彝泰也"。《蒙古源流》卷二："持松垒岁次戊戌年十三岁众大臣会议辅立即位，在位二十四年，岁次辛酉，三十六岁殁。"据小彻辰萨囊台吉书所用之纪元推之，戊戌为唐僖宗乾符五年，西历纪元后八百七十八年；辛酉年为唐昭宗天复元年，西历纪元后九百零一年。（诸书之文，前已征引，兹再录之以便省览而资比较）按《蒙古源流》所载年代太晚，别为一问题，姑于此不置论。而诸书所记彝泰赞普嗣立之年，亦无一不误者。何以言之？唐蕃会盟碑阴蕃文，唐蕃二国年号并列，唐长庆元年，当蕃彝泰七年；长庆二年，当彝泰八年；长庆三年，当彝泰九年。又《新唐书·吐蕃传》"长庆二年刘元鼎使吐蕃会盟还，虏元帅尚墙藏馆客大夏川，集东方节度诸将百余，置盟策台上，遍晓之，且戒各保境，毋相暴犯，策署彝泰七年"云云。考《旧唐书·吐蕃传》，长庆元年十月十日命崔植、王播、杜元颖等与吐蕃大将讷罗论等会盟于长安,盟文末有大蕃赞普及宰相钵阐布尚绮心儿等先寄盟文要节之语,则是刘元鼎长庆二年所见虏师遍晓诸将之盟策,即前岁长庆元年之盟策,故彝泰七年即长庆元年,而非长庆二年。梁曜北《玉绳元号略》及罗雪堂振玉丈重校订《纪元编》,皆据此推算。今证以会盟碑碑阴蕃文,益见其可信。故吐蕃可黎可足赞普之彝泰元年,实当唐宪宗元和十年,然则其即赞普之位置迟亦必在是年。《唐会要》、新旧《唐书》及《资治通鉴》所载年月,乃据吐蕃当日来告之年月,而非当时事实发生之真确年月也。又《蒙古源流》载此赞普在位二十四年,不知其说是否正确,但宪宗元和十年,即西历纪元后八百十五年,为彝泰元年;文宗开成三年,即西历纪元后八百三十八年,亦即《补国史》所纪可黎可足赞普卒之岁,为彝泰末年,共计二十四年,适相符合。予于《蒙古源流》所纪年岁固未敢尽信,独此在位二十四年之说,与依据会盟碑等所推算之年代,不期而暗合,似非出于臆造所能也。

综校诸书所载名号年代既多讹误,又复互相违异,无所适从。幸得会盟碑阴残字数行,以资考证,千年旧史之误书,异国译音之讹读,皆赖以订正。然中外学人考证此碑之文,以予所知,尚未有证论及此者,故表而出之,使知此遝迤片石,实为乌斯赤岭(此指拉萨之赤岭而言)之大玉天球,非若寻常碑碣,仅供揽古之士赏玩者可比也。

例三 《集古录》与《潜研堂金石文字跋尾》

以金文证经典虽为较近之事,然以石文校史事,宋朝人已能为之如欧阳永叔《集古录跋尾》,其中颇有胜义。即如下例,可见其旨趣。

《魏受禅碑》……按,《汉·献帝纪》,延康元年十月乙卯,皇帝逊位,魏王称天子。又按《魏·志》,是岁十一月葬士卒死亡者,犹称令。是月丙午,(一本作寅)汉帝使张愔奉玺绶。庚午,王升坛受禅。又是月癸酉,奉汉帝为山阳公。而此碑云:"十月辛未,受禅于汉。"三家之说皆不同。今据裴松之注《魏·志》,备列汉魏禅代诏册书令群臣奏议甚详。盖汉实以十月乙卯策诏魏王,使张愔奉玺绶,而魏王辞让,往返三四,而后受也。又据侍中刘廙奏问太史令许芝,今月十七日己未,可治坛场;又据尚书令桓楷等奏云,辄下太史令,择元辰,今月二十九日,可登坛受命。盖自十七日己未,至二十九日,正得辛未。以此推之,汉魏二纪皆缪,而独此碑为是也。《汉·纪》乙卯逊位者,书其初命,而略其辞让往返,遂失其实尔。《魏·志》十一月癸卯犹称令者,当是十月,衍一字尔。丙午张愔奉玺绶者,辞让往返,容(集本作殆)有之也。惟庚午升坛最为缪尔。癸卯去癸酉三十一日,不得同为十一月,此尤缪也。禅代大事也,而二纪所书如此,则史官之失,以惑后世者,可胜道哉?

北宋人的史学分析功夫到这个地步,所以才能有《唐书》《通鉴》那样的制作。到了近代顾亭林、朱竹垞等,以石文校史书,时有精论,而钱竹汀"乃尽……出其上,遂为古今金石学之冠"(见《集古录跋尾·王昶序》)。廿一史之考异,金石文之跋尾,皆同一意义之工作。现在摘录两条,以见其精诣所至。其实竹汀此书论石各篇,皆是精能之作,原书易得,不复多举。

《后魏孝文帝吊比干文碑阴》:……北史太和十九年,诏迁洛人死葬河南,不得还北,于是代人南迁者悉为河南洛阳人。又云:太和二十年正月,诏改姓元氏。今此碑立于太和十八年冬,宗室已系元姓,代人并称河南郡,则史所载岁月恐未得其实矣。诸臣称河南郡者,元氏而外,若邱目陵氏,万忸于氏,候莫陈氏,乙旃氏,叱罗氏,吐难氏,伊娄氏,独孤氏,拔拔氏,莫耐娄氏,并见《魏书·官氏志》,而译字小有异同。如邱氏目陵之目作穆,万忸于之万作勿,吐难之吐作土,莫耐娄之耐作那,是也。陆氏本步六孤氏。太和十九年，诏称穆陆贺刘楼于嵇尉八姓，皆太祖已降，勋著当世，位尽王公者也。穆即邱目陵，于即万忸于，刘即独孤。诸人皆未改氏，而陆昕等已单称陆氏，而陆氏之改又在穆贺诸姓之先矣。大野氏郁久同氏俟吕氏魏志俱失载。以予考之，郁久同乃蜻蜻姓，后亦单称同氏。《周书》太祖赐韩褒姓俟吕陵氏，（此《广韵》所引，今本俟讹作候）当即俟吕氏也。后魏末有南州刺史大野拔，大野亦代北著姓矣。又有俟文福一人，则未知其俟氏欤？（《官氏志》俟奴氏后改俟氏）抑别有俟文氏也？苦干氏贺拔氏不称河南而称代郡，盖代人之未南迁者。斛律氏称高车部人，虽入处中国，尚未有所隶州县也。冯诞以尚乐安公主拜驸马都尉，此但云驸马，而去都尉，从俗称也。史称傅永字修期，此直云傅修期，盖以字行也。公孙良据传为燕郡广阳人，此云辽东郡，则举郡望言之，于劲尝为司卫监，李预兼典命下大夫，皆本传所未载。陆昕传作昕之，当以石刻为正。其书姑藏为姑藏，河间为河涧，龙骧为驼骧，傅脩期作傅脩期，皆当时承用别体字，若万忸于之于或作乎，陆希道作怖道，则翻刻之讹。（此段以石文订史所记）

《后魏石门铭》右《石门铭》，盖述龙骧将军梁秦二州刺史泰山羊祉开通石门之功。《魏书·宣武纪》："正始四年，九月甲子，开斜谷旧道。"即其事也。碑云"起四年十月十日，至永平二年正月毕功"，而史书于四年九月者，据奉诏之日言之耳。《北史·羊祉传》不书开斜谷道事，此史文之阙漏，当据石刻补之。碑云"皇魏正始元年汉中献地"，即梁天监三年也。是岁夏候道迁背梁归魏，《梁史》书"魏陷梁州"于二月，当得其实。魏收史书于闰十二月，温公《通鉴》据长历梁置闰在次年正月后，遂移于后一年，非也（订历）。

《唐景龙三年法琬法师碑》右《法琬法师碑》。法琬，中宗之三从姑，太祖景皇帝之玄孙女也。父临川公德懋，尝官宗正卿，兵部尚书，谥曰孝，皆史所不载。史称永征二年，襄邑王神符薨。而碑云六年薨，与史不合。据碑，法琬以襄邑王薨之岁，奏请出家，时年十有三。垂拱四年卒，春秋卅有九。今以永征六年年十有三推之，祇四十六岁耳。窃意神符薨于永征二年，史文未必误。其年德懋请舍所爱女为亡父祈福，奉敕听许，而法琬之出家则在其明年，年始十三也。碑以二年为六年，特书者之误尔(此段以史所记订石文)。

最近三十年中，缪荃荪、罗振玉、王国维皆于石刻与史传之校正功夫上续有所贡献，然其造诣之最高点，亦不过如钱竹汀而已。

例四　流沙坠简

近来出土之直接史料，叮据以校正史传者，尚有西陲所得汉简。此种材料，法人沙畹德人康拉地皆试为考证，而皆无大功，至王静安君手，乃蔚成精美之史事知识。现录其一段如下(《流沙坠简补遗考释》第一叶)：

三、晋守侍中大都尉奉晋大侯亲晋鄯善焉耆龟兹疏勒
四、于阗王写下诏书到

右二简文义相属，书迹亦同，实一书之文。前排比简文印本时，尚未知其为一书，故分置两页中，今改正如右，亦行下诏书之辞也。晋守侍中大都尉奉晋大侯亲晋鄯善焉耆龟兹疏勒于阗王者，若析言之，则当云，晋守侍中大都尉奉晋大侯亲晋鄯善王，晋守侍中大都尉奉晋大侯亲晋焉耆王，以下放此。盖晋时西域诸国王皆得守侍中大都尉奉晋大侯位号。以此十字冠于五国王之上，而不一一言之者，文例宜然，亦如亲晋二字之为五国王通号，此人入所易首肯也。案，中国假西域诸国王以官号，自后汉始。《后汉书·西域传》：光武建武五年，河西大将军窦融承制立莎车王康为汉莎车建功怀德王西域大都尉，五十五国皆属焉。十七年，更赐以汉大将军印绶。顺帝永建二年，疏勒王臣磐遣使奉献，

帝拜臣磐为与汉大都尉，其子孙至灵帝时犹称之。（按，传但言拜臣磐为汉大都尉，汉字上无与。然下文云，疏勒王与汉大都尉于猎中为其季父和得所射杀。时疏勒王外，非别有汉大都尉，不得言与。疑与汉二字当连续，与汉犹言亲汉也。上云拜臣磐为汉大都尉，汉字上脱与字）《魏略·西戎传》，魏赐车师后部王壹多杂守魏侍中，号大都尉，受魏王印。此西域诸王受中国位号之见于史籍者也。考汉魏时本无大都尉一官，求其名称，实缘都护而起。前汉时本以骑都尉都护西域，（见《汉书·百官公卿表》及《甘延寿段会宗传》）后遂略称西域都护。新莽之后，都护败没，故窦融承制拜莎车王康为西域大都尉，使暂统西域诸国，惟不欲假以都护之名，又以西域诸国本各有左右都尉，故名之曰西域大都尉，使其号与西域都护骑都尉相若云尔。嗣是莎车既衰，而疏勒王称与汉大都尉，魏车师后部王又单称大都尉，皆不冠以西域二字，其号稍杀。故此简西域诸国王皆有此位号，疑自魏时已然矣。或以此简之晋守侍中大都尉与魏赐车师后王位号同，又下所举五王中无车师后王，疑此亦晋初车师后王之称，故此简之中实得六国。然魏时车师后王既受王印，则其号当云魏守侍中大都尉亲魏车师后部王。今但云晋守侍中大都尉，但举其所受中国官号，而不著其本国王号，必无此理。故曰，晋守侍中大都尉者，乃鄯善焉耆龟兹疏勒于阗王之公号也。奉晋大侯亦然。以国王而受晋侯封，故谓之大侯，以别于西域诸国之左右侯，亦犹大都尉之称，所以别于诸国之左右都尉也。亲晋某王者，亦当时诸国王之美称。案，汉时西域诸国王但称汉某国王。《汉书·西域传》云：西域最凡国五十，自译长至侯王皆佩汉印绶，凡三百七十六人。其印文虽无传者，然《匈奴传》云：汉赐单于印，言玺不言章，又无汉字，诸王已下乃有汉，言章。西域诸王虽君一国，然其土地人民尚不如匈奴诸王，则汉所赐印必云汉某某王章，无疑也。后汉之初，莎车王号尚冠以汉字，中叶以后，始有亲汉之称。《后汉书·西域传》：顺帝永建元年，班勇上八滑为后部亲汉侯。然但为侯号而非王号，其王犹当称汉某某王也。惟建安中封鲜卑沙末汗为亲汉王，魏晋封拜皆袭此称，如魏志外国传有亲魏倭王，古印章有亲晋羌王亲赵侯等是也。其官号上冠以魏晋字者，所以荣之；其王号上冠以亲魏、亲晋字而不直云魏晋者，所以示其非纯臣也。此简所举五国，西域长史所辖殆尽于此。案，西域内属诸国，前汉末分至五十，后汉又并为十余，至魏时仅存六七。《魏略》言且末小宛精绝楼兰(此谓楼兰城)皆并属鄯善，戎卢扜弥渠勒皮穴(《汉书》作皮山)皆属于阗，尉犁危须山王国皆并属焉者，姑墨温宿尉头皆并属龟兹，桢中莎车竭石渠沙西夜依耐蒲犁亿若榆令捐毒休修(《后汉书》作休循)琴国皆并属疏勒，且弥单桓毕陆(《汉书》作卑陆)蒲陆(《汉书》作蒲类)乌贪(《汉书》作乌贪訾离)诸国皆并属车师。此外汉时属都护诸国，惟乌孙尚存，仍岁朝贡，见于《魏志》。然乌孙国大地远，其事中国亦当与康居大月氏同科，自后汉以来盖已不属都护长史。则魏时西域内属诸国，仅上六国而已。右简所举又少车师一国，盖晋初车师后部当为鲜卑所役属。《魏志·鲜卑传》注引王沈《魏书》云：鲜卑西部西接乌孙。《晋书·武帝纪》：咸宁元年六月，西域戊己校尉马循讨叛鲜卑破之。二年，鲜卑阿罗多等寇边，西域戊己校尉马循讨之。时鲜卑当据车师后部之地，故能西接乌孙，南侵戊己校尉治所矣。右简令诸国王写下诏书，而独不云车师王者，当由于此。然则晋初属西域长史诸国，惟鄯善焉耆龟兹疏勒于阗五国而已。此西域诸国之大势，得由右简知之者也。此简所出之地，当汉精绝国境，《后汉书》言后汉明帝时精绝为鄯善所并，而斯氏后十年在此地所得木简见于本书简牍遗文中者，其中称谓有大王有王有夫人，隶书精妙，似后汉桓灵间书。余前序中已疑精绝一国汉末复有独立之事，今此简中无精绝王，而诏书乃到此者，必自鄯善或于阗传写而来，可见精绝至晋初又为他国所并矣。自地理上言之，则精绝去于阗近，而去鄯善较远，自当并属于阗，而《魏略》则云并属鄯善。然无论何属,此时已无精绝国可知。此尼雅一地之沿革,得由右简知之也。二简所存者不及三十字,而足以裨益史事如此。然非知二简为一书,亦不能有所弋获矣。

例五　吴大澂"文"字说

以上所举的几个例之外,尚有其他近来出土之直接史料,足以凭借着校正或补苴史传者。例如敦煌卷子中之杂件,颇有些是当时的笺帖杂记之类,或地方上的记载,这些真是最好的史料。即如张氏勋德记等,罗振玉氏据之以成补唐书张义潮传(丙寅稿第一叶至四叶)。可见史料的发见,足以促成史学之进步,而史学之进步,最赖史料之增加。不过这些文字,或太长,或太琐,不便举例,故今从阙。

近数十年来最发达的学问中,金文之研究是一个大端。因金文的时代与诸史不相涉,(除《史记》一小部外)而是《诗》《书》的时代,所以金文之研究看来似只有裨于经学。然经学除其语言文字之部分外,即是史学智识。不过金文与《诗》《书》所记不相干者多,可以互补,可以互校文字文体之异同,而不易据以对勘史事。虽金文中有很多材料,可以增加我们的古代史事知识,但,求到这些知识,每每须经过很细的工夫,然后寻出几件来。因此,关于金文学之精作虽多,而专于《诗》《书》时代史事作对勘之论文,还不曾有。此等发明,皆零零碎碎,散见各书中。现在且举吴大澂君文字说,以为一例。此虽一字之校定,然《大诰》究竟是谁的档案,可以凭此解决这个二千年的纷扰。《大诰》一类极重要的史料赖一字决定其地位,于此可现新发见的直接史料,对于遗传的间接史料,有莫大之补助也。

"文"字说,《书·文侯之命》:"追孝于前文人。"《诗·江汉》:"告于文人。"毛传云:"文人,文德之人也。"潍县陈寿卿编修介祺所藏兮仲钟云："其用追孝于皇考已伯，用侃喜前文人。"《积古斋钟鼎彝器款识·追敦》云："用追孝于前文人。"知"前文人"三字，为周时习见语。乃《大诰》误文为宁，曰"予曷其不于前宁人图功攸终"；曰"予曷其不于前宁人攸受休毕"；曰"天亦惟休于前宁人"；曰"率宁人有指疆土"。"前宁人"实"前文人"之误。盖因古文文字有从心者，或作，或作，或又作。壁中古文《大诰》篇，其文字必与宁字相似，汉儒遂误释为宁。其实《大诰》乃武王伐殷，大诰天下之文。宁王即文王，宁考即文考，"民献有十夫"，即武王之乱臣十人也。"宁王遗我大宝龟"，郑注："受命曰宁王。"此不得其解而强为之说也。既以宁考为武王，遂以《大诰》为成王之诰。不见古器，不识真古，安知宁字为文之误哉？

以上所标五例，皆新发见的直接史料与自古相传的间接史料相互勘补的工作。必于旧史料有功夫，然后可以运用新史料；必于新史料能了解，然后可以纠正旧史料。新史料之发见与应用，实是史学进步的最要条件；然而但持新材料，而与遗传者接不上气，亦每每是枉然。从此可知抱残守缺，深固闭拒，不知扩充史料者，固是不可救药之妄人；而一味平地造起，不知积薪之势，相因然后可以居上者，亦难免于狂狷者之徒劳也。

第二节　官家的记载对民间的记载

官家记载和私家记载互有短长处，也是不能一概而论的。大约官书的记载关于年月、官职、地理等等，有簿可查有籍可录者，每校私记为确实；而私家记载对于一件事的来源去脉，以及"内幕"，有些能说官书所不能说，或不敢说的。但这话也不能成定例，有时官书对于年月也会错的，私书说的"内幕"更每每是胡说的。我们如想做一命题而无违例，或者可说,一些官家凑手的材料及其范围内之记载,例如表、志、册子、簿录等,是官家的记载好些,而官家所不凑手或其范围所不容的材料,便只好靠私家了。不过这话仿佛像不说,因为好似一个"人者,人也"之循环论断。我们还是去说说他们彼此的短处罢。

官家的记载时而失之讳。这因为官家总是官家,官家的记载就是打官话。好比一个新闻记者,想直接向一位政府的秘书之类得到一个国家要害大事之内容,如何做得到?势必由间接的方法,然后可以风闻一二。

私家的记载时而失之诬。人的性情,对于事情,越不知道越要猜,这些揣猜若为感情所驱使,便不知造出多少故事来。史学的正宗每每不喜欢小说。《晋书》以此致谤;《三国志·注》以此见讥。建文皇帝游云南事,明朝人谈得那样有名有姓,有声有色,而《明史》总只是虚提一笔。司马温公的《通鉴》虽采小说,究竟不过是借着参考,断制多不从小说;而他采《赵飞燕外传》的"祸水"故事,反为严整的史家所讥。大约知道一件事内容者,每每因自己处境的关系不敢说,不愿说,而不知道者偏好说,于是时时免不了胡说。

论到官家记载之讳,则一切官修之史皆是好例,所修的本朝史尤其是好例。禅代之际,一切欺人孤儿寡妇的逆迹;剪伐之朝,一切凶残淫虐的暴举,在二十四史上哪能看得出好多来呢?现在但举一例:满洲的人类原始神话,所谓天女朱果者,其本地风光的说法,必不合于汉族之礼化,于是汉士修满洲原始之史,不得不改来改去,于是全失本来的意义。(陈寅恪先生语我云:王静安在清宫时有老阉导之看坤宁宫中跳神处,幔后一图,女子皆裸体,而有一男老头子。此老阉云:宫中传说这老头子是卖豆腐的。此与所谓天女者当有若何关系?今如但看满洲祀天典礼,或但看今可见坤宁宫中之杀猪处,何以知跳神之礼,尚有此"内幕"耶?)犹之乎顺治太后下嫁摄政王,在清朝国史上是找不出一字来的

（其实此等事照满洲俗未可谓非，汉化亦未可谓是。史事之经过及其记载皆超于是非者也［"Jenseits von Gut und Böse"］）。清朝人修的《太祖实录》，把此一段民间神话改了又改，越改越不像。一部二十四史经过这样手续者，何其多呢？现在把历史语言研究所所藏的稿本影印一叶以见史书成就的一个大手续——润色的即欺人的手续。

论到私书记载之诬，则一切小说碑史不厌其例。姑举两个关系最大谬的。元庚申帝如非元明宗之子，则元之宗室焉能任其居大汗之统者数十年，直到窜至漠北，尚能致远在云南之梁王守臣节？而《庚申外史》载其为宋降帝瀛国公之子，则其不实显然。这由于元代七八十年中汉人终不忘宋，故有此种循环报应之论。此与韩山童之建宋号，是同一感情所驱使的。又如明成祖，如果中国人是个崇拜英雄的民族，则他的丰功伟烈，确有可以崇拜处，他是中国惟一能跑到漠北去打仗的皇帝。但中国人并不是个英雄崇拜的民族（这个心理有好有坏。约略说，难于组织，是其短处；难于上当，是其长处），而明成祖的行为又极不合儒家的伦理，而且把"大儒"方正学等屠杀的太惨酷了，于是明朝二百余年中，士人儒学没有诚心说成祖好的。于是乎为建文造了一些逊国说，为永乐造了一个"他是元朝后代的"的骂语（见《广阳杂记》等）。这话说来有两节，一是说永乐不是马后生，而是硕妃生，与周王同母，此是《国榷》等书的话。一是说硕妃为元顺帝之高丽妾，虏自燕京者，而成祖实为庚申帝之遗腹子（此说吾前见于一笔记，一时不能举其名，待后查）。按硕妃不见明《后妃传》，然见《南京太常寺志》。且成祖与周王同母，隐见于《明史·黄子澄传》，此说当不诬妄。至其为元顺帝遗腹说，则断然与年代不合。成祖崩于永乐二十二年（一四二四），年六十五，其生年实为元顺帝至正二十年（一三六〇）四月，去明兵入燕尚有十年（洪武元年为一三六八），冒填年龄不能冒填到十年。且成祖于洪武三年封燕王，十三年之藩。如为元顺帝遗腹子，其母为掠自北平者，则封燕王时至多两岁,就藩北平时,至多十二岁;两岁封王固可,十二岁就藩则不可能。以明太祖之为人,断无封敌子于胜国故都、新朝第一大藩之理。此等奇谈,只是世人造来泄愤的,而他人有同样之愤,则喜而传之。(至于硕妃如为高丽人,或是成祖母,皆不足异。元末贵人多蓄高丽妾,明祖起兵多年,所虏宦家当不少也。惟断不能为庚申帝子耳。)所以《明史》不采这些胡说,不能因《明史》的稿本出自明遗臣,故为之讳也。《清史稿》出于自命为清遗臣者,亦直谓康熙之母为汉人辽东著姓佟氏也。

官府记载与野记之对勘工夫,最可以《通鉴考异》为例。此书本来是记各种史料对勘的工夫者,其唐五代诸卷,因民间的材料已多,故有不少是仿这样比较的。因此书直是一部史料整理的应用逻辑,习史学者必人手一编,故不须抄录。

第三节　本国的记载对外国的记载

本国的记载之对外国的记载,也是互有短长的,也是不能一概而论的。大致说起,外国或是外国人的记载总是靠不住的多。传闻既易失真,而外国人之了解性又每每差些,所以我们现在看西洋人作的论中国书,每每是隔靴搔痒,简直好笑。然而外国的记载也有它的好处,它更无所用其讳。承上文第二节说,我们可说,它比民间更民间。况且本国每每忽略最习见同时却是最要紧的事,而外国人则可以少此错误。譬如有一部外国书说,中国为蓝袍人的国(此是几十年前的话),这个日日见的事实,我们自己何尝觉到呢? 又譬如欧美时装女子的高跟鞋,实与中国妇女之缠足在心理及作用上无二致,然而这个道理我们看得明显,他们何尝自觉呢? 小事如此,大者可知。一个人的自记是断不能客观的,一个民族的自记又何尝不然? 本国人虽然能见其精细,然而外国人每每能见其纲领。显微镜固要紧,望远镜也要紧。测量精细固应在地面上,而一举得其概要,还是在空中便当些。这道理太明显,不必多说了。例也到处都是,且举一个很古的罢。

（《史记·大宛传》）自大宛以西至安息国,虽颇异言,然大同俗,相知言。其人皆深眼,多须颥。善市贾,争分铢。俗贵女子;女子所言而丈夫乃决正。

这不简直是我们现在所见的西洋人吗?（这些人本是希腊波斯与土人之混合种,而凭亚里山大之东征以携希腊文化至中亚者。）然而这些事实(一) 深眼,(二) 多须颥,(三) 善市贾,(四) 贵女子,由他们自己看来,都是理之当然,何必注意到呢? 外国人有这个远视眼,所以虽马哥孛罗那样糊涂荒谬、乱七八糟的记载,仍不失为世上第一等史料;而没有语言学、人类学发达的罗马,不失其能派出一个使臣答西涂斯(Tacitus)到日耳曼回来,写一部不可泯灭的史料(De Cermania)。

第四节　近人的记载对远人的记载

这两种记载的相对是比较容易判别优劣的。除去有特别缘故者以外,远人的记载比不上近人的记载。因为事实只能愈传愈失真,不能愈传愈近真。譬如李心传的《建炎以来系年要录》,其中多有怪事。如记李易安之改嫁,辛稼轩之献谀,文人对此最不平。我也曾一时好事,将此事记载查看过一回,觉得实在不能不为我们这两位文人抱冤。这都由于这位作者远在西蜀,虽曾一度参史局,究未曾亲身经验临安的政情文物。于是有文书可凭者尚有办法,其但凭口传者乃一塌糊涂了。这个情由不待举例而后明。

第五节　不经意的记载对经意的记载

记载时特别经意,固可使这记载信实,亦可使这记载格外不实;经意便难免于有作用,有作用便失史料之信实。即如韩退之的《平淮西碑》,所谓"点窜尧典舜典字,涂改清庙生民诗"者,总算经意了罢？然而用那样诗书的排场,哪能记载出史实来？就史料论,简直比段成式所作的碑不如。不经意的记载,固有时因不经意而乱七八糟,轻重不衬,然也有时因此保存了些原史料,不曾受"修改"之劫。

例如《晋书》《宋史》,是大家以为诟病的。《晋书》中之小说,《宋史》中之紊乱,固是不可掩之事实;然而《晋书》却保存了些晋人的风气,《宋史》也保存了些宋人的传状。对于我们,每一书保存的原料越多越好,修理的越整齐越糟。反正二十四史都不合于近代史籍的要求的,我们要看的史料越生越好! 然则此两书保存的生材料最多,可谓最好。《新五代史记》及《明史》是最能锻炼的,反而糟了。因为材料的原来面目被它的锻炼而消灭了。班固引时谚曰,"有病不治,常得中医"。抄账式的修史,还不失为中医,因为虽未治病,亦未添病。欧阳《五代史记》的办法,乃真不了,因为乱下药,添了病。

第六节　本事对旁涉

本事对旁涉之一题,看来像是本事最要,旁涉则相干处少,然而有时候事实恰恰与此相反。因为本事经意,旁涉不经意,于是旁涉有时露马脚,而使我们觉得实在另是一回事,本事所记者反不相干矣。有时这样的旁涉是无意自露的,也有时是有意如此隐着而自旁流露个线索的,这事并不一样。也有许多既非无意自露,又非有意自旁流露,乃是考证家好作假设,疑神疑鬼弄出的疑案。天地间的史事,可以直接证明者较少,而史学家的好事无穷,于是求证不能直接证明的,于是有聪明的考证,笨伯的考证。聪明的考证不必是,而是的考证必不是笨伯的。

史学家应该最忌孤证,因为某个孤证若是来源有问题,岂不是全套议论都入了东洋大海吗?所以就旁涉中取孤证每每弄出"亡是公子"、"非有先生"来。然若旁涉中的证据不止一件,或者多了,也有很确切的事实发现。举一例:汉武帝是怎么样一个人,《史记》中是没有专篇的,因为"今上本纪"在西汉已亡了。然而就太史公东敲西击所叙,活活的一个司马迁的暴君显出来。这虽不必即是真的汉武帝,然司马子长心中的汉武帝却已借此出来了。

第七节　直说与隐喻

我们可说,这只是上节本事对旁涉的一种;不过隐喻虽近旁涉,然究不可以为尽等于旁涉,故另写此一节。凡事之不便直说,而作者偏又不能忘情不说者,则用隐喻以暗示后人。有时后人神经过敏,多想了许多,这是常见的事。或者古人有意设一迷阵,以欺后人,而恶作剧,也是可能的事。这真是史学中最危险的地域呵!想明此例,且抄俞平伯先生《长恨歌及长恨歌传的传疑》一篇。(抄全实太长,然不抄全无以明其趣。)

尝读元人《秋夜梧桐雨》杂剧写马嵬之变,玉环之尸被军马践踏,不复收葬,其言颇闪烁牵强。至洪昉思《长生殿》则以尸解了之,而改葬之时,便曰"惨凄凄一匶空墓,杳冥冥玉人何去"!两剧写至此处,均作曲笔,而《长生殿·雨梦》一折更有新说,惟托之于梦。其词曰:"只为当日个乱军中祸殃惨遭,悄地向人丛里换妆隐逃,因此上流落久蓬飘。"而评者则曰："才情竭处忽生幻想，真有水穷山尽，坐看云起之妙。"洪君此作自为文章狡狯，以波折弄姿，别无深意；但以予观之，此说殆得《长恨歌》及《长恨歌传》之本旨。兹述其所见于后。佐证缺少，难成定论，姑妄言之，姑妄听之，亦所不废乎？

若率意读之，《长恨歌》既已乏味，而传尤为蛇足。歌中平铺直叙，婉曲之思与凄艳之笔并少，视《琵琶行》《连昌宫词》且有逊色。至陈鸿作传，殆全与歌重复，似一言再言不嫌其多者然。其故殊难索解。夫以一代之名手抒写一代之剧迹，必有奇思壮采流布文坛，而今乃平庸拖沓如此，不称所期许，抑又何耶？

其间更有可注意者，马嵬之变，实为此故事之中心，玉环缢死，以后皆余文也。以今日吾人行文之法言之，则先排叙其宠盛，中出力写其惨苦，后更抒以感叹或讽刺，如《长生殿弹词》之作法，称合作矣。而观此歌及传却全不如此，写至马嵬坡仅当全篇之半，此后则大叙特叙临邛道士、海山楼阁诸迹，皆子虚乌有之事耳，而言之凿凿焉。且以钗盒之重还与密誓之见诉，证方士之曾见太真。夫太真已死于马嵬，方士何得而见之？神仙之事，十九寓言，香山一老岂真信其实有耶？其不然明矣。明知其必不然，而故意以文实之，抑又何耶？

即此可窥歌传之本意，盖另有所在也。一篇必有其警策，如《琵琶行》以"同是天涯沦落人，相逢何必曾相识"为主意；《秦妇吟》以"一身苦兮何足嗟，山中更有千万家"为主意；独此篇之主旨，屡读之竟不可得。必不得已，只以"天长地久有时尽，此恨绵绵无绝期"当之。既以"长恨"名篇，此两语自当为点睛之笔。惟仅观乎此仍苦不明白，曰"此恨绵绵"，曰"长恨"，究何所恨耶？若以仓卒惨变为恨，则写至马嵬已足，何必假设临邛道士、玉妃太真耶？更何必假设分钗寄语诸艳迹耶？似马嵬之事不足为恨，而天人修阻为可恨者，抑又何耶？在《长恨歌传》之末曰："夫希代之事非遇出世之才润色之，则与时消没，

史学方法导论

不闻于世。乐天深于诗、多于情者也,试为歌之如何? 乐天因为《长恨歌》,意者不但感其事,亦欲惩尤物,窒乱阶,垂于将来也。歌既成,使鸿传焉。世所不闻者,予非开元遗民不得知;世所知者,有《明皇本纪》在。今但传《长恨歌》云尔。"在此明点此歌之作意,主要是感事,次要是讽谏。夫事既非真,感之何为? 则其间必明明有一事在焉,非寓言假托之匹。云将引为后人之大戒,则其事殆丑恶,非风流佳话也。乐天为有唐之诗史,所谓以出世之才记希代之事,岂以欣美豪奢、描画燕昵为能事哉? 遇其平铺直叙处,俱不宜正看。所谓繁华,其淫纵也;所谓风流,其丑恶也。按而不断,其意自明。陈鸿作传,惟恐后人不明,故点破之。

至作传之故,在此亦已明言。若非甚珍奇之事,则只作一歌可矣,只作一传亦可矣,初不必作歌之传,屋上架屋,床上叠床也。使事虽珍奇而歌意能尽且易知者,则传虽不作亦可也。惟其两不然,此传之所以作也。可分三层述之:歌之作意,非传将不明,一也;事既隐曲,以散文叙述较为明白,二也;传奇之文体,其时正流行,便于传布,三也。其尤可注意者为"世所不闻者"以下数语。其意若曰当时之秘密,我未亲见亲闻,自不得知;若人人皆知,明皇贵妃之事,则载在正史,又不待我言,我只传《长恨歌》中所述这一段异文而已。总之,白陈二氏仅记其所闻,究竟是否真确,二君自言非开元遗民不得知,遑论今日我辈也? 予亦只释《长恨歌》云尔,究竟歌中本意是否如此,亦无从取证他书,予只自述其所见云尔。

《长恨歌》立意于第一句已点明,所谓"汉皇重色思倾国",是明皇不负杨妃,负国家耳。开门见山,断语老辣。至于叙述,若华清宫、马嵬坡皆陪衬之笔,因既载《明皇本纪》,为世所知,所感者必另有所在而非仅此等事,陈鸿之言本至明白。结语所谓此恨绵绵,标题所谓长恨,乃国家之恨,非仅明皇太真燕私之恨也。否则太真已仙去,而"天上人间会相见",是有情之美满,何恨之有?何长恨之有?论其描画,叙繁华则近荒,记姝丽则近亵,非无雅笔也,乃故意贬斥耳。传所谓乐天深于时,观此良确。综观此篇,其结构似疏而实密,似拙而实巧;其词笔似笨重而实空虚;其事迹似可喜而实可丑。家弦户诵已千年矣,而皆被古人瞒过了,至为可惜。

　　旁证缺乏,兹姑以本文明之。此篇起首四句即是史笔:"汉皇重色思倾国",自取灭亡也。"杨家有女初长成,养在深闺人未识",明明真人面前打谎语,史称开元二十三年冬十二月册寿王妃杨氏,至天宝四载秋七月册寿王妃韦氏,八月以杨太真为贵妃。太真为寿王妃十余年之久,始嫔于明皇,乃曰"初长成"、"人未识",非恶斥而何?若曰回护,则上讳尊者方宜含糊掩饰,何必申申作反语哉?今既云云,则惟恐后入忽视耳。且其言与传意枘凿。传云:"诏高力士潜搜外宫,得宏农杨元琰女于寿邸,既笄矣。"其中亦有曲笔,如不曰寿王妃而曰杨女,不曰既嫔而曰既笄;然外宫与深闺其不同亦甚矣。读者或以"宛转蛾眉"之句,疑玉环若未死于马嵬,则于文义为抵牾,请以此喻之,试观此二语,亦可如字解否?

　　可知《长恨歌》中本有些微词曲笔,非由一二人之私见傅会而云然,以下所言始不病其穿凿。上半节铺排处均内含讽刺,人所习知,惟关系尚少。最先宜观其叙述马嵬之变。歌曰:"六军不发无奈何,宛转蛾眉马前死。花钿委地无人收,翠翘金雀玉搔头。君王掩面救不得,回看血泪相和流。"传曰:"上知不免而不忍见其死,反袂掩面,使牵之而去,苍黄展转,竟就绝于尺组之下。"其所叙述有两点相同,可注意:(一)传称不忍见其死,反袂掩面,使牵之去,是玉环之死,明皇未见也;歌中有"君王掩面"之言,是白陈二氏说同。(二)歌称"宛转蛾眉马前死",即传之"苍黄展转竟就绝于尺组之下"也。宛转即展转,而传意尤明白。苍黄展转,似极其匆忙捣乱。而竟就绝于尺组之下者,与夫死于马前之娥眉,究竟是否贵妃,其孰知之哉?而明皇固掩面反袂未见其死也。歌中"花钿"句,似有微意。此二句就文法言,当云花钿、翠翘、金雀、玉搔头委地无人收。诗中云云,叶律倒置耳,诸饰物狼藉满地,似人蝉脱而去者然。《太真外传》云:"妃之死日,马嵬媪得锦韈袜一只,相逢过客一玩百钱,前后获钱无数。"不特诸饰物纷堕,并锦袜亦失其一,岂不异哉?使如正史所记,命力士缢杀贵妃于佛堂,舆尸置驿庭,召玄礼等入观之,其境况殆不至如此也。

　　窃以为当时六军哗溃,玉环直被劫辱,挣扎委顿,故钿钗委地、锦袜脱落也。明皇则掩面反袂,有所不忍见,其为生为死,均不及知之。诗中明言"救不得",则赐死之诏旨当时殆决无之。传言"使牵之而去",大约牵之去则有之,使乎使乎?未可知也。后人每以马嵬事訾三郎之负玉环,冤矣。其人既杳,自不得不觅一替死鬼,于是"蛾眉"苦矣。既可上覆君王,又可下安六军,驿庭之尸俾众入观者,疑即此君也。或谓玄礼当识贵妃,何能指鹿为马?然玄礼既身预此变而又不能约束乱兵,则装聋做哑,含糊了局,亦在意中;故陈尸入视,即确有其事,亦不足破此说。至《太真外传》述其死状甚悉,乐史宋人,其说固后也,殆演正史而为之。

　　玉环以死闻,明皇自无力根究,至回銮改葬,始证实其未死。改葬之事,传中一字不提,歌中却说得明明白白:"马嵬坡下泥土中,不见玉颜空死处。"夫仅言马嵬坡下不见玉颜,似通常凭吊口气;今言泥土中不见玉颜,是尸竟乌有矣,可怪孰甚焉?后人求其说而不得,从而为之辞,曰肌肤消释,(《太真外传》)曰乱军践踏,曰尸解(均见上)其实皆牵强不合。予谓《长恨歌》分两大段,自首至"东望都门信马归"为前段,自"归来池苑皆依旧"至尾为后段;而此两句实为前后段大关键。觅尸既不得,则临邛道士之上天下地为题中应有之义矣。其实明皇密遣使者访问太真,临邛道士鸿都客则托辞耳;歌言"汉家天子使",传言"使者",可证此意。

观其访问之迹，又极其奇诡。传曰："方士乃竭其术以索之，不至；又能游神驭气，出天界、没地府以求之，不见；又旁求四虚上下，东极大海，跨蓬壶，见最高仙山上多楼阙，西厢下有洞户东向，阖其门，署曰玉妃太真院。"歌曰："排空驭气奔如电，升天入地求之遍。上穷碧落下黄泉，两处茫茫皆不见。忽闻海上有仙山，山在虚无缥缈间。楼阁玲珑五云起，其中绰约多仙子。中有一人字太真，雪肤花貌参差是。"最不可解者为碧落黄泉皆无踪迹，而乃得之海山。人死为鬼宜居黄泉，即诗人之笔不忍以绝代丽质付之沉沦，升之碧落可矣，奚必海山哉？且歌、传之旨俱至明晰。传云旁求四虚，明未曾升仙作鬼，仍居人间也；歌云两处茫茫皆不见，意亦正同；"忽闻"以下，尤可注意。自"海上有仙山"至"花貌参差是"，皆方士所闻也。使玉妃真居仙山，则孰见之而孰言之？孰言之而孰闻之耶？岂如《长生殿》所言天孙告杨通幽耶？夫马嵬坡下泥土中既失其尸矣，碧落黄泉既不得其魂魄矣，则羁身海山之太真，仙乎、鬼乎、人乎？明眼人必能辨之。且歌中此节，多狡狯语。"山在虚无缥缈间"，是言此亦人间一境耳，非必真有如此之海上仙山也；"其中绰约多仙子"，似群雌粥粥，太真盖非清净独居，唐之女道士院迹近倡家，非佳语也；"中有一人字太真"，上甫云多仙子，而此偏曰中有一人，明明点出一"人"字；"雪肤花貌参差是"，是方士来去以前，且有人见太真矣。其境界如何，不难想见。

写方士之见太真，正值其睡起之时。传曰："碧衣云：玉妃方寝，请少待之。于是云海沈沈，洞天日晚；琼户重阖，悄然无声。方士屏息敛足，拱手门下，久之而碧衣延入。"歌曰："闻道汉家天子使，九华帐里梦魂惊。揽衣推枕起徘徊，珠箔银屏迤逦开。云鬓半偏新睡觉，花冠不整下堂来。"依传言，方士待之良久；依歌言，玉妃起得极仓皇。既曰"梦魂惊"，而"云鬓"、"花冠"两句又似钗横鬓乱矣；其间有无弦外微音，不敢妄说。

传为传奇体，小说家言或非信史；而白氏之歌行实诗史之巨擘，若所闻非实，又有关碍本朝，乌得而妄记耶？至少，宜信白氏之确有所闻，而所闻又惬合乎情理；否则，于尚论古人有所难通。吾辈既谓方士觅魂之说为非全然无稽，则可进一步考察其曾见杨妃与否；因使觅杨妃是一事，而觅着与否又是一事。依歌、传所描写，委婉详尽明画如斯，似真见杨妃矣，然姑置不论。方士（姑以方士名之）持回之铁证有二：一为钿盒金钗，二为天宝十载密誓之语。夫钗盒或可偷盗拾取，（近人有以"翠钿委地"句为钗盒之来源，亦未必然。）而密誓殊难臆造。观传曰："夜殆半，休侍卫于东西厢，独侍上。上凭肩而立，因仰天感牛女事，密相誓心，愿世世为夫妇；此独君王知之耳。"歌曰："七月七日长生殿，夜半无人私语时。"曰"独侍"，曰"凭肩"，曰"无人私语"，是非方士所能窃听也。窃听既不得，臆造又不能，是方士确已见太真也。钿盒金钗人间之物，今分携而返，是且于人世见太真也。至于"天上人间会相见"，则以空言结再生之缘耳，正如玉溪生所云"海外徒闻更九洲，他生未卜此生休"，非有其他深意；"昭阳殿里恩爱绝，蓬莱宫中日月长"，明谓生离，不谓死别；况太真以贵妃之尊乃不免风尘之劫，贻闱壸之玷，可恨孰甚焉？故结之曰"天长地久有时尽，此恨绵绵无绝期"，言其耻辱终古不泯也。否则，马嵬之变，死一妇人耳，以长恨名篇，果何谓耶？

明皇知太真之在人间而不能收覆水，史乘之事势甚明，不成问题。况传曰："使者还秦太上皇，皇心震悼，日日不豫，其年夏四月南宫晏驾"。是明皇所闻本非佳讯，即卒于是年（肃宗宝应元年），而太真之死或且后于明皇也。按，依章实斋氏所考，则其时太真亦一媪矣，而犹摇曳风情如此，亦异闻矣。吾以为其人大似清末之赛金花，而《彩云曲》实《长恨歌》之嫡系也。惟此等说法，大有焚琴煮鹤之诮耳。

爬梳本文，实颇明白而鲜疑滞，惟缺旁证为可憾耳。杜少陵之《哀江头》亦传太真事,曰:"明眸皓齿今何在?血污游魂归不得。清渭东流剑阁深,去住彼此无消息。"曰去住,曰彼此,不知何指。若以此说解之,则上二句疑其已死,下二句又疑其或未死,两说并存欤?惟旧注以上指妃子游魂,下指明皇幸蜀,其说可通,故不宜曲为比附,取作佐证。且此事隐秘,事后渐流布于世,若乐天时闻之,在少陵时未必即有所闻也。他日如于其他记载续有所得,更当补订,以成信说。

今日仅有本文之直证,而无他书之旁证,只可传疑,未能取信。要之,当年之实事如何是一事,所传闻如何另是一事;故即使以此新说解释长恨歌传十分圆满,亦不过自圆其说而已,至多亦不过揣得作歌传之本旨而已(即此已颇夸大)。若求当年之秘事,则当以陈鸿语答之曰:"世所不闻者,予非开元遗民不得知。"

(附记一)明皇与肃宗先后卒于同年,肃宗先病而明皇之卒甚骤,疑李辅国惧其复辟而弒之,观史称辅国猜忌明皇,逼迁之于西内,流放高力士,不无蛛丝马迹。唐人亦有疑之者。韦绚《戎幕闲谈》曰:"时肃宗大渐,辅国专朝,意西内之复有变故也。"此事与清季德宗西后之卒极相似,亦珍闻也。

(附记二)又宋王铚《默记》:"元献(晏元献)因为僚属言唐小说:唐玄宗为上皇迁西内,李辅国令刺客夜携铁槌击其脑,玄宗卧未起,中其脑,皆作磬声。上皇惊谓刺者曰:'我固知命尽于汝手,然叶法善劝我服玉,今我脑骨皆成玉,且法善劝我服金丹,今有丹在首,固自难死,汝可破脑取丹,我乃可死矣。'刺客如其言,取丹乃死。"孙光宪《续通录》云:"玄宗将死,云:'上帝命我作孔升真人。'爆然有声,视之崩矣。亦微意也。"此亦可与上节参看。

十六年十一月十五日(留)

这是一篇很聪明的文章——对不对却另是一回事——同时也是一篇很自知分际的文章。此文末节所说甚诚实,我们生在百千年以后,要体会百千年以前的曲喻,只可以玩弄聪明,却不可以补苴信史也。

第八节　口说的史料对著文的史料

此一对当,自表面看来,我们自然觉得口说无凭,文书有证,其优劣之判别像是很简单的。然而事实亦不尽然。笔记小说虽是著于文字的材料,然性质实在是口说,所以口说与著文之对当在此范围内,即等于上文第二节所论列,现在不需再说,但说专凭口说传下来的史料。

专凭口说传下来的史料,在一切民族的初级多有之。《国语》《左传》一部分材料在内)之来源即是口说的史料,若干战国子家所记的故事多属于此类。但中国的文化,自汉魏以来,有若干方面以文字为中心。故文字之记载被人看重,口说的流传不能广远;而历代新兴的民间传说,亦概因未得文人为之记录而失遗。宫帏遗闻,朝野杂事,每不能凭口说传于数十年之后。反观古昔无文字之民族,每有巫祝一特殊阶级,以口说传史料,竟能经数百年,未甚失其原样子者(《旧约》书之大部分由于口传,后世乃以之著史)。故祝史所用之语,每非当时之普通语言,而是早若干时期之语言。此等口传的史料,每每将年代、世系、地域弄得乱七八糟,然亦有很精要的史事为之保留,转为文书史料所不逮。汉籍中之《蒙古源流》,即其显例也。

古代及中世之欧洲民族所有之口传史料,因文化之振兴及基督教之扩张而亡遗,独其成为神话作为诗歌者,以其文学之价值而得幸存,然已非纯粹之口传史事矣。近代工业文明尤是扫荡此等口传文学与史事者,幸百年之前,德俄诸国已有学者从事搜集,故东欧西亚之此等文学与史料,尚藉此著于文字者不少,而伊兰高加索斯拉夫封建之故事,民族之遗迹,颇有取资于此,以成今日史事知识者焉。

中国历史分期之研究

　　凡研治"依据时间以为变迁"之学科，无不分期别世，以御纷繁，地质史有"世纪"、"期"、"代"之判，人类进化史有"石世"、"铜世"、"铁世"、"电世"之殊，若此类者，皆执一事以为标准，为之判别年代，一则察其递变之迹，然后得其概括；一则振其纲领之具，然后便于学者。通常所谓历史者，不限一端，而以政治变迁，社会递嬗为主体。试为之解，则人类精神之动作，现于时间，出于记载，为历史。寻其因果，考其年世，即其时日之推移，审其升沉之概要，为历史之学。历史学之所有事，原非一端，要以分期，为之基本。置分期于不言，则史事杂陈，樊然淆乱，无术以得其简约，疏其世代，不得谓为历史学也。世有以历史分期为无当者，谓时日转移，无迹可求，必于其间，斫为数段，纯是造作。不知变迁之迹，期年记之则不足，奕世计之则有余。取其大齐，以判其世，即其间转移历史之大事，以为变迁之界，于情甚合，于学甚便也。

　　西洋历史之分期，所谓"上世"、"中世"、"近世"者，与夫三世之中，所谓 Subdivisions 在今日已为定论。虽史家著书，小有出入，大体固无殊也。返观中国，论时会之转移，但以朝代为言。不知朝代与世期，虽不可谓全无关涉，终不可以一物视之。今文《春秋》有"见闻"、"传闻"之辩，其历史分期之始乎？春秋时代过短，判别年限，又从删述者本身遭际而言，非史书竟义，后之为史学者，仅知朝代之辩，不解时期之殊，一姓之变迁诚不足据为分期之准也。日本桑原隲藏氏著《东洋史要》（后改名《支那史要》），始取西洋上古中古近古之说以分中国历史为四期。近年出版历史教科书，概以桑原氏为准，未见有变更其纲者。寻桑原氏所谓四期，一曰上古，断至秦始皇一统，称之为汉族缔造时代。二曰中古，自秦始皇一统至唐亡，称之为汉族极盛时代。三曰近古，自五季至明亡，称之为汉族渐衰，蒙古族代兴时代。四曰近世，括满清一代为言，称之为欧人东渐时代。似此分期，较之往日之不知分期，但论朝代者，得失之差，诚不可量。然一经中国著史学教科书者尽量取用，遂不可通。桑原氏书，虽以中华为主体，而远东诸民族自日本外，无不系之。既不限于一国，则分期之谊，宜统合殊族以为断，不容专就一国历史之升降，分别年世，强执他族以就之。所谓汉族最盛时代，蒙古族最盛时代，欧人东渐时代者，皆远东历史之分期法，非中国历史之分期法。中国学者强执远东历史之分期，以为中国历史之分期，此其失固由桑原，又不尽在桑原也。且如桑原所分，尤有不可通者二端：一则分期标准之不一，二则误认历来所谓汉族者为古今一贯。请于二事分别言之。凡为一国历史之分期者，宜执一事以为标准。此一事者，一经据为标准之后，便不许复据他事别作标准。易词言之，据以分割一国历史时期之标准，必为单一，不得取标准于一事以上。如以种族之变迁分上世与中古，即应据种族之变迁分中世与近世，不得更据他事若政治改革、风俗易化者以分之。若既据种族以为大别，不得不别据政治以为细界，取政治以为分本者，但可于"支分"中行之（Subdivision），不容与以种族为分别者平行齐列。今桑原氏之分期法，始以汉族升降为别，后又以东西交通为判，所据以为分本者，不能上下一贯，其弊一也。

中国历史上所谓"诸夏"、"汉族"者，虽自黄唐以来，立名无异。而其间外族混入之迹，无代不有。隋亡陈兴之间，尤为升降之枢纽。自汉迄唐，非由一系。汉代之中国与唐代之中国，万不可谓同出一族。更不可谓同一之中国,取西洋历史以为喻,汉世犹之罗马帝国,隋唐犹之察里曼后之罗马帝国,名号相衍,统绪相传,而实质大异。今桑原氏泯其代谢之迹,强合一致,名曰"汉族极盛时代",是为巨谬(说详次节)。其弊二也。凡此二弊,不容不矫。本篇所定之分期法,即自矫正现世普行桑原氏之分期法治。

以愚推测所及者言之,欲重分中国历史之期世,不可不注意下列四事。

一 宜知中国所谓汉族于陈隋之间大起变化

唐虞三代以至秦汉,君天下者皆号黄帝子孙。虽周起岐,汧秦起邠渭,与胡虏为邻,其地其人,固不离于中国。故唐虞以降,下迄魏晋,二千余年间,政治频革,风俗迥异,而有一线相承,历世不变者,则种族未改是世。其间北狄南蛮,入居边境,同化于汉族者,无代无有。然但有向化,而无混合。但有变夷,而无变夏。于汉族之所以为汉族者,无增损也。至于晋之一统,汉族势力已成外强中干之势,永嘉建宁之乱,中原旧壤,沦于朔胡,旧族黎民,仅有孑遗,故西晋之亡,非关一姓之盛衰,实中原之亡也。重言之,周秦汉魏所传之中国,至于建兴而亡也。所幸者,江东有孙氏,而后缔造经营,别立国家,虽风俗民情,稍与中原异贯,要皆"中国之旧衣冠礼乐之所就,永嘉之后,江东贵焉"。为其纂承统绪,使中国民族与文化不随中原以俱沦也。江东之于中原,虽非大宗,要为入祧之别子。迄于陈亡,而中国尽失矣。王通作《元经》,书陈亡,而具晋宋齐梁陈五国,著其义曰:"衣冠文物之旧……君子与其国焉,曰,犹我中国之遗民也。"(《元经》卷九)故长城公丧其国家,不仅陈氏之亡,亦是江东衣冠道尽(改用陈叔宝语),江东衣冠道尽,是中国之亡,周秦汉魏所传之中国,至于建兴而丧其世守之城,至于祯明而亡其枝出之邦。祯明之在中国,当升降转移之枢纽,尤重于建兴,谈史者所不可忽也。

继陈者隋,隋外国也。继隋者唐,唐亦外国也。何以言之? 君主者,往昔国家之代表也。隋唐皇室之母系,皆出自魏房,其不纯为汉族甚明。唐之先公,曾姓大野,其原姓李氏,而赐姓大野欤? 抑原姓大野,而冒认李姓欤? 后人读史,不能无疑也。此犹可曰,一姓之事,无关中国也。则请举其大者言之。隋唐之人,先北朝而后南朝,正魏周而伪齐陈,直认索虏为父,不复知南朝之为中国,此犹可曰,史家之词,无关事实也。则请举其更大者言之。隋唐将相,鲜卑姓至多,自负出于中国甲族之上;而皇室与当世之人,待之亦崇高于华人,此犹可曰,贵族有然,非可一概论也。则请举其民俗言之。琵琶卑语,胡食胡服(见《颜氏家训》,《中华古今注》等书),流行士庶间,见于载记,可考者甚繁。于此可知,隋唐所谓中华,上承拓拔宇文之遗,与周汉魏晋不为一贯。不仅其王室异也。风俗政教,固大殊矣。为史学者,不于陈亡之日,分期判世,而强合汉唐以一之,岂知汉唐两代民族颇殊,精神顿异,汉与周秦甚近,而与唐世甚远。唐与宋世甚近,而与南朝甚远。此非以年代言也。以历朝所以立国,所以成俗之精神,察之然后知其不可强合。今吾断言曰,自陈以上为"第一中国",纯粹汉族之中国也。自隋至宋亡为"第二中国",汉族为胡人所挟,变其精神,别成统系,不蒙前代者也。

二 宜知唐宋两代有汉胡消长之迹,南宋之亡又为中国历史一大关键

自隋迄宋,为"第二中国",既如上所述矣。此八百年中,虽为一线相承,而风俗未尝无变。自隋至于唐季(五代之名,甚不可通,中原与十国,地丑德齐,未便尊此抑彼。其时犹是唐之叔世,与其称为五季,不如称为唐季,可包南北一切列国,说详拙著札记),胡运方盛,当时风俗政教,汉胡相杂,虽年世愈后,胡气愈少,要之胡气未能尽灭。读唐世文家

所载,说部所传,当知愚言之不妄也。至于周宋,胡气渐消,以至于无有。宋三百年间,尽是汉风。此其所以异于前代者也。就统绪相承以为言,则唐宋为一贯,就风气异同以立论,则唐宋有殊别,然唐宋之间,既有相接不能相隔之势,斯惟有取而合之,说明之曰"第二中国",上与周汉魏晋江右之中国,对待分别可也。此"第二中国"者,至于靖康而丧其中原,犹晋之永嘉,至于祥兴而丧其江表,犹陈之祯明。祥兴之亡,第二中国随之俱亡,自此以后全为胡虏之运,虽其间明代光复故物,而为运终不长矣。祥兴于中国历史之位置,尤重于祯明。诚汉族升降为一大关键也。

三 宜据中国种族之变迁升降为分期之标准

如上所云,"第一中国"、"第二中国"者,皆依汉族之变化升降以立论者也。陈亡隋代,为汉族变化之枢纽。宋亡元代,为汉族升降之枢纽。今为历史分期,宜取一事以为标准,而为此标准者,似以汉族之变化升降为最便。研究一国历史,不得不先辨其种族,诚以历史一物,不过种族与土地相乘之积,种族有其种族性,或曰种族色者(Racial colour),具有主宰一切之能力,种族一经变化,历史必顿然改观。今取汉族之变化升降以为分期之标准,既合名学"分本必一之说",又似得中国历史上变化之扼要,较之桑原氏忽以汉族盛衰为言,忽以欧人东渐为说者,颇觉简当也。

四 宜别作"枝分"(subdivision),勿使与初分相混

如上所言既以汉族之变化与升降为上世、中世、近世分期之标准,而每世之中,为年甚长,政俗大有改易,不可不别作"枝分",使之纲目毕张。兹以政治变迁为上世枝分之分本,风俗改易为中世枝分之分本,种族代替为近世枝分之分本,合初分与枝分,图为下表,而说明之。(见下表)

中国历史
- 甲　上世
  - （一）上世第一期，周平王元年以前。
  - （二）上世第二期，起周平王元年至秦始皇二十六年。
  - （三）上世第三期，起秦始皇二十六年至晋建兴五年。
  - （四）上世第四期，起晋建兴五年至陈祯明三年。
- 乙　中世
  - （五）中世第一期，起陈祯明三年，即隋开皇九年，至后周显德六年。
  - （六）中世第二期，起宋建兴元年，即显德六年之次年，至祥兴二年。
- 丙　近世
  - （七）近世第一期，起宋祥兴二年，即元至元十六年，至至正二十四年。
  - （八）近世第二期，起元至正二十四年，即韩氏龙凤十年，至明永历十五年。
  - （九）近世第三期，起明永历十五年，即清顺治十八年，至宣统三年。
- 丁　现世——民国建元以来。

说明上世、中世、近世之所由分，与中世第一第二两期之所由分，俱详前。

周平王东迁以前，世所谓唐虞三代，此时期中，虽政治不无变化，而其详不可得闻，既无编年之史（《竹书纪年》不足信），又多传疑之说（夏殷无论，即如两周之文王受命，周公居东，厉王失国诸事，异说纷歧，所难折中。）惟有比而同之，以为"传疑时代"。盖平王以降，始有信史可言也。

东周数百年间，政治风俗，上与西周有别，下与秦汉异趣。其时学术思想昌明，尤为先后所未有。故自为一期。

上古第三期，括秦汉魏西晋四朝，为其政治成一系也。

上古第四期，括东晋宋齐梁陈五朝，为其政治成一系，风俗成一贯也。

近世第一期，括蒙古一代。第二期括明朝始终。第三期括满清一代。近世独以朝代为分者，以朝代之转移，即民族势力之转移故也。

分世别期，最难于断年。前期与后期交接之间，必有若干年岁，为过渡转移时代。合于前世，既觉未安，合于后期，更觉不可，今为画一之故，凡过渡时代均归前期。如上世中世之交，有数朝为过渡转移期，全以归于上世。必于陈亡之后，始著中世。又如上古第一期与第二期之交,周赧入秦,与秦始皇一统间,数十年为过渡期。今以附于第一期,必俟六国次第以亡,然后著第二期。一切分期,除近世第一期外,俱仿此。近世第一期所以独为例外者,以元人入中国,与往例不同。未入中国时,固在朔漠,号称大汗。既摈出之后,又复其可汗之名,此于中国纯为侵入,故第二第三期间,以吴始建国为断,不以顺帝北去为断。

分中国历史为如是三世,固觉有奇异之感焉。则三世者,各自为一系,与上不蒙,而上世中世又有相似之平行趋向是也。北魏北周第二期之缔造时,与上不相蒙者也。辽金第三期之缔造时,与上不相蒙者也。中世之隋唐,犹上世之秦汉,同为武功极盛在世。隋之一统与秦之一统,差有相似之点。中世之北宋,犹上世之魏晋,同为内政安人,外功不张之世。中世之南宋,犹上世之江左,同为不竞之世。南宋之亡,尤类陈亡。此上世中世平行之趋向,不待详言者也。中世与近世,趋向绝殊,固由承宇文者为隋,代完颜者为元,辽与魏,金与周,已不可强同。元隋更大异其性。此后之历史,遂毫无相似者矣。简言之,上世一系之中,所有朝代,但有相传,而无相灭;中世一系之中,亦但有相传,而无相灭;近世一系之中,但有相灭,而无相传。是非以帝族言也。以其立国之道,察之如是云尔。

余为此分期法,读者宜有所疑,以谓"梁陈不竞,半虏之隋唐,代承统绪,本汉族甚不名誉之事,如今日通行之分期法,合汉唐而一之,此丑可掩。今分而为二,非所以扬历史之光荣也"。余将答此说曰,学问之道,全在求是。是之所在,不容讳言其丑。今但求是而已,非所论于感情。余深察汉唐两代,实不能比而同之,纵使违心徇情,比而同之,读史者自可发觉,欺人无益也。陈隋间之往事,曷尝不堪发愤。要不可与研究史学之真相,混合言之。

(原刊民国七年四月十七日至廿三日《北京大学日刊》)

与顾颉刚论古史书

颉刚足下：

　　我这几年到欧洲，除最初一时间外，竟不曾给你信，虽然承你累次的寄信与著作。所以虽在交情之义激如我们，恐怕你也轻则失望，重则为最正当之怒了。然而我却没有一天不曾想写信给你过，只是因为我写信的情形受牛顿律的支配，"与距离之自成方之反转成比例"，所以在柏林朋友尚每每通信以代懒者之行步，德国以外已少，而家信及国内朋友信竟是稀得极利害，至于使老母发白。而且我一向懒惰，偶然以刺激而躁动一下子，不久又回复原状态。我的身体之坏如此，这么一个习惯实有保护的作用，救了我一条命。但因此已使我三年做的事不及一年。我当年读嵇叔夜的信说他自己那样懒法，颇不能了解，现在不特觉得他那样是自然，并且觉得他懒得全不尽致。我日日想写信给你而觉得拿起笔来须用举金箍棒之力，故总想"明天罢"。而此明天是永久不来的明天，明天，明天……至于今天；或者今天不完，以后又是明天，明天，明天……这真是下半世的光景！对于爱我的朋友如你，何以为情！

　　私事待信末谈，先谈两件《努力周报》上事物。在当时本发愤想写一大篇寄去参加你们的论战，然而以懒的结果不曾下笔而"努力"下世。我尚且仍然想着，必然写出寄适之先生交别的报登，窃自比季子挂剑之义，然而总是心慕者季子，力困若叔夜，至今已把当时如泉涌的意思忘到什七八。文章是做不成的了,且把尚能记得者寄我颉刚。潦草,不像给我颉刚的信,但终差好于无字真经。只是请你认此断红上相思之字,幸勿举此遐想以告人耳。

第一件是我对于丁文江先生的《历史人物与地理的关系》一篇文章的意见。

这篇文章我非常的爱读,当时即连着看了好几遍。我信这篇文章实在很有刺激性,就是说,很刺激我们从这些在欧洲虽已是经常,而在中国却尚未尝有人去切实的弄过的新观点,新方术,去研究中国历史。又很提醒我们些地方。但这篇文章的功绩,在此时却只是限于这个胎形,看来像是有后文,我们却不能承认其中证求得的事实为成立。而且这种方法也不是可以全不待讨论的。丁先生的文章我只看见过《中国与哲嗣学》的下半篇和这篇,和"科玄之战"的文章。从科玄之战的文章看来(特别是后一篇),可以知道作者思想的坚实分析力,在中国现在实在希有,决非对手方面的人物所能当,而他这一些文章,都给我一个显然的印观,就是丁君在求学问的线路上,很受了 Sir Francis Galton, Prof. Karl Pearson 一派的影响,而去试着用统计方法于各种事物上,包括着人文科学。这实在是件好事。我们且于丁先生的施用上,仔仔细细看一下子。

(点一)拿现在的省为单位去分割一部"二十四朝之史"(从曾毅先生的名词)中的人物,不能说没有毛病。把现在省拿来作单位,去分割元明清三朝的人物是大略可以的;拿省作单位去分割前此而上的人,反而把当时人物在当时地理上的分配之真正 Perspective 零乱啦。略举一两个例,汉时三辅三河七郡合来成一个司隶校尉部区,三辅是京畿,而三河每可说是京畿文物之别府,文物最高的地方。这实在是一个单位。而若拿现在省划分,使得三辅与当年的边塞为一单位,三河大部分与汝汉为一单位,小部分与雁门代郡为一单位,便把当时人物照当时地理(就是说郡国)分配的样子失啦。丁先生的表是个英语文法在汉语中分配的表,而从此推论到"即如前汉的都城在陕西,而陕西所出的人物,还抵不上江苏,更不必说山东、河南了"。仿佛像是几百或千年后北京划得与东蒙车臣汗沙漠同区,统名蓟北部,有历史家曰,"蓟北是千年建都之地,而所出人物,反不及今一中部,更不必说大部了"。这话可以行吗?假如我们不拿现在的省为单位,而拿当年的郡国为单位,恐怕这话就不这样了。东汉于郡上有了州,说起来容易些。东汉的陕西所以人物少者,因为当时的陕西(司隶校尉)的大部分精华在省外,而省内有些与当时的陕西毫无相干的地方(朔方迤南,当时边塞,不属畿辅)。江苏的人物所以多者,也正以当时的江北老把江南的分数带着提高。不然,吴郡自身在西汉恐怕也不过和东汉样的。况且今之省域,不即合于当时的国界。所以这表中直隶、甘肃之在北宋(燕云十六州已属契丹,甘肃已属夏),河南、安徽、江苏之在南宋(交界区)……等,都是困难的物事。又如把南宋的中国和现在列省中的中国为一般的排对比,自然事实上出入很多。

但既不用一贯的百分单位,比起来,又怎么办?我回答说,我根本上不赞成这个表。如果制一个表,必须比这个详细的多。不在当年"中国"的境内的即不应一般待遇去百分,而当年国界、省界也要注明。或者把省分为数部(如今道区),比起来可以不太妨碍;当时区划也不妨碍一统一体的比较。余详下文。

(点二)丁君从他所造的表中推比了许多事实和现象,但这些事实和现象和这个表中的数目字,严格说起,多毫无有直接的关系,这些推比也但是些预期 Anticipations 而已。换句话说,这些推比的事件多是我们时常所想及,如建都的关系,都城外更有文化中心一种事实,地方与"龙兴"的关系,物质与文物,殖民同避乱的影响……等等,都是我们读起历史来便引想到的题目。但我们对于这些题目,有意思而有的意思无界略,总而言之,都是些多多少少模糊着待考的意思。现在丁先生这表中的数目字,也并不能给我们这些待考的意思一判然的决定。这些意思与这些间的关系,只是联想,不相决定的"因数"。这类,看起来像很科学的,而实在是"预期"之件,颇有危险。

(点三)第一表所以不见得能得好成就者,因为包罗太宽大,立意上太普遍,而强从一个无从分析的表中去分析事实。至于第二表,却是一件极好的作品,这一表之所以成功,正因为题目是有限而一定,不如上一表一样。这个表中的意思,也或者可以有斟酌的地方。鼎甲数虽然不受省份的制限,但恐怕也不能说是完全自由竞争的结果,尤其不见得鼎甲是能代表文化。我很疑心有下列二种分数在其中有贡献。(一)考试官与投考者乡族的关系。如考官中多是昔年的鼎甲,恐即有偏于其同乡的趋势(典试不密书)。(二)考殿试竟成了一种专门的技术,如某一地方最便宜于殿试所需要的各种质素,则这一地方所出之科甲为多,然我们却不能竟拿它出科甲的数目为文化最高的数目。此两点均可于我们贵县在清朝多出状元一件事实中证明。但如果明朝不如清朝在考试上之腐败,则此层即不成问题了。不过我们看来,明朝晚年士林中,那种讲师生门第交游等等一切的净恶习惯,恐怕好不到那里去。言归正传,这一个表却是把他所要证明的东西之一件证明了,就是下一个消极证,官定的各省科举额,不足代表各省的程度,不过分数上尚有斟酌呵!

(点四)丁先生谓在两汉的时代,中国文化分布的不平均,后渐平均,到了明朝至平均,这恐怕也是因为拿着现在的单位去比量才有这个现象。浙江之在西汉,犹之乎今之吉林,恐尚不及福建等省,则等于黑龙江阿山道之间。所以在后汉,广东、贵州、云南、奉天"都是零"。与其说是文化不平均,毋宁谓为这些地方之为中国,意义上尚不尽完全。如果我们做一个中华民国时代的表,势必至于外蒙、西藏(康省除外)、青海下面加零,吉黑三特别区,新疆、阿山、贵州下面加一个很小的分数,其相貌或与汉朝差不多。至于在各种意义上,完全为中国之地方,如关、洛、汝、汉、淮、泗及沿着黄河的郡国,细比起来,其平均或不平均,恐与今之各省之平均相等。是则丁君所谓古不平均今平均,又一幻境也。总而言之,这事实与其谓为当年文化之不平均,毋宁谓是现在的中国大得多了。

把上列几点约起来,我对于这篇文章的一个一般的印象,是觉着把统计方法应用在历史一类的研究上尤其要仔细。普通说起,凡是分布上凌迟出入的事实,都可应用统计方法,而这样分布上凌迟出入的事实,几乎是可研究的事实之大部分。但统计方法的收效,也以它所施用的材料之性质为断。统计方法最收效的地方,是天文。岂特如此,我们竟可说天文是统计学的产生地。因为统计方法之理论,几乎都是从天文学中造端,而近代统计学方法之立基柱者 Quetelet,自身是比利时的钦天监。这正因为天文学上的数目,我们用来做统计学的比较的,总是单元(Homogeneous),而所用数目,多半是由我们所限定的标准造出的。就是说,我们对于这些数目有管辖之可能。几乎到了生物学的事实上,就不这样便宜。虽然这些数目还是由我们定的标准产出,然而事实的性质已远不如天文事实之单元,实在是些复元的(Heterogeneous)。至于历史现象,我们不能使它再回来,去量一下子,又是极复元的物事,故如不从小地方细细推求比论,而以一个样子定好如当代欧美都市统计表一般的形状,加上,恐怕有点疏误。历史本是一个破罐子,缺边掉底,折把残嘴,果真由我们一整齐了,便有我们主观的分数加进了。我不赞成这个以现在省为二千年历史的总单位,去百分国土大小很不相等的各时的人,正是因为这表太整齐,这表里面的事实却是太不整齐。

研究历史要时时存着统计的观念,因为历史事实都是聚象事实(mass-facts)。然而直接用起统计方法来,可须小心着,因为历史上所存的数目多是不大适用的。

假如丁君把这一个大表变散为小点去研究,恐怕收效比现在多得多。现在略举几个提议:

(一)以当年的州郡为单位,去求方里数目、户口数目、财赋数目三件之互相比例。假如能画成地图,以比例率之轻重为颜色上之浅深,或者其分配上更可提醒些事。(二)把世族(姑假定有二人同出一家同有传者即为世族,更于其中以年代分类)按州郡列一个表,再把非世族之人物照州郡之分配者和它一比,恐怕使我们显然见得文化低的地方多非世族,文化高的地方多世族(母系有可考者即列,如杨恽为司马子长外孙之类)。(三)把历代的世族比较一下,比较他们在人物中的百分数目,在各类职业文官、武将、文学等的分配比较,或者更有些事实可得到。此时没有根据,但人们免不了泛着去想由东汉至唐,世家之渐重,实在是当时社会组织上很大的一个象征。宋后世族衰,是一个社会组织上很大的变化,这三件正是偶然想起,其实中国历史上可用数目表图研究的题目很多。Richter 拿字数统计去定 Plato 语之先后,何况历史上的实事呢。但总以从有界画的题目做去,似乎才妥当。

我可以把上文总结起来,说:丁君这一种方法,将来仔细设施起来,定收很好的效果,不过他这文(特别是第一表)却但是一个大辂的椎轮,我们不取这篇文章所得的结果,因为它们不是结果;但取这篇文章的提议,因为它有将来。

至于他论唐朝与外族的一段,完全和我的意思一样。汉唐决不能合作一个直线去论,我曾于《中国历史分期的研究》详细说过。这篇文章大约是民国七年春天登在《北京大学日刊》上的,错字连篇。原稿我仿佛交给你了。是么?我在这篇文章用所谓"元经"的话。谓陈亡是"晋宋齐梁陈亡,中国亡"。永嘉南渡前为"第一中国"。南渡后失其故地,而尚有第一中国之半,犹一线也。隋唐两代实是以五胡拓拔为原始,合着有踏践的剩余再造的。所以唐朝文物习惯从南朝,而生活的精神反截然和南朝两样。这个第二中国,固然在文化上仍是因袭第一中国,然一要部分亦以苻秦、拓拔为根据(苻秦、拓拔都有中国以外的领土,又恰恰这个时候是西域文化最高的时候,故即无人种变化,亦甚能使文化历史入一新期)。大野三百年一统后(这个一统之为一统,也和我们五族共和之为共和一样),大乱上一回,生出了一个文化最细密的宋朝。在许多地方上,宋朝是中国文化最高点。这第二中国与第一中国之为一线,不是甚深的现象。其内容上所谓南北朝之纷乱,决不等于三国唐季,而实是一个民族再造的局面,恐怕这个时期是历史上最大的关节了。汉朝盛时只是中国的,唐朝盛时颇有点世界的意味。这固然也由于汉朝接触的外国除西域很小的一部分外都蛮夷,而唐朝所接触恰在西域和亚剌伯文化最盛期,但要不是自身民族上起了变化,就是说等于社会组织和生活的趋向上起了变化,这外来的影响究竟不容易济事。梁陈的"冢中枯骨"局面是不能使民族的生命继续下的。或者殷周之际,中国的大启文化,也有点种族关系正未可知。要之中国历史与中国人种之关系是很可研究的。

其二,论颉刚的古史论。三百年中,史学、文籍考订学,得了你这篇文字,而有"大小总汇"。三百年中所谓汉学之一路,实在含括两种学问:一是语文学,二是史学、文籍考订学。这两以外,也更没有什么更大的东西;偶然冒充有之,也每是些荒谬物事,如今文家经世之论等。拿这两样比着看,量是语文学的成绩较多。这恐怕是从事这类的第一流才力多些,或者也因为从事这科,不如从事史学、文籍考订者所受正统观念限制之多。谈语言学者尽可谓"亦既觏止"之觏为交媾,"握椒"之为房中药。汉宋大儒,康成、元晦如此为之,并不因此而失掉他的为"大儒"。若把"圣帝明王"之"真迹"布出,马上便是一叛道的人。但这一派比较发达上差少的史学、考订学,一遇到颉刚的手里,便登时现出超过语文学已有的成绩之形势。那么,你这个古史论价值的大还等我说吗?这话何以见得呢? 我们可以说道,颉刚以前,史学、考订学中真正全是科学家精神的,只是阎若璩、崔述几个人。今文学时或有善言,然大抵是些浮华之士;又专以门户为见,他所谓假的古文,固大体是假,他所谓真的今文,亦一般的不得真。所有靠得住的成绩,只是一部《古文尚书》和一部分的《左氏》《周官》之惑疑(这也只是提议,未能成就);而语文那面竟有无数的获得。但是,这语文学的中央题目是古音,汉学家多半"考古之功多,审音之功浅",所以最大的成绩是统计的分类通转,指出符号来,而指不出实音来。现在尚有很多的事可作;果然有其人,未尝不可凌孔㧑约而压倒王氏父子。史学的中央题目,就是你这"累层地造成的中国古史",可是从你这发挥之后,大体之结构已备就,没有什么再多的根据物可找。前见《晨报》上有李玄伯兄一文,谓古史之定夺要待后来之掘地。诚然掘地是最要事,但不是和你的古史论一个问题。掘地自然可以掘出些史前的物事,商周的物事,但这只是中国初期文化史。若关于文籍的发觉,恐怕不能很多。(殷墟是商社,故有如许文书的发现。这等事例岂是可以常希望的。)而你这一个题目,乃是一切经传子家的总锁钥,一部中国古代方术思想史的真线索,一个周汉思想的摄镜,一个古史学的新大成。这是不能为后来的掘地所掩的,正因为不在一个题目之下。岂特这样,你这古史论无待于后来的掘地,而后来的掘地却有待于你这古史论。现存的文书如不清白,后来的工作如何把他取用。偶然的发现不可期,系统的发掘须待文籍整理后方可使人知其地望。所以你还是在宝座上安稳的坐下去罢,不要怕掘地的人把你陷了下去。自然有无量题目要仔细处置的,但这都是你这一个中央思想下的布列。犹之乎我们可以造些动力学的 Theorem,但这根本是 Newton 的。我们可以研究某种动物或植物至精细,得些贯通的条理,但生物学的根本基石是达尔文。学科的范围有大小,中国古史学自然比力学或生物学小得多。但他自是一种独立的、而也有价值的学问。你在这个学问中的地位，便恰如牛顿之在力学，达尔文之在生物学。去年春天和志希从吾诸位谈，他们都是研究史学的。"颉刚是在史学上称王了，恰被他把这个宝贝弄到手；你们无论再弄到什么宝贝，然而以他所据的地位在中央的原故，终不能不臣于他。我以不弄史学而幸免此危，究不失为'光武之故人也'。几年不见颉刚，不料成就到这么大！这事原是在别人而不在我的颉刚的话，我或者不免生点嫉妒的意思，吹毛求疵，硬去找争执的地方；但早晚也是非拜倒不可的。"

颉刚，我称赞你够了么！请你不要以我这话是朋友的感情；此间熟人读你文的，几乎都是这意见。此时你应做的事，就是赶快把你这番事业弄成。我看见的你的文并不全，只是《努力》读书杂志9，10，11，12，14（13号未见过，14后也未见过）所登的。我见别处登有你题目，14号末又注明未完；且事隔已如此之久，其间你必更有些好见解，希望你把你印出的文一律寄我一看。看来禹的一个次叙，你已找就了，此外的几个观念，如尧、舜、神农、黄帝、许由、仓颉等等，都仔细照处理禹的办法处置他一下子。又如商汤、周文、周公虽然是真的人，但其传说也是历时变的。龟甲文上成汤并不称成汤。《商颂》里的武王是个光大商业、而使上帝之"命式于九围"的，克夏不算重事。周诰里周公说到成汤，便特别注重他的"革夏"，遂至结论到周之克殷，"于汤有光"的滑稽调上去（此恰如满酋玄晔谀孝陵的话）。到了孟子的时代想去使齐梁君主听他话，尤其是想使小小滕侯不要短气，便造了"汤以七十里兴，文王以百里兴"的话头，直接与《诗·颂》矛盾。到了嵇康之薄汤武，自然心中另是一回事。至于文王、周公的转变更多。周公在孔子正名的时代，是建国立制的一个大人物。在孟子息邪说距诐行的时代，是位息邪说距诐行的冢相。在今文时代，可以称王。在王莽时代，变要居摄。到了六朝时，真个的列爵为五、列卿为六了，他便是孔子的大哥哥，谢夫人所不满意事之负责任者。(可惜满清初年不文,不知"文以诗书",只知太后下嫁。不然,周公又成满酋多尔衮,这恐怕反而近似。)这样变法,岂有一条不是以时代为背景。尤其要紧的,便是一个孔子问题。孔子从《论语》到孔教会翻新了的梁漱溟,变了真正七十二,而且每每是些剧烈的变化,简直摸不着头脑的。其中更有些非常滑稽的,例如苏洵是个讼棍,他的《六经论》中的圣人(自然是孔子和其他),心术便如讼棍。长素先生要做孔老大,要改制,便做一部孔子改制托古考;其实新学伪经,便是汉朝的康有为做的。梁漱溟总还勉强是一个聪明人,只是所习惯的环境太陋了,便挑了一个顶陋的东西来,呼之为"礼乐",说是孔家真传:主义是前进不能,后退不许,半空吊着,简直使孔丘活受罪。这只是略提一二例而已,其实妙文多着哩。如果把孔子问题弄清一下,除去历史学的兴味外,也可以减掉后来许多梁漱溟,至少也可以使后来的梁漱溟但为梁漱溟的梁漱溟,不复能为孔家店的梁漱溟。要是把历来的"孔丘七十二变又变……"写成一本书,从我这不庄重的心思看去,可以如欧洲教会教条史之可以解兴发噱。从你这庄重的心思看去,便一个中国思想演流的反射分析镜,也许得到些中国历来学究的心座(Freudian Complexes)来,正未可料。

你自然先以文书中选择的材料证成这个"累层地"。但这个累层地的观念大体成后,可以转去分析各个经传子家的成籍。如此,则所得的效果,是一部总括以前文籍分析,而启后来实地工作的一部古史,又是一部最体要的民间思想流变史,又立一个为后来证订一切古籍的标准。这话是虚吗?然则我谓他是个"大小总汇",只有不及,岂是过称吗?

大凡科学上一个理论的价值,决于他所施作的度量深不深,所施作的范围广不广,此外恐更没有甚么有形的标准。你这个古史论,是使我们对于周汉的物事一切改观的,是使汉学的问题件件在他支配之下的,我们可以到处找到他的施作的地域来。前年我读你文时,心中的意思如涌泉。当时不写下，后来忘了一大半。现在且把尚未忘完的几条写下。其中好些只是你这论的演绎。

一　试想几篇戴记的时代

大小戴记中，材料之价值不等，时代尤其有参差，但包括一部古儒家史，实应该从早分析研究一回。我从到欧洲来，未读中国书，旧带的几本早已丢去。想戴记中最要四篇，《乐记》《礼运》《大学》《中庸》，当可背诵，思一理之。及一思之，恨《乐记》已不能背。见你文之初，思如涌泉，曾于一晚想到《大学》《中庸》之分析。后来找到戴记一读，思想未曾改变。又把《礼运》一分量，觉得又有一番意思。今写如下：

《大学》《孟子》说："人有恒言，皆曰天下国家。天下之本在国，国之本在家，家之本在身。"可见孟子时尚没有《大学》一种完备发育的"身家国天下系统哲学"。孟子只是始提这个思想。换言之，这个思想在孟子时是胎儿，而在《大学》时已是成人了。可见孟子在先，《大学》在后。《大学》老说平天下，而与孔子、孟子不同。孔子时候有孔子时候的平天下，"九合诸侯，一匡天下"，如桓文之霸业是也。孟子时候有孟子时候的平天下，所谓"以齐王"是也。列国分立时之平天下，总是讲究天下定于一。姑无论是"合诸侯，匡天下"，是以公山弗扰为"东周"，是"以齐王"，总都是些国与国间的关系。然而《大学》之谈"平天下"，但谈理财。理财本是一个治国的要务；到了理财成了平天下的要务，必在天下已一之后。可见大学不见于秦皇。《大学》引《秦誓》。《书》是出于伏生的，我总疑心《书》之含《秦誓》是伏生为秦博士的痕迹。这话要真，《大学》要后于秦代了。且《大学》末后大骂一阵聚敛之臣。汉初兵革扰扰，不成政治，无所谓聚敛之臣。文帝最不会用聚敛之臣，而景帝也未用过。直到武帝时才大用而特用，而《大学》也就大骂而特骂了。《大学》总不能先于秦，而汉初也直到武帝才大用聚敛之臣。如果《大学》是对时而立论,意者其作于孔桑登用之后,轮台下诏之前乎?且《大学》中没有一点从武帝后大发达之炎炎奇怪的今文思想,可见以断于武帝时为近是。不知颉刚以我这盐铁论观的《大学》为何如?

《中庸》《中庸》显然是三个不同的分子造成的,今姑名为甲部、乙部、丙部。甲部《中庸》从"子曰君子中庸"起,到"子曰父母其顺矣乎"止。开头曰中庸,很像篇首的话。其所谓中庸,正是两端之中,庸常之道,写一个 Petit bourgeois 之人生观。"妻子好合,如鼓瑟琴;兄弟既翕,和乐且耽"。不述索隐行怪而有甚多的修养,不谈大题而论社会家庭间事,显然是一个世家的观念(其为子思否,不关大旨),显然是一个文化甚细密中的东西——鲁国的东西,显然不是一个发大议论的笔墨——汉儒的笔墨。从"子曰鬼神之为德"起,到"治国其如示诸掌乎"止,已经有些大言了,然而尚不是大架子的哲学。此一节显然像是甲部、丙部之过渡。至于第三部,从"哀公问政"起到篇末,还有头上"天命之谓性"到"万物育焉"一个大帽子,共为丙部,纯粹是汉儒的东西。这部中所谓中庸,已经全不是甲部中的"庸德之行,庸言之谨",而是"中和"了。中庸本是一家之小言,而这一部中乃是一个会合一切,而谓其不冲突——太和——之哲学。盖原始所谓中者,乃取其中之一点而不从其两端;此处所谓中者,以其中括合其两端,所以仲尼便祖述尧舜(法先王),宪章文武(法后王),上律天时(羲和),下袭水土(禹)。这比孟子称孔子之集大成更进一步了。孟子所谓"金声玉振"尚是一个论德性的话,此处乃是想孔子去包罗一切人物:孟荀之所以不同,儒墨之所以有异,都把他一炉而熔之。"九经"之九事,在本来是矛盾的,如亲亲尊贤是也;今乃并行而不相悖。这岂是晚周子家所敢去想的。这个"累层地",你以为对不对?

然而《中庸》丙部也不能太后,因为虽提祯祥,尚未入纬。

西汉人的思想截然和晚周人的思想不同。西汉人的文章也截然与

与顾颉刚论古史书

晚周人的文章不同。我想下列几个标准可以助我们决定谁是谁。

（一）就事说话的是晚周的，做起文章来的是西汉的。

（二）研究问题的是晚周的，谈主义的是西汉的。

（三）思想也成一贯，然不为系统的铺排的是晚周，为系统的铺排的是西汉。

（四）凡是一篇文章或一部书，读了不能够想出他时代的背景来的，就是说，发的议论对于时代独立的，是西汉。而反过来的一面，就是说，能想出他的时代的背景来的却不一定是晚周。因为汉朝也有就事论事的著作家，而晚周却没有凭空成思之为方术者。

《吕览》是中国第一部一家著述，以前只是些语录。话说得无论如何头脑不清，终不能成八股。以事为学，不能抽象。汉儒的八股，必是以学为学，不窥园亭，遑论社会。

《礼运》《礼运》一篇，看来显系三段。"是谓疵国，故政者之所以藏身也"（应于此断，不当从郑）以前（但其中由"言偃复问曰"到"礼之大成"一节须除去）是一段，是淡淡鲁生的文章。"夫政必本于天……"以下是一段，是炎炎汉儒的议论，是一个汉儒的系统玄学。这两段截然不同。至于由"言偃复问曰"到"礼之大成"一段，又和上两者各不同，文词略同下部而思想则不如彼之侈。"是为小康"，应直接"舍鲁何适矣"。现在我们把礼运前半自为独立之一篇，并合其中加入之一大节去看，鲁国之乡曲意味，尚且很大。是论兵革之起，臣宰之僭，上规汤武，下薄三家的仍类于孔子正名，其说先王仍是空空洞洞，不到易传实指其名的地步。又谈禹汤文武成王周公而不谈尧舜，偏偏所谓"大道之行也"云云即是后人所指尧舜的故事。尧舜禹都是儒者之理想之 Incarnation，自然先有这理想，然后再 Incarnated 到谁和谁身上去。此地很说了些这个理想，不曾说是谁来，像是这篇之时之尧舜尚是有其义而无其词，或者当时尧舜俱品之传说未定，尚是流质呢。所谈禹的故事，反是争国之首,尤其奇怪。既不同雅颂,又不如后说,或者在那个禹观念进化表上,这个礼运中的禹是个方域的差异。我们不能不承认传说之方域的差异,犹之乎在言语学上不能不承认方言。又他的政治观念如"老有所终"以下一大段,已是孟子的意思,只不如《孟子》详。又这篇中所谓礼,实在有时等于《论语》上所谓名。又"升屋而号"恰是墨子引以攻儒家的。又"玄酒在室"至"礼之大成也"一段,不亦乐乎的一个鲁国的 Petit bourgeois 之 Kultur。至于"呜呼哀哉"以下,便是正名论。春秋战国间大夫纷纷篡诸侯,家臣纷纷篡大夫,这篇文章如此注意及此,或者去这时候尚未甚远。这篇文章虽然不像很旧,但看来总在《易·系》之前。

《易·系》总是一个很迟的东西,恐怕只是稍先于太史公。背不出,不及细想。

二 孔子与六经

玄同先生这个精而了然的短文,自己去了许多云雾。我自己的感觉如下:

《易》《论语》:"夏礼吾能言之,杞不足征也。殷礼吾能言之,宋不足征也。文献不足故也;足,则吾能征之矣。"《中庸》:"吾说夏礼,杞不足征也。吾学殷礼,有宋存焉。吾学周礼,今用之,吾从周。"《礼运》:"吾欲观夏道,是故之杞,而不足征也,吾得夏时焉。吾欲观殷道,是故之宋,而不足征也,吾得坤乾焉。坤乾之义,夏时之等,吾以是观之。"附《易》于宋,由这看来,显系后起之说。而且现在的《易》是所谓《周易》,乾上坤下,是与所谓《归藏》不同。假如《周易》是孔子所订,则传说之出自孔门,决不会如此之迟,亦不会如此之矛盾纷乱。且商瞿不见于《论语》,《论语》上孔子之思想绝对和《易·系》不同。

《诗》 以《墨子》证诗三百篇,则知诗三百至少是当年鲁国的公有教育品,或者更普及(墨子,鲁人)。看《左传》《论语》所引《诗》大同小异,想见其始终未曾有定本。孔子于删诗何有焉。

《书》 也是如此。但现在的《今文尚书》,可真和孔子和墨子的书不同了。现在的今文面目,与其谓是孔子所删,毋宁谓是伏生所删。终于《秦誓》,显出秦博士的马脚来。其中真是有太多假的,除虞夏书一望而知其假外,周书中恐亦不少。

《礼》《乐》 我觉玄同先生所论甚是。

《春秋》 至于《春秋》和孔子的关系,我却不敢和玄同先生苟同。也许因为我从甚小时读孔广森的书,印下一个不易磨灭的印象,成了一个不自觉的偏见。现在先别说一句。从孔门弟子到孔教会梁漱溟造的那些孔教传奇,大别可分为三类:一怪异的,二学究的,三为人情和社会历史观念所绝对不能容许的。一层一层的剥去,孔丘真成空丘(或云孔,空)了。或者人竟就此去说孔子不是个历史上的人。但这话究竟是笑话。在哀公时代,鲁国必有一个孔丘字仲尼者。那末,困难又来了。孔子之享大名,不特是可以在晚周儒家中看出的,并且是在反对他的人们的话中证到的。孔子以什么缘由享大名虽无明文,但他在当时享大名是没有问题的。也许孔子是个平庸人,但平庸人享大名必须机会好;他所无端碰到的一个机会是个大题目,如刘盆子式的黎元洪碰到武昌起义是也。所以孔丘之成名,即令不由于他是大人物,也必由于他借到大题目,总不会没有原因的。不特孔丘未曾删定六经,即令删定,这也并不见得就是他成大名的充足理由。在衰败的六朝,虽然穷博士,后来也以别的缘故做起了皇帝。然当天汉盛世,博士的运动尚且是偏于乘障落头一方面;有人一朝失足于六艺,便至于终其身不得致公卿。只是汉朝历史是司马氏、班氏写的,颇为儒生吹吹,使后人觉得"像煞有介事"罢了。但有时也露了马脚,所谓"主上所戏弄,流俗所轻,优倡之所蓄"也。何况更在好几百年以前。所以孔丘即令删述六经,也但等于东方朔的诵四十四万言,容或可以做哀公的幸臣,尚决不足做季氏的冢宰,更焉有驰名列国的道理？现在我们舍去后来无限的孔子追加篇，但凭《论语》及别的不多的记载，也可以看出一个线索来。我们说，孔丘并不以下帷攻《诗》《书》而得势，他于《诗》《书》的研究与了解实在远不及二千四百年后的顾颉刚，却是以有话向诸侯说而得名。他是游谈家的前驱。游谈家靠有题目，游谈家在德谟克拉西的国家，则为演说家，好比雅典的 Demosthenes，罗马的 Cicero，都不是有甚深学问，或甚何 Originality 的人。然而只是才气过人，把当时时代背景之总汇抓来，做一个大题目去吹播，于是乎"泰山北斗"，公卿折节了。孔丘就是这样。然则孔丘时代背景的总汇是什么？我想这一层《论语》上给我们一个很明白的线索。周朝在昭穆的时代尚是盛的时候，后来虽有一乱，而宣王弄得不坏。到了幽王，不知为何原因，来了一个忽然的瓦解，如渔阳之变样的。平王东迁后的两个局面，是内面上陵下僭，"团长赶师长，师长赶督军"；外边是四夷交侵，什么"红祸白祸"，一齐都有。这个局面的原始，自然也很久了，但成了一个一般的风气，而有造成一个普遍的大劫之势，恐怕是从这时起。大夫专政，如鲁之三桓，宋之华氏，都是从春秋初年起。晋以杀公族，幸把这运命延迟上几世。（其实曲沃并晋已在其时，而六卿增势也很快。）至于非文化民族之来侵，楚与鲁接了界，而有灭周宋的形势；北狄灭了邢卫，殖民到伊川，尤其有使文化"底上翻"之形势。应这局面而出来的人物，便是齐桓、管仲、晋文、舅犯。到孔子时，这局面的迫逼更加十倍的利害，自然出来孔子这样人物。一面有一个很好的当时一般文化的培养，一面抱着这个扼要的形势，力气充分，自然成名。你看《论语》上孔子谈政治的大节，都是指这个方向。说正名为成事之本，说三桓之子孙微，说陪臣执国命，论孟公绰，请讨田氏，非季氏之兼并等等，尤其清楚的是那样热烈的称赞管仲。"管仲相桓公，九合诸侯……微管仲，吾其披发左衽矣"。但虽然这般称许管仲，而于管仲犯名分的地方还是一点不肯放过。这个纲目，就是内里整纲纪，外边攘夷狄,使一个乱糟糟的世界依然回到成周盛世的文化上,所谓"如有用我者,吾其为东周乎"? 借用一位不庄者之书名,正所谓"救救文明"(Salvaging the Civilization)。只有这样题目可以挪来为大本;也只有这个题目可以挪来说诸侯;也只有以这个题目的原故,列国的君觉着动听,而列国的执政大臣都个个要赶他走路了。颉刚:你看我这话是玩笑吗? 我实在是说正经。我明知这话里有许多设定,但不这样则既不能解孔子缘何得大名之谜,又不能把一切最早较有道理的孔子传说联合贯穿起来。假如这个思想不全错,则《春秋》一部书不容一笔抹杀,而《春秋》与孔子的各类关系不能一言断其为无。现在我们对于《春秋》这部书,第一要问他是鲁史否? 这事很好决定,把书上日食核对一番,便可马上断定他是不是当时的记载。便可去问,是不是孔子所笔削。现在我实在想不到有什么确据去肯定或否定了,现在存留的材料实在是太少了。然把孔子"论其世"一下,连串其《论语》等等来,我们可以说孔子订《春秋》,不见得不是一个自然的事实。即令《春秋》不经孔子手定,恐怕也是一部孔子后不久而出的著作,这著作固名为《春秋》或即是现在所存的"断烂朝报"。即不然,在道理上当与现在的"断烂朝报"同类。所以才有孟子的话。这书的思想之源泉,总是在孔子的。既认定纲领,则如有人说"孔子作《春秋》",或者说"孔子后学以孔子之旨作《春秋》",是没有原理上的分别。公羊家言亦是屡变。传,繁露,何氏,各不同。今去公羊家之迂论与"泰甚",去枝去叶,参着《论语》,旁边不忘孟子的话,我们不免觉得,这公羊学的宗旨是一个封建制度正名的,确尚有春秋末的背景,确不类战国中的背景,尤其不类汉。三世三统皆后说,与公羊本义无涉。大凡一种系统的伪造,必须与造者广义的自身合拍,如古文之与新朝政治是也。公羊家言自然许多是汉朝物事,然他不泰不甚的物事实不与汉朝相干。

大凡大家看不起《春秋》的原因,都是后人以历史待他的原故,于是乎有"断烂朝报"之说。这话非常的妙。但知《春秋》不是以记事为本分,则他之为断烂朝报不是他的致命伤。这句绝妙好词,被梁任公改为"流水账簿",便极其俗气而又错了。一、《春秋》像朝报而不像账簿;二、流水账簿只是未加整理之账,并非断烂之账。断烂之账簿乃是上海新闻大家张东荪先生所办时事新报的时评,或有或无,全凭高兴,没有人敢以这样的方法写流水账的。"史"之成一观念,是很后来的。章实斋说六经皆史,实在是把后来的名词,后来的观念,加到古人的物事上而齐之,等于说"六经皆理学"一样的不通。且中国人于史的观念从来未十分客观过。司马氏、班氏都是自比于孔子而作经。即司马君实也是重在"资治"上。郑夹漈也是要去贯天人的。严格说来,恐怕客观的历史家要从顾颉刚算起罢。其所以有鲁之记载,容或用为当时贵族社会中一种伦理的设用,本来已有点笔削,而孔子或孔子后世借原文自寄其笔削褒贬,也是自然。我们终不能说《春秋》是绝对客观。或者因为当时书写的材料尚很缺乏,或者因为忌讳,所以成了《春秋》这么一种怪文体,而不得不成一目录,但提醒其下之微言大义而已。这类事正很近人情。鲁史纪年必不始于隐公,亦必不终于哀公,而《春秋》却始于东迁的平王,被弑的隐公,终于获麟或孔丘卒,其式自成一个终始。故如以朝报言,则诚哉其断烂了;如以一个伦理原则之施作言,乃有头有尾的。

孟子的叙《诗》和《春秋》虽然是"不科学的",但这话虽错而其有注意的价值。从来有许多错话是值得注意的。把《诗》和伦理混为一谈,孔子时已成习惯了。孔子到孟子百多年,照这方面"进化",不免到了"《诗》亡《春秋》作"之说。孟子说:"其事则齐桓晋文,其文则史,其义则丘窃取之矣。"头一句颇可注意。以狭义论,《春秋》中齐桓晋文事甚少。以广义论,齐桓晋文之事为霸者之征伐会盟,未尝不可说《春秋》之"事则齐桓晋文"。孔子或孔子后人作了一部书,以齐桓晋文之事为题目,其道理可想。又"其文则史,其义则丘窃取之矣"。翻作现在的话,就是说，虽然以历史为材料，而我用来但为伦理法则之施用场。

《春秋》大不类孟子的工具。如孟子那些"于传有之"的秘书，汤之囿，文王之囿，舜之老弟，禹之小儿，都随时为他使唤。只有这《春秋》，大有些不得不谈，谈却于他无益的样子。如谓《春秋》绝杀君，孟子却油油然发他那"诛一夫"、"如寇仇"、"则易位"的议论。如谓《春秋》道名分"，则孟子日日谈王齐。《春秋》之事则齐桓晋文，而孟子则谓"仲尼之徒无道桓文之事者"。这些不合拍都显出这些话里自己的作用甚少，所以更有资助参考的价值。

当年少数人的贵族社会，自然有他们的标准和舆论，大约这就是史记事又笔削的所由起。史决不会起于客观的记载事迹。可以由宗教的意思，后来变成伦理道德的意思起；可以由文学的意思起。《国语》自然属下一类，但《春秋》显然不是这局面，孔子和儒宗显然不是戏剧家。总括以上的设想，我觉得《春秋》之是否孔子所写是小题，《春秋》传说的思想是否为孔子的思想是大题。由前一题，无可取证。由后一题，大近情理。我觉得孔子以抓到当年时代的总题目而成列国的声名，并不是靠什么六艺。

孔子、六艺、儒家三者的关系，我觉得是由地理造成的。邹鲁在东周是文化最深密的地方。六艺本是当地的风化。所以孔子与墨子同诵《诗》《书》，同观列国《春秋》。与其谓孔子定六艺，毋宁谓六艺定孔子。所以六艺实在是鲁学。或者当时孔子有个国际间的大名，又有好多门徒，鲁国的中产上流阶级每牵引孔子以为荣，于是各门各艺都"自孔氏"。孔子一生未曾提过《易》，而商瞿未一见于《论语》，也成了孔门弟子了。孔门弟子列传一篇，其中真有无量不可能的事。大约是司马子长跑到鲁国的时候，把一群虚荣心造成的各"书香人家"的假家谱抄来，成一篇"孔子弟子列传"。我的意思可以最简单如此说：六艺是鲁国的风气，儒家是鲁国的人们；孔子所以与六艺儒家生关系，因为孔子是鲁人。与其谓六艺是儒家,是孔学,毋宁谓六艺是鲁学。

世上每每有些名实不符的事。例如后来所谓汉学,实在是王伯厚、晁公武之宋学;后来所谓宋学,实在是明朝官学。我想去搜材料,证明儒是鲁学,经是汉定(今文亦然)。康有为但见新学有伪经,不见汉学有伪经。即子家亦是汉朝给他一个定订。大约现行子书,都是刘向一班人为他定了次叙的。墨子一部书的次叙,竟然是一个儒家而颇芜杂的人定的;故最不是墨子的居最先。前七篇皆儒家言,或是有道家言与墨绝端相反者(如太盛难寄),知大半子书是汉朝官订本(此意多年前告适之先生,他未注意),则知想把古书古史整理,非清理汉朝几百年一笔大账在先不可也。

三 在周汉方术家的世界中几个趋向

我不赞成适之先生把记载老子、孔子、墨子等等之书呼作哲学史。中国本没有所谓哲学。多谢上帝,给我们民族这么一个健康的习惯。我们中国所有的哲学,尽多到苏格拉底那样子而止,就是柏拉图的也尚不全有,更不必论到近代学院中的专技哲学,自贷嘉、莱布尼兹以来的。我们若呼子家为哲学家,大有误会之可能。大凡用新名词称旧物事,物质的东西是可以的,因为相同;人文上的物事是每每不可以的,因为多是似同而异。现在我们姑称这些人们(子家)为方术家。思想一个名词也以少用为是。盖汉朝人的东西多半可说思想了,而晚周的东西总应该说是方术。

禹、舜、尧、伏羲、黄帝等等名词的真正来源,我想还是出于民间。除黄帝是秦俗之神外,如尧,我拟是唐国(晋)民间的一个传说。舜,我拟是中国之虞或陈或荆蛮之吴民间的一个传说。尧舜或即此等地方之君(在一时)。颛顼为秦之传说,喾为楚之传说,或即其图腾。帝是仿例以加之词(始只有上帝,但言帝),尧舜都是绰号。其始以民族不同方域隔膜而各称其神与传说;其后以互相流通而传说出于本境,迁土则变,变则各种之

装饰出焉。各类变更所由之目的各不同,今姑想起下列几件:

(一)理智化——一神秘之神成一道德之王。

(二)人间化——一抽象之德成一有生有死之传。

又有下列一种趋势可寻:

满意于周之文化尤其是鲁所代表者(孔子);

不满意于周之文化而谓孔子损益三代者;

举三代尽不措意,薄征诛而想禅让,遂有尧舜的化身。

此说又激成三派:

(一)并尧舜亦觉得太有人间烟火气,于是有许由、务光。——与这极端反背的便是“诛华士”,《战国策》上请诛於陵仲子之论。

(二)宽容一下,并尧舜汤武为一系的明王。(孟子)

(三)爽性在尧舜前再安上一个大帽子,于是有神农、黄帝、伏羲等等。

这种和他种趋势不是以无目的而为的。

上条中看出一个古道宗思想与古儒宗思想的相互影响,相互为因果。自然儒宗道宗这名词不能安在孔子时代或更前,因为儒家一名不过是鲁国的名词,而道家一名必然更后,总是汉朝的名词,或更在汉名词“黄老”以后。《史记》虽有申不害学“黄老刑名以干昭侯”的话,但汉初所谓黄老实即刑名之广义,申不害学刑名而汉人以当时名词名之,遂学了黄老刑名。然而我们总可为这两个词造个新界说,但为这一段的应用。我们第一要设定的,是孔子时代已经一种有遗训的而又甚细密的文化,对这文化的处置可以千殊万别,然而大体上或者可分为两项:

一、根本是承受这遗传文化的,但愿多多少少损益于其中。我们姑名此为古儒宗的趋势。

二、根本上大不承认,革命于其外。我们姑名此为古道宗的趋势。

名词不过界说的缩短,切勿执名词而看此节。我们自不妨虚位的定这二事为 AB,但这种代数法,使人不快耳。造这些名词如尧、舜、许由、务光、黄(这字先带如许后来道士气)帝、华士、神农和《庄子》书中的这氏那氏,想多是出于古道宗,因为这些人物最初都含些道宗的意味。《论语》上的舜,南面无为。许行的神农,是并耕而食。这说自然流行也很有力,儒宗不得不取适应之法。除为少数不很要紧者造个谣言,说"这正是我们的祖师所诛"(如周公诛华士)外,大多数已于民间有势力者是非引进不可了。便把这名词引进,加上些儒家的意味。于是乎绝世的许由成了士师的皋陶(这两种人也有共同,即是俱为忍人);南面无为的舜,以大功二十而为天子;并耕的神农本不多事,又不做买卖,而《易·系》的神农"耒耨之利,以教天下",加上做买卖,虽许子亦应觉其何以不惮烦也。照儒宗的人生观,文献征者征之,本用不着造这些名词以自苦;无如这些名词先已在民间成了有势力的传说,后又在道宗手中成了寄理想的人物,故非取来改用不可。若道宗则非先造这些非历史的人物不能资号召。既造,或既取用,则儒宗先生也没有别法对付,只有翻着面过来说,"你所谓者正是我们的'于传有之',不过我们的真传所载与你这邪说所称名一而实全不同,词一而谓全不同"。反正彼此都没有龟甲钟鼎做证据,谁也莫奈得谁何。这种方法,恰似天主教对付外道。外道出来,第一步是不睬。不睬不能,第二步便是加以诛绝,把这书们加入"禁书录"上。再不能,第三步便是扬起脸来说,"这些物事恰是我们教中的"。当年如此对付希腊哲学,近世如此对付科学。天主教刑了盖理律,而近中天文学算学在教士中甚发达。

我这一篇半笑话基于一个假设,就是把当年这般物事分为二流,可否?我想大略可以的,因为在一个有细密文化久年遗训的社会之下,只有两个大端:一是于这遗训加以承认而损益之,一是于遗训加以否认。一般的可把欧洲千年来的物事(直至十九世纪末为止)分为教会的趋向与反教会的趋向。

何以必须造这一篇半笑话？我想，由这一篇半笑话可以去解古书上若干的难点。例如《论语》一部书，自然是一个"多元的宇宙"，或者竟是好几百年"累层地"造成的。如"凤鸟不至"一节，显然是与纬书并起的话，但所说尧、舜、禹诸端，尚多是抽象以寄其理想之词，不如孟子为舜象作一篇越人让兄陈平盗嫂合剧。大约总应该在孟子以前，也应该是后来一切不同的有事迹的人王尧舜禹论之初步。且看《论语》里的尧、舜、禹，都带些初步道宗的思想。尧是"无能名"，舜是"无为"。禹较两样些，"禹无间然"一段也颇类墨家思想之初步。然卑居处，薄食服，也未尝违于道宗思想。至于有天下而不与，却是与舜同样的了。凡这些点儿，都有些暗示我们：尧舜一类的观念起源应该在邻于道宗一类的思想，而不该在邻于儒宗一类的思想。

尧舜等传说之起，在道理上必不能和禹传说之起同源，此点颉刚言之详且尽。我想禹与墨家的关系，或者可以如下：禹本是一个南方民族的神道，一如颉刚说。大约宗教的传布，从文化较高的传入文化较低的民族中，虽然也多，然有时从文化较低的传到文化较高的，反而较易。例如耶稣教之入希腊罗马；佛教之由北印民族入希腊文化殖民地，由西域入中国；回教之由亚剌伯入波斯（此点恐不尽由武力征服之力）。大约一个文化的社会总有些不自然的根基，发达之后，每每成一种矫揉的状态，若干人性上初基的要求，不能满足或表现。故文化越繁丰，其中越有一种潜流，颇容易感受外来的风气，或自产的一种与上层文化不合的趋向。佛教之能在中国流行，也半由于中国的礼教、道士、黄巾等，不能满足人性的各面，故不如礼教、道士、黄巾等局促之佛教，带着迷信与神秘性，一至中国，虽其文化最上层之皇帝，亦有觉得中国之无质，应求之于印度之真文。又明末天主教入中国，不多时间，竟沿行于上级士大夫间，甚至皇帝受了洗（永历皇帝），满洲时代，耶稣会士竟快成玄烨的国师。要不是与政治问题混了，后来的发展必大。道光后，基督教之流行,也很受了外国经济侵略武力侵略之害。假如天主耶稣无保护之强国,其销路必广于现在。我们诚然不能拿后来的局面想到春秋初年,但也难保其当年不有类似的情形。这一种禹的传说,在头一步传到中国来,自然还是个神道。但演进之后,必然向别的方面走。大约墨家这一派信仰,在一般的社会文化之培养上,恐不及儒家。《墨子》虽然也道《诗》《书》,但这究竟不是专务雅言。这些墨家,抓到一个禹来作人格的标榜,难道有点类似佛教入中国,本国内自生宗派的意思吗?儒家不以孔名,直到梁漱溟才有孔家教;而墨家却以墨名。这其中或者是暗示墨子造作,孔丘没有造作,又墨经中传有些物理学、几何学、工程学、文法学、名学的物事。这或者由于当年儒家所吸收的人多半是些中上社会,只能谈人文的故事,雅言诗书执礼。为墨家所吸收的,或者偏于中下社会,其中有些工匠技家,故不由得包含着这些不是闲吃饭的物事下来,并非墨家思想和这些物事有何等相干。大约晚周的子家最名显的,都是些游谈之士,大则登卿相,小则为清客,不论其为是儒家或道家,孟轲或庄周。儒家是吸收不到最下层人的,顶下也是到士为止。道家也是 Ieisured 阶级之清谈。但如许行等等却很可以到了下层社会。墨家却非行到下层社会不为功。又墨家独盛于宋,而战国子家说到傻子总是宋人,这也可注意。或者宋人当时富于宗教性,非如周郑人之有 Sophistry 邹鲁人之有 Conventional?

至于汉朝思想趋势中,我有两个意思要说:一、由今文到纬书是自然之结果。今文把孔子抬到那样,舍成神道以外更无别法。由《易经》到纬书不容一发。今文家把他们的物事更民间化些,更可以共喻而普及,自然流为纬学。信今文必信孔子之超人入神;信孔子如此加以合俗,必有祯祥之思想。二、由今文及动出古文,是思想的进步。造伪经在现在看来是大恶,然当时人借此寄其思,诚恐不觉其恶,因为古时著作人观念之明白决不如后人重也。但能其思想较近,不能以其造伪故而泯其为进步。古文材料虽伪,而意思每比今文合理性。

不及详叙,姑写为下列两表:

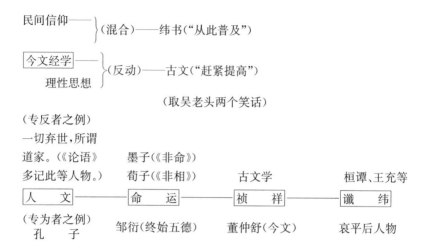

民间信仰———
　　　　　　　}(混合)——纬书("从此普及")
今文经学
　　　　　　　}(反动)——古文("赶紧提高")
理性思想
　　　　　　　　　　(取吴老头两个笑话)

(专反者之例)
一切弃世,所谓
道家。(《论语》　　墨子(《非命》)
多记此等人物。)　荀子(《非相》)　　古文学　　　　桓谭、王充等

人　文————命　运————祯　祥————谶　纬

(专为者之例)
孔　子　　邹衍(终始五德)　董仲舒(今文)　哀平后人物

四　殷周间的故事

十年前,我以子贡为纣申冤一句话,想起桀纣传说之不可信,因疑心桀纣是照着幽王的模型造的,有褒姒故有妲己等等。这固是少时一种怪想。后来到英国,见英国爵虽五等而非一源,因而疑心中国之五等爵也有参差,有下列涉想(德国爵亦非一源):

公　公不是爵名,恐即与"君"字同义。三公周召宋公及王畿世卿都称公,而列国诸侯除称其爵外亦称公。公想是泛称人主之名,特稍尊耳。犹英语之 Lord 一称,自称上帝以至于世族无爵者之妻或仆称其夫或主。如德国语之 Herr 亦自上帝称到一切庶人。宋是殷后,王号灭犹自与周封之诸侯不同,故但有泛称而无诸侯之号。其所以列位于会盟间次于伯而先于其他一切诸侯者,正因其为殷后,不因其称公。如若传说,一切诸侯自称公为僭,则《鲁颂》"乃命周公,俾侯于东",岂非大大不通。

子　遍检《春秋》之子爵,全无姬姓(除吴)。姬姓不封子,而封子爵

者,凡有可考,立国皆在周前,或介戎狄,不与中国同列。莒子,郯子,邾子,杞子,古国也。潞子,骊子,不与中国之列者也。楚子,一向独立之大国也。吴子虽姬姓,而建国亦在周前。见殷有箕子、微子,我遂疑子是殷爵,所谓子自是王子,同姓之号,及后来渐成诸侯之号,乃至一切异姓亦如此称。我疑凡号子者大多是殷封之国,亦有蛮夷私效之。要均与周室无关系。(吴子、楚子解见后)

且看子一字之降级:

诸　　　侯——微　子,箕　子。

诸侯之大夫——季文子,赵简子。

士　　　人——孔　子,孟　子。

乃　至　于——小　子,婊　子。

这恰如老爷等名词之降级。明朝称阁学部院曰老爷,到清朝末年虽县知事亦不安于此而称大老爷。

侯　至于侯,我们应该先去弄侯字古来究如何写法,如何讲法。殷亦有鬼侯、鄂侯、崇侯。鬼、鄂、崇,皆远方之邑,或者所谓侯者如古德意志帝国(神圣罗马帝国)之边侯(Markgraf)。在殷不特不见得侯大于子,而且微子、箕子容或大于鬼侯、鄂侯。周定后,不用子封人而一律用侯。以"新鬼大,故鬼小"之义及"周之宗盟,异姓为后"之理,侯遂跑到子上。

同姓侯甚多,凡姬姓的非侯即伯。其异姓之侯,如齐本是大国,另论;如陈是姻戚,如薛也是周(先封),都是些与周有关系的。

伯　这一件最奇。伯本与霸同字,应该很大。且受伯封者,如燕伯,召公之国也。如曹伯,"文之昭也"。如郑伯,平王依以东迁者也。如秦伯,周室留守,助平王东迁者也。然而爵均小于侯,岂不可怪。我疑心伯之后于侯,不是由于伯之名后于侯,而是由于封伯爵者多在后;或者伯竟是一个大名,愈后封而号愈滥,遂得大名,特以后封不能在前耳。

男　苦想只想到一个许男,或者由来是诸侯之诸侯?

以上的话只是凭空想，自然不能都对；但五等爵决非一源，且甚参差耳。

太伯入荆蛮，我疑心是伦常之变。伦常之变，本是周室"拿手好戏"，太王一下，周公一下，平王又一下。因太伯不得已而走，或者先跑到太王之大仇殷室，殷室封他为子爵，由他到边疆启土，所以武王伐纣时特别提出这件事，"唯四方之多罪逋逃，是崇是用"。言如此之痛，正因有他之伯祖父在也。（《牧誓》亦正不可信，此地姑为此戏想耳。）吴既不在周列，周亦莫奈他何，遂于中国封虞。吴仍其子爵，至于寿梦。吴民必非中国种，只是君室为太伯虞仲后耳。虞仲应即是吴仲。

齐太公的故事，《史记》先举三说而不能断。我疑心齐本是东方大国，本与殷为敌，而于周有半本家之雅（厥初生民，时惟姜嫄），又有亲戚（爰及姜女，聿来胥宇），故连周而共敌殷。《商颂》"相土烈烈，海外有截"，当是有汤前已了北韩辽东，久与齐逼。不然，箕子以败丧之余，更焉能越三千里而王朝鲜；明朝鲜本殷地，用兵力所不及，遂不臣也。齐于周诸侯中受履略大，名号最隆——尚父文王师一切传说，必别有故。且《孟子》《史记》均认齐太公本齐人，后来即其地而君之。且《史记》记太公世家，太公后好几世，直到西周中晚，还是用殷法为名，不同周俗，可见齐自另一回事，与周之关系疏稀。《檀弓》所谓太公五世返葬于周，为无稽之谈也。（如果真有这回事，更是以死骨为质的把戏。）齐周夹攻殷，殷乃不支，及殷被堪定，周莫奈齐何，但能忙于加大名，而周公自命其子卜邻焉。

世传纣恶，每每是纣之善。纣能以能爱亡其国，以多力亡其国，以多好亡其国，诚哉一位戏剧上之英雄，虽 Siegfired 何足道哉！我想殷周之际事可做一出戏：纣是一大英雄，而民疲不能尽为所用，纣想一削"列圣耻"，讨自亶父以下的叛虏，然自己多好而纵情，其民老矣，其臣迂者如比干，鲜廉寡耻如微子，箕子则为清谈，诸侯望包藏阴谋，将欲借周自取天下,遂与周合而夹攻,纣乃以大英雄之本领与运命争,终于不支,自焚而成一壮烈之死。周之方面,毫无良德,父子不相容,然狠而有计算,一群的北虏自有北虏的品德。齐本想不到周能联一切西戎南蛮,《牧誓》一举而定王号。及齐失望,尚想武王老后必有机会,遂更交周。不料后来周公定难神速,齐未及变。周公知破他心,遂以伯禽营少昊之墟。至于箕子,于亡国之后,尚以清谈归新朝,一如王夷甫。而微子既如谯周之劝降,又觉纣死他有益耳。

这篇笑话,自然不是辨古史,自然事实不会如此。然遗传的殷周故事,隆周贬纣到那样官样文章地步,也不见得比这笑话较近事实。

越想越觉世人贬纣之话正是颂纣之言。人们的观念真不同;伪《孔五子之歌》上说:"内作色荒,外作禽荒,甘酒嗜音,峻宇雕墙。"此正是欧洲所谓 Prince 之界说,而东晋人以为"有一必亡"。内作色荒是圣文,外作禽荒是神武,甘酒嗜音是享受文化,峻宇雕墙是提倡艺术,有何不可,但患力不足耳。

周之号称出于后稷,一如匈奴之号称出于夏氏。与其信周之先世曾窜于戎狄之间,毋宁谓周之先世本出于戎狄之间。姬姜容或是一支之两系,特一在西,一在东耳。

鲁是一个古文化的中心点,其四围有若干的小而古的国。曲阜自身是少昊之墟。昊容或为民族名。有少昊必有太昊,犹大宛小宛,大月氏小月氏也。我疑及中国文化本来自东而西:九河济淮之中,山东辽东两个半岛之间,西及河南东部,是古文化之渊源。以商兴而西了一步,以周兴而更西了一步。不然,此地域中何古国之多也。齐容或也是一个外来的强民族,遂先于其间成大国。

齐有齐俗,有齐宗教,虽与鲁近,而甚不同。大约当年邹鲁的文化人士,很看不起齐之人士,所以孟子听到不经之谈,便说是"齐东野人之语也";而笑他的学生时便说:"子诚齐人也,知管仲、晏子而已矣。"正是形容他们的坐井观天的样子。看来当年齐人必有点类似现在的四川人,自觉心是很大的,开口苏东坡,闭口诸葛亮,诚不愧为夜郎后世矣。鲁之儒家,迂而执礼。齐之儒家,放而不经。如淳于邹衍一切荒唐之词人,世人亦谓为儒家。

荆楚一带,本另是些民族,荆或者自商以来即是大国,亦或者始受殷号,后遂自立。楚国话与齐国话必不止方言之不同,不然,何至三年庄岳然后可知?孟子骂他们鴃舌,必然声音很和北方汉语不类。按楚国话语存在者,只有"谓乳毂、谓虎於菟"一语。乳是动词,必时有变动;而虎是静词,尚可资用。按吐蕃语虎为 Stag,吐蕃语字前之 S 每在同族语中为韵。是此字易有线索,但一字决不能为证耳。又汉西南夷君长称精夫,疑即吐蕃语所谓 Rgyal-po,唐书译为赞普者。《汉书·西南夷传》有几首四字诗对记,假如人能精于吐蕃语、太语、缅甸语,必有所发现。这个材料最可宝贵。楚之西有百濮,今西藏自称曰濮。又蛮闽等字音在藏文为人,或即汉语民字之对当? 总之,文献不足,无从征之。

秦之先世必是外国,后来染上些晋文化,但俗与宗教想必同于西戎。特不解西周的风气何以一下子精光?

狄必是一个大民族。《左传》《国语》记他们的名字不类单音语。且说到狄,每加物质的标记,如赤狄、白狄、长狄等等。赤白又长,竟似印度日耳曼族的样子,不知当时吐火罗等人东来,究竟达到什么地方。

应该是中国了,而偏和狄认亲(有娀,简狄)。这团乱糟糟的样子,究竟谁是诸夏,谁是戎狄?

中国之有民族的、文化的、疆域的一统,至汉武帝始全功,现在人曰汉人,学曰汉学,土曰汉土,俱是最合理的名词,不是偶然的。秦以前本不一元,自然有若干差别。人疑生庄周之土不应生孔丘。然如第一认清中国非一族一化,第二认清即一族一化之中亦非一俗,则其不同亦甚自然。秦本以西戎之化,略收点三晋文俗而统一中国。汉但接秦,后来鲁国齐国又渐于文化上发生影响。可如下列看：

统一中国之国家者——秦。

统一中国之文教者——鲁。

统一中国之宗教者——齐。

统一中国之官术者——三晋。

此外未得发展而压下的东西多得很啦。所以我们觉得汉朝的物事少方面，晚周的物事多方面。文化之统一与否，与政治之统一与否相为因果；一统则兴者一宗，废者万家。

五 补说（《春秋》与《诗》）

承颉刚寄我《古史辨》第一册，那时我已要从柏林起身，不及细看。多多一看，自然不消说如何高兴赞叹的话，前文已说尽我所能说，我的没有文思使我更想不出别的话语来说。现在只能说一个大略的印象。

最可爱是那篇长叙，将来必须更仔细读他几回。后面所附着第二册拟目，看了尤其高兴，盼望的巴不得马上看见。我尤其希望的是颉刚把所辨出的题目一条一条去仔细分理，不必更为一般之辨，如作《原经》一类的文章。从第二册拟目上看来，颉刚这时注意的题目在《诗》，稍及《书》。希望颉刚不久把这一堆题目弄清楚，俾百诗的考伪孔后更有一部更大的大观。

我觉得《春秋》三传问题现在已成熟，可以下手了。我们可以下列的路线去想：

（一）《春秋》是不是鲁史的记载？这个问题很好作答，把二百多年中所记日食一核便妥了。

（二）左氏经文多者是否刘歆伪造？幸而哀十四年有一日食，且去一核，看是对否。如不对，则此一段自是后人意加。如对，则今文传统说即玄同先生所不疑之"刘歆伪造"堕地而尽。此点关系非常之大。

（三）孔子是否作《春秋》？此一点我觉得竟不能决，因没有材料。但这传说必已很久，而所谓公羊春秋之根本思想实与《论语》相合。

（四）孟子所谓《春秋》是否即今存之断烂朝报？此一段并非不成问题。

（五）春秋一名在战国时为公名，为私名？

（六）公羊传思想之时代背景。

（七）公羊大义由传，繁露，到何氏之变迁，中间可于断狱取之。

（八）穀梁是仿公羊而制的，或者是一别传？

（九）《史记》与《国语》的关系。

（十）《史记》果真为古文家改到那个田地吗？崔君的党见是太深的，决不能以他的话为定论。

（十一）《左氏传》在刘歆制成定本前之历史。此一端非常重要。《左传》决不是一时而生，谅亦不是由刘歆一手而造。我此时有下一个设想：假定汉初有一部《国语》，又名《左氏春秋》，其传那个断烂朝报者实不能得其解，其间遂有一种联想，以为《春秋》与《国语》有关系，此为第一步。不必两书有真正之银丁扣，然后可使当时人以为有关系；有此传说，亦可动当时人。太史公恐怕就是受这个观念支配而去于《史记》中用其材料的。这个假设小，康、崔诸君那个假设太大。公羊学后来越来越盛，武帝时几乎成了国学。反动之下，这传说亦越进化，于是渐渐地多人为《国语》造新解，而到刘向、刘歆手中，遂成此"左氏传"之巨观。古文学必不是刘歆一手之力，其前必有一个很长的渊源。且此古文学之思想亦甚自然。今文在当时成了断狱法，成了教条，成了谶纬阴阳，则古文之较客观者起来作反动，自是近情，也是思想之进化。

（十二）《左传》并不于材料上是单元。《国语》存本可看出，《国语》实在是记些语。《左传》中许多并不是语，而且有些矛盾的地方。如吕相绝秦语文章既不同，而事实又和《左传》所记矛盾。必是当年作者把《国语》大部分采来作材料，又加上好些别的材料，或自造的材料。我们要把他分析下去的。

（十三）《左传》《国语》文字之比较。《左传》《国语》的文字很有些分别，且去仔细一核，其中必有提醒人处。

（十四）东汉左氏传说之演讲。左氏能胜了公羊，恐怕也有点适者生存的意思。今文之陋而夸，实不能满足其多人。

（十五）古竹书之面目。

现在我只写下这些点。其实如是自己作起功来，所有之假设必然时时改变。今文、古文之争，给我们很多的道路和提醒。但自庄孔刘宋到崔适，都不是些极客观的人物，我们必须把他所提醒的道路加上我们自己提醒的道路。

现在看《诗》，恐怕要但看白文。训诂可参考而本事切不可问，大约本事靠得住的如硕人之说庄姜是百分难得的；而极不通者一望皆是。如君子偕老为刺卫宣姜，真正岂有此理！此明明是称赞人而惜其运命不济，故曰"子之不淑"，犹云"子之不幸"。但论白文，反很容易明白。

《诗》的作年，恐怕要分开一篇一篇的考定，因为现在的"定本"，样子不知道经过多少次的改变，而字句之中经流传而成改变，及以今字改古字，更不知有多少了。《颂》的作年，古文家的家论固已不必再讨论。玄同先生的议论，恐怕也还有点奉今文家法罢？果如魏默深的说法，则宋以泓之败绩为武成，说"深入其阻，裒荆之旅"，即令自己不觍厚脸皮，又如何传得到后人。且殷武之武，如为抽象词，则哀公亦可当之，正不能定。如为具体词，自号武王是汤号。且以文章而论，《商颂》的地位显然介于邹鲁之间，《周颂》自是这文体的初步，《鲁颂》已大丰盈了。假如作《商颂》之人反在作《鲁颂》者之后，必然这个人先有摹古的心习，如宇文时代制诰仿《大诰》,石鼓仿《小雅》,然后便也。但即令宋人好古,也未必有这样心习。那么,《商颂》果真是哀公的东西,则《鲁颂》非僖公时物了。玄同先生信中所引王静安先生的话,"时代较近易于摹拟",这话颇有意思,并不必如玄同先生以为臆测。或者摹拟两个字用得不妙。然由《周颂》到《商颂》,由《商颂》到《鲁颂》,文体上词言上是很顺叙,反转则甚费解。

《七月》一篇必是一遗传的农歌;以传来传去之故,而成文句上极大之 Corruption,故今已不顺理成章。这类诗最不易定年代,且究是《豳风》否也未可知。因为此类农歌,总是由此地传彼地。《鸱鸮》想也是一个农歌;为鸟说话,在中国诗歌中有独无偶。《东山》想系徂东征戍者之词,其为随周公东征否则未可知。但《豳风》的东西大约都是周的物事,因为就是《七月》里也有好些句与《二南》《小雅》同。《大雅》《小雅》,十年前疑为是大京调小京调。风雅本是相对名词,今人意云雅而曰风雅,实不词(杜诗"别裁伪体亲风雅"),今不及详论矣。

《破斧》恐是东征罢敝国人自解之言。如是后人追叙,恐无如此之实地风光。《破斧》如出后人,甚无所谓。下列诸疑拟释之如下:

如云是周公时物,何以周诰如彼难解,此则如此易解?答:诰是官话,这官话是限于小范围的,在后来的语言上影响可以很小。诗是民间通俗的话,很可以为后来通用语言之所自出。如蒙古白话上谕那末不能懂,而元曲却不然,亦复一例。且官书写成之后,便是定本,不由口传。诗是由口中相传的,其陈古的文句随时可以改换,故显得流畅。但虽使字句有改换,其来源却不以这字句的改换而改换。

周公东征时称王,何以……(未完)

抄到此地,人极倦,而船不久停,故只有付邮。尾十多张,待于上海发。

抄的既潦草,且我以多年不读中国书后,所发议论必不妥者多,妥者少。希望不必太以善意相看。

弟　斯年

颉刚案,傅孟真先生此书,从 1924 年 1 月写起,写到 1926 年 10 月 30 日船到香港为止,还没有完。他归国后,我屡次催他把未完之稿写给我;无奈他不忙便懒,不懒便忙,到今一年余还不曾给我一个字。现在周刊需稿,即以此书付印。未完之稿,只得过后再催了。书中看不清的草书字甚多,恐有误抄,亦俟他日校正。

一九二八、一、二

《史记》研究

一 《史记》研究参考品类

　　《史记》一部书之值得研究处,大致有四个方面意义。第一,《史记》是读古书治古学的门径,我们读汉武帝以前之遗文,没有一书不用把他来作参考。他自己既是一部金声玉振的集大成书,又是一部很有别择力的书,更是一部能够多见阙疑,并存异说的书,且是汉武帝时代的一部书,还没有被着后来治古文学者一套的"向壁虚造"之空气,虽然为刘子骏等改了又改,确已引行了很多"向壁虚造"去,究竟因矛盾可见其增改,又已早为刘申受等所识破。在恰好的时代,以壮大的才力,写了这一部集合他当年所及见一切书的书,在现在竟作了我们治古学之入门了。第二,《史记》研究可以为治古书之训练,将《史记》和经传子籍参校,可以做出许多有意义的工夫。且《史记》一书后人补了又补,改了又改,因此出了许多考证学的问题,拿来试作若干,引人深思远想。第三,太史公既有大综合力,以整齐异说,又有独到的创见,文词星历,综于一人,八书、货殖诸传之作,竟合近代史体,非希腊罗马史学家所能比拟,所以在史学上建树一个不朽的华表,在文辞上留给后人一个伟壮的制作,为《史记》研究《史记》,也真值得。第四,《史记》作于汉武时,记事迄于天汉(考详后)。武帝时代正是中国文化史政治史上一个极重要的时代,有他这一部书,为当年若干事作含讥带讽的证据,我们借得不少知识。

然而《史记》不是容易研究的书，所有困难，大概可以别为三类：第一，太史公书百三十篇，当他生时本未必已写定本，"既死后，其书稍出，宣布时，迁外孙平通侯杨恽祖述其书，遂宣布焉"，而恽又遭戮，同产弃市。其后褚少孙等若干人补之，刘歆等若干人改之，杨终等删之，至于唐时，已经无数转改，现在竟成古籍中最紊乱者。第二，太史公所据之书，现在无不成问题者，《世本》已佚，《战国策》是否原本，吴挚甫对之成一有价值之设论，《尚书》则今文各篇，现在惟凭附伪孔传而行，而《左氏春秋》尤成莫大之纠纷，今只有互校互订，以长时间，略寻出若干端绪。第三，《史记》一书之整理，需用若干专门知识，如语言学天文学等，必取资以考春秋左氏者，亦即是《史记》一书之问题，不仅辨章史事，考订章句而已。虽然工作之趣，在与困难奋斗时，不在怡然理顺之后，《史记》研究既有此价值，则冒此困难，毕竟值得。

如果想以一人之力，成《史记》之考订，是办不到的。幸而近代二百年中，学者对于《史记》中大节细事，解决不少，提议的问题尤多，如能集合之加以整理，益以新观点，所得已经不少。又八书中若干事，及匈奴大宛诸传之考实，巴黎沙万君于翻译时增甚多考释，极为有价值，而今古学之争，自刘逢禄至崔适，虽不免会着甚多"非常异义，可怪之论"，究竟已经寻出好多东西来，这都是我们的凭借，且他地尚有若干学者，我们可以通函询问。我们第一步自然是把《史记》从头到尾细读一遍，这是我们设这一课的第一个目的。第二步是找出若干问题，大家分别研究去。第三步，如果大家长期努力，或将《史记》一书中若干头绪，整理出不少来，共同写成一书，也是一番事业。

司马子长生世第一

《史记·太史公自序》因每人须备史记一部，故不抄录。

《汉书·司马迁传》仅录班氏抄完自序以后之文。

《魏志·王肃传》录一段。

王国维《太史公行年考》按自乾嘉时,孔氏庄氏以来之今文说,王氏俱不采。此等今文说诚有极可笑者,然亦有不可易者。王君既挟此成见,则论《史记》直有所蔽,如"从孔安国问故","十岁读古文"等,为之空证纷纭矣。

二 老子申韩列传第三

老子者

《礼记·曾子问》郑注:"老聃者古寿考者之号也,与孔子同时。"老非氏非地,寿考者皆可称之,如今北方称"老头子"。儋,聃,老莱子,三名混而为一,恐正由此称之不为专名。

楚苦县厉乡曲仁里人也。

苦县之名始于何时,不可知。苦邑未必始于秦汉,然苦县之名容是秦灭楚为郡后改从秦制者也。楚称九县,仍是大名,郡县未分小大。(郡即君之邑,七国时关东亦封君,楚初称公如叶公,后亦称君,如春申君。至于县是否六国亦用之,待考。汉人书固有叙六国地称县者,然汉人每以当时之称称古,未可即据也。后来秦置守尉,郡存而君亡矣。郡县"县附之义"乃封建之词,而后来竟成与封建相对之制。)苦在汉属淮阳,淮阳时为国,时为郡。东汉改为陈郡,盖故陈地也。(见《汉书·地理志》陈分野节。)《史记·十二诸侯年表》,敬王四十一年,即鲁哀公十六年,楚惠王十年,陈湣公二十三年,楚灭陈,其年孔子卒。故如老子是楚人,则老子乃战国人,不当与孔子同时,老子如与孔子同时,乃苦之老子,非楚人也。又汉人称楚每括故楚诸郡,不专指彭城等七县,太史公盖以汉之楚称加诸春秋末战国初人耳。

姓李氏

按姓氏之别,在春秋末未泯,战国末始大乱,说详顾亭林《原姓篇》,论世本一节中当详引之。太史公心中是叙说一春秋末人,而曰姓某氏,盖姓氏之别，战国汉儒多未察，太史公有所谓轩辕氏高阳氏者，自近儒考证学之精辨衡之，疏漏多矣。（《论语》称夏曰夏后氏，称殷曰殷人，盖殷虽失王，有宋存焉，夏则无一线绍述立国，杞一别支而已，必当时列国大夫族氏中有自称出自夏后者，遂有夏后氏之称，固与夏氏甚不同义。如顾氏所考，王室国君均有姓无氏也。）

名耳，字伯阳，谥曰聃。

《史记志疑》二十七："案：老子是号，生即皓然，故号老子（见三国葛孝先《道德经序》），耳其名（《神仙传》名重耳），聃其字（《吕览》不二、重言两篇作老耽），非字伯阳。字而曰谥者，读若王褒赋谥为洞箫之谥，非谥法也（说在《孟尝君传》）。盖伯阳父乃周幽王大夫，见《国语》，不得以老子当之。又《墨子·所染》、《吕氏春秋·常染》并称舜染于许由伯阳，则别一人，并非幽王时之伯阳父。乃高诱注吕，于《当染篇》以伯阳为老子，舜师之（吕本意篇，尧舜得伯阳续耳也）；而于重言篇以老耽为论三川竭之伯阳，孔子师之（《周纪集解》引唐固亦云，伯阳甫老子也）：岂不谬哉？但《索隐》本作名耳字聃，无'伯阳谥曰'四字；与后书桓纪延熹八年注引史合。并引许慎云，聃，耳漫也，故名耳，字聃，有本字伯阳，非正。老子号伯阳父，此传不称，则是后人惑于神仙家之傅会，妄窜史文。《隶释·老子铭》《神仙传》《抱朴子·杂应》《唐书·宗室表》《通志·氏族略》四、《路史后纪》七，并仍其误耳。至《路史》载老子初名元禄（注谓出《集真录》），《酉阳玉格》言老子具三十六号，七十二名，又有九名，俱属荒怪，儒者所不道。"按：梁说是也，惟谓老子生即皓然，恐仍是魏晋以来神仙家之说，陆德明亦采此，盖唐代尊老子，此说在当时为定论矣。

孔子适周，将问礼于老子。

《孔子世家》云："鲁南宫敬叔言鲁君曰：请与孔子适周，鲁君与之一乘车两马一竖子，俱适周，问礼，盖见老子云。辞去，而老子送之，曰'吾闻富贵者送人以财，仁人者送人以言。吾不能富贵，窃仁人之号，送子以言,曰,聪明深察而近于死者,好议人者也,博辩广大危其身者,发人之恶者也,为人臣者毋以有己,为人子者毋以有己'。"与此处所叙绝异。此盖道家绌儒学之言,彼乃儒家自认之说,故分存之也。孔子见老子否,说详后。

至关,关令尹喜曰:"子将隐矣,强为我著书。"

关尹、老聃:《庄子·天下篇》并称之,盖一派也。其书在汉志所著录者久佚,今传本乃唐宋所为,宋濂以来,辩之已详。

莫知其所终。

此为后来化胡诸说所依据,太史公如此言,彼时道家已杂神仙矣(《淮南子》一书可见)。

或曰老莱子亦楚人也。

《庄子·外物篇》举孔子问礼事,即明称老莱子。

以其修道而养寿也。

黄老之学,原在阴谋术数及无为之论,杂神仙后始有此说。

自孔子死之后百二十九年,而史记周太史儋见秦献公。

此事见周本纪烈王二年,及秦本纪献公十一年,上溯孔子卒于敬王四十一年,为百有六年,与百二十九年之数不合。"故与秦国合",谓西周时秦马蕃息汧渭间也。"离",谓东周迁也。"离五百岁而复合",谓秦灭周也。"合七十岁而霸王者出",霸王当指秦皇,然赧王之世,秦皇乃生,西周灭后,至秦皇立,恰十年,非七十年。此说在《史记》四见、周纪、秦纪、封禅书、老子传,或作十七,或作七十,或作七十七。无论如何算,皆不合。恐实是十岁,两七字皆衍,或则谶语本不可确切求之也。

此所谓史记当是秦史记,彼时秦早有王天下之心,故箕子抱祭器适周之说,有拟之者矣。

或曰,儋即老子,或曰非也,世莫知其然否。老子,隐君子也。

子长时,老子传说必极复杂矛盾,子长能存疑,不能自决(孔子弟子列传亦书两老子为孔子所严事者,此外尚有蘧伯玉、晏平仲、孟公绰、长弘、师襄,又是后人增之者。子长此处但凭书所记者列举之,正无考核及伦次也)。

世之学老子者则绌儒学,儒学亦绌老子。

老子儒学之争,文景武世最烈。辕固生几以致死(见《儒林传》),武帝初年,窦婴、田蚡、王绾皆以儒术为窦太后所罢。及武帝实秉政,用公孙宏、董仲舒言,黄老微矣。谈先黄老而后六经,迁则儒家,然述父学,故于老氏儒家之上下但以道不同不相为谋了之耳。

与梁惠王齐宣王同时。

如此则亦孟子同时人。

然其要本归于老子之言。

老庄不同,《天下篇》自言之。阴谋术数之学,庄书中俱无之,庄书中有敷衍道德五千言之旨者,亦有直引五千言中文句者(如"故曰鱼不可脱于渊,国之利器不可以示人")。然庄书不纯,不能遽以此实其为老子之学也。子长之时,庄非显学,传其书者,恐须托黄老以自重,故子长所见多为比附老氏者。

作《渔父》《盗跖》《胠箧》,以诋訿孔子之徒,以明老子之术。畏累虚亢桑子之属,皆空语,无事实。

今本《庄子》,西晋人向秀所注,郭象窃之,附以秋水诸篇之注,而题为郭象注者(见《晋书》)。此本以外者,今并不存,但有甚少类书等所引可辑耳。子长所举诸篇,在今本《庄子》中居外篇杂篇之列,而子长当时竟特举之,盖今本《庄子》乃魏晋间人观念所定,太史公时,老氏绌儒学,儒学绌老氏,故此数篇独重。司马贞云:"按,庄子,畏累虚,篇名也,即老聃弟子畏累。"今本无此篇,仅庚桑楚云,老聃之役有庚桑楚者,遍得老聃之道以北居畏累之山。此与司马子正所见不合矣。是子正犹及见与向郭注本不同之《庄子》也。

京人也。

《左传》隐元年:"请京,使居之,谓之京城大叔",或申子郑之京人也。

本于黄老,而主刑名。

黄老一说,恐汉初始有之,《孟子》论杨墨,《庄子·天下篇》,《韩非·显学篇》,以及《吕览》,均不及此词。盖申实刑名之学,汉世述之者自附于黄老,故子长见其原于道德之意。

而其本归于黄老。

如可据今本韩子论,韩子乃归于阴谋权数之黄老耳。

人或传其书,至秦,秦王见孤愤、五蠹之书,曰:"嗟乎,寡人得见此人,与之游,死不恨矣。"

此所记恰与子长报任少卿书所云"韩非囚秦,说难孤愤"相悖,彼是此必非。今本五蠹、孤愤、说难等篇,皆无囚秦之迹可指,大约报任少卿书所云正亦子长发愤之词耳(《吕览》成书,悬金国门,决非迁蜀后事)。

申子卑卑。

言其专致综核名实之小数也。

皆原于道德之意。

刻薄寡恩,而皆原于道德之意,此甚可思之辞也。道德一词,儒用之为积极名词,道用之为中性名词。故儒不谈凶德,而道谈盗者之道。韩文公云,道与德为虚位,仁与义为定名,此非儒者说,五千文中之说耳。刑名比附于道德五千言,韩子书中亦存解老喻老,虽"其极惨礉",仍是开端于五千文中。故曰,皆原于道德之意。

按老子申韩列传,在唐以宗老子故,将老子一节升在伯夷上,为列传第一,今存宋刻本犹有如此者。此至可笑之举,唐之先世是否出于陇西,实未明了,在北周时,固用胡姓大野矣,而自托所宗于老子。当时人笑之者已多,所谓圣祖玄元皇帝,诚滑稽之甚。

黄老刑名相关处甚多,故老庄申韩同传。三驺子比傅儒家言,而齐之方士又称诵习孔子之业(《始皇本纪》扶苏语),故三驺与孟荀同传,亦以稷下同地故也。

三 十篇有录无书说叙

《汉书·司马迁传》云:"十篇缺,有录无书。"张晏曰:"迁没之后,亡景纪、武纪、礼书、乐书、兵书、汉兴以来将相年表、日者列传、三王世家、龟策列传、傅靳列传。元成之间,褚先生补缺,作武帝纪,三王世家,龟策日者列传,言辞鄙陋,非迁本意也。"又十篇有录无书说,亦见于汉《艺文志》。东汉人引《史记》,无与此相反者。卫宏《汉书旧仪注》云"太史公作景帝纪,极言其短,及武帝过,武帝怒而削去"。《魏志·王肃传》云:"帝(明帝)又问,司马迁以受刑之故,内怀隐切,著史记,非贬孝武,令人切齿。对曰,司马迁记事不虚美,不隐恶,刘向扬雄称其善叙事,有良史之材,谓之实录。汉武帝闻其述史记,取孝景及己本纪览之,于是大怒,削而投之,于今此两纪有录无书。后遭李陵事,遂下蚕室。此为隐切在孝武而不在于史迁也。"按,卫宏所记,每多虚妄(如谓太史公位在丞相上),明帝之语,有类小说,固不可遽信,然必东汉魏人不见景纪,然后可作此说,否则纵好游谈,亦安得无所附丽乎?子长没后三百年中,十篇缺亡,一旦徐广、裴骃竟得之,在赵宋以后,刻板盛行,此例犹少,在汉魏之世,书由绢帛,藏多在官,亡逸更易,重见实难,三百年中一代宗师所不见,帝王中秘所不睹,而徐裴独获之于三百年后,无是理也。故十篇无书之说,实不可破,而张晏所举,景纪外固无疑问,景纪之亡,则卫说王传皆证人也。今本十篇之续貂俱在,清儒多因而不信张晏说,即《史记志疑》之作者梁君,几将《史记》全书三分之二认为改补矣,反独以景纪、傅传为不亡,是其疏也。今试分述十篇续貂之原,以疏张晏之论。

景纪　景纪之亡，有卫书王传为证，无可疑者。然梁君曰："此纪之文，亦有详于《汉书》者，如三年徙济北王以下五王，五年徙广川为赵王，六年封中尉赵绾为建陵侯，至梁楚二王皆薨，班书皆无之，则非取彼以补也。盖此纪实未亡尔。"不知此类多过《汉书》之处，皆别见《史记·汉兴以来诸侯表》，惠景间侯者表中，记载偶有出入，然彼长此短，若更据汉书各表各传以校之，恐今本《史记》无一句之来历不明也。补书有工拙，此书之补固工于礼乐诸书，然十篇之补不出一人，讵可以彼之拙，遂谓工者非补书耶？且张晏举补者之名，仅及一纪一世家二传，未云其他有补文，则此十篇今本非出于一手甚明矣。

武纪　此书全抄封禅书，题目亦与自叙不合。太史公未必及见世宗之卒，而称其谥，此为其伪不待辩也。钱大昕《考异》云："余谓少孙补史，皆取史公所阙，意虽浅近，词无雷同，未有移甲以当乙者也，或魏晋以后，少孙补篇亦亡，乡里妄人取此以足其数耳。"

汉兴以来将相年表　梁云："案表云，孝景元年置司徒官，不知哀帝始改丞相为大司徒，光武去大乃称司徒，孝景时安得有此官（此说自清官本始），又述事至孝成鸿嘉元年，殆目表其非材妄续耶？"按，梁说是也。此篇当是据《汉书·百官公卿表》所记，参以太史公自叙，"国有贤相良将，民之师表也。维见汉兴以来将相名臣年表，贤者记其治，不贤者彰其事，作汉兴以来将相名臣年表第十"诸语敷衍而成者。其中竟有大事记，作表有此，本纪何为者？（又国除削爵亡卒，在他表均不倒文，在此篇独倒，明其为后人所为也。）

礼书乐书　礼书抄自《荀子·礼论》，乐书抄自《乐记》，篇前均有太史公曰一长段，容可疑此书仅存一叙，然礼乐两书之叙，体裁既与封禅等书不合，且其中实无深义，皆摹仿太史公文以成之敷衍语。即如乐书之叙，开头即是摹十二诸侯表叙语，然彼则可缘以得鲁诗之遗，此则泛泛若无所谓。是此两叙皆就《汉书·礼乐志》中之故实，摹子长之文意，而为之，今如将此两篇与诸表之叙校，即见彼多深刻之言，存汉初年儒者之说，此则敷衍其词，若无底然，亦无遗说存乎其中，更将此两篇与《汉·礼乐志》校，又宜见其取材所自也。

兵书　今本目中题律书，然就自叙所述之意论之，固为兵书也，今本乃竟专谈律，又称道"闻疑"，强引孙吴，以合自叙，愈见其不知类。此篇初论兵家，次论阴阳，末述律吕，杂乱无比。汉魏人乐书多不存，惜不能就其所据之材料而校核之也。张晏称之曰兵书，盖及见旧本，颜书据今本律书驳之，不看自序文义，疏误之甚。

三王世家　三王世家之来源，褚先生自说之，其文云：

臣幸得以文学为侍郎……而解说之。

乃今本三王世家竟有太史公曰一段，且谓燕齐之事无足采者，为此伪者真不通之至。子长著书之时，三王年少，无世可纪，无事可录，故但取其策文，今乃曰其事无足采者，是真不知子长为何时人，三王当何年封矣（三王当元狩六年封）。

此篇"王夫人者……"以下，不知又是何人所补，然此实是汉世掌故及传说之混合，与礼乐诸书有意作伪者不同也。

日者列传　此书之补，褚先生曰以下者，应在先，司马季主一长段，又就褚少孙所标之目，采合占家之游谈，以足之者也。此篇中并引老子、庄子于一处，而所谓庄子者不见今《庄子》书，意者此段之加，在晋初，彼时老庄已成一切清谈所托，而向、郭定本《庄子》犹未及行耶？

龟策列传　此亦刺取杂占卜者之辞为之，"褚先生曰"以下，当是旧补（但直接褚先生曰数句颇疑割裂），其前一大段，及记宋之王事，又是敷衍成文，刺取传说以成此篇未缺之形式者，应为后来所补。日者、龟策两篇文词鄙陋，张晏、司马贞俱言之。

傅靳周列传　此全抄《汉书》者,未敷衍毫无意义之赞以实之。稍多于《汉书》处,为封爵,然此均见《史记》《汉书》诸表者。周传高祖十二年以缲为蒯成侯,在击陈豨前,然击豨在十年,《汉书》不倒,抄者误也。

综上以观,褚先生之补并非作伪,特欲足成子长之书,故所述者实是材料及事实之补充,且明题褚曰,以为识别。若此诸篇之"太史公曰……"者,乃实作伪之文,或非张晏所及见。补之与作伪不可不别也。褚补史记不止此数篇,然他处补者尚有子长原文,褚更足之,此数篇中有录无书,故补文自成一篇,张晏遂但举此也。故此十篇中有褚补者,有非褚补者,非褚补者乃若作伪然,或竟是晋人所为,盖上不见于张晏,下得入于裴书耳。伪书颇有一种重要用处,即可据以校古书。有时近本以流传而有讹谬,伪书所取尚保存旧面目者,据以互校,当有所得矣。

四　论太史公书之卓越

太史公书之文辞,是绝大创作,当无异论。虽方望溪、姚姬传辈,以所谓桐城义法解之,但识砒砆,竟忘和璧,不免大煞风景,然而子长文辞究不能为此种陋说所掩。今不谈文学,但谈史学,子长之为奇才,有三端焉:一、整齐殊国纪年。此虽有春秋为之前驱,然彼仍是一国之史,若列国所记,则各于其党,"欲一观诸要难"(十二诸侯表中语)。年代学Chronology乃近代史学之大贡献,古代列国并立,纪年全不统一,子长独感其难,以为十二诸侯六国各表,此史学之绝大创作也。我国人习于纪年精详之史,不感觉此功之大,若一察希腊年代学未经近代人整理以前之状态,或目下印度史之年代问题,然后知是表之作,实史学思想之大成熟也。二、作为八书。八书今亡三篇,张晏已明言之,此外恐尚有亡逸者,即可信诸篇亦若未经杀青之功。然著史及于人事之外,至于文化之中礼、乐、兵、历、天官、封禅、河渠、平准各为一书,斯真睹史学之全,人文之大体矣。且所记皆涉汉政(天官除外),并非承袭前人,亦非诵称书传,若班氏所为者。其在欧洲,至十九世纪始有如此规模之史学家也。凡上两事,皆使吾人感觉子长创作力之大,及其对于史学观念之真(重年代学括文化史),希腊罗马史家断然不到如此境界。皆缘子长并非守文之儒,章句之家,游踪遍九域,且是入世之人,又其职业在天官,故明习历谱,洞彻人文。子长不下帷而成玮著,孟坚但诵书而流迁拘,材之高下固有别矣。三、"疑疑亦信"。能言夏礼,杞不足征,能言殷礼,宋不足征,文献不足,阙文尚焉,若能多见阙疑,慎言其余,斯为达也。子长于古代事每并举异说,不雅驯者不取,有不同者并存之,其在《老子传》云:"或曰,儋即老子,或曰非也,世莫知其然否。老子,隐君子也",或疑其胸无伦类,其实不知宜为不知,后人据不充之材料,作逾分之断定,岂所论于史学乎? 子长盖犹及史之阙文也,今亡逸夫!

五　论司马子长非古史学乃今史学家

　　孟坚叙子长所取材,曰:"司马迁据《左氏》《国语》,采《世本》《战国策》,述《楚汉春秋》,接其后事,迄于天汉。其言秦汉详矣。至于采经摭传,分散数家之事,甚多疏略,或有抵牾。"此信论也。子长实非古史家,采取诗书,并无心得。其纪五帝三代事,但求折中六艺耳,故不雅驯者不及,然因仍师说,不闻断制,恐谯周且笑之矣。《史记》记事,入春秋而差丰,及战国而较详,至汉而成其灿然者矣。其取《国语》,固甚有别择,非一往抄写。《战国策》原本今不见,今本恐是宋人补辑者(吴汝纶始为此说),故不能据以校其取舍。楚汉春秋止记秦楚汉之际,子长采之之外,补益必多,项刘两纪所载,陆贾敢如是揶揄刘季乎? 今核其所记汉事,诚与记秦前事判若两书,前则"疏略抵牾",后则"文直事核"矣。彼自谓迄于获麟止(元狩元年),而三王之封,固在元狩六年,已列之世家,是孟坚以《史记》迄于天汉之说差合事实。其记汉事,"不虚美,不隐恶",固已愈后愈详,亦复愈后愈见其别择与文采。若八书之作,子长最伟大处所在,所记亦汉事也。又子长问故当朝,游迹遍九域,故者未及详考,新者乃以行旅多得传闻。以调查为史,亦今史之方,非古史之术。盖耳闻之古史,只是神话,耳闻之近事,乃可据以考核耳。

战国子家叙论

一 论哲学乃语言之副产品 西洋哲学即印度日耳曼语言之副产品 汉语实非哲学的语言 战国诸子亦非哲学家

世界上古往今来最以哲学著名者有三个民族：一、印度之亚利安人；二、希腊；三、德意志。这三个民族有一个共同点，就是在他的文化忽然极高的时候，他的语言还不失印度日耳曼系语言之早年的烦琐形质。思想既以文化提高了，而语言之原形犹在，语言又是和思想分不开的，于是乎繁丰的抽象思想，不知不觉地受他的语言之支配，而一经自己感觉到这一层，遂为若干特殊语言的形质作玄学的解释了。以前有人以为亚利安人是开辟印度文明的，希腊人是开辟地中海北岸文明的，这完全是大错而特错。亚利安人走到印度时，他的文化，比土著半黑色的人低，他吸收了土著的文明而更增高若干级。希腊人在欧洲东南也是这样，即地中海北岸赛米提各族人留居地也比希腊文明古得多多，野蛮人一旦进于文化，思想扩张了，而语言犹昔，于是乎凭借他们语言的特别质而出之思想当做妙道玄理了。今试读汉语翻译之佛典，自求会悟，有些语句简直莫名其妙，然而一旦做些梵文的工夫，可以化艰深为平易，化牵强为自然，岂不是那样的思想很受那样的语言支配吗？希腊语言之支配哲学，前人已多论列，现在姑举一例：亚里士多德所谓十个范畴者，后人对之有无穷的疏论，然这都是希腊语法上的问题，希腊语正供给我们这么些观念,离希腊语而谈范畴,则范畴断不能是这样子了。其余如柏拉图的辩论,亚里士多德的分析,所谓哲学,都是一往弥深的希腊话。且少谈古代的例,但论近代。德意志民族中出来最有声闻的哲人是康德,此君最有声闻的书是《纯理评论》。这部书所谈的不是一往弥深的德国话吗? 这部书有法子翻译吗? 英文中译本有二:一、出马克斯谬勒手,他是大语言学家;二、出麦克尔江,那是很信实的翻译。然而他们的翻译都有时而穷,遇到好些名词须以不译了之。而专治康德学者,还要谆谆劝人翻译不可用,只有原文才信实;异国杂学的注释不可取,只有本国语言之标准义疏始可信。哲学应是逻辑的思想,逻辑的思想应是不局促于某一种语言的,应是和算学一样的容易翻译,或者说不待翻译,然而适得其反,完全不能翻译。则这些哲学受他们所由产生之语言之支配,又有什么疑惑呢? 即如 Ding an Sich 一词,汉语固不能译他,即英文译了亦不像;然在德文中,则 an Sich 本是常语,故此名词初不奇怪。又如最通常的动词,如 Sein,及 Werden 及与这一类的希腊字曾经在哲学上作了多少祟,习玄论者所共见。又如戴卡氏之妙语"Cogito ergo Sum",翻译成英语已不像话,翻译成汉语更做不到。算学思想,则虽以中华与欧洲语言之大异,而能涣然转译;哲学思想,则虽以英德语言之不过方言差别,而不能翻译。则哲学之为语言的副产物,似乎不待繁证即可明白了。印度日耳曼族语之特别形质,例如主受之分,因致之别,过去及未来,已完及不满,质之与量,体之与抽,以及各种把动词变作名词的方式,不特略习梵文或希腊文方知道,便是略习德语也就感觉到这麻烦。这些麻烦便是看来"仿佛很严重"的哲学分析之母。

汉语在逻辑的意义上,是世界上最进化的语言(参看叶斯波森著各书),失掉了一切语法上的烦难,而以句叙(Syntax)求接近逻辑的要求。并且是一个实事求是的语言,不富于抽象的名词;而抽象的观念,凡有实在可指者,也能设法表达出来。文法上既没有那么多的无意识,名词上又没有那么多的玄虚,则哲学断难在这个凭借发生,是很自然的了。

"斐洛苏非",译言爱智之义,试以西洋所谓爱智之学中包有各问题与战国秦汉诸子比,乃至下及魏晋名家、宋明理学比,像苏格拉底那样的爱智论,诸子以及宋明理学是有的;像柏拉图所举的问题,中土至多不过有一部分,或不及半;像亚里士多德那样竟全没有;像近代的学院哲学自戴卡以至康德各宗门,一个动词分析到微茫,一个名词之语尾变化牵成溥论(如 Causality 观念之受 Instrumental 或 Ablative 字位观念而生者),在中土更毫无影响了。拿诸子名家理学各题目与希腊和西洋近代哲学各题目比,不相干者如彼之多,相干者如此之少,则知汉土思想中原无严意的斐洛苏非一科,"中国哲学"一个名词本是日本人的贱制品,明季译拉丁文之高贤不曾有此,后来直到严几道、马相伯先生兄弟亦不曾有此。我们为求认识世事之真,能不排斥这个日本贱货吗?

那么,周、秦、汉诸子是些什么? 答曰:他们是些方术家。自《庄子·天下篇》至《淮南鸿烈》、枚乘《七发》皆如此称。这是他们自己称自己的名词,犹之乎西洋之爱智者自己称自己为斐洛苏非。这是括称,若分言,则战国子家约有三类人:

一、宗教家及独行之士;

二、政治论者;

三、"清客"式之辩士。

例如墨家大体上属于第一类的,儒者是介于一二之间的,管、晏、申、韩、商、老是属于第二类的,其他如惠施、庄周、邹衍、慎到、公孙龙等是侯王、朝廷、公子、卿大夫家所蓄养之清客,作为辩谈以悦其"府主"的。这正合于十七八世纪西欧洲的样子,一切著文之人,靠朝廷风尚,贵族栽培的,也又有些大放其理想之论于民间的。这些物事,在西洋皆不能算做严格意义下之哲学,为什么我们反去借来一个不相干的名词,

战国子家叙论

加在些不相干的古代中国人们身上呀？

二　论战国诸子除墨子外皆出于职业

《七略》《汉志》有九流十家皆出于王官之说。其说曰：儒家者流盖出于司徒之官，道家者流盖出于史官，阴阳家者流盖出于羲和之官，法家者流盖出于理官，名家者流盖出于礼官，墨家者流盖出于清庙之守，纵横家者流盖出于行人之官，杂家者流盖出于议官，农家者流盖出于农稷之官，小说家者流盖出于稗官。胡适之先生驳之，说见所著《中国古代哲学史·附录》。其论甚公直，而或者不尽揣得其情。谓之公直者，出于王官之说实不可通；谓之不尽揣得其情者，盖诸子之出实有一个物质的凭借，以为此物质的凭借即是王官者误，若忽略此凭借，亦不能贯澈也。百家之说皆由于才智之士在一个特殊的地域当一个特殊的时代凭借一种特殊的职业而生。现在先列为一表，然后择要疏之。

家　名	地　域	时　代	职　业	附　记
孔丘	鲁,其说或有源于宋者	春秋末	教人	
卜商	由鲁至魏	春秋战国间	教人	
曾参	鲁	春秋战国间	教人	
言偃	吴	春秋战国间	教人	
孔伋	由鲁至宋	春秋战国间	教人亦曾在宦	
颛孙师	陈	春秋战国间	教人	
漆雕开	今本家语云蔡人	春秋战国间		近于侠
孟轲	邹鲁游于齐梁	战国中期	教人亦为诸侯客	近于游谈
荀卿	赵	战国末期	教人	以上儒宗
墨翟	宋或由鲁反动而出	春秋战国间	以墨子书中情形断之,则亦业教人之业者	

家　名	地　域	时　代	职　业	附　记
禽滑釐	曾学于魏仕于宋	战国初期		
孟胜	仕于荆	战国初期	墨者巨子,为阳城君守而死	
田襄	宋	战国初期	墨者巨子	
腹䵍	居秦	战国中期	墨者巨子	
田俅	齐	战国中期		
相里勤	南方			
相夫氏	南方			
邓陵子	南方			
苦获	南方			
己齿	南方			
				以上墨宗
宋研	或是宋人,然作为华山之冠必游于秦矣	战国中期	游说止兵	
尹文				
				以上近墨者
史鳛	卫	春秋末	太史	
陈仲	齐	战国中期	独行之士	
许行	楚	战国中期	独行之士	
				以上独行之士
管仲	齐	管仲春秋中季人,然托之著书者至早在战国初	齐相	
晏婴	齐	晏婴春秋末人,然托之者至早在战国初	齐相	
老聃 即太史儋	周	战国初	太史	
关喜 或太史儋同时人	周	战国初	关尹	

家 名	地 域	时 代	职 业	附 记
商鞅	卫韩秦	战国初然托之著书至早在战国中	秦相	
申不害	韩	战国初	韩相	
韩非	韩	战国末	韩国疏族	
				以上政论
苏秦	周人而仕六国	战国中	六国相	苏秦张仪书皆为纵横学者所托
张仪	魏人而仕秦	战国中	秦相	
				以上纵横之士
魏牟	魏	战国中	魏卿	
庄周	宋	战国中	诸侯客 或亦独行之士	
惠施	仕魏	战国中	魏卿	
公孙龙	赵	战国中	诸侯客	
邓析	郑	春秋末		
彭蒙	齐			
邹忌	齐	战国初	齐卿	
邹衍	齐	战国中	诸侯客	
淳于髡	齐	战国中	齐稷下客	
慎到	赵	战国中	齐稷下客	
田骈	齐	战国中	齐稷下客	
接子	齐	战国中	齐稷下客	
环渊	楚	战国中	齐稷下客	
				以上以言说侈谈于诸侯朝廷,若后世所谓"清客"者

附记一、列子虽存书,然伪作,其人不可考,故不录入。

二、一切为东汉后人所伪托之子家不录入。

三、《吕氏春秋》之众多作者皆不可考,且是类书之体,非一家之言,故不列入。

就上表看，虽不全不尽，然地方、时代、职业三事之与流派有相关系处，已颇明显。现在更分论之。

一、所谓儒者乃起于鲁流行于各地之"教书匠"。儒者以孔子为准，而孔子之为"教书匠"，在《论语》中甚明显。

子曰：学而时习之，不亦说乎？

子曰：弟子，入则孝，出则悌，谨而信，泛爱众，而亲仁。行有余力，则以学文。

子谓子夏曰：女为君子儒，无为小人儒。

子曰：默而识之，学而不厌，诲人不倦，何有于我哉？

子曰：德之不修，学之不讲，闻义不能徙，不善不能改，是吾忧也。

子曰：志于道，据于德，依于仁，游于艺。

子曰：自行束脩以上，吾未尝无诲焉。

子曰：不愤不启，不悱不发，举一隅不以三隅反，则不复也。

子曰：兴于诗，立于礼，成于乐。

子疾病，子路使门人为臣。病间，曰：久矣哉，由之行诈也！无臣而为有臣，吾谁欺？欺天乎？

子曰：小子何莫学夫诗？诗，可以兴，可以观，可以群，可以怨，迩之事父，远之事君，多识于鸟兽草木之名。

子路使子羔为费宰，子曰：贼夫人之子！子路曰：有民人焉，有社稷焉，何必读书，然后为学？子曰：是故恶夫佞者。

上文不过举几个例，其实一部《论语》三分之二是教学生如何治学，如何修身，如何从政的。孔子诚然不是一个启蒙先生，但他既不是大夫，又不是众民，开门授徒，东西南北，总要有一个生业。不为匏瓜，则只有学生的束脩；季孟齐景卫灵之"秋风"，是他可资以免于"系而不食"者。不特孔子如此，即他的门弟子，除去那些做了官的以外，也有很多这样。《史记·儒林传·叙》："自孔子卒后，七十子之徒，散游诸侯，大者为师傅卿相，小者友教士大夫，或隐而不见。故子路居卫，子张居陈，澹台子羽居楚，子夏居西河，子贡终于齐。如田子方、段干木、吴起、禽滑釐之属，皆受业于子夏之伦，为王者师。"这样进则仕，退则教的生活，既是儒者职业之所托，又是孔子成大名之所由。盖一群门弟子到处教人，即无异于到处宣传。儒者之仕宦实不达，在魏文侯以外没有听说大得意过，然而教书的成绩却极大。诗、书、礼、乐、春秋本非儒者之专有物，而以他们到处教人的缘故，弄成孔子删述六经啦。

二、墨为儒者之反动，其一部分之职业与儒者同，其另一部分则各有其职业。按：墨为儒者之反动一说，待后详论之。墨与儒者同类而异宗，也在那里上说世主，下授门徒。但墨家是比儒者更有组织的，而又能吸收士大夫以下之平民。既是一种宗教的组织，则应有以墨为业者，而一般信徒各从其业。故儒、纵横、刑、名、兵、法皆以职业名，墨家独以人名。

三、纵横刑法皆是一种职业，正所谓不辨自明者。

四、史官之职，可成就些多识前言往行、深明世故精微之人。一因当时高文典册多在官府，业史官者可以看到；二因他们为朝廷作记录，很可了澈些世事。所以把世故人情看得最深刻的老聃出于史官，本是一件自然的事。

五、若一切不同的政论者，大多数是学治者之言，因其国别而异趋向。在上列的表内管、晏、关、老、申、商、韩非之列中，管、晏、商君都不会自己作书的，即申不害也未必能自己著书，这都是其国后学从事于学政治者所托的。至于刑名之学，出于三晋周郑官术，更是一种职业的学问，尤不待说了。

六、所有一切名家辩士，虽然有些曾做到了卿相的，但大都是些诸侯所养的宾客,看重了便是大宾,看轻了便同于"优倡所蓄"。这是一群大闲人,专以口辩博生活的。有这样的职业,才成就这些辩士的创作;魏齐之廷,此风尤盛。

综括前论,无论有组织的儒墨显学,或一切自成一家的方术论者,其思想之趋向多由其职业之支配。其成家之号,除墨者之称外,如纵横名法等,皆与其职业有不少关联。今略变《汉志》出于王官之语,或即觉其可通。若九流之分,本西汉中年现象,不可以论战国子家,是可以不待说而明白的。

流 别	《七略》所释	今 释
儒家者流	出于司徒之官	出于"教书匠"
道家者流	出于史官	有出于史官者,有全不相干者。"汉世"道家本不是单元。按道家一词,入汉始闻
阴阳家者流	出于羲和之官	出于业文史星历卜祝者
法家者流	出于理官	法家非单元,出于齐晋秦等地之学政习法典刑者
名家者流	出于礼官	出于诸侯朝廷中供人欣赏之辩士
墨家者流	出于清庙之守	出于向儒者之反动,是宗教的组织
纵横家者流	出于行人之官	出于游说形势者
杂家者流	出于议官	"杂"固不成家,然汉世淮南东方却成此一格,其源出于诸侯朝廷广置方术殊别之士,采者不专主一家,遂成杂家矣
小说家者流	出于稗官	出于以说故事为职业之诸侯客以上所谓"名""杂""小说"三事,简言之,皆出于所谓"清客"

故《七略》《汉志》此说,其辞虽非,其意则似无谓而有谓。

三 论只有儒墨为有组织之宗派,其余虽多同声相应、同气相求者,然大体是自成一家之言

诸子百家中,墨之组织为最严整,有巨子以传道统,如加特力法皇

达喇喇嘛然。又制为一切墨者之法而自奉之,且有死刑。(《吕氏春秋·去私篇》腹䵍为墨者巨子,居秦,其子杀人。秦惠王曰:"先生之年长矣,非有他子也。寡人已令吏弗诛矣,先生之以听寡人也。"腹䵍对曰:"墨者之法,杀人者死,伤人者刑,此所以禁杀伤人也。"云云)此断非以个人为单位之思想家,实是一种宗教的组织自成一种民间的建置,如所谓"早年基督教"者是。所以墨家的宗旨,一条一条固定的,是一个系统的宗教思想。(尚贤、尚同、兼爱、非攻、节用、节葬、天志、明鬼、非乐。)又建设一个模范的神道(三过家门而不入之禹),作为一切墨家的制度。虽然后来的墨者分为三(或不止三),而南方之墨者相谓别墨,到底不至于如儒墨以外之方术家,人人自成一家。孟子谓杨墨之言盈天下,墨为有组织之宗教,杨乃一个人的思想家,此言应云,如杨朱一流人者盈天下,而墨翟之徒亦盈天下。盖天下之自私自利者极多,而为人者少,故杨朱不必作宣传,而天下滔滔皆杨朱;墨宗则非宣传不可。所以墨子之为显学,历称于孟、庄、荀、卫、吕、刘、司马父子,《七略》《汉志》,而杨朱则只孟子攻之,《天下篇》所不记,《非十二子》所不及,《五蠹》显学所不括,《吕览》《淮南》所不称,六家、九流所不列。这正因为"纵情性、安恣睢、禽兽行"之它嚣魏牟固杨朱也。庄子之人生观,亦杨朱也。所以儒墨俱为传统之学,而杨朱虽号为言盈天下,其人犹在若有若无之间。至于其他儒墨以外各家,大别可分为四类。

一、独行之士,此固人自为说,不成有组织的社会者,如陈仲、史鳅等。

二、个体的思想家,此如太史儋之著五千言,并非有组织的学派。(但黄老之学至汉初年变为有组织之学派。)

三、各地治"治术"一种科学者,此如出于齐之管仲晏子书,出于三晋之李悝书,出于秦之商子书,出于韩之申子书及自己著书之韩公子非。这都是当年谈论政治的"科学"。

四、诸侯朝廷之"清客"论,所谓一切辩士,有些辩了并不要实行的,有些所辩并与行事毫不相干的(如"白马非马"),有些全是文士。这都是供诸侯王之精神上之娱乐者。梁孝王朝武帝朝犹保存这个战国风气。

四　论春秋战国之际为什么诸家并兴

在回答这个问题之前,我们先要问诸子并兴是不是起于春秋战国之际? 近代经学家对于中国古代文化的观念大别有两类:一类以为孔子有绝大的创作力,以前朴陋得很。江永、孔广森和好些今文学家都颇这样讲;而极端例是康有为,几乎以为孔子以前的东西都是孔子想象的话,诸子之说,皆创于晚周。一类以为至少西周的文化已经极高,孔子不过述而不作,周公原是大圣,诸子之说皆有很长的渊源。戴震等乾嘉间大师每如此想,而在后来代表这一说之极端者为章炳麟。假如我们不是在那里争今古文的门户,理当感觉到事情不能如此简单。九流出于王官,晚周文明只等于周公制作之散失之一说,虽绝对不可通,然若西周春秋时代文化不高,孔老战国诸子更无从凭借以生其思想。我们现在关于西周的事知道的太不多了,直接的材料只有若干金文,间接的材料只有《诗》《书》两部和些不相干的零碎,所以若想断定西周时的文化有几多高,在物质的方面还可盼望后来的考古学有大成功,在社会人文方面恐怕竟要绝望于天地之间了。但西周晚年以及春秋全世,若不是有很高的人文,很细的社会组织,很奢侈的朝廷,很繁丰的训典,则直接春秋时代而生之诸子学说,如《论语》中之"人情",《老子》中之"世故",墨子之向衰败的文化奋抗,庄子之把人间世看作无可奈何,皆都若无所附丽。在春秋战国间书中,无论是述说朝士典言的《国语》(《左传》在内),或是记载个人思想的《论语》,或是把深刻的观察合着沉郁的感情的《老子》五千言,都只能生在一个长久发达的文化之后,周密繁丰的人文之中。且以希腊为喻,希腊固是一个新民族,在他的盛时一切思想家并起,仿佛像是前无古人者。然近代东方学发达之后,希腊人文承受于东方及埃及之事件愈现愈多,其非无因而光大,在现在已全无可疑。东周时中国之四邻无可向之借文化者,则其先必有长期的背景,以酝酿这个东周的人文,更不能否认。只是我们现在所见的材料,不够供给我们知道这个背景的详细的就是了。然而以不知为不有,是谈史学者极大的罪恶。

《论语》有"述而不作"的话,《庄子》称述各家皆冠以"古之道术有在于是者"。这些话虽不可固信,然西周春秋总有些能为善言嘉训,如史佚、周任,历为后人所称道者。

既把前一题疏答了,我们试猜春秋战国间何以诸子并起之原因。既已书缺简脱,则一切想象,无非求其为合理之设定而已。

一、春秋战国间书写的工具大有进步。在春秋时,只政府有力作文书者,到战国初年,民间学者也可著书了。西周至东周初年文籍现在可见者,皆是官书。《周书》《雅》《颂》不必说,即如《国风》及《小雅》若干篇,性质全是民间者,其著于简篇当在春秋之世。《国语》乃由各国材料拼合而成于魏文侯朝,仍是官家培植之著作,私人无此力量。《论语》虽全是私家记录,但所记不过一事之细,一论之目,稍经辗转,即不可明了。礼之宁俭,丧宁戚,或至以为非君子之言,必当时著书还甚受物质的限制,否则著书不应简括到专生误会的地步。然而一到战国中期,一切丰长的文辞都出来了,孟子的长篇大论,邹衍的终始五德,庄子的卮言日出,惠施的方术五车,若不是当时学者的富力变大,即是当时的书具变廉,或者兼之。这一层是战国子家记言著书之必要的物质凭借。

二、封建时代的统一固然不能统一得像郡县时代的统一,然若王朝能成文化的中心,礼俗不失其支配的势力,总能有一个正统的支配力,总不至于异说纷纭。周之本土既丧于戎,周之南国又亡于楚,一入春秋,周室只是亡国。所谓"尊天子"者,只是诸侯并争不得其解决之遁词,外族交逼不得不团结之口号。宋以亡国之余,在齐桓晋文间竟恢复其民族主义(见《商颂》);若《鲁颂》之鲁,也是俨然以正统自居的。二等的国家已这样,若在齐楚之富,秦晋之强,其"内其国而外诸夏",更不消说。政治无主,传统不能支配,加上世变之纷繁,其必至于摩擦出好些思想来,本是自然的。思想本是由于精神的不安定而生。"天下恶乎定?曰,定于一";思想恶乎生?曰,生于不一。

三、春秋之世,保持传统文化的中原国家大乱特乱,四边几个得势的国家却能大启土宇。齐尽东海,晋灭诸狄,燕有辽东,以鲁之不强也还在那里开淮泗;至于秦楚吴越之本是外国,不过受了中国文化,更不必说了。这个大开拓、大兼并的结果,第一,增加了全民的富力,繁殖了全民的生产。第二,社会中的情形无论在经济上或文化上都出来了好些新方面,更使得各国自新其新,各人自是其是。第三,春秋时代部落之独立,经过这样大的扩充及大兼并不能保持了,渐由一切互谓蛮夷互谓戎狄的,混合成一个难得分别"此疆尔界"的文化,绝富于前代者。这自然是出产各种思想的肥土田。

四、因上一项所叙之扩充而国家社会的组织有变迁。部落式的封建国家进而为军戎大国,则刑名之论当然产生。国家益大,诸侯益侈,好文好辩之侯王,如枚乘《七发》中对越之太子,自可"开第康庄,修大夫之列",以养那些食饱饭没事干、专御人以口给的。于是惠施、公孙龙一派人可得养身而托命。且社会既大变,因社会之大变而生之深刻观察可得丰衍,如《老子》。随社会之大变而造之系统伦理,乃得流行,如墨家。大变大紊乱时,出产大思想大创作;因为平时看得不远,乱时刺得真深。

综括上四项:第一,著书之物质的凭借增高了,古来文书仕官,学不下庶人,到战国不然了;第二,传统的宗主丧失了;第三,因扩充及混合,使得社会文化的方面多了;第四,因社会组织的改变,新思想的要求乃不可止了。历传的文献只足为资,不能复为师,社会的文华既可以为用,复可以为戒。纷纭扰乱,而生摩擦之力;方面复繁,而促深澈之观。方土之初交通,民族之初混合,人民经济之初向另一面拓张,国家社会根本组织之初变动,皆形成一种新的压力,这压力便是逼出战国诸子来的。

五　论儒为诸子之前驱,亦为诸子之后殿

按,儒为诸子中之最前者,孔子时代尚未至于百家并鸣,可于《论语》《左传》《国语》各书得之。虽《论语》所记的偏于方域,《国语》所记的不及思想,但在孔丘的时代果然诸子已大盛者,孔丘当不至于无所论列。孔丘以前之儒,我们固完全不曾听说是些什么东西,而墨起于孔后,更不成一个问题。其余诸子之名中,管、晏两人之名在前,但著书皆是战国时人所托,前人论之已多。著书五千言之"老子"乃太史儋,汪容甫、毕秋帆两人论之已长;此外皆战国人。则儒家之兴,实为诸子之前驱,是一件显然的事实。孔子为何如人,现在因为关于孔子的真材料太少了,全不能论定。但《论语》所记他仍是春秋时人的风气,思想全是些对世间务的思想,全不是战国诸子的放言高论。即以孟、荀和他比,孟子之道统观、论性说,荀子之治本论、正儒说,都已是系统的思想;而孔丘乃是"毋意"、"毋必"、"毋固"、"毋我"的"学愿"。所以孔丘虽以其"教"教出好些学生来,散布到四方,各自去教,而开诸子的风气,自己仍是一个春秋时代的殿军而已。

儒者最先出,历对大敌三:(一)墨家,(二)黄老,(三)阴阳。儒墨之战在战国极剧烈,这层可于孟、墨、韩、吕诸子中看出。儒家黄老之战在汉初年极剧烈,这层《史记》有记载。汉代儒家的齐学本是杂阴阳的,

汉武帝时代的儒学已是大部分糅合阴阳,如董仲舒;以后纬书出来,符命图谶出来,更向阴阳同化。所以从武帝到光武虽然号称儒学正统,不过是一个名目,骨子里头是阴阳家已篡了儒家的正统。直到东汉,儒学才渐渐向阴阳求解放。

儒墨之战,儒道之战,儒均战胜。儒与阴阳之战,(此是相化,非争斗之战)儒虽几乎为阴阳所吞,最后仍能超脱出来。战国一切子家一律衰息之后,儒者独为正统,这全不是偶然,实是自然选择之结果。儒家的思想及制度中,保存部落时代的宗法社会性最多,中国的社会虽在战国大大的动荡了一下子,但始终没有完全进化到军国,宗法制度仍旧是支配社会伦理的。所以黄老之道,申韩之术,可为治之用,不可为社会伦理所从出。这是最重要的一层理由。战国时代因世家之废而尚贤之说长,诸子之言兴,然代起者仍是士人一个阶级,并不是真正的平民。儒者之术恰是适应这个阶级之身份、虚荣心及一切品性的。所以墨家到底不能挟民众之力以胜儒,而儒者却可挟王侯之力以胜墨,这也是一层理由。天下有许多东西,因不才而可绵延性命。战国之穷年大战,诸侯亡秦,楚汉战争,都是专去淘汰民族中最精良最勇敢最才智的分子的。所以中国人经三百年的大战而后,已经"挫其锐,解其纷,和其光,同其尘"了。淘汰剩下的平凡庸众最多,于是儒家比上不足、比下有余的稳当道路成王道了。儒家之独成"适者的生存",和战国之究竟不能全量的变古,实在是一件事。假如楚于城濮之战灭中原而开四代(夏、商、周、楚),匈奴于景武之际吞区夏而建新族,黄河流域的人文历史应该更有趣些,儒家也就不会成正统了。又假如战国之世,中国文化到了楚吴百越而更广大,新民族负荷了旧文化而更进一步,儒者也就不会更延绵了。新族不兴,旧宪不灭,宗法不亡,儒家长在。中国的历史,长则长矣;人民,众则众矣。致此之由,中庸之道不无小补,然而果能光荣快乐乎哉?

六 论战国诸子之地方性

凡一个文明国家统一久了以后,要渐渐的变成只剩了一个最高的文化中心点,不管这个国家多么大。若是一个大国家中最高的文化中心点不止一个时,便要有一个特别的原因,也许是由于政治的中心点和经济的中心点不在一处,例如明清两代之吴会;也许是由于原旧国家的关系,例如罗马帝国之有亚历山大城,胡元帝国之有杭州。但就通例说,统一的大国只应有一个最高的文化中心点的。所以虽以西汉关东之富,吴梁灭后,竟不复闻类于吴苑梁朝者。虽以唐代长江流域之文华,隋炀一度之后,不闻风流文物更炽于汉皋吴会。统一大国虽有极多便宜,然也有这个大不便宜。五季十国之乱,真是中国历史上最不幸的一个时期了,不过也只有在五季十国那个局面中,南唐西蜀乃至闽地之微,都要和僭乱的中朝争文明的正统。这还就单元的国家说,若在民族的成分颇不相同的一个广漠文明区域之内,长期的统一之后,每至消磨了各地方的特性,而减少了全部文明之富度,限制了各地各从其性之特殊发展。若当将混而未融之时,已通而犹有大别之间,应该特别发挥出些异样的文化来。近代欧洲正是这么一个例,或者春秋战国中也是这样子具体而微罢?

战国诸子之有地方性,《论语》《孟子》《庄子》均给我们一点半点的记载,若《淮南·要略》所论乃独详。近人有以南北混分诸子者,其说极不可通。盖春秋时所谓"南"者,在文化史的意义上与楚全不相同,(详拙论《南国》)而中原诸国与其以南北分,毋宁以东西分;虽不中,犹差近。在永嘉丧乱之前,中国固只有东西之争,无南北之争(晋楚之争而不决为一例外)。所以现在论到诸子之地方性,但以国别为限不以南北西东等泛词为别。

齐燕附战国时人一个成见,或者这个成见正是很对,即是谈到荒诞不经之人,每说他是齐人。《孟子》,"此齐东野人之语也";《庄子》,"齐谐者,志怪者也";《史记》所记邹衍等,皆其例。春秋战国时,齐在诸侯中以地之大小比起来,算最富的(至两汉尚如此),临淄一邑的情景,假如苏秦的话不虚,竟是一个近代大都会的样子。地方又近海,或以海道交通而接触些异人异地;并且从早年便成了一个大国,不像邹鲁那样的寒酸。姜田两代颇出些礼贤下士的侯王。且所谓东夷者,很多是些有长久传说的古国,或者济河岱宗以东,竟是一个很大的文明区域。又是民族迁徙自西向东最后一个层次。(以上各节均详别论)那么,齐国自能发达他的特殊文化,而成到了太史公时尚为人所明白见到的"洸洸乎大国风",正是一个很合理的事情。齐国所贡献于晚周初汉的文化大约有五类(物质的文化除外)。

甲、宗教　试看《史记》《秦始皇本纪》《封禅书》,则知秦皇、汉武所好之方士,实原自齐,燕亦附庸在内。方士的作祸是一时的,齐国宗教系统之普及于中国是永久的。中国历来相传的宗教是道教,但后来的道教造形于葛洪、寇谦之一流人,其现在所及见最早一层的根据,只是齐国的神祠和方士。八祠之祀,在南朝几乎成国教;而神仙之论,竟成最普及最绵长的民间信仰。

乙、五行　论五行阴阳论之来源已不可考,《甘誓》《洪范》显系战国末人书。(我疑《洪范》出自齐,伏生所采以入廿八篇者。)现在可见之语及五行者,以《荀子·非十二子篇》为最多。荀子訾孟子、子思以造五行论,然今本《孟子》《中庸》中全无五行说。《史记·孟子荀卿列传》中却有一段,记邹衍之五德终始论最详:

齐有三邹子。其前邹忌,以鼓琴干威王,因及国政,封为成侯,而受相印,先孟子。其次邹衍,后孟子。邹衍睹有国者益淫侈,不能尚德,若《大雅》整之于身施及黎庶矣,乃深观阴阳消息,而作怪迂之变,《终始》《大圣》之篇十余万言。其语闳大不经,必先验小物,推而大之,至于无

111

垠。先序今以上至黄帝，学者所共术，大并世盛衰，因载其机祥度制，推而远之，至天地未生，窈冥不可考而原也。先列中国名山、大川、通谷、禽兽，水土所殖，物类所珍，因而推之及海外，人之所不能睹。称引天地剖判以来，五德转移，治各有宜，而符应若兹。以为儒者所谓中国者，于天下乃八十一分居其一分耳。中国名曰赤县神州，赤县神州内自有九州，禹之序九州是也，不得为州数。中国外如赤县神州者九，乃所谓九州也，于是有裨海环之。人民禽兽莫能相通者，如一区中者，乃为一州。如此者九，乃有大瀛海环其外，天地之际焉。其术皆此类也。然要其归必止乎仁义节俭，君臣上下六亲之施，始也滥耳。王公大人初见其术，惧然顾化，其后不能行之。是以邹子重于齐。适梁，梁惠王郊迎，执宾主之礼。适赵，平原君侧行撇席。如燕，昭王拥彗先驱，请列弟子之座而受业，筑碣石宫，身亲往师之，作《主运》。

邹子出于齐，而最得人主景仰于燕，燕齐风气，邹子一身或者是一个表象。邹子本不是儒家，必战国晚年他的后学者托附于当时的显学儒家以自重，于是谓五行之学创自子思、孟轲。荀子习而不察，遽以之归罪子思、孟轲，遂有《非十二子》中之言。照这看来，这个五行论在战国末很盛行的，诸子、《史记》不少证据。且这五行论在战国晚年不特托于儒者大师，又竟和儒者分不开了。《史记·秦始皇本纪》：

卢生说始皇曰："臣等求芝奇药仙者常弗遇，类物有害之者。方中，人主时为微行，以辟恶鬼，恶鬼辟，真人至。至人主所居，而人臣知之，则害于神。真人者，入水不濡，入火不爇，陵云气，与天地久长。今上治天下，未能恬倓。愿上所居宫毋令人知，然后不死之药殆可得也。"于是始皇曰："吾慕真人，自谓真人，不称朕。"乃令咸阳之旁二百里内宫观二百七十复道甬道相连，帷帐钟鼓美人充之，各案署，不移徙。行所幸，有言其处者,罪死。始皇帝幸梁山宫,从山上见丞相车骑众,弗善也。中人或告丞相,丞相后损车骑。始皇怒曰:"此中人泄吾语。"案问,莫服。当是时,诏捕诸时在旁者,皆杀之。自是后莫知行之所在。听事,群臣受决事,悉于咸阳宫。侯生、卢生相与谋曰:"始皇为人,天性刚戾自用,起诸侯,并天下,意得欲从,以为自古莫及己。专任狱吏,狱吏得亲幸。博士虽七十人,特备员弗用。丞相诸大臣皆受成事,倚辨于上。上乐以刑杀为威,天下畏罪,持禄莫敢尽忠。上不闻过而日骄,下慑伏漫欺以取容。秦法,不得兼方,不验,辄死。然候星气者至三百人,皆良士,畏忌讳谀,不敢端言其过。天下之事无小大皆决于上,上至以衡石量书,日夜有呈,不中呈,不得休息。贪于权势至如此,未可为求仙药。"于是乃亡去。始皇闻亡,乃大怒曰:"吾前收天下书不中用者尽去之。悉召文学方术士甚众,欲以兴太平,方士欲练以求奇药。今闻韩众去不报,徐市等费以巨万计,终不得药,徒奸利相告日闻。卢生等吾尊赐之甚厚,今乃诽谤我,以重吾不德也。诸生在咸阳者,吾使人廉问,或为妖言以乱黔首。"于是使御史悉案问诸生,诸生传相告引,乃自除犯禁者四百六十余人,皆坑之咸阳,使天下知之,以惩后。益发谪徙边。始皇长子扶苏谏曰:"天下初定,远方黔首未集,诸生皆诵法孔子,今上皆重法绳之,臣恐天下不安。惟上察之。"始皇怒,使扶苏北监蒙恬于上郡。

这真是最有趣的一段史料,分析之如下:

一、卢生等只是方士,决非邹鲁之所谓儒;

二、秦始皇坑的是这些方士;

三、这些方士竟"皆诵法孔子",而坑方士变作了坑儒。则侈谈神仙之方士,为五行论之诸生,在战国末年竟儒服儒号,已无可疑了。这一套的五德终始阴阳消息论,到了汉朝,更养成了最有势力的学派,流行之普遍,竟在儒老之上。有时附儒,如儒之齐学,《礼记》中《月令》及他

战国子家叙论

篇中羼入之阴阳论皆是其出产品；有时混道，如《淮南鸿烈》书中不少此例，《管子》书中也一样。他虽然不能公然的争孔老之席，而暗中在汉武时，已把儒家换羽移宫，如董仲舒、刘向、刘歆、王莽等，都是以阴阳学为骨干者。五行阴阳本是一种神道学（Theology），或曰玄学（Metaphgiscs），见诸行事则成迷信。五行论在中国造毒极大，一切信仰及方技都受他影响。但我们现在也不用笑他了，十九世纪总不是一个顶迷信的时代罢？德儒海格尔以其心学之言盈天下，三四十年前，几乎统一了欧美大学之哲学讲席。但这位大玄学家撰写的一篇著作是用各种的理性证据——就是五德终始一流的——去断定太阳系行星只能有七，不能有六，不能有八。然他这本大著出版未一年，海王星之发现宣布了！至于辨式 Dialektik，还不是近代的阴阳论吗？至若我们只瞧不起我们两千年前的同国人，未免太宽于数十年前的德国哲学家了。

丙、托于管晏的政论　管晏政论在我们现在及见的战国书中并无记之者（《吕览》只有引管子言行处，没有可以证明其为引今见《管子》书处），但《淮南》《史记》均详记之。我对于《管子》书试作的设定是：《管子》书是由战国晚年汉初年的齐人杂著拼合起来的。《晏子》书也不是晏子时代的东西，也是战国末汉初的齐人著作。此义在下文殊方之治术一篇及下一章《战国子家书成分分析》中论之。

丁、齐儒学　这本是一个汉代学术史的题目，不在战国时期之内。但若此地不提明此事，将不能认清齐国对战国所酝酿汉代所造成之文化的贡献，故略说几句。儒者的正统在战国初汉均在鲁国，但齐国自有他的儒学，骨子里只是阴阳五行，又合着一些放言侈论。这个齐学在汉初的势力很大，武帝时竟夺鲁国之席而为儒学之最盛者。政治上最得意的公孙弘，思想上最开风气的董仲舒，都属于齐学一派。公羊氏《春秋》，齐《诗》，田氏《易》，伏氏《书》，都是太常博士中最显之学。鲁学小言詹詹，齐学大言炎炎了。现在我们在西汉之残文遗籍中，还可以看出这个分别。

戊、齐文辞　战国文辞,齐楚最盛,各有其他的地方色彩。此事待后一篇中论之(《论战国杂诗体》一章中)。

鲁　鲁是西周初年周在东方文明故域中开辟一个殖民地。西周之故域既亡于戎,南国又亡于楚,而"周礼尽在鲁矣"。鲁国人揖让之礼甚讲究,而行事甚乖戾(太史公语),于是拿诗书礼乐做法宝的儒家出自鲁国,是再自然没有的事情。盖人文既高,仪节尤备,文书所存独多,又是个二等的国家,虽想好功矜伐而不能。故齐楚之富,秦晋之强,有时很足为师,儒之学发展之阻力,若鲁则恰成发展这一行的最好环境。"儒是鲁学"这句话,大约没有疑问罢?且儒学一由鲁国散到别处便马上变样子。孔门弟子中最特别的是"堂堂乎张"和不仕而侠之漆雕开,这两个人后来皆成显学。然上两个人是陈人,下两个人是蔡人。孔门中又有个子游,他的后学颇有接近老学的嫌疑,又不是鲁人(吴人)。宰我不知何许人,子贡是卫人,本然都不是鲁国愿儒的样子,也就物以类聚跑到齐国,一个得意,一个被杀了。这都是我们清清楚楚的认识出地方环境之限制人。墨子鲁人(孙诒让等均如此考定),习孔子之书,业儒者之业(《淮南·要略》),然他的个性及主张,绝对不是适应于鲁国环境的,他自己虽然应当是鲁国及儒者之环境逼出来的一个造反者,但他总要到外方去行道,所以他自己的行迹,便也在以愚著闻的宋人国中多了。

宋　宋也是一个文化极高的国家,且历史的绵远没有一个可以同他比;前边有几百年的殷代,后来又和八百年之周差不多同长久。当桓襄之盛,大有殷商中兴之势,直到亡国还要称霸一回。齐人之夸,鲁人之拘,宋人之愚,在战国都极著名。诸子谈到愚人每每是宋人,如《庄子》"宋人资章甫而适诸越,越人断发文身,无所用之";《孟子》"宋人有闵其苗之不长而揠之者";《韩非子》宋人守株待兔。此等例不胜其举,而《韩非子》尤其谈到愚人便说是宋人。大约宋人富于宗教性,心术质直,文化既古且高,民俗却还淳朴,所以学者辈出,思想疏通致远,而不流于浮华。墨家以宋为重镇,自是很自然的事情。

三晋及周郑晋国在原来本不是一个重文贵儒提倡学术的国家,"晋所以伯,师武臣之力也"。但晋国接近周郑,周郑在周既东之后,虽然国家衰弱,终是一个文化中心,所以晋国在文化上受周郑的影响多(《左传》中不少此例)。待晋分为三之后,并不保存早年单纯军国的样子了,赵之邯郸且与齐之临淄争奢侈。韩魏地当中原,尤其出来了很多学者,上继东周之绪,下开名法诸家之盛。这一带地方出来的学者,大略如下:

太史儋著所谓《老子》五千言(考详后)。关尹不知何许人,然既为周秦界上之关尹,则亦此一带之人。

申不害、韩非刑名学者。管、晏、申、韩各书皆谈治道者,而齐晋两派绝异。

惠施、邓析、公孙龙皆以名理为卫之辩士。据《荀子》,惠施、邓析,一流人;据《汉·志》,则今本《邓析子》乃申韩一派。

魏牟　放从论者。

慎到　稷下辩士。今存《慎子》不可考其由来,但《庄子》中《齐物论》一篇为慎到著十二论之一,说后详。

南国　"南国"和"楚"两个名辞断不混的。"南国"包陈、蔡、许、邓、息、申一带楚北夏南之地,其地在西周晚季文物殷盛(详说论《周颂》篇),在春秋时已经好多部分入楚,在战国时全入楚境之内了。现在论列战国事自然要把南国这个名词放宽些,以括楚吴新兴之人众。但我们终不要忘楚之人文是受自上文所举固有之南国的。胜国之人文,新族之朝气,混合起来,自然可出些异样的东西。现在我们所可见自春秋末年这一带地方思想的风气,大略有下列几个头绪；

厌世达观者　如孔子适陈、蔡一带所遇之接舆、长沮、桀溺、荷蓧丈
人等。

独行之士　许行等。

这一带地方又是墨家的一个重镇，且这一带的墨学者在后来以偏
于名辩著闻。

果下文所证所谓苦县之老子为老莱子，则此一闻人亦是此区域
之人。

秦国　秦国若干风气似晋之初年，并无学术思想可言，不知《商君
书》一件东西是秦国自生的政论，如管晏政论之为齐学一样？或者是六
国人代拟的呢？

中国之由分立进为一统，在政治上固由秦国之战功，然在文化上则
全是另一个局面，大约说来如下：

齐以宗教及玄学统一中国（汉武帝时始成就）。

鲁以伦理及礼制统一中国（汉武帝时始成就）。

三晋一带以官术统一中国（秦汉皆申韩者）。

战国之乱，激出些独行的思想家；战国之侈，培养了些作清谈的清
客。但其中能在后世普及者，只有上列几项。

七　论墨家之反儒学

在论战国墨家反儒学之先，要问战国儒家究竟是怎个样子。这题
目是很难答的，因为现存的早年儒家书，如《荀子》《礼记》，很难分那些
是晚周，那些是初汉，《史记》一部书中的儒家史材料也吃这个亏。只有
《孟子》一部书纯粹，然孟子又是一个"辩士"，书中儒家史料真少。在这

些情形之下,战国儒家之分合,韩非所谓八派之差异,竟是不能考的问题。但他家攻击儒者的话中,反要存些史料,虽然敌人之口不可靠,但攻击人者无的放矢,非特无补,反而自寻无趣;所以《墨子》《庄子》等书中非儒的话,总有着落,是很耐人寻思的。

关于战国儒者事,有三件事可以说几句:

一、儒者确曾制礼作乐,虽不全是一个宗教的组织,却也是自成组织,自有法守。三年之丧并非古制,实是儒者之制,而儒者私居演礼习乐,到太史公时还在鲁国历历见之。这样的组织,正是开墨子创教的先河,而是和战国时一切辩士之诸子全不同的。

二、儒者在鲁国根深蒂固,竟成通国的宗教。儒者一至他国,则因其地而变,在鲁却能保持较纯净的正统,至汉而多传经容礼之士。所以在鲁之儒始终为专名,一切散在列国之号为儒者,其中实无所不有,几乎使人疑儒乃一切子家之通名。

三、儒者之礼云乐云,弄到普及之后,只成了个样子主义 mannerism,全没有精神,有时竟像诈伪。荀卿在那里骂贱儒,骂自己的同类,也不免骂他们只讲样子,不管事做。《庄子·外物篇》中第一段形容得尤其好:

儒以《诗》《礼》发冢。(王先谦云:"求《诗》《礼》发古冢",此解非是。下文云,大儒胪传,小儒述《诗》,犹云以《诗》《礼》之态发冢。郭注云:"《诗》《礼》者,先王之陈迹也。苟非其人,道不虚行。故夫儒者乃有用之为奸,则迹不足恃也。"此解亦谓以《诗》《礼》发冢,非谓求《诗》《礼》发冢)大儒胪传曰:"东方作矣,事之若何?"小儒曰:"未解裙襦,口中有珠。《诗》固有之曰:'青青之麦,生于陵陂。生不布施,死何含珠为?'接其鬓,厣其顪,儒以金椎控其颐,徐别其颊,无伤口中珠!

这是极端刻画的形容,但礼云乐云而性无所忍,势至弄出这些怪样子来的。

墨子出于礼云乐云之儒者环境中,不安而革命,所以墨家所用之具全与儒同,墨家所标之义全与儒异。儒者称《诗》《书》,墨者亦称《诗》《书》;儒者道《春秋》,墨者亦道《春秋》(但非止《鲁春秋》);儒者谈先王、谈尧舜,墨者亦谈先王、谈尧舜;儒者以禹为大,墨者以禹为至;儒墨用具之相同远在战国诸子中任何两家之上。然墨者标义则全是向儒者痛下针砭。今作比较表如下:

墨者义	儒者义	附 记
尚贤《墨子》:"古者圣王甚尊,尚贤而任使能,不党父兄,不偏贵富,不嬖颜色"	亲亲如孟子所举舜封弟象诸义,具见儒者将亲亲之义置于尚贤之前	儒者以家为国,墨子以天下为国。故儒者治国以宗法之义,墨者则以一视同仁为本
尚同一切上同于上,"上同乎天子,而未尚同乎天者,则大菑将犹未止也"	事有差等儒者以为各阶级应各尽其道以事上,而不言同乎上,尤不言尚同乎天	尚同实含平等义,儒者无之
兼爱例如"报怨以德"之说。墨子以为人类之间无"此疆尔界"	爱有等差例如《孟子》:"有人于此,越人关弓而射之,则己谈笑而道之;其兄关弓而射之,则己垂涕泣而道之。"孟子之性善论如此	
非攻非一切之攻战 节用 节葬	别义战与不义战 居俭侈之间 厚葬	

墨者义	儒者义	附　记
		《韩非子》:"儒者倾家而葬,人主以为孝;墨者薄葬,人主以为俭。"此为儒墨行事最异、争论最多之点
天志墨子明言天志,以为"天欲义而恶其不义"	天命儒者非谓天无志之自然论者,但不主明切言之。《论语》:"天何言哉?四时行焉,百物生焉。"又每以命为天,《孟子》:"吾之不遇鲁侯,天也。"	此两事实一体。儒者界于自然论及宗教家之中,而以甚矛盾之行事成其不可知之谊
明鬼确信鬼之有者	敬鬼神而远之。《论语》:"祭如在,祭神如神在。"又"未能事人,焉能事鬼?"	
非乐	放郑声而隆雅乐	
非命	有命《论语》:"道之将行也与? 命也! 道之将废也与? 命也! 公伯寮其如命何?"《孟子》:"吾之不遇鲁侯,天也! 臧氏之子,焉能使予不遇哉?"儒者平日并不言命,及失败时,遂强颜谈命以讳其失败。	

就上表看,墨者持义无不与儒歧别。其实逻辑说去,儒墨之别常是一个度的问题:例如儒者亦主张任贤使能者,但更有亲亲之义在上头;儒者亦非主张不爱人,如魏牟、杨朱者,但谓爱有差等;儒者亦非主战阵,如纵横家者,但还主张义战;儒者亦非无神无鬼论者,但也不主张有

鬼。乐、葬两事是儒墨行事争论的最大焦点,但儒者亦放郑声,亦言"礼与其奢也宁俭,丧与其易也宁戚"。然而持中者与极端论者总是不能合的,两个绝相反的极端论者,精神上还有多少的同情;极端论与持中者既不同道,又不同情,故相争每每最烈。儒者以为凡事皆有差等,皆有分际,故无可无不可。在高贤尚不免于妥协之过,在下流则全成伪君子而已。这样的不绝对主张,正是儒者不能成宗教的主因;虽有些自造的礼法制度,但信仰无主,不吸收下层的众民,故只能随人君为抑扬;不有希世取荣之公孙弘,儒者安得那样快当的成正统啊!

八 《老子》五千言之作者及宗旨

汪容甫《老子考异》一文所论精澈,兹全录之如下:

《史记·孔子世家》云:"南宫敬叔与孔子俱适周问礼,盖见老子云。"《老庄申韩列传》云:"孔子适周,问礼于老子。"按老子言行今见于曾子问者凡四,是孔子之所从学者可信也。夫助葬而遇日食,然且以见星为嫌,止柩以听变,其谨于礼也如是;至其书则曰:"礼者忠信之薄,而乱之首也。"下殇之葬,称引周召史佚,其尊信前哲也如是;而其书则曰:"圣人不死,大盗不止。"彼此乖违甚矣!故郑注谓"古寿考者之称",黄东发《日钞》亦疑之,而皆无以辅其说。其疑一也。本传云:"老子,楚苦县厉乡曲仁里人也。"又云:"周守藏室之史也。"按周室既东,辛有入晋(《左传》昭二十年),司马适秦(《太史公自序》),史角在鲁(《吕氏春秋·当染篇》),王官之符,或流播于四方,列国之产,惟晋悼尝仕于周,其他固无闻焉。况楚之于周,声教中阻,又非鲁郑之比。且古之典籍旧闻,惟在瞽史,其人并世官宿业,羁旅无所置其身。其疑二也。本传又云:"老子,隐君子也。"身为王官,不可谓隐。其疑三也。今按《列子》《黄帝》《说符》二篇,凡三载列子与关尹子答问之语。(《庄子·达生篇》与

《列子·黄帝篇》文同,《吕氏春秋·审己篇》与《列子·说符篇》同。)而列子与郑子阳同时,见于本书。《六国表》,"郑杀其相驷子阳",在韩列侯二年,上距孔子之殁凡八十二年。关尹子之年世既可考而知,则为关尹著书之老子,其年亦从可知矣。《文子·精诚篇》引《老子》曰:"秦楚燕魏之歌,异传而皆乐。"按,燕终春秋之世,不通盟会。《精诚篇》称燕自文侯之后始与冠带之国(燕世家有两文公,武公予文公,《索隐》引《世本》作闵公,其事迹不见于《左氏春秋》,不得谓始与冠带之国。桓公子亦称文公,司马迁称其予车马金帛以至赵,约六国为从,与文子所称时势正合)。文公元年上距孔子之殁凡百二十六年,老子以燕与秦楚魏并称,则老子已及见文公之始强矣。又魏之建国,上距孔子之殁凡七十五年,而老子以之与三国齿,则老子已及见其侯矣。《列子·黄帝篇》载老子教杨朱事,(《庄子·寓言篇》文同,惟以朱作子居。今江东读朱如居。张湛注《列子》云:朱字子居。非也)《杨朱篇》禽子曰:"以子之言问老聃关尹,则子言当矣;以吾言问大禹墨翟,则吾言当矣。"然则朱固老子之弟子也。又云:"端木叔者,子贡之世也。"又云:"其死也,无瘗埋之资。"又云:"禽滑釐曰:端木叔狂人也,寻其祖矣。段干生曰:端木叔达人也,德过其祖矣。"朱为老子之弟子,而及见子贡之孙之死,则朱所师之老子不得与孔子同时也。《说苑·政理篇》:"杨朱见梁主,言治天下如运诸掌。"梁之称王自惠王始,惠王元年上距孔子之殁凡百十八年。杨朱已及见其王,则朱所师事之老子其年世可知矣。《本传》云:"见周之衰,乃遂去,至关。"《抱朴子》以为散关,又以为函谷关。按:散关远在岐州,秦函谷关在灵宝县,正当周适秦之道,关尹又与郑之列子相接,则以函谷为是。函谷之置,书无明文。当孔子之世,二崤犹在晋地,桃林之塞,詹瑕实守之。惟贾谊《新书·过秦篇》云:"秦孝公据崤函之固。"则是旧有其地矣。秦自躁怀以后,数世中衰,至献公而始大,故《本纪》献公二十一年:"与晋战于石门,斩首六万。"二十三年:"与魏晋战少梁,虏其将公孙瘗。"然则是关之置，在献公之世矣。由是言之，孔子所问礼者，聃也，其人为周守藏室之史，言与行则曾子问所在者是也。周太史儋见秦献公，《本纪》在献公十一年，去魏文侯之殁十三年，而老子之子宗为魏将，封于段干，(《魏世家》：安釐王四年，魏将段干子请予秦南阳以和。《国策》：华军之战，魏不胜秦，明年将使段干崇割地而讲。《六国表》：秦昭王二十四年，白起击魏华阳军。按，是时上距孔子之卒，凡二百一十年)则为儋之子无疑。而言道德之意五千余言者，儋也。其入秦见献公，即去周至关之事。《本传》云："或曰，儋即老子。"其言是矣。至孔子称老莱子，今见于太傅礼卫将军《文子篇》，《史记·仲尼弟子列传》亦载其说，而所云贫而乐者，与隐君子之文正合。老莱之为楚人，又见《汉书·艺文志》，盖即苦县厉乡曲仁里也。而老聃之为楚人，则又因老莱子而误，故《本传》老子语孔子"去子之骄色与多欲，态心与淫志"。而《庄子·外物篇》则曰，老莱子谓孔子"去汝躬矜与汝容知"。《国策》载老莱子教孔子语，《孔丛子·抗志篇》以为老莱子语子思，而《说苑·敬慎篇》则以为常枞教老子。(《吕氏春秋·慎大篇》"表商容之闾"高诱注：商容，殷之贤人，老子师也。商常、容枞，音近而误。《淮南·主术训》"表商容之闾"注：同《缪称训》，老子学商容，见舌而知守柔矣。《吕氏春秋·离谓篇》"箕子商容以此穷"注：商容，纣时贤人，老子所从学也)然则老莱子之称老子也旧矣，实则三人不相蒙也。若《庄子》载老聃之言，率原于道德之意，而《天道篇》载老子西藏书于周室，尤误后人。"寓言十九"，固已自揭之矣。

容甫将《老子列传》中之主人分为三人，而以著五千文者为史儋，孔子问礼者为老聃，家于苦县者为老莱子。此种分析诚未必尽是，然实是近代考证学最秀美之著作。若试决其当否，宜先审其推论所本之事实，出自何处。(一)容甫不取《庄子》，以为"寓言十九，固自揭之"。按，今本《庄子》,实向秀、郭象所定之本,(见《晋书》本传)西晋前之《庄子》面目,今已不可得见,郭氏于此书之流行本,大为删刈。《经典释文》卷一引之曰:"故郭子云,一曲之才,妄窜奇说,若阏奕意修之首,危言游凫子胥之篇,凡诸巧杂十分有三。"子玄非考订家,其所删削,全凭自己之理会可知也。《庄子》之成分既杂,今本面目之成立又甚后,(说详下文释《庄子》节)则《庄子》一书本难引为史料。盖如是后人增益者,固不足据;如诚是自己所为,则"寓言十九,固已自揭之"也。《庄子》书中虽有与容甫说相反者,诚未足破之。(二)容甫引用《列子》文,《列子》固较《庄子》为可信耶?《列子》八篇之今本,亦成于魏晋时,不可谓其全伪,以其中收容有若干旧材料也。不可谓其不伪,以其编制润色增益出自后人也。《列子》书中所记人事,每每偶一复核,顿见其谬者。今证老子时代,多取于此,诚未可以为定论。

然有一事足证汪说者。《史记》记老子七代孙假仕汉文朝,假定父子一世平均相差三十五年不为不多,老子犹不应上于周安王。安王元年,上距孔子之生犹百余年。且魏为诸侯在威烈王二十三年(西历前四〇三),上距孔子之卒(西历前四七九)七十六年。若老子长于孔子者,老子之子焉得如此之后?又《庄子·天下篇》(《天下篇》之非寓言,当无异论),关尹老聃并举,关尹在前,老聃在后。关尹生年无可详考,然周故籍以及后人附会,无以之为在诸子中甚早者。关尹如此,老子可知。《史记》记老子只四事:(一)为周守藏史;(二)孔子问礼;(三)至关见关尹;(四)子宗仕魏。此四事除问礼一事外,无不与儋合。(儋为周史,儋入关见秦献公,儋如有子,以时代论恰可仕于魏。)容甫所分析宜若不误也。五千言所谈者,大略两端:一、道术;二、权谋。此两端实亦一事,道术即是权谋之扩充,权谋亦即道术之实用。"知其雄,守其雌,为天下溪;知其荣,守其辱,为天下谷";"人皆取先,己独取后"云云者,固是道术之辞,亦即权谋之用。五千言之意,最洞澈世故人情。世当战国,人识古今,全无主观之论,皆成深刻之言。"将欲取之,必故与之",即荀息灭虢之策,阴谋之甚者也。"夫惟弗居,是以不去",即所谓"精华既竭,褰裳去之"者之廉也。故《韩非子》书中《解老》《喻老》两篇所释者,诚老子之本旨;谈道术乃其作用之背景,阴谋术数乃其处世之路也。"当其无,有车之用",实帝王之术;"国之利器,不可示人",亦御下之方。至于柔弱胜刚强,无事取天下,则战国所托黄帝、殷甲、伊尹、太公皆如此旨。并竞之世,以此取敌;并事一朝,以此自得。其言若抽象,若怪诵,其实乃皆人事之归纳,处世之方策。《解老》以人间世释之,《喻老》以故事释之,皆最善释老者。王辅嗣敷衍旨要,固已不及;若后之侈为玄谈,曼衍以成长论,乃真无当于老子用世之学者矣。《史记》称汉文帝好黄老刑名,今观文帝行事,政持大体,令不扰民,节用节礼,除名除华,居平勃之上,以无用为用,介强藩之中,以柔弱克之,此非庸人多厚福,乃是帷幄有深谋也。洛阳贾生,虽为斯公再传弟子,习于刑名,然年少气盛,侈言高论,以正朔服色动文帝,文帝安用此扰为?窦太后问辕固生《老子》何如,辕云:"此家人言耳。"可见汉人于《老子》以为处世之论而已,初与侈谈道体者大不同,尤与神仙不相涉也。又汉初为老学者曰黄老。黄者或云黄帝,或云黄生(例如夏曾佑说)。黄生汉人,不宜居老之上。而《汉·志》列黄帝者四目,兵家举黄帝风后力牧者,又若与道家混。是黄老之黄,乃指黄帝,不必有异论。五千文中,固自言"以正治国,以奇用兵,以无事取天下";则无为之论,权谋术数之方,在战国时代诚可合为一势者矣。

综上所说,约之如下:五千文非玄谈者,乃世事深刻归纳。在战国时代,全非显学。孔子孟子固未提及,即下至战国末,荀子非十二子,老氏关尹不与;韩非斥显学,绝五蠹,道家黄老不及之;仅仅《庄子·天下篇》一及之,然所举关尹之言乃若论道,所称老聃之言只是论事。《庄子·天下篇》之年代,盖差前乎荀卿,而入汉后或遭润色者(说别详)。

是战国末、汉初之老学,应以《韩子》《解》《喻》两篇者为正。文帝之治,为其用之效;合阴谋,括兵家,为其域之广。留侯黄石之传说,河上公之神话,皆就"守如处女,出如脱兔"之义敷衍之,进为人君治世之衡,退以其说为帝王师,斯乃汉初之黄老面目。史儋以其职业多识前言往行,处六百年之宗主国,丁世变之极殷(战国初年实中国之大变,顾亭林曾论之),其制五千言固为情理之甚可能者。今人所谓"老奸巨猾"者,自始即号老矣。申韩刑名之学,本与老氏无冲突处;一谈其节,一振其纲,固可以刑名为用,以黄老为体矣。此老氏学最初之面目也。

"老学既黄"(戏为此词),初无须大变老氏旨也。盖以阴谋运筹帷幄之中,以权略术数决胜千里之外,人主之取老氏者本以此,则既黄而兵家权略皆入之,亦固其所。然黄帝实战国末汉初一最大神道,儒道方士神仙兵家法家皆托焉,太史公足迹所至,皆闻其神话之迹焉(见《五帝本纪·赞》)。则既黄而杂亦自然之势矣。老学一变而杂神仙方士,神仙方士初与老氏绝不相涉也(白居易诗"玄元圣祖五千言,不言药,不言仙,不言白日升青天")。神仙方士起于燕齐海上,太史公记之如此,本与邹鲁之儒学无涉,周郑三晋之道论(老子)官术(申韩)不相干。然神仙方术之说来自海滨,无世可纪,不得不比附显学以自重于当时。战国末显学儒墨也(见《韩非子》),故秦始皇好神仙方士,乃东游,竟至邹峄山,聚诸生而议之。其后怒求神仙者之不成功,大坑术士,而扶苏谏曰:"诸生皆诵法孔子,今上皆重法绳之,臣恐天下不安。"坑术士竟成坑儒,则当时术士自附于显学之儒可知。儒者在战国时,曾西流三晋,南行楚吴;入汉而微,仅齐鲁之故垒不失。文景时显学为黄老,于是神仙方士又附黄老,而修道养性长寿成丹各说皆与老子文成姻缘,《淮南》一书,示当时此种流势者不少。故神仙方士之入于道,时代为之,与本旨之自然演化无涉也。

武帝正儒者之统,行阴阳之教,老学遂微。汉初数十年之显学,虽式微于上,民间称号终不可息。且权柄刑名之论,深于世故者好取之,驭下者最便之,故宣帝犹贤黄老刑名,而薄儒术。后世治国者纵惯以儒术为号,实每每阴用黄老申韩焉。又百家废后,自在民间离合。阴阳五行既已磅礴当世,道与各家不免借之为体。试观《七略》《汉·志》论次诸子,无家不成杂家,非命之墨犹须顺四时而行(阴阳家说),其他可知矣。在此种民间混合中,老子之号自居一位,至于汉末而有黄巾道士,斯诚与汉初老学全不相涉也。

东汉以来,儒术凝结,端异者又清澈之思,王充、仲长统论言于前,王弼、钟会注书于后,于是老氏之论复兴。然魏晋之老乃庄老,与汉初黄老绝不同。治国者黄老之事,玄谈者庄老之事。老庄之别,《天下篇》自言之:老乃世事洞明,而以深刻之方术驭之者;庄乃人情练达,终于感其无何奈何,遂"糊里糊涂以不了了之"者。魏晋间人,大若看破世间红尘,与时俯仰,通其狂惑(如阮嗣宗),故亦卮言曼行,"以天下为沉浊不可与庄语",此皆庄书所称。若老子则有积极要求,潜藏虽有之,却并非"不谴是非以与世俗处"者。干令升《晋纪·总论》云:"学者以庄老为宗而绌六经",不言老庄。太史公以庄释老,遂取庄书中不甚要各篇,当时儒道相绌之词,特标举之。甚不知庄生自有其旨。魏晋人又以老释庄,而五千言文用世之意,于以微焉。例如何平叔者,安知陈张萧曹之术乎?乃亦侈为清谈,超机神而自比于犹龙,志存吴蜀,忘却肘腋之患,适得子房之反,运筹千里之外,决败帷幄之中矣。此种清谈绝非《老子》之效用也。

老学之流变既如上述,若晋人葛洪神仙之说,魏人寇谦之符录之术,皆黄巾道士之支与裔,与老子绝无涉者。老莱子一人,《孔子弟子列传》既引之,大约汉世乃及战国所称孔子问礼之事每以老莱子当之;以老聃当之者,其别说也。孔子事迹后人附会极多,今惟折中于《论语》,差为近情。《论语》未谈孔子问礼事,然记孔子适南时所受一切揶揄之言，如长沮、桀溺、荷蓧丈人、接舆等等，而凤兮之叹流传尤多。孔子至楚乃后来传说，无可考证，若厄陈蔡则系史实。苦为陈邑，孔子卒时陈亡于楚，则老莱子固可为孔子适陈蔡时所遇之隐君子，苦邑人亦可因陈亡而为楚人厉，之与莱，在声音上同纽，或亦方言之异也。老莱子责孔子以"去汝躬矜与汝容知"之说，容有论事，则老莱亦楚狂一流之人；不然，亦当是凭借此类故事而生之传说，初无涉乎问礼。及老聃（或史儋）之学浸浸与显学之儒角逐，孔老时代相差不甚远，从老氏以绌儒学者，乃依旧闻而造新说，遂有问礼之论，此固是后人作化胡经之故智。六朝人可将老聃释迦合，战国末汉初人独不可将仲尼老聃合乎？《论语》《孟子》《荀子》及《曲礼》《檀弓》诸篇，战国儒家史今存之材料也，其中固无一言及此，惟《曾子问》三言之。今观《曾子·檀弓问》所记，皆礼之曲节，阴阳避忌之言，傅会掌故之语，诚不足当问礼之大事。明堂《戴记》中，除《曲礼》数篇尚存若干战国材料外，几乎皆是汉博士著作或编辑，前人固已言其端矣。（太史公、班孟坚、卢植明指王制为汉文时博士作。甚显之《中庸》，亦载"今天下车同轨"及"载华岳而不重"之言。）

附记：韩文公已开始不信问礼事，《原道》云："老者曰，孔子，吾师之弟子也。为孔子者习闻其说，乐其诞而自小也，亦曰吾师亦尝师之云尔。不惟举之于其口，而又笔之于其书。"然《史记》一书杂老学，非专为儒者。

儋、聃为一人，儋、聃亦为一语之方言变异。王船山曰："老聃亦曰太史儋。儋、聃音盖相近。"毕沅曰："古赡、儋字通。《说文解字》有聃，云：'耳曼也'；又有聸字，云：'垂耳也，南方聸耳之国'。《大荒北经》《吕览》聸耳字并作儋。又《吕览》老聃字，《淮南王书》聸耳字，皆作耽。《说文解字》有耽字，云：'耳大垂也。'盖三字声义相同，故并借用之。"此确论也。儋、聃即为一字之两书。孔子又安得于卒后百余年从在秦献公十一年入关之太史儋问礼乎？总而言之，果著五千文者有人可指当为史儋,果孔子适南又受揶揄,当为老莱子也。

上说或嫌头绪不甚清晰,兹更约述之。

一、《老子》五千言之作者为太史儋,儋即为老聃,后于孔子。此合汪、毕说。

二、儋、聃虽一人,而老莱则另一人,莱、厉或即一语之转。

三、孔子无问礼事,《曾子问》不可据。问礼说起于汉初年儒老之争。

四、始有孔子受老莱子揶揄之传说,后将老子代老莱。假定如此。

五、老子书在战国非显学,入汉然后风靡一世。

六、老庄根本有别,韩子书中《解老》《喻老》两篇,乃得《老子》书早年面目者。

《庄子》书最杂,须先分析篇章然后可述说指归,待于下篇中详辨之。

九 齐晋两派政论

一种政论之生不能离了他的地方人民性,是从古到今再显明没有的事情。例如放任经济论之起于英,十八世纪自由论之起于法,国家论及国家社会论起于德,所谓"拜金主义"者之极盛于美,都使我们觉得有那样土田,才生那样草木。中国在春秋战国间东西各部既通而未融,既混而未一,则各地政论之起,当因地域发生很不同的倾向,是自然的事。战国时风气最相反的莫如齐秦。一以富著,一以强称;一则宽博,一则褊狭;一则上下靡乐,一则人民勇于公战;一则天下贤士皆归之,一则自孝公以来即燔灭诗书(见《韩非子·和氏篇》)。齐则上下行商贾之利,秦则一个纯粹的军国家。齐之不能变为秦,犹秦之难于变为齐。秦能灭齐而不能变其俗,秦地到了汉朝,为天下之都,一切之奢侈皆移于关中,而近秦之巴蜀,山铁之富甲于世间,然后其俗少变,然关西犹以出将著闻。(时谚:关东多相,关西多将。)在这样的差异之下,齐晋各有其不同的政治,亦即各有其政论是应该的。

但秦在缪公一度广大之后,连着几代不振作,即孝公令中所谓"厉躁简公出子之不宁"者。及献、孝两世,然后又有大志于中国,而关东贤士,因秦地自然之俗而利导之,如卫鞅。不有关东贤士,无以启秦地之质;不有秦地之质,亦无以成关东贤士之用。此样政治之施用在秦,而作此样政论者则由三晋。晋在初年亦全是一个军国家,和东方诸侯不同,和秦国历代姻戚,边疆密迩,同俗之处想必甚多。即如晋国最大之赵孟,本是秦之同宗,晋之大夫出奔,每至于秦。晋在后来既强大,且富庶,渐失其早年军国的实在。既分为三之后,只有赵国尚保持早年的武力;韩魏地当中国,无土可启,(魏始有上郡,后割于秦,遂失边境。)有中土之侈靡可学,遂为弱国。在不能开富不能启土范围之内,想把国家弄得强且固,于是造成一种官术论,即所谓中子之学;而最能实行这些官术论者,仍然是秦。

所以战国时的政治论,略去小者不言,大别有东西两派。齐为东派,书之存于后者有《管子》《晏子》。这个政论的重要题目,是:如何用富而使人民安乐,如何行权而由政府得利,如何以富庶致民之道德,如何以富庶戒士卒之勇敢,如何富而不侈,如何庶而不淫。《管子》书中论政全是以经济为政治论,《晏子》书论政全是以杜大国淫侈为政体论。反观韩魏官术之论及其行于秦国之迹,则全不是这些话。富国之术,只谈到使民务本事,而痛抑商贾之操纵,执法立信,信赏必罚,"罚九赏一","燔灭诗书",重督责而绝五蠹(《商君书》作"六虱")。盖既富之国,应用其富,而经济政策为先(齐);既衰之国,应强其政,而刑名之用为大(韩魏);新兴之国,应成一种力大而易使之民俗,以为兼并之资,而所谓商君之法者以兴。这便是《管子》《晏子》书对于《商君》《韩非》书绝然不同的原因。

《管》《晏》《商》《韩》四部书都很驳杂，须待下篇论诸子分析时详说。此处但举齐学晋论几个重要分素。

齐学《管子》书没有一个字能是管子写的，最早不过是战国中期的著作，其中恐怕有好些是汉朝的东西。今姑以太史公所见几篇为例。《牧民》《山高》《乘马》《轻重》之旨要，太史公约之云：

管仲既任相齐，以区区之齐在海滨，通货积财，富国强兵，与俗同好恶。故其称曰："仓廪实而知礼节，衣食足而知荣辱，上服度则六亲固，四维不张国乃灭亡。下令如流水之原，令顺民心。"故论卑而易行。俗之所欲，因而与之；俗之所否，因而去之。其为政也，善因祸而为福，转败而为功。贵轻重，慎权衡。桓公实怒少姬，南袭蔡，管仲因而伐楚，责包茅不入贡于周室。桓公实北征山戎，而管仲因而令燕修召公之政。于柯之会，桓公欲背曹沫之约，管仲因而信之。诸侯由是归齐。故曰：知"与之为取"，政之宝也。

轻重权衡，《管子》书中言之极详，现在不举例。《管子》书中义，谲中有正，变中有常，言大而夸，极多绝不切实用者。如《轻重戊》一段，思将天下买得大乱，而齐取之；齐虽富，焉能这样？这固全是齐人的风气。然其要旨皆归于开富源以成民德，治民对邻，皆取一种适宜的经济政策。《晏子》书文采甚高，陈义除贬孔丘外，皆与儒家义无相左处。齐人好谏，好以讽辞为谏，晏子实淳于髡所慕而为其隐语讽辞者（见《史记》）。齐人后来且以三百篇为谏书。

三晋论　齐虽那样富，"泱泱乎大国风"，但其人所见颇鄙，大有据菑莱而小天下之意。孟子每言齐人所见不广，妄以自己所有为天下先。如云："子诚齐人也，知管仲、晏子而已矣！"若晋则以密迩东西周之故，可比齐人多知道天下之大，历史之长。又以历为百余年中国伯主，新旧献典，必更有些制作,故三晋政论当不如齐国之陋,然又未免于论术多而论政少,或竟以术为政。关于刑名之学之所起,《淮南·要略》说得很好。

申子者,韩昭侯之佐。韩,晋之别国也。地激民险,而介于大国之间。晋国之故礼未灭,韩国之新法重出,先君之令未收,后君之令又下,新故相反,前后相缪,百官背乱,莫知所用:故刑名之书生焉。(此言亦见《韩子·定法篇》。《韩子》书不出一人手,不知此言是谁抄谁者。)

申子刑名之学用于秦晋,用于汉世。此种官术自其小者言之,不过是些行政之规,持柄之要。申子书今虽不可见,然司马子长以为"申子卑卑施之于名实"。大约还没有很多的政治通论。不过由综核名实发轨,自然可成一种溥广的政论。所以韩子之学,虽许多出于名实之外,然"引绳墨,切事情",亦即名实之推广,不必因狭广分申韩为二;两人亦皆是韩地的地道出产。申子书今佚,然故书所传申子昭侯事,颇有可引以证其作用者。

申子尝请仕其从兄,昭侯不许,申子有怨色。昭侯曰:"所为学于子者,欲以治国也。今将听子之谒,而废子之术乎?已其行子之术,而废子之请乎?子尝教寡人修功劳,视次第。今有所私求,我将奚听乎?"申子乃辟舍请罪,曰:"君真其人也!"

昭侯有敝袴,命藏之。侍者曰:"君亦不仁者矣!不赐左右而藏之。"昭侯曰:"吾闻明王爱一颦一笑,颦有为颦,笑有为笑。今袴岂特颦笑哉?吾必待有功者!"(上两事见《韩子》《说苑》等。文从《通鉴》所引。)

《韩非子》的杂篇章多是些申子之意者,但韩非政论之最精要处在《五蠹》《显学》两篇,这是一个有本有末的政论,不可仅把他看作是主张放弃儒墨文学侠士者。《显学》已抄在前篇;《五蠹》文长,不录。

《商君书》纯是申韩一派中物,《靳令篇》言"六虱",即《韩子》中"五蠹"之论。商君绝不会著书,此书当是三晋人士因商君之令而为之论。《韩非子》说家有其书,则托于商君之著书,战国末年已甚流行,《韩非子》议论从其出者不少。

我们现在可以申韩商君为一派,而以为其与齐学绝不同者,《韩非子》书中有显证。

(《定法》第四十三)问者曰:"申不害、公孙鞅,此二家之言孰急于国?"应之曰:"是不可程也。人不食十日则死,大寒之隆,不衣亦死,论之衣食孰急于人,则是不可一无也,皆养生之具也。今申不害言术,而公孙鞅为法。术者,因任而授官,循名而责实,操杀生之柄,课群臣之能者也;此人主之所执也。法者,宪令著于官府,赏罚必于民心,赏存乎慎法,而罚加乎奸令者也;此臣之师也。君无术则弊于上,臣无法则乱于下,此不可一无,皆帝王之具也。"

(同篇下文又云)二子之于法术,皆未尽善也。

(《难二》第三十七)景公过晏子,曰:"子宫小,近市,请徙子家豫章之圃。"晏子再拜而辞曰:"且婴家贫,待市食而朝暮趋之,不可以远。"景公笑曰:"子家习市,识贵贱乎?"是时景公繁于刑。晏子对曰:"踊贵而履贱。"景公曰:"何故?"对曰:"刑多也。"景公造然变色曰:"寡人其暴乎?"于是损刑五。或曰,"晏子之贵踊,非其诚也,欲便辞以止多刑也。此不察治之患也。夫刑当,无多;不当,无少。无以不当闻,而以太多说。无术之患也。败军之诛以千百数,犹且不止,即治乱之刑如恐不胜,而奸尚不尽。今晏子不察其当否,而以太多为说,不亦妄乎? 夫惜草茅者耗禾穗,惠盗贼者伤良民。今缓刑罚,行宽惠,是利奸邪而害善人也。此非所以为治也。"

齐桓公饮酒,醉,遗其冠,耻之,三日不朝。管仲曰:"此非有国之耻也。公胡不雪之以政?"公曰:"善。"因发仓囷,赐贫穷,论囹圄,出薄罪。处三日而民歌之曰:"公乎! 公乎! 胡不复遗其冠乎?"

或曰:"管仲雪桓公之耻于小人,而生桓公之耻于君子矣! 使桓公发仓囷而赐贫穷,论囹圄而出薄罪,非义也,不可以雪耻;使之而义也,桓公宿义,须遗冠而后行之,则是桓公行义非为遗冠也;是虽雪遗冠之耻于小人,而亦遗义之耻于君子矣。且夫发囷仓而赐贫穷者,是赏无功也;论囹圄而出薄罪者,是不诛过也。夫赏无功则民偷,幸而望于上;不诛过则民不惩,而易为非。此乱之本也,岂可以雪耻哉?"

按,上段必是当时流行《晏子》谏书中一节,下段必是当时流行《管子》书中一节,所谓"因祸以为福,转收以为功"者。为韩子学者,皆不取此等齐人政论。

今本管韩书中皆多引用《老子》文句处,管子在《汉·志》中列入道家,而太史公以为申韩皆原于道德之义。按,此非战国末年事,此是汉初年编辑此类篇章者加入之彩色,待下篇论诸子文籍分析时详说。

十　梁朝与稷下

战国时五光十色的学风,要有培植的所在,犹之乎奇花异树要有他们的田园。欧洲十七八世纪的异文异说,靠诸侯朝廷及世族之家的培养;十九世纪的异文异说,靠社会富足能养些著文卖书的人。战国时诸子,自也有他们的生业,他们正是依诸侯大族为活的。而最能培植这些风气的地方,一是梁朝,一是稷下。这正同于路易王李失路丞柏下之巴黎,伏里迭利二世之柏林,加特林后之彼得斯堡。

梁朝之盛,在于文侯之世。

（《史记·魏世家》）文侯之师田子方……文侯受子贡经艺，客段干木，过其闾，未尝不轼也。

秦尝欲伐魏。或曰：魏君贤人是礼，国人称仁，上下和合，未可图也。文侯由此得誉于诸侯。

《汉志·儒家》有《魏文侯》六篇，早已佚。然《乐记》《吕览》《说苑》《新序》引魏文侯事语甚多，盖文侯实是战国时最以礼贤下士重师崇儒著闻者。《汉志·儒家·魏文侯》六篇后又有《李克》七篇，班注云："子夏弟子，为魏文侯相。"子夏说教西河，是儒学西行一大关键。禽滑釐相传即于此受业。文侯朝中又有吴起，亦儒者曾参弟子。文侯卒，武侯立。文侯武侯时魏甚强。武侯卒，公孙缓与惠侯争立，几乎亡国。惠王初年，魏尚强，陵厉韩赵，后乃削于齐楚，尤大困于秦，去安邑而徙大梁。《史记·魏世家》："惠王数败于军旅，卑礼厚币，以招贤者。邹衍，淳于髡，孟轲，皆至梁。"惠侯卒（惠王之称王乃追谥，见《史记》），襄王立，更削于秦。卒，哀王立。哀王卒，昭王立，魏尤削于秦。昭王卒，安釐王立。是时魏以"一万乘之国……西面而事秦，称东藩，受冠带，祠春秋"。然以信陵君之用，存邯郸，却秦军，又"率五国兵攻秦，败之河内，走蒙骜"。自秦献、孝东向以临诸侯之后，关东诸侯无此盛事。《韩非子·有度篇》以齐桓楚庄魏安釐之伯合称。魏安釐王必也是一个好文学者，不然他家中不会有许多书。

（《晋书·束皙传》）初，太康二年，汲郡人不准盗发魏襄王墓，或言安釐王冢，得竹书数十车。其纪年十三篇，记夏以来至周幽王为犬戎所灭，以晋接之，三家分，仍述魏事，至安釐王之二十年。盖魏国史书，大略与《春秋》皆多相应。其中经传大异，则云：夏年多殷，益干启位，启杀之；太甲杀伊尹；文丁杀季历；自周受命至穆王百年，非穆王寿百岁也；幽王既亡，有共伯和者摄行天子事，非二相共和也。其《易经》二篇与

《周易·上下经》同,《易繇阴阳卦》二篇,与《周易》略同,《繇辞》则异。《卦下易经》一篇,似说卦而异。《公孙段》二篇,公孙段与邵陟论《易》。《国语》三篇,言楚晋事。《名》三篇,似《礼记》,又似《尔雅》。《论语》《师春》一篇,书《左传》诸卜筮,师春似是造书者姓名也。琐语十一篇,诸国卜梦妖怪相书也。《梁丘藏》一篇,先叙魏之世数,次言丘藏金玉事。《缴书》二篇,论弋射法。《生封》一篇,帝王所封。《大历》二篇,邹子谈天类也。《穆天子传》五篇,言周穆王游行四海,见帝台西王母。《图诗》一篇,画赞之属也。又杂书十九篇,周食田法,周书,论楚事,周穆王美人盛姬死事。大凡七十五篇。七篇简书折坏,不识名题。冢中又得铜剑一枚,长二尺五寸。漆书皆科斗字。初发冢者烧策照取宝物,及官收之,多烬简断札。文既残缺,不复诠次。

烧策之余,尚有如许多书,恐怕当时诸侯不是人人这样好学罢?魏地入秦,大梁为墟,(见《史记·魏世家·赞》)历经楚汉,王侯易主,而梁朝在汉之盛犹以多文学贤士闻,梁地风气所流者远矣。

齐以其富更可以致天下贤士,炫于诸侯。《史记·孟荀列传》:

自邹衍与齐之稷下先生,如淳于髡、慎到、环渊、接子、田骈、驺奭之徒,各著书,言治乱之事,以干世主,岂可胜道哉?……自如淳于髡以下,皆命曰列大夫,为开第康庄之衢,高门大屋,尊宠之,览天下诸侯宾客,言齐能致天下贤士也。……田骈之属皆已死。齐襄王时,而荀卿最为老师。齐尚修列大夫之缺,而荀卿三为祭酒焉。

又《田完世家》:

宣王喜文学游说之士,自如驺衍、淳于髡、田骈、接子、慎到、环渊之徒,七十六人,皆赐列第,为上大夫,不治而议论。是以齐稷下复盛,且数百千人。(按,言复盛必其前曾盛。然《史记》无明文,不知是在威王时或在姜氏朝?)

战国中期方术文学之士闻名于后者,几乎皆是客游梁朝稷下之人,(试以《汉志·诸子略》各家名称较之)可见这样朝廷与这样风气的关系。荀卿时,齐已一度亡于燕,尚修列大夫之缺,梁安釐王亦在四战之世,还都如此。

十一　独行之士

十二　坚白异同之辨

以上两章非仓促所能写就,待后补之。

十三　机祥之重兴与五行说之盛

中国古来和一切古国家一样,都是最重巫卜的。即如安阳殷墟出土卜辞数量之多,可知当时无事不卜。到了周世史官所职,仍以卜事为先。春秋战国时人民的理性大发达,卜事大废,而一切怪力乱神之说为学者所摈弃。乃战国晚年齐国又以他的民间迷信及他的哲学化的迷信——五行论——渐渐普遍中国,这些东西便是汉朝学问思想的一个开端。当时的明理之儒,对这些东西很愤恨的。《史记·荀子列传》:"荀卿嫉浊世之政,亡国乱君相属,不遂大道而营于巫祝,信机祥。"《荀子》书中有《非相》等篇,痛论这些物事。《非十二子篇》中排五行论,正是对这种风气而发,不过把造作五行论的罪加在子思孟轲身上,大约是冤枉他们俩了。

阴阳之教,五行之论,消息之说,封禅之事,虽由秦皇汉武之培植而更盛,然秦皇汉武也只是取当时民间的流行物而好尚之,不是有所创造。《汉·志》中所录关于这一类的东西极多,不过现在都不存在,所以这一派在汉之极盛虽是一件显然的事实,而这些齐学之原由,除《史记》论邹衍的一段外,竟无材料可考,我们只知道他是战国末年已成就的一种大风气罢了。

十四　所谓"杂家"

《汉·志》列杂家一门,其叙论曰:"兼儒墨,合名法,知国体之有此,见王治之无不贯。"按,杂而曰家,本不词。但《吕览》既创此体,而《淮南》述之,东方朔等著论又全无一家之归,则兼儒墨合名法而成一家书之现象,在战国晚年已成一段史实。《吕氏春秋》一书,即所谓八览六论十二纪之集合者,在思想上全没有一点创作,体裁乃是后来人类书故事集之祖。现在战国子家流传者,千不得一,而《吕览》取材之渊源,还有好些可以找到的。这样著书法在诸子的精神上是一种腐化,因为儒家果然可兼,名法果然可合,诸子果无不可贯的话,则诸子固已"挫其锐,解其纷,和其光,同其尘"了。稷下诸子不名一家,而各自著其书,义极相反;"府主"并存而不混之,故诸子各尽其长。这个阳翟大贾的宾客,竟为吕氏做这么一部赝书,故异说各存其短。此体至《淮南》而更盛,而《淮南》书之矛盾乃愈多。因吕氏究竟不融化,尚不成一种系统论,孔墨并被称者,以其皆能得众,皆为后世荣之,德容所以并论者,以其兼为世主大人所乐听,此尚是超乎诸子之局外,立于世主大人之地位,而欣赏诸子者。若《淮南》书,则诸子局外之人,亦强入诸子之内,不复立于欣赏辩说之客者地位,而更求熔化得成一系统论。《吕览》这部书在著书体裁上是个创作,盖前于《吕览》者,只闻著篇不闻著成系统之一书。虽慎子著《十二论》以《齐物》为始,仿佛像是一个系统论,但《慎子》残文见于《庄子》等书者甚少,我们无以见他的《十二论》究竟原始要终系统到什么地步。自吕氏而后,汉朝人著文,乃造系统,于是篇的观念进而为书的观念。《淮南》之书,子长之史,皆从此一线之体裁。

《吕氏》《淮南》两书,自身都没有什么内涵价值,然因其为"类书",保存了不少的早年材料,所以现在至可贵。犹之乎《北堂书钞》《艺文类聚》《太平御览》等书,自身都是无价值的,其价值在其保存材料。《永乐大典》的编制法,尤其不像一部书,然古书为它保存了不少。

十五 预述周汉子家衔接之义

周汉诸子是一气,不能以秦为断,是一件再明显没有的事实。盖入秦而实行的政策如焚书,入汉而盛行的风气,如齐学之阴阳五行,如老子学,如黄帝各论,如神仙,如诸子的淆杂,无不在战国晚年看到一个端绪。而战国各种风气到了汉朝,差不多还都有后世,如儒墨,如名法,如辩士之好尚,乃至纵横,应该是随分裂之歇息而止的了,却反不然,直到武帝朝主父偃尚为纵横长短之术。盖诸子学风气之转移在汉武帝时,武帝前虽汉家天下已七八十年,仍是由战国风流而渐变,武帝以后,乃纯入一新局面。果然以秦为断,在诸子学,在文籍学,乃至在文词学,都讲不通的。不过做文学史的讲义时,不能不迁就时代,所以此论以战国为限者,只为编书之方便,并非史实之真象。

附记:此篇必须与下篇《战国诸子文籍分析》参看,方得持论之义。

1927 年国立中山大学讲义,原载《傅孟真先生集》。

本所发掘安阳殷墟之经过
——敬告河南人士及他地人士之关心文化学术事业者

敝所安阳殷墟之发掘及研究，事经年余，颇有新义之取获，承过我者期许。惟学术事业，不尚宣传，持未完之工作炫之于众，吾等初不以为当务之急。且本院设置，非袭北庭之旧，实在党国奠都南京之时，尤愿当建国之际会，树坚实之风气，藉洗往者叔世之浮华。故就正世间，当于研究完毕出版时也。不意去年 10 月在安阳工作，突遭驱逐，经政府主持，河南人士之同情，始于 12 月 29 日，取得河南省政府方面解决之约。吾等于河南省政府之解决此事，自当感佩，于河南人士之同情，尤当深谢。雅不欲以过往之事，重詟报章，只望藉数年后发掘事业之成功，表示吾等此日艰苦之行迹而已。不意近见何日章君传单，于事实叙述颇失实在。同人等绝不以与人争论为事，惟亦不便谬居不义之名。故敢叙述往事，以申明吾人之立点，刊落一切感情之言，不作任何讥弹之语，即事涉斗争，责不在我者，亦一并不说。固所以尊重河南省政府解决之雅意，尤所以报称河南贤士之同情也。

一　吾等发掘之原起及工作之宗旨

安阳殷故墟出土龟甲兽骨文字，自前清光绪己亥（1899）迄于去岁（1928），盖三十年。此三十年间，初经王刘两君注意，继经罗氏购求，出土者先后数万片。罗君所得即逾两万,而清宣统间及民国初元每岁仍多私掘,经古董商人辗转售之欧美日本者,尤不可数计。即英籍牧师明义士所藏已达五万片。据前年调查,民国九、十三、十六及十七年春,贩卖者皆有集众挖掘之举,所得龟骨尽已杳无下落。夫殷人卜辞藏地下者,宁有几许?经一度之非科学的搜罗,即减损一部之储积,且因搜求字骨,毁弃他器,紊乱地下情形,学术之损失尤大。而吾国官厅及学人竟孰视若无睹,听此珍贵史迹请就澌灭,亦可哀矣。

殷墟经此三十年之损毁,虽有孙诒让、罗振玉、王国维诸君文字上之贡献,以慰学术,然文字以外之材料,因搜寻字骨而消灭者何止什九?故国人颇以为殷墟又更成墟。盖自旧来玩古董及释文字者之意义论之,实固如此。然近代的考古学更有其他重大之问题,不专注意于文字彝器之端。就殷墟论,吾等已确知其年代,同时并知其地铜器石器兼出。年来国内发掘古代地方,每不能确定时代,如安特生、李济诸君所作,虽生绝大之学术问题,而标年之基本工作,仍不免于猜度。如将此年代确知之墟中所出器物,为之审定,则其他陶片杂器,可以比较而得其先后,是殷墟知识不啻为其他古墟知识作度量也。又如商周生活状态,须先知其居室;商周民族之人类学的意义,须先量其骨骼。兽骨何种,葬式何类。陶片与其他古代文化区有何关系,此皆前人所忽略,而为近代欧洲治史学古学者之重要问题。故吾人虽知河南省内弃置三十年从不过问之殷墟,已有更无遗留之号(罗振玉说),仍颇思一察其实在情形。遂于民国十七年夏,敝院派编辑员董作宾先生前往调查,看其尚续出陶片否。盖所欲知者,为其地下情形,所最欲研究者,为其陶片、战具、工具之类,所最切搜集者,为其人骨兽骨。此告前人所弃,绝无市场价值。至于所谓字骨,有若干人最置意者,乃反是同人所以为众庶重要问题之一,且挖之犹不如买之之廉也。董君于当时前往调查,觉其他尚有可以工作之处,即由院派董君前往试掘。同时商得河南省政府之保护,并由省派张锡晋先生、教育厅派郭宝钧先生协同视察,两旬停工。此前年11月事也。其后河南图书馆馆长何日章君,向省政府要求,将所掘龟骨器物陈列于开封。省政府来文国立中央研究院,院即复豫省政府云:"本院特派员在各地发掘古物,将来如何陈列,亦仅限于首都及本地博物馆。其有标本多种可以分陈各省者,亦当先征求当地省政府之同意。贵省政府所请以掘出古物留存开封古物陈列所一节,自可酌量办理。"是敝院对出土品物之处置全无私见,可以昭然。且发掘安阳,所求者地下之知识,器物最后之处置,应以便于学人之研究为旨,至于何属,尽不关研究之大体也。去年春,敝院复委托李济先生为本所考古组主任,再赴安阳发掘,重通告河南省政府,并请拨给洹上村平民公园房屋为办事处,一切保护,均邀惠诺。工作两月,颇有成绩。5月间,军事突兴,驻军忽不知去向,县长亦逃,土匪并起,洹上村危在旦夕。李主任乃以所掘各物,并董君前存安阳高中之物,取出一部,带来北平本所内,编号整理,仍以大部分存洹上村高级中学,以小部分及仪器图书存城内十一中学。旋新来驻军入居本所办事处,又值盛暑,不克田野工作,乃并十一中学所存之一小部分运北平整理,而大部分之存于高级中学者,由办事处之书记工人编录整理之。此经过之事实也。至于器物出土,必先经长期整理,然后可以送至任何一陈列馆者,其情本为治此学者常识所应有,初不必叙说。惟此事误会或即由于此,兹特详之。吾等每掘一坑,必先看其地层上下之全,并为每一物记其层次,及相互距离。此为考古学之根本工作,不如是,则器物时代皆已紊乱,殷唐不分,考古何云?故吾等为器物编号,乃一至细至繁之事,不假以请月,则田野之劳工尽弃,不在所中为之,则不得一切之襄助。编号之后,又须照相、影拓、摹绘等。尤烦杂者,为殷片之凑成、人骨之整理。此项工作每每一件须一人数日之力。至于化验殷铜质料,度量人骨寸厘,尤为科学上烦难之事。若学者之讨论,图书之参考,更须在北平本所内为之,方可有济，尤不待说。故一切出物须先假本所以充分整理之机会，然后分送首都本地陈列，乃此学中常识上当然之事。

吾等一面从事发掘及整理，一面于河南人士对此事业之情感及出土物之存置两事，固无日不在心中。去夏在北平整理，盛暑不辍者，因求著作早出，俾国人共知吾等所致力者何事，亦愿河南人士借为同道之应。并设法敦请在北平河南人士参观，如刘雪亚、李敏修、徐旭生、冯芝生诸先生，均惠然肯来，见我等工作程序。安阳高中校长赵质宸、河南十一中校长张尚德两先生，亦均请来看过。李济先生到安阳初，即定计划，待挖掘完成，研究告毕，即在安阳设一博物馆，陈列出土物品，作永久之纪念。李先生已迭将此意向本地教育界人士申述，其荷赞同。时洹上村房颇经兵燹，本组同人不惜财力，重加修理。盖以完成此种工作，必作较久之计划，又将为彰德预筹一博物馆也。斯语即十一中学校长张尚德君亦所熟闻。

二　纠葛之突生

秋间正在工作之际，张尚德君偕轩仲湘、邱耀亭两君前来参观两日。初不云何意，次日始闻小屯村长云，将有挖掘之人来。李董两先生闻之，不胜诧异，以私人固不能擅自挖掘，若为公家团体，则国立中央研究院正在工作之际，突又有来者，学术界固无此先例也。久之，乃知系河南图书馆馆长兼民族博物院院长何君日章来彰发掘。李先生当即进城晤何君，询以究竟。据称，奉本省省政府命令，将与安阳县会衔布告，禁止中央研究院开掘，保护民族博物院开掘云云。李君谓：事关学术，绝无权利之可图。君既奉地方政府命令来办此事，国立中央研究院所派之考古组，可以暂停，绝不在此与君计较。但有安阳县来一公文，即可不必布告。同时更以研究院工作之意义，对之申说，乃何君并不理会。次日给公文一纸，研究院之工作于是遽停。近闻何君到汴，谓中央研究院在彼未与之接洽,实则前往商量,反遭驱逐耳。李先生旋得阅 10月 8 日河南教育厅之《河南教育日报》,更觉骇异。兹抄录如下:

安阳龟骨文字将自动发掘

中研究不遵协定潜运出境

何日章呈请自掘已有眉目

本报讯:安阳地蕴龟骨最多,去年中央研究院特派董作宾来省会同省府派员张锡晋前往开掘,时河南图书馆馆长何日章以若以河南地方文明之表率,而尽移置于他方,未免不妥,特呈请省府准将掘得器物,仍留在开封保存。省府据文函致中央研究院,旋准函复,许予酌量办理,双方俱存。并请令饬何日章会同董君遵照办理,何馆长当与董特派员商决暂在安阳中学存放。不谓近据安阳中学校长张尚德报告,谓彼等竟将掘出器物,潜运出省,并中研院特派员仍拟于本期十月赴安继续开掘。何馆长因中研院不顾信义,违反协定,又且克期赴安继行开掘,乃复呈请省府,一面向中研院据理交涉,一面设法自行开掘。省府当经发交教育厅查该具复,再行察夺,兹悉教育厅已遵令拟具办法三务,呈复省府鉴核,并转饬何馆长迅拟自动发掘具体办法,再转呈省府,鉴核施行。至何馆长如何拟具体办法,现尚未悉,兹先将教育厅所拟办法三务录下:

第一条　拟请准予河南图书馆暨河南民族博物院自动发掘,陈列开封,公开研究。

第二条　中央研究院不遵照函商协定,将前掘龟骨等器,潜运他往,拟请省府先行谢绝中央研究院前来发掘,再与严重交涉,请其履行协定,以昭信义。

第三条　拟请转饬安阳县长,对于该馆暨民族博物院发掘时,协助办理,并禁止别人发掘。

此中要点，一则曰，"不顾信义，违反协定"。此绝无之事，中央研究院派员之行事，全未出于前复省府公函之外。再则曰，"掘出器物，潜运出境"。此则由不了解工作之情形而误会，遂以恶名相加耳。先是何君曾向敝所董君索物陈列，董君当详以工作情形告之，不料其不释然。且何君迄无一字来文，如其有之，敝所更当详作解释也。至于因整理研究乃不免移运之原则，后来亦为省政府及何君所同意，是此误会之根据，在何君发宣言时，已自失之矣。

三　政府之主持及在开封之接洽

李董两君即于 10 月 22 日返北平本所。斯年亦即于 24 日南来报告本院，先请政府主持，再行赴豫商量。旋经院长呈国民政府，奉主席谕照准，即电河南省政府继续保护本院发掘工作，并停止何日章任意开掘，以免损毁现状，致坠前功。又斯年在京，友人颇有与李敬斋君素契者，以为敬斋为人，必持大体，以前措施，或于事实有所未明。看《河南教育日报》所载，此事全是教育厅主持，不妨告李君以实，询其如何主张。遂由在京友人段锡朋、张道藩诸兄函之，得复书，则若全无事矣。此时，国府与敝院虽未接豫省政府直接复文，然就教育厅厅长之表示论之，当已不成问题，故当时敝院及政府中人颇有以斯年开封之行为不必要者。斯年当即陈院长蔡先生云，此事虽已解决，然吾等立足点，必请河南人士尽知之。中央研究院须与地方有至融洽之感情，凡地方人士意见之可容纳者，当不避烦难者而行之。斯年此行，一则尽礼，二则尽情。蔡先生深以为是，斯年遂于风寒小愈后，由京北行，时 11 月 21 日也。车行四日抵汴，然后知初以为在汴只有礼让者，乃遇到意想不到之支节。彼时何君已自旅顺、北平返开封，于宣传上颇费工夫，居然成纷纭之势。此事经过既未原始要终为地方人士所知，而吾等立点又无人代言者，其有支节之论，亦在情理中。此段公案本由教育厅李敬斋先生发出，然李敬斋先生于吾等当时正在彰工作，则"不知道"，于禁止吾等发掘则"无其事"，此中重要卷宗，又求之不得，如此则又何说。然既奉命而来，期以成事，一切支节，自当置之不论，但求工作得以进行，尤求吾等好意得地方之同情而已。故（一）绝不作任何文字之宣传。（二）在各学校讲演中，力避此题，只在大学讲到安阳工作，然亦专论吾等发掘之方法，及考古学与古器物学之分别，不弹他人。其尤恳切向地方人士声明者，则有下列数事：

一、中央研究院只求工作之安全，顺利，绝不据古物为己有。去年发掘之始，本与河南省无任何条件之约定。后来一经何君是请省政府来文，敝院即以分陈首都及本地之原则为答，是中央研究之无私心，昭然若揭。

二、此番误会，实由吾等工作方法未尽为人了解而起。盖科学之发掘绝不能于一经出土之后，不经研究，不待完工，遽作陈列。果如此陈列，势成五都之市，使人目眩，科学的问题不出，整个之意义湮灭。近代的考古学与古器物学全不同，而发掘之方法尤与采矿大相径庭。此学及此法在中国实为初步之尝试，其未能事先取得谅解，亦在人情中。

三、对古物之最后处置，中央研究院只有一层计较，即陈列之地点，宜给后来学者以方便，而陈列之纲领，宜求足以表示科学研究之结果。吾等虽竭尽自己之能，终不能以定论自必。给后来之学人以方便，正以促学术之进步也。

四、中央研究院切愿借殷墟发掘之机会，为河南学术作百一之帮助。其办法似以河南学人之在北平者李敏修、徐旭生、冯芝生、傅佩青诸先生等所提议为最善，即由河南中山大学借此充实其史学系。并由斯年提议具体办法：（一）汴大史学及其他与考古学有关涉各科之教授，如愿来彰工作，极为欢迎。（二）其史学国文各系学生愿来练习者，请由汴大校长函送，当妥为训练，代检成绩，以替上课。（三）汴大可设考古学研究所，吾等当时常来汴讲演，并备顾问。其研究完后古物存放之地，吾等本主张以首都及本地（即安阳）为归，然重复品多，正可分置一部分于汴大考古学研究所中。其一切布置及费用如玻璃架及古物之装护等，亦属不赀，中央研究院愿担任之。（四）以后如更有可以赞助之事，力所能及，无不竭力。

五、吾等欢迎地方人士到彰参观发掘之方法，并欢迎到本所参观研究之路径。以后如扩充员额，应尽先河南学人之适宜者，此举不替必为河南造成数个青年学人能使用科学的工具者。斯年当时屡屡如此宣言，今更著之简墨。如此存心，似当为一切人士所了解。果然中州贤士，明达为怀，颇多初与斯年无一面之识，且饱听何君宣传者，转表同情于我等。惟亦有甚不情之提议者，例如将本所移往开封。又《教育日报》有一提议，其结果即等于将本所并入号称“新城隍庙”之民族博物院。敝所系隶属中央政府之机关，似此提议，斯年何从与之谈起，然犹一一解释，不作深闭固拒之谈。凡在开封与斯年接触长久者，当了然于斯年之略感情，遵大体也。其实供献此事波折者，始终只有数人，绝不成中央研究院与地方之冲突，直是宣传者强将此事绘作如是观耳。例如古物保管会一电，何君持以激动河南人者，实指个人，何曾泛涉地方。先是中央研究院之发掘殷墟，原经全国古物保管委员会赞助，今遭波折，理宜报告。其时适何君在北平，向袁同礼先生，述其立点，遂由袁君报告会中，会中转托袁先生劝以先行停工（彼时吾方已见逐停工），再商办法。袁君恳切劝之数次，何君不容纳丝毫，乃由会中议决发电，张溥泉先生是此会之委员长，以党国先进之重，发其当官之言，果何君不平，正可以后来之事实自明，实无从解作“骂河南人”也。

至于官方接洽，则斯年一见李敬斋先生之后，述说吾等之立点与办法，均承其赞诺，即由斯年照谈议结果写成一函，致河南省政府，兹全录之如下：

径启者，去年夏季，敝院感于中国考古学之不发达，安阳殷墟问题之重大，曾派敝所专任编辑员董作宾君前往调查。据报告，知其地虽经三十年来之未加保护，损失不可胜计，然尚有工作之可能，随即函达贵省府请求发掘。荷承赞助，通令所属一体保护。董君试掘十余日，知其地甲骨文字之储藏大体已为私掘者所尽，所余多属四下冲积之片，然人骨兽骨陶片杂器出土甚多。如以中国历来玩骨董者之眼光论之，已不复可以收拾。然以近代考古学之观点论之，实尚为富于知识之地。董君因此事业之大体已全超于文字彝器范围之外，遂于后来主持发掘之事谦让不遑，敝院乃改聘李济君为敝所考古组主任，总持工作，仍由董君襄任其事，曾于今春通函贵省政府，荷承拨给洹上村平民公园房舍，以作敝所考古组驻彰办事处，并予保护。李、董两君遂为充分之准备，于本年3月7日重行开工。先绘详图，工作历记地下情形，及器物之地层。满意经时之后，于中国考古学开一新方面，必承贵省人士引为同调者也。器物之陈列及所属问题，初不关乎敝所工作之大旨。盖敝所此次工作目的，纯为研究商末文化之至何程度，当时人民生活状态，此虽依器物为之证明，尤赖于地下情形之知识以为联络，并非搜集古物，以仿五都之市而眩人。故敝所去年开工逾时，正在短期结束之际，贵省府曾函敝院，商量古物陈列贵省，敝院毫不犹疑，即奉复云，"将来如何陈列，亦仅限于首都及本地博物馆，其有标本多种可以分陈各省者，亦当先征求当地省政府之同意。"此项声明全在开工以后，并非开工前之约定。可见敝院注意全在研究，于古物之最后处置，实毫无成见者也。

自3月7日开工，至10月21日何日章君往彰声称奉命前往谢绝工作为止，在彰工作大体未断。中间只以军兴之故，李、董两君曾返所，整理一部分材料耳。先是今年5月，彰德一带吃紧，安阳驻军于5月中旬他去,安阳城中无县长,城外到处伏莽,火车南北不通。李、董两君深虞地方更经兵燹,遂将器物一小部分两次运北平。一次于 5 月 15 日,恰在漳河桥炸毁数小时之前,由高中花园运出。一次在两旬之后,即由第十一中学运出者。此两次携至所者,实一小部分,大部分仍在彰德,在彰留有书记事务员工人等,编其器物之号。至于田野工作,初以军兴,继以炎热,不得不停。其在彰之工作站,固无间断。9 月末,李、董两君复至,实等于暑假后归来,并非再举。就 5 月间之情势论之,即为古器物之安全计,亦应暂存他处,遑论在所内之编号整理,及各种技术之工作,为完成研究之绝对需要。自一件品物之出土至于整理完毕,中间不知经过多少手续。照相、摹绘、拓墨等,尚是粗工。若人骨之测量,兽骨之检定,铜质陶质之化验,难识质料之决定等,动需专家在其专门研究室中详治之。若一律以就地工作为限制,不特敝所是一整个的组织,历史、语言、考古、人类诸组皆有其联络之作用,未能分出一部设置于外;各图书馆之文籍,其他研究机关之专家,敝所又岂能举以移彰? 故如但求掘出古物,以资陈列,不以取得新知识为目的,则敝所敢告不敏。如求每件器物所含之真知识,借其联络以知当时文化情形,则在所内整理实为此项研究之绝对需要,治此学者之普通习惯,初不虞此点上可生误会也。

此次敝院奉国民政府主持,得于本月 15 日重行开工,斯年奉院命来此接洽,又承贵省教育厅及教育界人士推诚谈论,引为同志,共愿学术之发扬,以为古史之荣光,既深景仰,尤切感谢。此项考古工作,体大思博,地方政府之赞助,殊地学者之分研,实为成功之必要条件。敝所深愿竭尽所能,以求不负各方之盛意。敝所因完成工作起见,不得不有在所整理器物之自由。盖技术的设备既不能尽数移至工作之野,而所外参考图籍分研专题之士,尤非敝所所能移动。至于器物之最后处置,自当以敝院前复贵省公函之主张为原则:即分陈首都及本地博物馆,其

具体办法,拟列如下:

一、本地方面,敝所久感于安阳有设置一古物馆之必要。李济君始到安阳,即向地方人士宣布此意,初修洹上花园之范围颇过于敝所需用之必要者,亦即为此准备。中间军队入居,未能充分修理。目下拟先在彰德高中内开辟一室,待军队撤出,再将全部花园作为安阳古物馆,及敝所在彰工作站之用。敝所先行出资若干修理,俾整理就绪之器物逐渐移入,将来敝所在彰工作完结之后,即以此修理设备全数赠与贵省,永与彰德高中为邻,俾当地学子得继续收集此一项中续出之古坟古器,一切河南及外省人士得以交通之便随时往观研究。盖殷末文化问题,当以安阳为中心,向四方辐射。敝所发掘之时期有限,而地方续出古墓者无穷,以安阳为此问题之中心,且图永久,固至便也。

二、首都方面陈列之所,如将来已设中央博物院之类自无问题。在未设期间,应置首都何处,敝院当于第一批整理完毕时,呈请国民政府指定之。

三、凡同类之件,半数在本地,半数在首都陈列;其单件之品物,应陈列何处,待敝所每批整理完毕时,由贵省政府及中央研究院派员决定之。至于全部出土物品之编号,实一甚繁杂之工作,因此即整理工作之记载也。敝所分期登录之总册,以后应分抄一份,随时送达贵省政府教育厅妥存,以便后来器物虽分在首都本地,而器物之登记,中央省中仍各有全份也。

以贵省古迹之富,人文之盛,武授堂先生昌明汉学于昔年,徐旭生先生渡漠考古于当代,将来必于中国古史之发达有弘伟之贡献。如愿借敝所工作之机会,训练成充分使用近代考古学方法之人,敝所自当欢迎。此类人士,似以大学文史科毕业生或高级学生为相宜。然其他专门学子有志此业者,自亦不妨,要以曾受专门之训练为宜,具诚意练习者为适,敝所自当以助理员、练习助理员之情形待遇,以资历练,更当竭知告语,以求成就。人选即请教育厅于决定后函示。至于人数,因敝所此时范围颇小,请以一人或二人为限。以后敝所工作扩充,再奉告加派。

前者贵方来文上有"潜运他往"、"违反协定"、"与信义有关"等语,今经陈列事实,误会已显。敝院负学术之责任,未能蒙受此项议论,应请贵方根据事实,声明取消此语,以彰公谊,而成合作,尤为感幸。

以上各节,如荷同意,即希查照见复,并电知在彰民族博物馆派员返省,为荷!此致河南省政府

国立中央研究院历史语言研究所所长傅斯年

中华民国十八年十一月二十九日

此函于 11 月 29 日省政府会议中讨论,同时讨论何君提议,即由会中派定张委员伯英(钫)、张委员幼山(鸿烈)、李委员敬斋会同斯年妥拟办法。斯年以为此番来汴,并非争执,故初无蕴蓄,尽所能为一举说出。惟省政府既主张更行妥拟,自当虚心讨论,即由敬斋起草,斯年与之争持处,由幼山先生调剂之,以成"解决安阳殷墟办法五条"。持请伯英先生斟酌,伯英先生完全同意。此即后来一个月接洽之根据,兹全录之如下(其来源如此,并非如何君说由斯年提议):

解决安阳殷墟发掘办法

一、为谋中央学术机关与地方政府之合作起见,河南省政府教育厅遴选学者一人至二人参加国立中央研究院安阳殷墟发掘团。

二、发掘工作暨所获古物,均由安阳殷墟发掘团缮具清册,每月函送河南教育厅存查。

三、安阳殷墟发掘团为研究便利起见,得将所掘古物移运适当地点,但须函知河南教育厅备查。

四、殷墟古物除重复者外，均于每批研究完结后，暂在开封陈列，以便地方人士参观。

五、俟全部发掘完竣研究结束后，再由中央研究院与河南省政府会商分配陈列办法。

此件于 12 月 3 日送入，同时国府又电豫省政府饬遵照办理。适省防吃紧，省政府无暇注意及此，敬斋亦去，乃告停顿。斯年返京，无路可通，只得暂留。计斯年至汴已逾十日，获遇贤士不少，一经剖解，多即释然，转示同情，兼恳切望此工作之大成。一日黄自芳（佩兰）先生枉驾惠顾，谓与张忠夫先生（嘉谋）及他位，同愿了结此事，总使斯年快乐而去，盼多住几日，旋约徐侍峰先生（金溇）亦来。斯年对此番好意，自当感谢，当即声言，此番支节，实由吾等立点未喻于人之故，果能喻我等工作之意义于关涉此事之人，则人之好善，谁不如我。故此事似是了解之问题，非妥协之要求。盖中央研究院并不据古物为己有，何君又说不为自己争斗，则此事争执诚不知在何处也。然天地间事无可奈何者正多，吾等总竭力成全此一史迹之效用，惟力量有限，不能保其终不成悲剧耳。若数日之留，谨当如命。吾等对于河南贤士之见解及欲愿，总当尽力容纳，一切皆然，此非例外。于是诸先生向何君说之又说，旋转周流，何君颇表了解，提出数条之更改，即第一条"至二人"改为"至三人"，第四条去"暂"字，第五条去"分配"二字。斯年认为此均文字上之修改，无改原旨，即表容纳。惟何君坚持必使其民族博物院在条文中出现一回，后并决意加入第四条"开封"之下，此则斯年未喻。斯年提议在大学中，正为研究之便，且既已许之，不便食言。况民族博物院初创立时，塑成三皇五帝与亚当夏娃之神话等，何君由副即真，虽毁去一部分，而以袁世凯之衣冠等易之，然非古物之院，亦未若在大学研究之便也。果何君所争不在个人，则斯年已声言愿白效劳来汴在大学中布置，法无善于此者,此外争执,似不免个人争执之嫌也。何君终不见谅,于是又停顿矣。

四　河南省政府之解决此事

此时地面差安,一日与伯英、幼山两先生谈及此事,询以究可由省政府解决否,两先生谓可。金以当时本由省政府会议中指定伯英、幼山、李敬斋三先生与斯年接洽,今李委员去,由大学校长黄任初先生(际遇)暂为兼代,果由张、张、黄三位据原案决定呈省政府批准,自于手续为合。伯英、幼山两先生本原拟办法之人,任初先生亦极同意。此时斯年声明,前答应张忠夫、黄自芳诸先生修改之数字,不妨加入。幼山先生又谓,最好于开封下注明碑林,以免后来争执。盖其时适建设厅正在大学后面筑碑林,未完工前,亦有红房五间适用。此与置之大学墙内之效相等,此碑林之建设本亦备大学研究者。果决在碑林陈列,与磁塔铜佛共在一处,现有壮茂之大学在前,将来有丰伟之碑林在左,实为最便。于是决定,而人选亦同时商妥,径呈省政府。经若干日,省府发来公文如下,于是三个月之纠葛得以解决。

河南省政府公函(第 3897 号)

敬启者,关于发掘安阳殷墟古物一案,前经傅所长斯年来汴接洽,当即推定本府委员张鸿烈、张钫、李敬斋会同傅所长妥拟发掘办法在案。嗣据委员张钫、张鸿烈、兼代教育厅厅长黄际遇呈拟解决发掘安阳殷墟办法五条,并拟派关伯益等三人参加安阳殷墟发掘团等情到府。除指令应准如拟办理,并令饬何日章遵照外,相应抄送原拟办法及参加人名单函达

查照,为荷。此致

国立中央研究院。

计抄原拟解决发掘安阳殷墟办法及名单一纸。

中华民国十八年十二月二十八日。

解决安阳殷墟发掘办法

一、为谋中央学术机关与地方政府之合作起见,河南省政府教育厅遴选学者一人至三人参加国立中央研究院安阳殷墟发掘团。

二、发掘工作暨所获古物,均由安阳殷墟发掘团缮具清册,每月函送河南教育厅存查。

三、安阳殷墟发掘团为研究便利起见,得将所掘古物移运适当地点,但须函知河南教育厅备查。

四、殷墟古物除重复者外,均于每批研究完结后,在开封碑林陈列,以便地方人士参观。

五、俟全部发掘完竣研究结束后,再由中央研究院与河南省政府会商陈列办法。

张　钫　黄际遇　张鸿烈

拟派参加国立中央研究院安阳殷墟发掘团三人。

关伯益　王纮先　许敬参

五　吾等之欲愿与致谢

吾等得以恢复工作,并得与地方政府解决悬案,诚赖政府主持,学术团体之赞助,惟其最重要点,仍在吾人立点渐喻于人,知吾人只有成事之念,并无争斗之心,然后识与不识,皆表同情。此后吾等必集合全所力量,促此举之精进,务使中国史学及世界文化史借殷墟发掘开一生面。以下四愿,当与河南人士共勉之也。

一、愿误会之事以后不再发生。

二、愿与河南地方人士之感情,日益亲固。

三、愿借发掘殷墟之事业,为河南造成数个精能之考古学家。

四、愿殷墟发掘为河南省内后来考古学光大之前驱。

在此波折中,政府及学界同人同情者甚多,不遑尽举。其尤应感谢者,在政府方面为谭组庵先生、张溥泉先生、陈果夫先生。在河南省政府方面者,为张伯英先生、张幼山先生、黄任初先生,在开封之河南人士中,尤应感谢者,为张忠夫先生、黄自芳先生、徐侍峰先生、魏烈丞先生、马辑五先生。其在北平者,为李敏修先生、徐旭生先生、傅佩青先生、冯芝生先生等。

傅斯年敬白
十九年一月二十日

(原载 1930 年《国立中央研究院历史语言研究所安阳发掘报告》第二期)

战国文籍中之篇式书体
——一个短记

一

譬如说，"《管子》书是假的"，这句话和说"《管子》书是真的"同样的有毛病。假如在后来历史观念、作者观念大明之时，出了一部《管子》书，里面并不显然出来些管子的谥，桓公的谥，管子死后事，而题曰"春秋时齐相颍川人管仲撰"以问世，被人考核了一下子，原来是一部做了售世的书，这然后说，"这部书是假的"。若《管子》书中，引《老子》，引战国末年的事，称桓公的谥法，称管仲的死后事，本是齐人托管子之功名而著之书，只是当时的一种文体，他自己先不曾说是真的，战国时也不会有题"齐相管仲撰"的事，又何劳我们答他曰"是假的"。既有一个梁任公先生，硬说管子那个人作了《管子》那些书，便应该有人回答他说，管子不曾作了这些篇的一个字。说到这样好到这样。若进一步去说，《管子》书是假的，则先须假定战国时人已有精严的著者观念，先须假定战国时这些篇出来的时候上边写着"齐桓公相管仲撰"。这样假定当然是不可以的。《管子》这部书现在所见的集合，乃是刘向的事，其中篇章是齐学之会集，书中直接称道管仲的篇章，在战国托于人而出来，也不过是自尸为管仲之学之后世，别人叙论他，也不过可说"慎轻重，贵权衡，因祸为福，古之道术有在于是者。齐人闻管仲之传说而悦之，作为……"果然我们充管仲晏子是假书一类话，则《国语》《论语》《孟子》

《墨子》《庄子》等无不是假书，因为《国语》当然不是孔子所称之左丘明写的，《论语》当然没有一个字是孔子写的，《孟子》书称梁惠王襄王之谥当然也是他的弟子记的。《墨子》中最墨子者，也劈头就说"子墨子言曰"，中间又说"是以子墨子言曰"。《庄子》更是汉朝人所集合，魏晋人所编印的。那么，真书只剩了《吕览》，还要减去《月令》了。若说这些书里有些真话，真材料，则我们又焉能保管晏书中没有一点真话，真材料，一初都是度的差别罢了。我们这样 ad absurdum 一看，可以确知我们切不可以后来人著书之观念论战国文籍。总而言之：

（一）战国时"著作者"之观念不明了。

（二）战国时记言书多不是说者自写，所托只是有远有近有切有不相干罢了。

（三）战国书除《吕览》外，都只是些篇，没有成部的书。战国书之成部，是汉朝人集合的。

这层意思，我们反复说来好像不厌其详者，实因为了解战国文籍之成书性，是分析战国文籍的一个前提。

二　记言——著论——成书

著述脱离了官书的地步，而成私人著作，我们现在可见之最早者，是《论语》。《论语》是记言的。《论语》的体裁现在看了未免奇怪，除很少的几段记得较丰充以外，每一段话，只记几句，前无因，后无果。在我们现在固已不知春秋末年情景，其不懂得，犹可说，乃汉儒对于《论语》上的话，也有好些像是不懂得何所为而发的样子。且如"礼与其奢也宁俭，丧与其易也宁戚"一类的话，若不附带着"本事"，不和"丧欲速贫，死欲速朽"发生同样的误会吗？（见《檀弓》）记言记到没头没尾，不附带口说便使人不懂得，而一经辗转，便生误会，决然不是一种妥当的记言法。再试看《论语》中的言，每段常含蓄很多的意思，有时显出语长而所记者短的样子。且《论语》成书大约在曾子弟子时,去孟子时已不远,孟子便是那样汪洋大论,虽说孟子是个"战国辩士",谈言微中与信口开河者不同,然孔子也是靠说话而做东西南北之人者,若他说的话都像《论语》所记那样子,恐怕他所专要见的公侯上大夫下大夫中,懂得他的真少啦!这样看来,《论语》成书时代,文书之物质尚难得,一段话只能写下个纲目,以备忘记,而详细处则凭口说。到了战国中年,文书的工具大便宜了,于是乎记长篇大论如《孟子》《庄子》书那样子的可能了,遂由简约的记言进而为铺排的记言,更可成就设寓的记言。记言是战国文体的初步。《论语》《孟子》《庄子》中若干部分,《晏子》《管子》中若干部分,《墨子》书中的演说体以及兼记事记言的《国语》都属于这一类。

但一段思想不必有机会言之而出,而假设的记言有时不信人,有时又太费事,于是乎舍去记言之体而据题抒论。《史记·吕不韦列传》:"是时诸侯多辩士,如荀卿之徒,著书布天下。"现在看荀卿的书,好些不是记言,而是据题为论者。这样著篇,实是记言之一变,由对语(dialogue)进而为单语(monologue)这样体裁,恐怕战国中期才有。现存战国末年书,如《商君书》《荀子》《韩非子》及《管子》之一部,大体上属于这一类。这是战国诸子文体演进之第二步。

著论虽已不是记言,但独立的论,仍然只有篇的观念,没有书的观念。战国晚年五德六数之义盛行,人们著书当趋于系统化。慎到著十二论(见《史记》),这个数目是很整齐的,而又以《齐物》为首(见《庄子·天下篇》),或者这是作全部书的开始。但我们现在不见《慎子》全书,不能作决定。而吕不韦之八览六论十二纪二十余万言,乃成一部全始要终的书,不是些散篇了。八览六论十二纪,六为秦之圣数,八则卦数,十二则记天之数,这三个数八、六、十二,也都是在当时有意义的整数。这部《吕氏春秋》真是中国第一部整书,以前只是些散篇而已。这个体裁虽始于战国末,然这样的系统著作尚非依傍大财力不可,故汉朝人之继续者,始有刘安,在体裁上《淮南子》是"青出于蓝而胜于蓝"的《吕氏春秋》。太史公未必富,但有异常的精力,也许武帝时文书的物质更廉了,于是百三十篇又是一部要去贯天地人的通书。十表像天干,十二本纪像地支,书八章像八卦,三十世家取老子"三十辐共一毂"之语,七十列传之数亦取一个丰长的整数。从此以后,系统的著书乃更多。《周礼》之成书,一往整齐,卜筮如《太玄》,续子长者如《汉书》,乃至字书之《说文解字》,都在那里有始有终,托于系统哲学啦。

更把上文写成一表如下:

记 言 之 书 ——→ 成 篇 之 书 ——→ 系 统 之 书		
(一)因受文书材料之限制,但记一言之纲目者,如《论语》。 (二)丰长的记言如《孟子》。 (三)托言,如《庄子》。 (四)故事之制作,如《韩子·说林》。	由托言一变即成著论。	由著论之相为终始,即成一系之书。

苏格拉底有语无文,犹之孔子时。柏拉图依师说散为无穷无尽之对语,对语亦记言。亚里士多德乃真著书。在中国一二百年中之变迁,在希腊则师生三代各代表之,这颇是一个文体进化的平行现象。

问曰:因文体之演进,文辞之内容会不会受影响? 答曰:这是不免的。文辞之由记言而著论,由著论而成书,是由自然的话语到了较不自然的斫饰辞句。说话固可以抽象,然总不能忘了听的人之直接了解。说话固可以铺排,然总不能忘了听的人之捉摸得住。一经离了纯粹记言的地位,文法可以代语法,泛词可以代切词。战国子书中颇有不少白话,而《荀子》已是很简约的文言,《吕氏春秋》已有些无话说话的油腔滑调。入汉而著作者,便都是文言了。(此处用文言,乃如所谓 kunstsprache,与古文不同。)

考古学的新方法

今天(11 月 19 日)所讲的题目,诸位大概已经知道了。这个题目,虽然很平常,但是所讲的事实,却是很重要,尤其是研究历史的人应当特别注意。

考古学是史学的一部分,这个部分与其他部分不同,因其与自然界有关;与地质学是不能分开的,如离开了地质学,考古学就失其效用,考古学就根本不能成立。所以考古学在史学当中是一个独异的部分。

所谓方法,无所谓新旧。所谓新方法,不是在好高,不是在骛远。假定这个方法,用来可以得到新的知识,就是好的方法。若是用来得不到新知识,即不可靠,就不算是好的方法,也就不是新的方法。一时代有一时代的变迁,一时代有一时代的进步,在转换的时候,常有新观念新方法产生。以方法为抽象的东西去讲,本无所谓新旧之分了。

讲到考古学的本身,以及考古学的事情,须注意下列各点:(一)历史这个东西,不是抽象,不是空谈。古来思想家无一定的目的,任凭他的理想成为一种思想的历史——历史哲学。历史哲学可以当作很有趣的作品看待,因为没有事实作根据,所以和史学是不同的。历史的对象是史料,离开史料,也许成为很好的哲学和文学,究其实与历史无关。(二)古代历史,多靠古物去研究,因为除古物外,没有其他的东西作为可靠的史料。我国自宋以来,就有考古学的事情发生,但是没有应用到历史上去;盖去古愈近,愈与自然界接近,故不得不靠古物去证明。

古代史的材料,完全是属于文化方面,不比现代材料,多可注意于人事方面,因为文化史,特别是古代史的着意点,不是单靠零碎的物件,一件一件地去研究,必定有全部的概念方可。用一件一件的东西去研究,固然有相当的结果,所得究竟有限,况其物的本身,间有可怀疑之处,所以应当注重整个的观念。譬如在两千年后,在地下掘得现在所用的火柴,各处有各样不同的见解,就是所代表的文化不同;在欧洲是表示文化的发明,在中国是表示文化的接触,在南洋群岛是表示文化的进步。同属一物,在各处所表现的意义,就各不相同;如后来不以全体的观念去研究,就不能得到很多的意义和普遍的知识。所以要用整个的文化观念去看,才可以不至于误解。

我们大概都可以知道,古代历史多不可靠,就是中国古史时期,多相信《尚书》《左传》等书,但后来对于《尚书》《左传》,亦发生怀疑,不可信处很多很多,于是不能不靠古物去推证。中国最早出土的东西,要算是钟鼎彝器了。周朝钟鼎文和商代彝器上所刻的文字去纠正古史的错误,可以显明在研究古代史,舍从考古学入手外,没有其他的方法。在光绪末年以前,尚无人注意到发掘古物;就是有的,亦无可考。在光绪末年河南安阳(彰德)西北,洹水以南的小屯,有甲骨发现,甲骨上刻有卜辞。最先得者为商人刘铁云[1]。他虽搜罗的不少,但是以龟甲为古

---

[1] 记者按:刘铁云名鹗,镇江人,天资聪颖,虽好学而不就范。精畴人术,尤长于治河。《老残游记》,就是他在治黄河的时候做的。其品行恶劣,人多不愿与之交接;他所交游的,都是一班浮荡的少年。后来以岐黄术游于上海,但是无人过问,乃丢去医生不做,去做生意,把资本蚀完了回家。后投效到吴恒轩面前治河,颇有效验。后又到北京计划建筑津镇铁路未成;又谋开山西铁矿,同外国人订约,与外国人往来,用外国人款项,所以当时人都称他为汉奸,几乎被捕正法。在联军入都的时候,米粮缺乏,他从俄人占据的太仓地方,用贱价把米买回来卖给老百姓吃。后来国事平定,有个大臣控告他私售仓粟,判他从军到新疆去的罪,他也就在新疆死了。他家中所藏的甲骨,多半为潍县范姓估人买去,罗振玉又在范姓买得甲骨不少。刘铁云的事实,《雪堂丛刻》内有一卷名《五十日梦痕录》,写得很详细。傅先生说刘铁云是商人,大概是指他在上海失意的一段事实。

董,所以没有什么贡献。其次得者就算是孙诒让了。他把甲骨文考订出来,断为商朝古物;他考订的成绩,足与钟鼎相印证。再其次为罗振玉、王国维二人。罗振玉收有一万多片,他的著作,有《殷墟书契考释》等书。王国维更应用于历史方面,确有不少的贡献,如对于帝系文字,有极大的帮助:如王恒、王亥,为《史记》上所无,现在已把它补正;又如商代世系表上外丙之外字系讹误,又已把它修正了。所以我们研究古史,完全怀疑,固然是不对的;完全相信,也是不对的。我们只要怀疑的有理,怀疑的有据,尽可以怀疑。相信的有理有据,也尽可以相信。要是这样,就不能不借重考古了。

我们中国考古学家,还是用旧法整理,已有这样发展和成绩(所谓旧方法只限于陶器)。若用新方法去考察,所得当不止此。首用新方法的人,为瑞典人安特生(Anderson),完全用近代西洋考古方法去研究。在奉天发现史前时代的人迹;在河南渑池仰韶村发现石器铜器;在甘肃洮县也发现了不少的古物,这个地方所发现的,较其他地方更为重要。安氏说其所发现的遗物,最早时代在七千多年以前,最晚也有三千多年,多是些新石器时代的东西,铜器也有少许。在河南方面,所发现的铜器是很进步的。此外法国的教师,在河套地方,也发现旧石器时代的遗物。

中国人考古的旧方法,都是用文字作基本,就一物一物的研究。文字以外,所得的非常之少。外国人以世界文化眼光去观察,以人类文化作标准,故能得整个的文化意义。最近外国人在亚洲新发现的古物有几处,如印度西北部和小亚细亚,都有发现。最重要的,要算是在里海与黑海之间安奴(Auau)地方所发现的六七层的陶器了。这是很有趣味的一件事,因为这些古物,能表示各时代的文化。不过他们所研究的观点,在普遍的方面,所以对西洋文化无关的东西,他们就不注意。在中国的外国考古学家,对于纯粹代表中国文化的,他们不注意,他所注意的,是在中西文化接触的产品。这是他们特别的地方,也是他们远大的地方。

陶器是最容易流传下来的,所以被发掘的陶器居多,我们就可以用掘出的去参订历史。用陶器考订历史,有三种便利的地方。

一、易于保存——陶器不容易破坏,所以能在上古遗传下来。

二、时代易分——陶器有时代性,一个时代有一个时代的陶器,我们可以因陶器的区分而为时代的区分,这是最容易最妥当的办法。

三、变化很快——陶器是因时因地而变的,并且因日常所用,变化很快。

我们从陶器的变化就可以知道古代文化的变迁,所以砂锅陶器等,是研究古史惟一的好史料。安奴地方的开掘物中有带彩色的陶器,花纹很大,不外红黑白三种,为中国所无;在中国河南、奉天、甘肃各处,也有带彩色的陶器。日本人在朝鲜也发现相同的东西,但是花样不同,因此可以证明史前安奴、朝鲜、中国各民族的生活及其变化。

安特生的考古方法,确实是比中国人有进步,所得的有趣味的材料,亦为不少;但是他的实际工作甚多可议之点:(一)不能利用中国的材料;(二)走马看花,不能充分的考验;(三)粗心挖掘,随便毁坏;(四)如掘不得,即随便购买。关于购买一层,最不可靠,因为不知道它的来源,不如亲自掘出来的较为确实可信。把掘出来的考订完竣,再把买来器物做个比较,是不能把买来的当作材料的。安特生对于考古的功劳,着实不小,但是他对于甘肃一带的古物,因发掘时的不细心而毁坏去的,却也是不少。

我(傅先生自称,以下皆仿此)在前两年,同几个同伴到河南殷墟去了一次,想切实的研究一下,但有几种困难:一是前人已掘出不少,所剩的都是零碎不全;二是不是在短时间内所能办到的,因此没有得到什么大的效果。

我想考古学与人类学有关,所以于古器之外,应特别注意人骨之测量,再根据比较法来推测当时人类之形状与其变化。所以研究年代学(ehronology)有两种方法:一种是比较的(relative);一种是绝对的(absolute)。先用直觉的,绝对的,定个标准时期,然后依照这个时期的东西,去推定其他地方所发现的古物,是在这个时期以后,或在以前,因此年代的前后,也就弄清楚了。

　　考古学上最难定的是绝对的时期。而殷墟是考古学上最好的标准时期,便于研究的人去比较:因为这个时期,是史前的一个最后时期,以这个时期的人骨作标准,去比较其他地方所发现的人骨,来定它们的时代先后,可以知道人类的演进是怎样;同时汉殷墟发掘的陶器作标准,推出其他地方的陶器变更情形,以及其时代关系,可以断定其时文化是怎么样。又用比较的方法,并可以证明安特生所考据的,是否有误;中国向来所传说的,何处是误。这种工作,是最切要而最不容易的工作,总希望在两年以内,可以成功,用具体的著述报告出来。

　　最近发现唐宋时代及唐宋以前的房屋,直隶各处,都有发现。房屋的发现,却是为安特生所未曾注意,未曾做到。安氏以为古代人类在山洞中居住,或在森林里憩息,是没有房屋的;因为当时发现古代石器时,并没有屋子这样东西。后来无意中发现一个商朝的屋子,却是冶金的地方,地为长方形,屋子里面比外面要低一米突,一层一层地向下,在地上仍可以找到未熔化的铜条、碎金、有花纹的镶金和极薄的金叶,等等。以镶金来说,可以证明商鼎是镶金,确实是不错的。商朝是铜器全盛时代,所以兵器也很有进步。刀箭都是用铜制成的,我们现在尚可以发现商朝骨制的箭头,是平时用做练习的,比欧洲古代所用箭头,要利害多了。因为箭头下部两旁,制有倒齿,射进人的身体的时候,是拔不出来的。若是箭头配有毒药,射到人的身上,立刻可以致人死命。欧洲所发现的古箭头如 ⚲ 形,殷墟所发现的商代的古箭头如 ⬆ 形,所以我说商代的兵器,要比欧洲进步(记者按甲骨文矢字作 ,像镞,亦可为商朝箭头像 形之一证)。

这个时候的陶器极多,但是没有带彩色的,多属于纯纹的陶器,足以代表商代文化的特点。陶器之外,有不少的兽骨,兽骨的种类,有野马,野鹿,牛羊等,猪骨很少,可以证明当年此地尚属游牧民族的地方,是毫无疑义的。因为农业发达的地方,家畜也必繁盛。猪是家畜中的重要部分,如果当时是农业社会,当然猪骨存留下来的一定很多。所以断定此地与曾经发现过多量的猪骨的地方的民族情形不同,文化也就不同了。这个时候已有交易,我们曾经发现过当时所用的贝,每只上有小孔,可以用绳线穿起来的样子。此外又发现商代的衣冠形式,以及发镇(为压头发用的)等项,可以证明当时"衣裳之冶"。当时的民族,绝非断发民族,是毫无疑义的。种种发现的中间,尚有可以使我们注意的地方有两种:

一、铜器模型——在古代的坟墓中,掘出许许多多的铜器,制造亦很进步。铜器模型,占这些铜器的大部分。

二、安葬方法——古代葬事,是不用棺椁的;安放的部位,有伏有立,有侧有偻,却是没有仰的。这是很奇特的一件事,足以耐人研究的地方。

殷墟所发现的东西,尚不敢断定完全是商代的,或许也有些周代的在里面,所谓之商,是商期的末年。因纣与文王是同时的人,纣都彰德(即今安阳),文王是常去朝拜的;因为他们同时,所以分定商周是最难的一件事,只有待将来遇有机会再去考证(记者以个人的推测,在殷墟发现周的东西,也是有可能的事。不外下列三种原因:(一)据地质学家说,地层也时有错乱的,如果殷墟地层是错乱的,在殷墟发现周朝古物,是可能的事。(二)周所贡的方物,因为文王三分天下有其二,以服事殷,于此已可见周之文化所及,范围广大。况商朝把周所贡的东西,混在自己的东西以内，也是可能的事。（三）纣囚文王于羑里，羑里是在彰德（今安阳）与朝歌（今淇县）之间，是包括在商都以内的地方。自从文王因于羑里，他的臣子家人，常去探望他，因此把周的东西带到商都去，也是可能的事）。

殷墟的地层，最深的殷，在第四层；第三层是隋，第二层是唐，第一层是明。中间有断了不少朝代，这不过是一种显著的提示，并不是说丝毫不爽的分期。殷代文字的寄托，多在甲骨文之上，已是毫无疑义的。所刻的甲骨，只有两种：一种是牛的肩胛骨，一种是龟的腹骨。龟甲多刻卜字形（记者按：龟甲用火灼所得的裂纹，名之曰兆，兆有多种；如Ч、Ρ、卜、Ϥ、Ϡ、Κ等，可以证明龟甲所刻，不一定是卜字形），凡是君主有疑惑，或是国家有大事不易决定的时候，将龟甲用火烧之，那么没有着火的一面，必定因刻痕而拆裂，由裂痕向上向下，以决定凶吉。同事董君，专门研究龟甲，考订文字，用新龟甲去试验，是否照所说的一样：不久当有报告出世的，无须我细说。

有人说龟甲上所刻的文字，行列是颠倒错乱，其实他没有懂得原来用意，就以偏赅全。这是不对的，文字的方向，向上向下，向左向右，是看刻在什么部位而定，并不是随意乱刻的；不能以片面的认识，□□□错了。我们要从全部的考古学研究起来，不能抱残守缺，否则就会犯以上所说的毛病；我们要用全副的精神，做全部的观察，以整个的文化为对象去研究，所以必比墨守成规专门考订文字要好的多。所谓新方法，不过如是而已。今天所讲的，并没有什么特别的见地，不过把经过的事实略略地叙述了一遍。因为来去匆匆，缺乏时间会预备点材料，只就忆想所及，为诸君道之。挂漏之处，尚请诸君原谅。对于考古学的讨论，不久当用文字发表。

这篇讲演稿，没有经过傅先生修改，凡有漏误的地方，概由记者负责。再者傅先生讲演的时候，并画了许多古物图与地图，不能一一把它绘在记录当中，使讲演更加明显，应向傅先生道歉，更应向读者申明的，记者附识。

十八年十一月十九日记于致知堂

（原载 1930 年 12 月《史学》第一期）

明成祖生母记疑

民国十八年冬，北平一不相熟之书肆携一抄本求售，凡二三十叶，而索价奇昂。其中所记皆杂抄明代笔记之类，不能自成一书。询朱逖先先生此书如何，朱先生谓其皆是零抄他处者，仍应以原书为准，遂还一价。而余赴京，两月归来，此书已为原主取回。今日思之，殊觉可惜。其中有一节，亦抄自明人笔记者，记明成祖生母事甚详，大致谓作者与周王府中人相熟，府中传说，成祖与周王同母，皆非高后产也。故齐黄削藩时，周王受责最重，而燕王自感不安者愈深。及燕王战胜入京，与周王相持痛哭。其后周王骄侈，终为保全，而恩泽所及最重。又记时人侈言成祖实元顺帝之高丽妃所遗之子，并记当时民间歌语，七言成句。末语谓三十五年，仍是胡人之天下云云。盖靖难举行革除之后，用洪武三十五年之号也。以上是此时尚可追想者，其他不及记忆矣。

近读《广阳杂记》等，重见此事，以为甚可注意。再向书肆求此册，则以事隔一年有半，并忘其为何肆送来，费两日力，苦无头绪可寻。原抄录自何书，当时匆匆南行，亦未记下。自己抄写不勤，史料轻轻放过，实不可自恕，记之以志吾过耳。

承陈寅恪先生示以此事复见于《明诗综》《陶庵梦忆》等书，更集抄此时所可寻到关于此事之记载如下。

一、记载原于《南京太常寺志》及亲见南京奉先殿之向序者。《明诗

综》四十四,沈玄华《敬礼南都奉先殿纪事》十四韵云:

　　高皇肇太庙,松桷连穹霄。尊祖有孝孙,典礼适升跻。一从迁都后,遗制终未睽。有司列俎豆,上公视瓒圭。岂意岁甲午,烈火骤檼题。诣诣出出音,其兆先端倪。盈庭议移祀,中废成町畦。犹余奉先殿,荐新及菹醯。微臣承祀事,入庙歌凫鹥。高后配在天,御幄神所栖。众妃位东序,一妃独在西。成祖重所生,嫔德莫敢齐。一见异千闻,实录安可稽?作诗述典故,不以后人迷。(沈历官南京太常寺卿,转大理卿)

　　所附诗话云:

　　明南都太庙,嘉靖中为雷火所焚。尚书湛若水请重建,而夏言阿世宗意,请罢。有旨,并入奉先殿。按,长陵每自称曰:"朕高皇后第四子也。"然奉先庙制,高后南向,诸妃尽东列,西序惟硕妃一人,具载《南京太常寺志》。盖高后从未怀妊。岂惟长陵,即懿文太子亦非后生也。世疑此事不实,诵沈大理诗,斯明征矣。……是诗获于高工部寓公家。

　　张岱《陶庵梦忆》卷一"钟山"一节下云:

　　陵寝定,闭外美,人不及知。所见者,门三,飨殿一,寝殿一,后山苍莽而已。壬午七月,朱兆宣簿太常,中元祭期,岱观之。飨殿深穆,暖阁去殿三尺,黄龙慢慢之。列二交椅,褥以黄锦孔雀翎织,正面龙甚华重。席地以毡,走其上必去舄轻趾。稍咳,内侍辄叱曰:"莫惊驾。"近阁下一座稍前,为硕妃,是成祖生母。成祖生,孝慈皇后妃为己子,事甚秘。再下东西列四十六席,或坐或否。祭品极简陋,朱红木簋,木壶,木酒罇,甚粗朴。簋中肉止三片,粉一铗,黍数粒,东瓜汤一瓯而已。暖阁上一几,陈铜炉一,小筋瓶二,栖椿二。下一大几,陈太牢一少牢一而已。他祭或不同,岱所见如是。

谈迁《国榷》建文四年卷云:

成祖启天弘道高明肇运圣武神功纯仁至孝文皇帝(御讳棣),太祖高皇帝第四子也。母硕妃。玉牒云,高皇后第四子。盖史臣因帝自称嫡,沿之耳。今《南京太常寺志》载孝陵(祔享)硕妃穆位第一,可据也。洪武□年,封燕王。晚奉命屡出塞击胡,深入有功。状貌奇伟,美髭髯。英武宽仁,豪杰乐用。其善武事,老将皆谓不及也。

谈迁《枣林杂俎》义集(即第四卷)《肜管篇》"孝慈高皇后无子"一目下云:

孝陵享殿,太祖高皇帝高皇后南向。左淑妃李氏,生懿文皇太子,秦愍王,晋恭王;次皇□妃□氏,生楚王,鲁王,代王,郢王,齐王,谷王,唐王,伊王,潭王;又次皇贵妃□氏,生相王,肃王,韩王,沈王;又次皇贵人□氏,生辽王;又次皇美人□氏,生宁王,安王,俱东列。硕妃生成祖文皇帝,独西列。见《南京太常寺志》。孝陵阉人俱云,孝慈高皇后无子。具如志中。而王弇洲先生最博核,其别集同姓诸王表,自懿文成祖外,秦愍王(樉)、晋恭王(㭎)、周定王(橚)俱母高皇后。楚昭王(桢)母昭敬太充妃胡氏。齐庶人(榑)母定妃达氏,潭王(梓)俱达氏出。赵王(杞)母□氏。鲁荒王(檀)母宁妃郭氏。蜀献王(椿)、代简王(桂)、谷庶人(橞)俱母惠妃郭氏。湘献王(柏)母顺妃胡氏。肃庄王(楧)母□妃邱氏。辽简王(植)母□妃韩氏。庆靖王(栴)母□妃余氏。宁献王(权)母□妃杨氏。岷庄王(楩)母□妃周氏。韩宪王(松)母□妃周氏。沈简王

（模）母贵妃赵氏。安惠王（楹）母□妃□氏。唐定王（桱）母贤妃李氏。郢靖王（栋）母惠妃刘氏。伊厉王（彝）母丽妃葛氏。《吾学编》诸书俱同，抑未考《南太常志》耶？享殿配位出自宸断，相传必有确据，故志之不少讳，而微与玉牒抵牾，诚不知其解。或曰，《宋史》，杜太后生邕王光济，太祖，太宗，秦王廷美，夔王光赞，而廷美传云，母陈国夫人耿氏，非杜太后也。鸿鹍鸠之德，均爱七子，可以知高皇后矣。而高皇后无子何讳？他王母以诸书及太常寺之志较之，多不合。楚鲁代郢齐谷唐伊潭九王同母，亦奇。

二、记载源于民间传说者。刘献廷《广阳杂记》卷二云：

明成祖非马后子也。其母瓮氏，蒙古人。以其为元顺帝之妃，故隐其事。宫中别有庙，藏神主，世世祀之，不关宗伯。有司礼太监为彭恭庵言之。余少每闻燕之故老为此说，今始信焉。

上文所举吾所见抄本所转录之笔记，亦属此类，惜佚其名。

三、记载出自敌国者。《蒙古源流》卷八：

先是蒙古托衮特穆尔乌哈噶图汗（案，即元顺帝）岁次戊申，汉人朱葛诺延年二十五岁，袭取大都城，即汗位，称为大明朱洪武汗。其乌哈噶图汗之第三福晋系洪吉喇特托吉托太师之女，名格哷勒德哈屯，怀孕七月，洪武汗纳之。越三月，是岁戊申，生一男。朱洪武降旨曰，从前我汗曾有大恩于我，此乃伊子也。其恩应报，可为我子，尔等勿以为非。遂养为己子，与汉福晋所生之子朱代共二子。朱洪武在位三十年，岁次戊寅，五十五岁，卒。大小官员商议，以为蒙古福晋之子虽为兄，系他人之子，长成不免与汉人为仇。汉福晋之子虽为弟，乃嫡子，应奉以为汗。

朱代庚戌年生，岁次戊寅，年二十九岁，即位。在位四越月十八日即卒。于是年无子。其蒙古福晋所生子，于己卯年三十二岁，即位。于是即请噶尔玛巴之特衮齐楞伊哞克森啰勒贝多尔济萨斯嘉之大乘丹簪绰尔济黄教之大慈札木禅绰尔济等三人，阐扬法教，俾大国普众安享太平。在位二十二年，岁次庚子，年五十岁，卒。

寻绎上所抄录成祖生母为谁之传说中，实含有两个不同之问题，不可混为一谈者。一是成祖是否为孝慈高皇后马氏所生？如其不然，其生母为谁何？二是成祖是否因其母曾为元庚申帝之妃而为庚申帝之子？兹依序辨之。

一 成祖是否为高后子

成祖为高后所生一说，《明实录》及《明史》皆然，此固成祖屡屡自谓者。明代掌故大家王弇洲、郑窒甫所撰述之作皆无异议。然反此说之记载大致皆源于明《南京太常寺志》，此书今在北平尚不可得。而北京大学所藏之明《太常寺志》是新抄本，来历不详，所记多北都太常所司，当与《南京太常寺志》无涉也。《南京太常寺志》虽不可得见，然引之者如许多，《康熙字典》硕字下亦引之云："明祖妃硕氏。"而《枣林杂俎》作者及沈玄华等，又谓亲见奉先殿之向次。太常志当为官书性质，似此记录当无诞妄；此与传说不同也。按，成祖屡言朕高皇帝第四子，朕高皇后第四子，等等。齐黄削藩中，亦不闻斥燕周诸王之子以母贱。此犹可曰成祖引高后以自重，齐黄等当时文字本不能传。然《明史》所本即明玉牒，必隐藏其生母而后子以母贵乎？在此等互相矛盾而两面皆有有力之史料为之后盾之时，只有一解可以通者，即成祖生于硕氏，养于高后；硕氏为贱妾，故不彰也。《明史》虽为清代官书，而其底稿实出万季野诸公。诸公皆易代之后不忘汉统者，其从明国史之直书，略官府之别录,刊民间之野言,固为其自身立场必由之径,亦是当时修史惟一之途。若不然者,以明代人之好说掌故,喜为游谈,如尽拾撷奇闻,《明史》必成晋书矣。过而谨严,此其例也。然吾人今日犹见如许多之记载,而官书之《太常寺志》犹如此说,则成祖母本为硕妃,理无疑也。《明史》在他处亦露燕王不与懿文太子同母而独与周王同母之意。《黄子澄传》云:"子澄曰……今欲问罪,宜先周。周王,燕之母弟。削周是剪燕手足也。"此明言燕周同母,更可推知与懿文太子非同母矣。谈迁云:"或曰,《宋史》,杜太后生邕王光济,太祖,太宗,秦王廷美,夔王光赞,而廷美传云,母陈国夫人耿氏,非杜太后也。"正其例也。

至于硕妃事迹如何,则明代官书既无记载,私家亦鲜述说。据上文,有《广阳杂记》之蒙古人妃与本文所记佚名抄本之高丽人二说。按,硕非汉姓,此为事实,至其或为蒙古人,或为高丽人,更或为色目人,皆有可能,而皆无证。太祖子秦王㭎,实聘元河南王王保保(扩廓帖木儿)之妹为正妃,是太祖不以婚于异族为嫌。婚犹如此,何况取妾?太祖席郭氏之业,转战江淮,攻城略土,所夷剪元代之官吏必多,则虏其妻女以为姬妾,本起兵草泽者必有之事。据《太祖实录》及《国榷》诸书,成祖生于元至正二十年(一三六〇)庚子(宋龙凤六年)四月癸酉,其年陈友谅弑其主徐寿辉而与吴决战于鄱阳,兵败身死。此时太祖从郭氏起兵已八年,江淮重镇,略取已多,北淮南浙,建都应天,正元世河南江南两省菁华之区,其有略取元朝大官妻孥之机会,更不待言焉。或者硕妃竟为高丽人。盖蒙古人为妾,殊无特长,而色目诸族,来自西方,亦未必适于为汉人之妾。独高丽人,久染中土之文华,复为海东之靡土。《庚申外史》记元顺帝时风尚云:

祁宫(庚申帝次后祁氏,高丽人)亦多蓄高丽美人。大臣有权者,辄以此女送之。京师达官贵人,必得高丽女然后为名家。高丽婉媚,善事人,至则多夺宠。自至正以来,宫中给事使令大半为高丽女,以故四方衣服靴帽器物皆依高丽样子。此关系一时风气,岂偶然哉!

此风至明成祖时,宫中犹然。《枣林杂俎》义集《彤管篇》云:

永乐中贤妃权氏,顺妃任氏,昭仪李氏,婕妤吕氏,美人崔氏,俱朝鲜国王李芳远所进。权妃秾粹,善吹玉箫,见幸。永乐八年,从征还,至临城薨,谥恭献。芳远驿送妃父永均至,食光禄大夫禄,寻遣归。正德中卒,白金米布,赙赐有嘉。权氏薨时,后司彩王氏作宫词:"琼花移入大明宫,绮旆浓香韵晚风。赢得君王留步辇,玉箫嘹亮月明中。"盖指权妃也。

抑由成祖之母为高丽人,故成祖亦特爱高丽姬与?

二 硕妃是否曾为庚申帝妃因而成祖为庚申帝子

此一传说虽传于明代之民间,远及敌国,然其为无稽之谈无疑。以明太祖之雄猜阴狠,如燕王所出来历不明,独肯封于最大之藩,最重之都,胜国之旧京,假以重兵乎?一也。成祖妻徐氏,中山女也。中山为明祖第一勋臣,其女所配,宜不及于螟蛉贱种,二也。终洪武之世,北边未靖,故北边诸藩皆节制军权。洪武末年,燕王所膺尤重,及帝不豫时,犹以燕谷辽宁诸护卫归燕王节制,三也。且明人传说,高皇帝尝以燕王善战似己,欲废皇太孙而立之,卒以人心归附太孙而罢。此言纵不实,然终洪武之世,不闻太祖与燕王间有破绽,且屡命之出塞讨虏,继徐达以镇北平,宿将如傅友德等,皆归其节制,四也。充此类而列之,正不胜举。然犹可曰此是常识之判断。史事以证据为先,则请言其确证。

明将房元室妻孕事,一在洪武二年(即一三六九年)六七月间。《明史·常遇春传》云："诏遇春还备，以平章李文忠副之。……遂拔开平，元帝北走追奔数百里。获其宗王庆生，及平章鼎住等，将士万人，车万辆，马三千匹，牛五万头，子女宝货称是。"一在洪武三年（一三七〇）五月。《李文忠传》云："次开平，降平章上都罕等。时元帝已崩，太子爱猷识里达腊新立。文忠谍知之，兼程趋应昌，元嗣君北走，获其嫡子买的立八剌暨后妃宫人诸王将相官属数百人，及宋元玉玺金宝十五，玉册二，镇圭大圭玉带玉斧各一。"前此洪武元年秋，徐达等北伐。闰七月丙寅，克通州，元帝率后妃太子奔上都。八月庚午，徐达入元都。《庚申外史》亦与《明史》同，其文云："后七月二十七日，大军至通州。帝得报，大惧，即日委淮王帖木儿不花、丞相庆童，留守大都。二十八夜，帝即卷其子女玉帛出居庸关，遁入上都。八月三日，大军至齐化门外，一鼓而克全城。"然则洪武元年，元庚申帝弃大都时，并未弃其妃妾。前此则元帝家室不在大都之外，河北又远非朱氏初年用兵所及，沙关虽曾一度陷上都而东行，大都门外复为孛罗扩廓之战场，至正二十四年，祁后虽曾一度屏居后载门外，然庚申帝并无丧其室家之事，而明祖尤不能得之于三千里外。纵退一步言之，元帝妃之入明在洪武元年，次年即生子，不必为洪武二年或三年，然洪武元年之次年上距《国榷》等所载燕王以至正二十年生相去已十年，此之差误太大。若曰改实录以灭迹，又焉能尽改懿文太子秦晋周楚等初封十子之生年？且燕王之封与秦晋诸王皆在洪武三年，治兵凤阳之命皆在洪武九年，燕王之国在洪武十三年，燕王节制傅友德兵征元孽在二十三年，从此专征一方。封藩固可行之于襁褓，而治兵不能在七八岁时，之国远方尤不能在十一二岁时，此事实皎然者。至于《吾学编》所记"吴元年，上念七子渐长，宜习劳，令内侍制麻屦行滕。凡出城稍远，马行十七，步十三"，则从《广阳杂记》等说，事反在成祖生前。其他类此之传说，按实录等考之，皆与年岁不合。从此可断然知元顺帝子一说之妄也。

虽然，成祖蒙此不洁之名，亦自有故。高帝自洪武中年以后，肆行杀戮，世人所望，惟在太孙。高帝春秋已高，太孙浸润儒术，天下归心。其后卒以谋之不善，亡于燕王；而燕王更肆行屠杀，对逊国遗臣倒行逆施无所不至。于是终明之世，士大夫心中固以建文为正，以永乐为篡，于是逊国遗闻，凭空生如许之多。如《儒林外史》所说杜慎卿之评语，以成祖为是者，诚易代后之公言。在明人心中，永乐非他，绝懿文之系，灭方孝孺之十族者也。偏偏其生母非汉姓，而洪武元年直接至正，庚申帝为瀛国公子之说依然甚嚣于人心（详附记一），则士人凭感情之驱率，画依样之葫芦，于是硕妃为庚申帝妃，成祖为庚申帝子矣。年代之不合，不问也。此说传至外国，遂有《蒙古源流》上所记之说。此书直以成祖为格哼勒德哈屯（即弘吉剌）所生，则弘吉剌死于至正二十五年，《元史》记其谥号及祁后讥语，此等史料，不辩自破。

大凡官书失之讳，私记失之诬。明国史略成祖之生母，讳也。明野史谓成祖为元孽，诬也。成祖愈讳言其生母，私家愈侈言其真父。此犹官报与谣言，各有所缺。后之学者，驰骋于官私记载之中，即求断于讳诬二者之间。史料不可一概论，然而此义是一大端矣。

附记一　宋德祐帝为元庚申帝真父之一传说，在元末明初流传甚盛。此等宫闱秘史，真伪皆难证明。惟有一点较明白者，即此事在当时已成一大案是也。《元史·虞集传》云："初，文宗在上都，将立其子阿剌忒纳答剌为皇太子，乃以妥欢帖木儿太子乳母夫言，明宗在日，素谓太子非其子，黜之江南驿。召翰林学士承旨阿邻贴术儿奎章阁大学士忽都鲁笃弥实书其事于脱卜赤颜，又诏集使书诏播告中外。"《庚申外史》亦云：

尚书高保哥奏言："昔文宗制诏天下，有曰：'我明宗在北之时，谓陛下素非其子。'"帝闻之，大怒，立命撤去文宗神主于大庙，并问当时草诏者为何人。遂欲杀虞伯生。马雍、古祖常二人呈上文宗御批，且曰："臣受敕记载，实不获已。"脱脱在旁，因曰："彼皆负天下重名，后世只谓陛下杀此秀才。"故舍之而不问。

此只言元廷谓妥欢贴木儿非明宗之子，未尝言其为宋后也。然《庚申外史》又云：

国初，宋江南归附时，瀛国公，幼君也。入都，自愿为僧白塔寺中，已而奉诏居甘州山寺。有赵王者，因嬉游至其寺，怜国公年老且孤，留一回回女子与之。延祐七年，女子有娠，四月十六日夜，生一男子。明宗适自北方来，早行，见其寺上有龙文五彩气，即物色得之，乃瀛国公所居室也。因问："子之所居，得无有重宝乎？"瀛国公曰："无有。"固问之，则曰："今早五更后，舍下生一男子耳。"明宗大喜，因求为子，并其母载以归。

此则直以顺帝为宋后。《佛祖历代统载》三十六，载癸亥至治三年"四月，赐瀛公合尊死于河西"。又谈迁曰（《国榷》元至正十五年）：

宋帝㬎降元，封瀛国公，俾尚公主。后因侍宴有奇怪之征，忌之，遣学佛法于帝师，遂居漠北。其后明宗逃居沙漠行帐，适与瀛国公相近，缔好甚密。一夕，明宗方寝，闻瀛国公帐中有笙镛声。问其故，乃婴儿始生而啼也。知其非常人，遂乞归，养为子，妥欢帖木儿是也。闽人余应有诗纪之，见何乔新郑晓所载。又瀛国薙发号合尊大师，终嫌死。舅氏吴泾梦来告曰："吾得请于帝，行报矣。"

此所谓嫌者，不知是何嫌。然至治二年，禁汉人执兵器、出猎及习武艺。

（南人之禁当更在先。）时蒙古朝廷防异族更严，瀛国公死，或由于此。必谓瀛国公以为庚申帝父而见杀，亦无据也。此事元未必为世间所侈谈，故袁忠彻《符台外集》亦有之（见《明史·袁忠彻传》）。相传余应诗云（见《菽园杂记》）："是时明宗在沙漠，缔交合尊情颇浓。合尊之妻夜生子，明宗隔帐闻笙镛。乞归行宫养为嗣，皇考崩时年甫童。"然以元末诸王之好乱，顺帝入主，竟无执异称兵者。而刘青田《走马引》责之曰："鲁庄何以为人为。"盖谓顺帝既为明宗子，何以不报父仇，但去文宗在太庙之位，而诏以将立其子为言而已。（此说本之朱彝尊、毕沅等。）据此可知庚申帝为宋后之说，民间盛传，而合尊之死，尤足以张此疑虑，然而终不可为确说也。

宋之剪灭于黑鞑，色目番僧，荼毒亿兆，人心思汉，故韩山童以宋为号，强豪依附，郭氏明祖其一。此可见当时人心，而大明之统，固接韩宋者也。永乐所出之野语，固是同一心理所表现，而前之榜样，正为后之葫芦。不有庚申帝之疑闻，亦无顺帝子之妄语也。

附记二 此文所据最重要材料，竟但凭记忆，且妄其名称，实不当即以付印。然旧抄杂记不知后来尚可遇之否？与其久而尽妄，何若记之以待后之补苴？故匆匆写此文，适以志随便将史料放手之过。若承博闻者示以同类材料，以资修改，至为感幸！

此文所引材料，如《枣林杂俎》《陶庵梦忆》等，皆由陈寅恪先生告我所在，谨志感谢。

夷夏东西说

这一篇文是我在"九一八"以前所作《民族与古代中国史》一书中的三章。这一书已成之稿,大致写在"九一八"前两年至半年间。这三章是二十年春天写的,因时局的影响,研究所迁徙两次,我的工作全不能照预定呈规,所以这一书始终不曾整理完。现在把其中的三章,即本文的三章,编成一文,敬为蔡孑民师寿。因为本是一部书,所以中间常提到他章,现在改作"别见某文,未刊"。这一篇中的中心思想,是我十余年前的见解,此数章写成亦在数年前。这几年中我没有在这一线上用工夫,所以除字句略加修正及末一节以外,几全是当年的原文。此文本应附图,现在亦来不及作了。

二十三年十月

自东汉末以来的中国史,常常分南北,或者是政治的分裂,或者由于北方为外族所统制。但这个现象不能倒安在古代史上。到东汉,长江流域才大发达。到孙吴时,长江流域才有独立的大政治组织。在三代时及三代以前,政治的演进,由部落到帝国,是以河、济、淮流域为地盘的。在这片大地中,地理的形势只有东西之分,并无南北之限。历史凭借地理而生,这两千年的对峙,是东西而不是南北。现在以考察古地理为研究古史的一个道路,似足以证明三代及近于三代之前期,大体上有东西不同的两个系统。这两个系统,因对峙而生争斗,因争斗而起混合,因混合而文化进展。夷与商属于东系,夏与周属于西系。以下四章是为求能证明这个设定而写的。先从商代说起,上溯夏后世者,因为后王事迹多,容易看清楚,先讨论他,于了解此文之命意上似乎便当些。

第一章 亳—商—殷

一 商代发迹于东北渤海与古兖州是其建业之地

下列数事,合起来可证成本节标题所假定。

甲、《诗·商颂》:"天命玄鸟,降而生商。"又:"有娀方将,帝立子生商。"这个故事的意义,可以《吕氏春秋·音初篇》所记说明之:

有娀有二佚女,为之九成之台,饮食必以鼓。帝令燕往视之,鸣若谥隘。二女爱而争搏之,覆以玉筐。少选,发而视之,燕遗二卵北飞,遂不反。二女作歌,一终曰:"燕燕往飞。"实始作为北音。

《商颂》中所谓"玄鸟"及"有娀"之本事,当即此说之内容。此一神话之核心,在于宗祖以卵生而创业。后代神话与此说属于一源而分化者,全在东北民族及淮夷。现在将此神话之重要材料录于下方:

〔《论衡·吉验篇》〕北夷橐离国王侍婢有娠,王欲杀之。婢对曰:"有气如大鸡子,从天而下,我故有娠。"后生子,捐于猪溷中。猪以口气嘘之,不死。复徙置马栏中,欲使马藉杀之。马复以口气嘘之,不死。王疑以为天子,令其母收取,奴畜之,名东明,令牧牛马。东明善射,王恐夺其国也,欲杀之。东明走,南至掩淲水,以弓击水,鱼鳖浮为桥,东明得渡。鱼鳖解散,追兵不得渡,因都王夫余,故北夷有夫余国焉。

（《魏志》三十《夫余传·注》引《魏略》同。）

〔《魏书·高句丽传》〕高句丽者，出于夫余。自言先祖朱蒙。朱蒙母河伯女，为夫余王闭于室中，为日所照，引身避之，日影又逐。既而有孕，生一卵，大如五升。夫余王弃之与犬，犬不食。弃之与豕，豕又不食。弃之于路，牛马避之。后弃之野，众鸟以毛茹之。夫余王割剖之，不能破，遂还其母。其母以物裹之，置于暖处，有一男破壳而出。及其长也，字之曰朱蒙。其俗言朱蒙者，善射也。夫余人以朱蒙非人所生，将有异志，请除之。王不听，命之养马。朱蒙每私试，知有善恶，骏者减食令瘦，驽者善养令肥。夫余王以肥者自乘，以瘦者给朱蒙。后狩于田，以朱蒙善射，限之一矢。朱蒙虽矢少，殪兽甚多。夫余之臣又谋杀之，朱蒙母阴知，告朱蒙曰："国将害汝，以汝才略，宜远适四方。"朱蒙乃与乌引、乌违等二人弃夫余东南走。中道遇一大水，欲济无梁，夫余人追之甚急。朱蒙告水曰："我是日子，河伯外孙。今日逃走，追兵垂及，如何得济？"于是鱼鳖并浮，为之成桥。朱蒙得渡，鱼鳖乃解，追骑不得渡。朱蒙遂至普述水，遇见三人，其一人著麻衣，一人著衲衣，一人著水藻衣，与朱蒙至纥升骨城，遂居焉。号曰高句丽，因以为氏焉。

〔高丽好大王碑〕惟昔始祖邹牟王之创基也，出自北夫余，天帝之子，母河伯女郎，剖卵降出。生子有圣□□□□□命驾巡东南下，路由夫余奄利大水。王临津言曰："我是皇天之子，母河伯女郎，邹牟王，为我连葭浮龟。"应声即为连葭浮龟，然后造渡于沸流谷忽本西城山上而建都焉。永乐□位，因遣黄龙来下迎王，王于忽本东冈黄龙负升天。

〔高丽王氏朝金富轼撰《三国史记·高句骊纪》〕始祖东明圣王姓高氏，讳朱蒙。（一云邹牟，一云象解）先是，扶馀王解夫娄老，无子，祭山川求嗣。其所御马至鲲渊，见大石，相对流泪。王怪之，使人转其石，有小儿，金色，蛙形。（蛙一作蜗）王喜曰："此乃天赉我令胤乎？"乃收而养之，名曰金蛙。及其长，立为太子。后其相阿兰弗曰："日者天降我曰：

'将使吾子孙立国于此，汝其避之东海之滨，有地号曰迦叶原，土壤膏腴，宜五谷，可都也。'"阿兰弗遂劝王移都于彼国，号东扶馀。其旧都有人，不知所从来，自称天帝子解慕漱来都焉。及解夫娄薨，金蛙嗣立。于是时得女子于大白山南优渤水，问之，曰："我是河伯之女，名柳花，与诸弟出游，时有一男子自言天帝子解慕漱，诱我于熊心山下鸭绿边室中私之，即往不返。父母责我无媒而从人，遂谪居优渤水。"金蛙异之，幽闭于室中。为日所炤，引身避之，日影又遂而炤之，因而有孕。生一卵，大如五升许。王弃之于犬豕，皆不食。又弃之路中，牛马避之。后弃之野，鸟覆翼之。王欲剖之，不能破，遂还其母。其母以物裹之，置于暖处，有一男儿破壳而出，骨表英奇。年甫七岁，嶷然异常。自作弓矢射之，百发百中。扶馀俗语善射为朱蒙，故以名云。金蛙有七子，常与朱蒙游戏，其伎能皆不及朱蒙。其长子带素言于王曰："朱蒙非人所生，其为人也勇，若不早图，恐有后患，请除之。"王不听，使之养马。朱蒙知其骏者而减食令瘦，驽者善养令肥。王以肥者自乘，瘦者给朱蒙。后猎于野，以朱蒙善射，与其矢小，而朱蒙殪兽甚多。王子及诸臣又谋杀之，朱蒙母阴知之，告曰："国人将害汝，以汝才略，何往而不可？与其迟留而受辱，不若远适以有为。"朱蒙乃与乌伊摩离陕父等三人为友，行至淹淲水，(一名盖斯水，在今鸭绿江东北)欲渡无梁，恐为追兵所迫，告水曰："我是天帝子，河伯外孙，今日逃走，追者垂及，如何？"于是鱼鳖浮出成桥，朱蒙得渡，鱼鳖乃解，追骑不得渡。朱蒙行至毛屯谷，(《魏书》云，至普述水)遇三人，其一人着麻衣，一人着衲衣，一人着水藻衣。朱蒙问曰："予等何许人也？何姓何名乎？"麻衣者曰："名再思。"衲衣者曰："名武骨。"水藻衣者曰："名默居。"而不言姓。朱蒙赐再思姓克氏，武骨仲室氏，默居少室氏。乃告于众曰："我方承景命，欲启元基，而适遇此三贤，岂非天赐乎？"遂揆其能，各任以事，与之俱至卒本川。(《魏书》云，至纥升骨城)观其土壤肥美，山河险固，遂欲都焉，而未遑作宫室，但结庐于沸流水上居之。国号高句丽，因以高为氏。（一云，朱蒙至卒本，扶馀王无子，见朱蒙，知非常人，以其女妻之。王薨，朱蒙嗣位。）时朱蒙年二十二岁，是汉孝元帝建昭二年。

〔朝鲜《旧三国史·东明王本纪》〕（案，原书已佚，日人今西龙在内藤虎次郎颂寿纪念史学论丛中所作"朱蒙传说"据高丽王氏朝李奎报《李相国文集》中之《东明王篇注释》辑录成篇，并以《朝鲜世宗实录》《地理志·平安道》"平壤"条所载者补订之。此处所引，即据今西龙氏辑文）夫余王解夫妻老无子，祭山川求嗣。所御马至鲲渊，见大石流泪。王怪之，使人转其石，有小儿金色蛙形。王曰："此天赐我令胤乎？"乃收养之，名曰金蛙，立为太子。其相阿兰弗曰："日者天降我曰，将使吾子孙立国于此，汝其避之东海之滨，有地号迦叶原，土宜五谷，可都也。"阿兰弗劝王移都，号东夫余。于旧都解慕漱，为天帝子来都。汉神雀三年壬戌岁，（四月甲寅）天帝遣太子降游扶余王古都，号解慕漱。从天而下，乘五龙车，从者百余人，皆骑白鹄，彩云浮于上，音乐动云中，止熊心山，经十余日始下。首戴乌羽之冠，腰带剑光之剑，朝则听事，暮即升天，世谓之天王郎。城北青河河伯（青河今鸭绿江也）有三女，长曰柳花，次曰萱花，季曰苇花。三女自青河出游熊心渊上，神姿艳丽，杂佩锵洋，与汉皋无异。王谓左右曰："得而为妃，可有后胤。"其女见王，即入水。左右曰："大王何不作宫殿，俟女入室，当户遮之？"王以为然。以马鞭画地，铜室俄成，壮丽于空中。王三席置樽酒，其女各座其席，相欢，饭酒大醉，云云。王俟三女大醉，急出遮。女等惊走，长女柳花为王所止。河伯又怒，遣使告曰："汝是何人，留我女乎？"王报云："我是天帝之子，今欲与河伯结婚。"河伯又使告曰："汝若天帝之子，于我有求婚者，当使媒，云云。今辄留我女，何其失礼？"王惭之。将往见河伯，不能入室。欲放其女，女既与王定情，不肯离去。乃劝王曰："如有龙车，可到河伯之国。"王指天而告，俄而五龙车从空而下。王与女乘车，风云忽起，至其宫。河伯备礼迎之。坐定，谓曰："婚姻之道，天下之通规。为何失礼，辱我门宗？"河伯曰："王是天帝之子，有何神异？"王曰："唯在所试。"于是河伯于庭前水化为鲤，随浪而游，王化为獭而捕之。河伯又化为鹿而走，王化为豺逐之。河伯化为雉，王化为鹰击之。河伯以为诚是天帝之子，以礼成婚。恐王无将女之心，张乐置酒，劝王大醉，（河伯之酒七日乃醉）与女入于小革舆中，载以龙车，欲令升天。其车未出水，王即酒醒。取女黄金钗，刺革舆，从孔独出升天。河伯大怒其女，曰："汝不从我训，终辱我门。"令左右绞挽女口，其唇吻长三尺，唯与奴婢二人贬于优渤水中。优渤，泽名，今在太伯山南。渔师强力扶邹告金蛙曰："近有盗梁中鱼而将去者，未知何兽也？"王乃使渔师以网引之，其网破裂。更造铁网引之，始得一女，坐石而出。其女唇长，不能言。令三截其唇，乃言。王知天帝子妃，以别宫置之。其女怀牖中日曜，因以有娠。神雀四年癸亥岁夏四月，生朱蒙，啼声甚伟，骨表英奇。初生，左腋生一卵，大如五升许。王怪之，曰："人生鸟卵，可为不祥。"使人置之马牧，群马不践。弃于深山，百兽皆护。云阴之日，卵上恒有日光。王取卵送母养之，卵终乃开，得一男。生未经月，言语并实。谓母曰："群蝇噆目，不能睡，母为我作弓矢。"其母以革作弓矢与之，自射纺车上蝇，发矢即中。扶余谓善射曰朱蒙。年至长大，才能兼备。金蛙有子七人，常共朱蒙游猎。王子及从者四十余人，唯获一鹿。朱蒙射鹿至多。王子妒之，乃执朱蒙缚树，夺鹿而去。朱蒙树拔而去。太子带素言于王曰："朱蒙神勇之士，瞻视非常，若不早图，必有后患。"王使朱蒙牧马，欲试其意。朱蒙内怀恨，谓母曰："我是天帝之孙，为人牧马，生不如死，欲往南土造国家，母在，不敢自专，云云。"其母曰："此吾之所以日夜腐心也。""吾闻士之涉长途者，顺凭骏足，吾能择马矣。"遂往牧马，即以长鞭乱捶，群马皆惊走，一骑马跳过二丈之栏。朱蒙知马骏逸，潜以针捶马舌，痛不食水草，其马瘦悴。王巡行马牧，见群马悉肥，大喜，仍以瘦赐朱蒙。朱蒙得之,拔其针加倭云。暗结乌伊摩离陕父等三人,南行至淹㴲,一名盖斯水,在今鸭绿东北,欲渡无舟。恐追兵奄及,乃以策指天,慨然叹曰:"我天帝之孙,河伯之甥,今避难至此。皇天后土怜我孤子,速致舟桥。"言讫,以弓打水,龟鳖浮出成桥,朱蒙乃得渡。良久,追兵至。追兵至河,鱼鳖桥即灭,已上桥者皆没死。朱蒙临别,不忍暌违。其母曰:"汝勿以一母为念。"乃裹五谷种以送之。朱蒙自切生别之心,忘其麦子。朱蒙息大树之下,有双鸠来集。朱蒙曰:"应是神母使送麦子。"乃引弓射之,一矢俱举,开喉得麦子。以水喷鸠,更苏而飞去,云云。王行至卒本川,庐于沸流水上,国号为高句丽。王自坐茀绝之上,略定君臣神。(中略)在位十九年,秋九月,王升天不下,时年四十。太子以所遗玉鞭葬于龙山,云云。(下略)

〔《清太祖武皇帝实录》〕(故宫博物院藏本。按《清太祖实录》今已发现者有三本,一名《太祖武皇帝实录》,藏北平故宫博物院,是最初本。一名《太祖高皇帝实录》,是一稿本,涂改数遍,藏中央研究院历史语言研究所。一亦名《太祖高皇帝实录》,藏北平故宫博物院,已由该院印出,此为最后之本。又有《满洲实录》,藏沈阳故宫博物院,已由该院影印,文饰较少,当在故宫第一本及中央研究院稿本之间。今录故宫第一本,而注明沈阳本之异文。)长白山高约二百里,周围约千里。此山之上有一潭名他门,(沈阳本作闼门)周约八十里。鸭绿、混同、爱滹三江,俱从此山流出。鸭绿江自山南泻出向西流,直入辽东之南海。混同江自山北泻出向北流,直入北海。爱滹江向东流,直入东海,此三江中每出殊宝。长白山山高地寒,风劲不休,夏日环山之兽俱投憩此山中。(沈阳本此下有云,此山尽是浮石,乃东北一名山也。又以下提行。《满洲源流》:满洲原起于长白。)山之东北布库里山下一泊,名布尔(沈阳本作勒)瑚里。初,天降三仙女浴于泊,长名恩古伦,次名正古伦,三名佛库伦。浴毕上岸,有神鹊衔一朱果置佛库伦衣上,色甚鲜妍。佛古(沈阳

本作库)伦爱之不忍释手,遂衔口中。甫著衣,其果入腹中,即感而成
孕。告二姊曰:"吾觉腹重,不能同升,奈何?"二姊曰:"吾等曾服丹药,
谅无死理。此乃天意,俟尔身轻上升未晚。"遂别去。佛库伦后生一男。
生而能言,俟尔长成。母告子曰:"天生汝,实令汝为夷国主。(沈阳本
作以定乱国)可往彼处将所生缘由一一详说。"乃与一舟。"顺水去,即
其地也"。言讫,忽不见。其子乘舟顺流而下,至于人居之处,登岸,折
柳条为坐具,似椅形,独踞其上。彼时长白川东南鳌莫惠(地名)、鳌多
理(城名。此两名沈阳本作鄂谟辉鄂多理),内有三姓夷酋争长,(沈阳
本作争为雄长)终日互相杀伤。适一人来取水,见其子举止奇异,相貌
非常,回至争斗之处,告众曰:"汝等无争。我于取水处遇一奇男子,非
凡人也。想天不虚生此人,盍往观之?"三酋长(沈阳本作三姓人)闻言
罢战,同众往观。及见,果非常人。异而诘之,答曰:"我乃天女佛库伦
所生,姓爱新(华语〔沈阳本作汉言〕金也)觉罗(姓也),名布库理雍顺,
天降我定汝等之乱。"因将母所属之言,详告之。众皆惊异曰:"此人不
可使之徒行。"遂相插手为舆,拥捧(沈阳本作护)而回。三姓人息争,共
奉布库里英雄(沈阳本作哩雍顺)为王,以百里女妻之。其国定号满洲,
乃其始祖也。(南朝误名建州)

如上所引,可知此一传说在东北各部族中之普遍与绵长。此即东
北人之"人降"神话。在东北人以外,古淮夷亦有此神话:

〔《史记·秦本纪》〕秦之先,颛顼之苗裔,孙曰女修。女修织,玄鸟
陨卵,女修吞之,生子大业。大业取少典之子,曰女华,生大费,与禹平
水土。

按此虽记秦之祖,然实叙淮夷之祖,因秦本嬴姓,嬴姓在商代,凭殷

人西向之势,自岱南出建部落于西北,事见《秦本纪》。淮夷本是东海上部类,《诗·鲁颂》"至于海邦,淮夷来同",是其证。然则淮夷与东北沿海诸族同其人降之神话,本不足怪。且此处之神话,明明归本于颛顼氏;颛顼正是东北方部落之宗神。《晋书》卷一百八(慕容)"庵以大棘城即帝颛顼之墟也"。可以为证。据此考量,淮夷有此神话,正自东北来,即当人之东北一类中也。

然而此一神话殊不以东北为限,殷商亦然。《诗》所谓"天命玄鸟,降而生商",所谓"有娀方将,帝立子生商"者,据郑笺云:"天使鳦下而生商者,谓鳦遗卵,有娀氏之女简狄吞之而生契。"是谓玄鸟之卵,人有娀氏女之腹,遂生商祖。然则《商颂》中此一神话,与上文所举后来东北各部族中之神话,明明白白是一件事,至少是一个来源。持此以证商代来自东北,固为不足;持此以证商代之来源与东北有密切关系,至少亦是文化的深切接触与混合,乃是颇充足,很显然的。[1]

乙、《诗·商颂》:"宅殷土芒芒。"我们要看商所宅之殷土在何处。自武乙以来所都之处,《史记》称之曰殷墟。殷墟正在洹水南岸,今河南安阳境。不过这是后来的话,不足证殷商之本在河北,当更由他法寻求称殷商部族之本土。《吕氏春秋·慎大览》:"亲郼如夏。"高诱曰:"郼读如衣,今兖州人谓殷氏皆曰衣。"毕沅证之曰:"《书》武成殪戎殷,《中庸》作壹戎衣。二字声本相近。"然则殷即郼,郼韦卫三字当为一字之异体。今能寻卫韦之所在,则殷土之原来地望可知。卫者,康侯封所受之旧名。康侯之国名卫,并非康侯自他处带去,(若燕之本不在蓟,鲁之本不在曲阜)而为其地之旧名者,可以下列考量证之。康叔本封于康,故建侯于卫时犹曰康叔,其子犹曰康伯,从此可知卫为眛邦(即《诗》之"沫乡

〔1〕 此节含义已见拙著《东北史纲初稿》第一卷一四至二四叶。彼处于本文所引资料外,更及"娀乙"一辞。今承董作宾先生告我:"王国维所释'娀乙'二文实是'河'字,其'🐚'一字,则为'岳'字。"按董说甚确,故删是段。

牧野")之本名,当今彰德卫辉、大名一带之地。韦者,一曰豕韦。《左传》哀二十四杜注曰:"东郡白马县东南有韦城。"晋白马县当今滑县东境一带,其四围正在古所谓河济之间。《吕氏春秋·有始览》又云:"河济之间为兖州,卫也。"此尤明示卫之地望,更由此可知称殷之原来所在。其实殷兖(古作沇)二字,或者也不免是一词之变化,音韵上非不可能。此说如不错,则殷、衣、韦、鄣、卫、沇、兖,尽由一源,只缘古今异时,成殊名耳。商之先世,于建业蒙亳之先(说详下)宅此殷土,则成汤以前先公发祥自北而南之踪迹,可以推知矣。

丙、《诗·商颂》:"相土烈烈,海外有截。"试为"景员维河"之国家设想,最近之海为渤海,最近可能之海外为辽东半岛或朝鲜西北境。相土为商代甚早之先王,在契之后,汤之前,并在王恒王亥之前。以如此早之一代,竟能戡定海外,则其根据地必去渤海不远。纣殁后,殷人以亡国之余,犹得凭箕子以保朝鲜,朝鲜如不早在其统治之内,甚难以亡国余烬,远建海邦。然则箕子之东,只是退保辽水之外,"从先王居"而已,犹之金亡后犹在混同江边保其女真族,元亡后犹在漠南北保其蒙古族。[1]

据以上三事,则最早最可信之史料——《商颂》——已明明告诉我们,殷代之祖先起自东北方矣!然证据尚不只此。

丁、王恒亦是殷先王世系中甚早者,他与有易有一段相杀的故事。(王国维考之甚确。)按,都邑之名每以迁徙而移,水名则不移。有易之地望可以易水所在推知其概。王恒王亥上甲微三世既皆与有易发生关系,而王恒且为有易虏去做牧夫,则此时殷先公之国境,必与有易毗连可知,即必在今河北省境北部或中部可知。查王国维所证与此事有涉

---

〔1〕《左·昭九》:"肃慎燕亳,吾北土也。"此当为亳之本土。说详下。又,朝鲜一辞不贝六经。按之司马相如《上林赋》,"齐……斜与肃慎为界"。西汉齐国之斜界正为朝鲜,或者战国以来所谓朝鲜,即古之肃慎耶? 说别详。

傅斯年论历史

之《天问》十二韵云：

该（亥）秉季德，厥父是臧。胡终弊于有扈，（易之误。据王考）牧夫牛羊？干协时舞，何以怀之？平胁曼肤，何以肥之？有扈（易）牧竖，云何而逢？击床先出，其命何从？恒秉季德，焉得夫朴牛？何徒营班禄，不但（疑旦之误）还来？昏微遵迹，有狄（易之借字。据王考）不宁。何繁鸟萃棘，（疑林之误）负子肆情？眩（亥）〔1〕弟并淫，危害厥兄。何变化以作诈，后嗣而逢长？

今更据文义推测此一故事之大略面目。一个故事，每因同源异流之故，化为几个不同的面目。现在看看《天问》中这个故事的面目，果与其他记同一故事者合否。照这十几韵中的含义，大约殷王季是这个故事中一个重要的人物，大约服牛之功是当归之于季的，所以谈到他的儿子们，一则曰："该秉季德"，再则曰："恒秉季德"。此点正与《国语》祭统合，二者皆以为冥（据王考，即季）有大功。然则王氏以为"《山海经》《天问》《吕览》《世本》皆以王亥为始作服牛之人"，在《天问》或不如此。《天问》既曰该恒秉季德，是此一重要制作，在王亥不过承袭父业，或者《天问》作者心中是以王季担此制作之任者。王季有几个儿子，其中亥恒皆能秉父德，不幸亥之诸弟（恒当除外）实行"共妻主义"，偏这群人自己没遭祸事，祸事到老兄头上，所谓"危害厥兄"也。此与郭璞《大荒东经注》引《竹书》所云"殷王子亥，宾于有易而淫焉，有易之君绵臣杀而放之"，当系一件故事之不同说法；《竹书》归罪于王亥，《天问》归罪于其弟耳。

---

〔1〕 此处眩字疑亦亥之误字。盖上文正说王亥王恒上甲微，下文又说汤之创业，不应中间忽插入舜象故事，如王逸所解者。即使信《国语》"商人禘舜"之舜字不误，亦应列于"简狄在台誉何喜"之前。《天问》骤看似语无伦次者，然若以"故事系统"论其次序，以韵读定其错简或不错，当知实非漫无连贯者。故舜事无论如何解，不当入之此处也。又眩胶二字在篆文虽不可乱，在隶书则甚易讹也。

所谓"昏微遵迹，有狄不宁"者，盖上甲微在国败君亡之后，能振作旧业，压迫有狄，有狄为之不宁，此与《鲁语》祭统所谓"上甲微能帅契"者相合。不过，据《天问》之发问者，微不是王亥之子。而是亥之弟之子。故有天道难知之感，以并淫作诈害及子兄之人，其后嗣乃能长盛，为不平也。如上所析解此一故事，诸书用之者大同小异，盖此故事至晚周已有不同之面目。然其中有一点绝无异者，即汤之先世在此期中历与有易斗争，卒能胜有易，故后世乃大。夫易水所在，古今未改，有易所在，即可推知。以数世与有易斗争之国，必为有易之邻国可知，必在今河北省中部或南部亦可知矣。

戊、《山海经》中所说之地望，初看似错乱，如匈奴见于南方，流沙见于东方之类。但全部排比一下，颇有一个线索可寻，而《大荒经》中之东西南北，尤不紊乱。今将《大荒东经》中所载一切帝王之迹抄之如下。

东海之外，大壑，少昊之国，少昊孺帝颛顼于此。

大荒之中，有山名曰合虚，日月所出。有中容之国：帝俊生中容。

有司幽之国：帝俊生晏龙，晏龙生司幽。

有白民之国：帝俊生帝鸿，帝鸿生白民。

有黑齿之国：帝俊生黑齿，姜姓。

东海之渚中有神，人面鸟身，珥两黄蛇，践两黄蛇，名曰禺貌。（《北经》作禺䝞）黄帝生禺貌，禺貌生禺京。禺京处北海，禺貌处东海，是惟海神。

有困民国，勾姓，而食，（郝懿行云，勾姓下而食上当有阙脱）有人曰王亥。两手操鸟，方食其头。王亥托于有易，河伯仆牛。有易杀王亥，取仆牛。河念有易，有易潜出为国于兽方食之，名曰摇民。帝舜生戏，戏生摇民。

有五采之鸟相乡弃沙，惟帝俊下友。

东荒之中有山，名曰壑明俊疾，日月所出，有中容之国。

东海中有流波山……其上有兽。……其名曰夔，黄帝得之，以其皮为鼓。

据此我们可说帝俊竟是《大荒东经》中惟一之帝。此外少昊一见，谓其孺颛顼于此；黄帝二见，一谓其为处于东海之禺䝠之祖，一谓其得夔；舜一见，谓其为摇民之祖；皆不多见。至于中容王亥，一为俊之子，一则殷先王，正在一系中。又帝俊之见于他卷者，仅《大荒南经》，"帝俊妻娥皇，生此三身之国"，"帝俊生季釐"，"羲和者，帝俊之妻"；《大荒西经》"帝俊妻常羲"，《大荒北经》"东北海之外，大荒之中，河水之间，附禺之山……帝颛顼有九嫔葬焉。……丘方员三百里，丘南帝俊竹林在焉，大可为舟。……丘西有沉渊，颛顼所浴"；及《海内经》末段之综记帝族统系。除《海内经》末段另文详论外，所有《大荒经》南西北三方中之帝俊，多是娥皇一故事之分化。至《大荒北经》所记帝俊竹林，虽列入北经，按其所述之地望，实在东北。由此统计以看帝俊之迹及其宗族，独占东北方最重要之位置。帝俊既见于殷墟文字，称曰高祖，而帝俊之地望如此，则殷代龙兴之所在可知。

综上列五事以看，直接史料与间接史料相互参会，均指示我们商起于东北。此一说，谓之为已经证成可也。

二　亳

然而竟有人把商代也算到西方去，其故大概由于亳之地望未看清楚，太史公又曾糊里糊涂说了一句。他说："或曰：'东方物所始生，西方物之成熟。'夫作事者必于东南，收功实者常于西北。故禹兴于西羌；汤起于亳；周之王也，以丰镐伐殷；秦之帝用雍州兴；汉之兴自蜀汉。"这话里边，只汤起于亳一说为无着落，而徐广偏"希意承旨"，以说"京兆杜县有亳亭"，于是三亳阪尹之外，复有此西亳，而商起东北之事实，竟有太史公之权威作他的反证![1] 查亳之所在，皇甫谧已辨之，宋人亦有论及。在近代，有孙星衍(见外集《汤都考》)、胡天游(见《石笥山房集》)、郝懿行(见《山海经笺疏》)、金鹗(见《求古录礼说》)、毕亨(见《九水山房文存》)、王国维(见《观堂集林》)，皆主偃师之西亳为后起之亳，汤之始都应在东方。汤自东徂西之事，在今日已可为定论。诸家所说，今不具引，仅于所论之外，补申两事：

甲、亳实一迁徙之名。地名之以居者而迁徙，周代犹然。宗周、成周虽于周上冠字，其号周则一。鲁本不在今山东南境，燕本不在今河北北境，皆因徙封而迁。(说见拙著《大东小东说》)韩本在渭水流域，而《诗·韩奕》"燕师所完"、"以为北伯"之韩，必在今河北省境。魏本在河东，而迁大梁后犹号魏。汉虽仍封梁王于此，而曹魏初建国，仍在此地。后世尚如此，早年"无定居"时迁徙较易，则洛邑号周，韦墟号商，亦甚自然。鲁有亳社之遗，可知亳者乃商人最初之国号，国王易其居，而亳易其地，原来不是亳有好些个，乃是亳王好搬动。或者有亳社之地皆可称亳。王国维君证汤之亳为汉之山阳郡薄县(今山东曹县境)，以《左传》哀十四年"宋景公曰，薄宗邑也"为证，其说至确，然不可谓汤之所居但以此为限。偃师之亳虽无确证，然汤实灭夏，夏之区域布于今山西、河南省中，兼及陕西，而其本土在河东。(详下章)《史记》"汤遂率兵以伐夏桀，桀走鸣条"。集解引孔安国曰："地在安邑之西。"按之《吕览》等书

---

〔1〕 按，京兆有亳亭一说，《史记》曾言及。(封禅书)记秦地诸祠祀有云："于社亳有三社主之祠。"《秦本纪》云："宁公二年，遣兵伐荡社。三年，与亳战，亳王奔戎，遂灭荡社。"索隐曰："西戎之君，号曰亳王。盖成汤之胤。"集解引皇甫谧曰："亳王号汤，西夷之国，……非殷也。"据此，知周桓王时之亳王，乃西戎君长，不关殷商。其居京兆杜县，当由犬戎之乱，入据畿甸。西周盛时，断不容卧榻之旁由人酣睡。意者殷克鬼方后，子姓有统率戎人部落者。逮幽之灭，遂袭亳戎之号；及周之乱，遂据杜县。无论此说当否，此乃后代事，不能据之以证商代之渊源。商人何来，固当以早年地理证之，亳人发迹之所在求之；若求之于八九百年后之地名，恐无当矣。

记吴起对魏武侯云："夏桀之国左河济,右大行,伊阙在其南,羊肠在其北。"则鸣条在河东或不误。然则汤对夏用兵以偃师一带地为根据,亦非不可能者。且齐侯博钟云："虩虩成唐(阳),又敲(严)十(在)帝所。尃受天命,刻(克)伐硕(履)同,敳(败)乃灵师。伊少(小)臣佳楠(辅)。咸有九州,处禹之堵(都)。"(从孙仲容释)则成汤实灭夏桀而居其土。此器虽是春秋中世之器,然此传说必古而有据。又南亳虽若偏于南隅,然相传成汤放桀于南巢,南巢竟远在庐州境,则南亳未必非汤所曾至。大凡此等传说,无以证明其然,亦无以证明其不然。如以亳为城郭宫室俱备之都邑,则汤之亳自当只有一个。如以其为兵站而有社以祷之所,则正应不只一地。且汤时兵力已甚盛,千里之间,南征北战,当是史实。不过汤之中央都邑,固当以近于商宋者为差是耳。

此外济河流域中以薄或博名者,尚有数处,其来源虽有不可知者,然以声类考之,皆可为亳之音转。

蒲姑。《左传》昭九年："及武王克商,……蒲姑商奄,吾东土也。……肃慎燕亳,吾北土也。"《齐世家》作蒲姑。《诗·毛传》同。杜云："乐安博昌县北有薄姑城。"按,汉志干乘郡已有博昌县,当今山东博兴县。

"肃慎燕亳"之亳。此亳所在杜无说,孔谓小国不知所在。然既与肃慎燕并举,当邻于肃慎及燕。

据司马相如《子虚赋》,齐"斜与肃慎为界"。是古肃慎当即汉之朝鲜,与后世之挹娄无涉。或者此一在东北之亳即亳之初地,亦未可知。

齐博邑。在泰山下。见《齐策》。

汉东郡博平县。在济水之北,今山东博平县境。田齐世家之博陵,苏秦张仪传之博关,当即此博。

杨守敬曰："余以为秦县之名率本于前,其有地见春秋战国而汉又有其县者,诸家虽不言秦县,安知其非秦置?……使读者知秦之立县皆有所因,而汉志之不详说者,可消息得之矣。"(见《嬴秦郡县图序》)此说甚通。博、博平二名虽见于后,渊源当有自耳。

又按,"亳"、"薄"二字,同在唐韵入声十九铎,傍各切。"博"亦在十九铎,补各切。补为帮母之切字,傍为并母之切字,是"亳"、"薄"二字对"博"之异仅在清浊。蒲姑之"蒲"在平声,然其声类与"亳"、"薄"同,而蒲姑又在《诗·毛传》《左·杜注》中作薄姑,则"蒲"当与"薄"通。又十八铎之字在古有收喉之入声(−k),其韵质当为 ak,而唇声字又皆有变成合口呼之可能,是则"蒲姑"两字正当"亳"之一音。亳字见于殷墟文字,当是本字,(《殷墟文字类编》五卷十五叶)博、薄、薄姑等,为其音转,以声类韵部求之,乃极接近。此虽未能证明之假设,却颇值得留意。

乙、蒲姑,博,薄,亳等地之分配,实沿济水两岸而逆流上行。试将此数地求之于地图上,则见其皆在济水故道之两岸,薄姑至于蒙亳皆如此。到西亳南亳方离开济水之两岸,但去济水流域仍不远。大凡一切荒古时代的都邑,不论在哪一州,多是在河岸上的。一因取水的供给,二因交通的便利。济水必是商代一个最重要的交通河流。殷墟发现的品物中,海产品甚多,贝类不待说,竟有不少的鲸骨。而《卜辞》所记,王常自渔。《左传》所谓渔"非君所及"者,乃全不适用于商王,使人发生其同于辽代君主在混同江上钓鱼之感。又"济"、"齐"本是一字,如用以标水名,不着水旁亦可。洹水之"洹"有时作"亘",可以为证。《卜辞》中有"齐𫓧",而"齐𫓧"又近于夷方,此必指济水上地名而言。(《殷墟书契前编》卷二第十五叶:"癸巳,卜贞王旬亡𡆥𨺗,在二月,在齐𫓧,隹王来正〔征〕𠂤(夷)方。"董彦堂先生示我此条。)商之先世或者竟逆济水而向上拓地,至于孟诸,遂有商丘,亦未可定。薄姑旧址去海滨不远。此一带海滨,近年因黄河之排沙,增加土地甚速。古时济漯诸水虽不能如黄河,亦当有同样而较弱之作用。然则薄姑地望正合于当年济水之入海口,是当时之河海大港无疑。至于"肃慎燕亳"之亳,既与肃慎燕并举,或即为其比邻。若然,则此之一亳正当今河北省之渤海岸,去薄姑亦在数百里以至千里之内。今假定商之先世起源于此之一亳,然后入济水流域,逆济水西上,沿途所迁,凡建社之处皆以旧名名之,直到陕西省境,于是有如许多之亳。此设想虽不能直接证明,然如上文所排列之事实,惟似惟有此解能适合之。

三　商代拓土之三期

商代享国六百年之说,今无从确证。《史记》所载之世系,按之《卜辞》,大体不差。虽帝王之历世甚多,然其间不少兄弟。或者《史记集解》引《汲冢纪年》"汤灭夏,以至于受,二十九王,用岁四百九十六年"之一说,较为可信。在此五百年中,大约有两个时期拓土最力,一是成汤时,一是武丁时。合之汤前之相土,共三个时期。此情形《商颂》中说得很明白:于《相土》曰"相土烈烈,海外有截"。于《汤》曰"武王载旆,……九有有截。韦顾既伐,昆吾夏桀"。于《武丁》曰"在武丁孙子。武丁孙子,武王靡不胜。龙旂十乘,大糦是承。邦畿千里,维民所止,肇域彼四海。四海来假"。照这样看,并参以他书所记载,这三个时期拓土的范围,当如下文所列:

一、相土的东都既在太山下,则其西部或及于济水之西岸。又曾戡定海外,当是以渤海为宇的。

二、汤时建国在蒙亳,其广野即是所谓空桑,其大渚即是孟诸(即孟渚)。盖已取东夷之国,少昊之故域,而为邦畿,而且北向对韦,西向对夏,南向对淮水流域,均拓土不少。

三、盘庚涉河迁殷后,其西北向之势力更发达。重以"中宗祖乙"(参看初版《观堂集林》九卷二十叶)"治民祇惧,不敢荒宁,……享国七十有五年"。"高宗(武丁)时旧劳于外,爰暨小人。……不敢荒宁,……嘉靖殷邦,……享国五十有九年。""祖甲……旧为小人,作其即位,爰知小人之依,能惠保于庶民,享国三十有三年"。(均见《书·无逸》)故其势力能越太行,过伊洛,而至渭水。彼时南方之疆域今虽不可考,然既至南巢,已越淮水矣。又周称周侯,崇侯之国在丰,此虽藩国不同邦畿,然亦可见其声威所至。且"高宗伐鬼方,三年克之"一传说(见《易·下经》),证以《诗经》,尤可信。《大雅·荡》云:"文王曰咨,咨女殷商。如蜩如螗,如沸如羹。小大近丧,人尚由乎行。内奰于中国,覃及鬼方。"此虽记殷之衰乱,然衰乱时尚能波及于鬼方,强武时鬼方必为其臣属可知。关于鬼方之记载,初不见于发现之卜辞,今春中央研究院始发现一骨,其辞曰:"己酉,卜贞鬼方,囚。"这样记载的稀少,似是鬼方既为殷人平定或威服之证。及纣之将亡,周人尚称之曰:"殷商之旅,其会如林。"而周人之靡服东方,历文武周公成王三世而"康克安之"。然则商人所建之帝国,盛时武力甚大,败后死而难僵。此一东起海东、西至岐阳之大帝国,在当时的文化程度中能建设起来,不能不算是一件绝伟大的事。想必凭特殊的武器及坚固的社会组织,方能做到。

第二章　夏迹

商代发迹自东徂西的踪迹,已在上一章大致条别清楚。向上推一步便是夏代,我们且看夏代的踪迹分布在何方。

禹的踪迹的传说是无所不在的,北匈奴南百越都说是禹后,而龙门会稽禹之迹尤著名,即在古代僻居汶山(岷山)一带不通中国的蜀人,也一般的有治水传说。(见扬雄《蜀王本纪》,臧氏辑本)虽东方系之商人,也说"浚哲维商,长发其祥。洪水芒芒,禹敷下土方"。明明以禹为古之明神。不过春秋以前书中,禹但称禹,不称夏禹,犹之稷但称稷,不称夏稷或周稷;自启以后方称夏后。启之一字盖有始祖之意。汉避景帝讳改为开,足征启字之诂。其母系出于涂山氏,显见其以上所蒙之禹若虚悬者。盖禹是一神道,即中国之 Osiris。禹鲧之说,本中国之创世传说(Genesis)。虽夏后氏祀之为宗神,然其与夏后有如何之血统关系,颇不易断。若匈奴号为夏后之裔,于越号称少康之后,当皆是奉禹为神,于是演以为祖者。如耶稣教之耶和华上帝,本是犹太一族之宗神,故创世纪言其世系,而耶稣教推广到他民族时,奉其教之民族,亦群认耶和华为人祖,亚当为始宗矣。然则我们现在排比夏迹,对于关涉禹者应律除去,以后启以下为限,以免误以宗教之范围,作为国族之分布。

所谓夏后氏者,其名称甚怪。氏是族类,后为王号,何以于殷曰殷人,于周曰周人,独于夏曰夏后? 意者诸夏之部落本甚多,而有一族为诸夏之盟长,此族遂号夏后氏。今将历代夏后之踪迹辑次如下:

一、见于《左传》者

帝丘　僖三十一:"卫迁于帝丘。……卫成公梦康叔曰:'相夺予享。'公命祀相。宁武子不可,曰:'鬼神非其族类,不歆其祀。杞鄫何事! 相之不享,于此久矣,非卫之罪也!'"杜云:"帝丘,今东郡濮阳县。"

殽　僖三十二:"殽有二陵焉:其南陵,夏后皋之墓也;其北陵,文王之所以避风雨也。"杜云:"殽在弘农渑池县西。"

穷石　此为夏之敌国,事见襄四年,本文及讨论均见下章。空桑又曰穷桑,见昭二十九年。穷石当即空桑之音转。至斟灌过戈鬲诸地所在,则杜云:"有鬲国名,今平原鬲县。""乐安寿光县东南有灌亭,北海平寿县东南有斟亭。""东莱掖县北有过乡,戈在宋郑之间。"

有莘　僖二十八,记晋文城濮之战,有云:"晋侯登有莘之墟以观师,曰:'少长有礼,其可用也。'遂伐其木,以益其兵。己巳,晋师陈于莘北。"据此,有莘必去城濮甚近。有莘相传为夏诸侯,伊尹其一代之小臣也。

斟灌　斟寻襄四,杜云:"乐安寿光县东南有灌亭,北海平寿县东南有斟亭。"按,《水经注·巨洋水篇》引薛瓒《汉书集注》云:"汲郡古文,相居斟灌,东郡观是也。"(段玉裁云:〔《经韵楼集》五〕今本《水经注》观讹为灌,而戴校未正)据此,斟灌仍在东郡,去帝丘不远。杜释此之误显然。此地既误释,其释斟寻之误亦可推知矣。

东夏　襄二十二:"晋人征朝于郑,郑人使少正公孙侨对曰,……间二年,闻君将靖东夏。四月,又朝以听事期。"杜云:"谓二十年遭渊盟,先遭渊二月往朝,以听事期。"按以二十年经传所载事,杜说不误。至遭渊所在,杜云:"在顿丘县南,今名繁污。此卫地,又近戚田。"按,卫为东夏,则夏之本土当在东夏卫地之西。但持此一条以证夏境不在东土,已充足矣。

又昭元年:"子相晋国,以为盟主,于今七年矣。再合诸侯,三合大夫,服齐狄,宁东夏,平秦乱,城淳于。"杜于"宁东夏"下注云:"襄二十八年,齐侯白狄朝晋。"

又昭十五:"文公受之,以有南阳之田,抚征东夏。"按,晋文东征者为曹卫,此又以曹卫为东夏。

华夏　襄二十六:"子仪之乱,析公奔晋。晋人寘诸戎车之殿,以为谋主。……晋人从之,楚师宵溃,晋遂侵蔡,袭沈,获其君,败申息之师于桑隧,获申丽而还。郑于是不敢南面。楚失华夏,则析公之为也。"此指蔡沈及邻于楚北境诸国为华夏。

观扈　昭元:"夏有观扈。"杜云:"观国在今顿丘县,扈在始平鄠县。"此皆夏之敌国,当即夏之边境。

大夏　昭元:"子产曰:'昔高辛氏有二子,伯曰阏伯,季曰实沈,居于旷林,不相能也。日寻干戈,以相征讨。后帝不臧,迁阏伯于商丘,商人是因,故辰为商星。迁实沈于大夏,主参,唐人是因,以服事夏商。……及成王灭唐,而封太叔焉,故参为晋星。'"杜曰:"大夏,晋阳也。"按,大夏与夏墟究竟在晋阳抑在翼,在地理书有异说,(如《括地志》)近代学人有异论,(如顾亭林、全谢山)二地相去亦数百里。然皆在汾水之旁,不关山东也。

钧台　昭四:"夏启有钧台之享。"杜云:"河南阳翟县南有钧台陂。"

仍缗　昭四:"夏桀为仍之会,有缗叛之。"杜于此不能指其所在,但云:"仍缗皆国名。"哀元年注亦然。《史记正义》引《帝王世纪》云:"羿之杀帝相也,妃仍氏女曰后缗,归有仍,生少康。"(此本哀元年传)《正义》于他地名几皆有说,于此亦无说。

夏墟　定四:"分唐叔以大路密须之鼓,阙巩沽洗,怀姓九宗,职官五品,命以唐诰,而封于夏墟。启以夏政,疆以戎索。"此更直示吾人,晋为夏之本土。

涂山　哀七:"禹合诸侯于涂山,执玉帛者万国。"杜云:"涂山在寿春东北。"按昭四有"三涂"之名,杜云:"在河南陆浑县南。"涂山或即三涂之一。

二、见于《国语》者

伊洛　《周语》上:"幽王二年,西周三川皆震。伯阳父曰:'……昔伊洛竭而夏亡,河竭而商亡,今周德若二代之季矣。'"按伊洛于夏,犹西周三川之于周,河之于殷,据此可知夏之地望以伊洛为本土矣。

崇山　聆隧　《周语》上,"昔夏之兴也,融降于崇山。其亡也,回禄位于聆隧。"韦云:"崇,崇高山也。夏居阳城,崇高所近。"又云:"聆隧,地名也。"按,韦以崇为嵩高。

有崇　《周语》下:"其在有虞,有崇伯鲧,播其淫心,称遂共工之过,尧用殛之于羽山。其后伯禹念前之非……"据上节所引韦解,崇即嵩高。然《诗·文王篇》云:"既伐于崇,作邑于丰。"是崇国境当殷末在渭南。渭南之山境亦东与崇高接。又《左传》宣元:"晋欲求成于秦,赵穿曰:'我侵崇,秦急崇,必救之,(杜云:崇,秦之与国。)吾以求成焉。'冬,赵穿侵崇,秦弗与成。"然则春秋时晋秦界上犹有以崇为号之国,此亦可知崇在西土。

杞鄫　同节："有夏虽衰,杞鄫犹在。"按,杞在春秋时由今杞县境东迁,鄫则杜云："在琅琊鄫县。"(僖十四)然《国语》记西周亡时事云："申缯西戎方疆,王室方骚。……王欲杀太子以成伯服,必求之申。申人弗畀,必伐之。若伐申而缯与西戎会以伐周,周不守矣。"果鄫本在琅琊,势难与申西戎会伐周。然则鄫在琅琊,亦是后来东迁所至。

戎夏　《晋语》一:"献公卜伐骊戎,史苏占之。……对曰:'……戎夏交捽。……若晋以男戎胜戎,而戎亦必以女戎胜晋。……诸夏从戎,非败而何?'"此以晋为夏,与《左传》定四封唐叔于夏墟事合。

昆吾　《郑语》:"昆吾为夏伯矣。"准以《诗·商颂》"韦顾既伐,昆吾夏桀"之说,昆吾当非诸夏之一,而别为一族,然与夏族当有若何关系。至昆吾所在,则《左传》昭十二楚子云:"昔我祖伯父昆吾旧许是宅,今郑人贪赖其田而不我与。"可知昆吾在许,即今许昌一带。

东夏　《楚语》上:"析公奔晋,晋人用之,实谮败楚,使不规东夏。"韦云:"东夏,沈蔡也。"按此即《左·襄二十六》事。彼处称华夏,此处称东夏。

诸夏　《吴语》:"昔楚灵王不君,……不修方城之内,逾诸夏而图东国。"韦云:"诸夏,陈蔡。东国,徐夷吴越。"此更明明证夏之不在东土。

三、见于《诗》者

雅　雅之解说不一。《诗·序》云:"雅者,正也,言王政之所由废兴也。"此真敷衍语。《小雅·鼓钟篇》云:"以雅以南。"南是地域名,(详见《诗经讲义》)则雅之一辞当亦有地名性。《读书杂志》:《荀子·荣辱篇》君子安雅条云:"雅读为夏,夏谓中国也,故与楚越对文。儒效篇:居楚而楚,居越而越,居夏而夏。是其证。古者夏雅二字互通,故左传齐大夫子雅,韩子外储说右篇作子夏。杨注云,正而有美德谓之雅,则与上下二句不对矣。"(阮元亦以雅言之雅为夏)此真确解,可破历来一切传说者之无知妄解。由此看来,《诗经》中一切部类皆是地名,诸国风不待说,雅为夏,颂分周鲁商。然则国风之名,四始之论,皆后起之说耳。雅既为夏,而夏辞之大小雅所载,若一一统计其地望,则可见宗周成周文辞较多,而东土之文辞较少。周自以为承夏绪,而夏朝之地望如此,恰与《左传》《国语》所记之夏地相合。(此说详见我所作《诗经讲义》,未刊。其略见《新获卜辞写本后记跋》[安阳发掘报告第三八五叶]。)

四、见于《周诰》者

区夏　康诰:"惟乃丕显考文王,克明德慎罚,不敢侮鳏寡,庸庸,祗祗,威威,显民,用肇造我区夏,越我一二邦,以修我西土。"按,区字不见《说文》,薛综注《东京赋》云:"区,区域也。"然则区夏犹日有(域)夏,犹日夏域,即夏国也。文王造邦于西土,而云始造我夏国,则夏之在西土可知。

五、此外见于《史记》《战国策》者一段

(按《史记》所引杂乱,故不遍举,此节甚关重要,不可遗之。)

河洛　太华　伊阙　羊肠　《吴起列传》:"起对日……夏桀之居,左河济,右泰华,伊阙在其南,羊肠在其北。"按此语见今本《战国策》二十二。然彼处作"左天门之阴,而右天豀之阳",虽亦谓左带水而右倚山,未如《史记》言之质实,故录《史记》。金鹗(《求古录·礼说》八)据此以证夏桀之都在雒阳。今按,桀都正当雒阳否,另是一问题,然桀之国环洛阳,则依此语当无可疑。

据以上各书所记夏地,可知夏之区域,包括今山西省南半,即汾水流域,今河南省之西部中部,即伊洛嵩高一带,东不过平汉线,西有陕西一部分,即渭水下流。东方界线,则其盛时曾有济水上流,至于商丘,此便是与夷人相争之线,说详下章。最西所至,我们现在不知究到何处,汉陇西郡有大夏县，命名不知何本，更不知与夏后之夏有无关系。最南所至，我们也不知。《汉·地理志》谓汉水将入江时名夏水，今尚保存江夏诸名，或者诸夏不能如此南被。且《荀子·儒效篇》云"君子居楚而楚，居夏而夏"，楚夏对称，自不能以楚为夏。楚国之最大版图中，尽可包含一部分诸夏，而诸夏未必能过荆襄而括江汉，或者此之名夏竟是同音异辞。陈范记关羽据荆州北伐曹操事云"威震华夏"，是汉末犹以华夏为三辅三河汝颍等地之专名，未尝括九州而言。我们现在知诸夏西南北三方所至之大齐，而以东夏之称，夷夏之战，(此事详上章)确知夏之东界，则以古代河济淮泗的中国全部论，夏实西方之帝国或联盟，曾一度或数度压迫东方而已。与商殷之为东方帝国，曾两度西向拓土，灭夏克鬼方者，正是恰恰相反，遥遥相对。知此形势，于中国古代史之了解，不无小补也。

第三章　夏夷交胜

严格意义的诸夏所据之地域已如上章所述，至于夏后一代的大事现在可得而考见的是些什么呢？答曰：统是和所谓夷人的斗争。夷一个名词应如何解，留在下一章中说明。其字在殷周文书每与人字一样，音亦与人相近，这是很可注意的。现在假定，凡在殷商西周以前，或与殷商西周同时所有今山东全省境中，以及河南省之东部，江苏之北部，安徽之东北角，或兼及河北省之渤海岸，并跨海而括辽东朝鲜的两岸，一切地方，其中不是一个民族，见于经典者，有太皞、少皞、有济、徐方诸部，风盈偃诸姓，全叫作夷。《论语》有九夷之称，明其非一类。夏后一代的大事正是和这些夷人斗争。此事现在若失传，然一把经典的材料摆布起来，这事件十分明显。可惜太史公当真不是一位古史家，虽羿、浞、少康的故事，竟一字不提，为其作正义者所讥。求雅驯的结果，弄到消灭传说中的史迹,保留了哲学家的虚妄。

现在说羿、浞与夏后少康的故事,先将材料排列出来。

一、见于《左传》者

魏绛曰……"夏训有之,曰有穷后羿。"公曰:"后羿何如?"对曰:"昔有夏之方衰也,后羿自鉏迁于穷石,因夏民以代夏政。恃其射也,不修民事,而淫于原兽。弃武罗,伯因,熊髡,龙圉,而用寒浞。寒浞,伯明氏之谗子弟也,伯明后寒弃之。夷羿收之,信而使之,以为己相。浞行媚于内,而施赂于外,愚弄其民,而虞羿于田。树之诈慝,以取其国家,外内咸服。羿犹不悛,将归自田,家众杀而亨之,以食其子。其子不忍食诸,死于穷门。靡奔有鬲氏。(杜曰:靡,夏遗臣事羿者。有鬲,国名,今平原鬲县)浞因羿室生浇及豷。恃其谗慝诈伪,而不德于民。使浇用师灭斟灌及斟寻氏,处浇于过,处豷于戈。靡自有鬲氏收二国之烬以灭浞,而立少康。少康灭浇于过,后杼灭豷于戈。有穷由是遂亡,失人故也。昔周辛甲之为太史也,命百官,官箴王阙。于虞人之箴曰:'芒芒禹迹,画为九州。经启九道,民有寝庙,兽有茂草。各有攸处,德用不扰。在帝夷羿,冒于原兽。忘其国恤,而思其麀牡。武不可重,用不恢于夏家。兽臣司原,敢告仆夫。'"(襄四年)

昔有仍氏生女,黰黑而甚美,光可以鉴,名曰玄妻。乐正后夔取之,生伯封,实有豕心,贪婪无餍,忿类无期,谓之封豕。有穷后羿灭之,夔是以不祀。(昭二十八年)

伍员曰:不可。臣闻之,"树德莫如滋,去疾莫如尽"。昔有过浇,杀斟灌,以伐斟鄩,灭夏后相。后缗方娠,逃出自窦,归于有仍,生少康焉,为仍牧正。恷浇能,戒之。浇使椒求之,逃奔有虞,为之庖正,以除其害。虞思于是妻之以二姚,而邑诸纶,有田一成,有众一旅。能布其德,而兆其谋,以收夏众,抚其官职。使女艾谍浇,使季杼诱豷,遂灭过戈,

复禹之绩。祀夏配天，不失旧物。（哀元年）

二、见于《论语》者

南宫适问于孔子曰："羿善射，奡荡舟，俱不得其死然。禹稷躬稼而有天下。"夫子不答。南宫适出，子曰："君子哉若人，尚德哉若人！"（《宪问》篇）

三、见于《楚辞》者

羿淫游以佚畋兮，又好射夫封狐。固乱流其鲜终兮，浞又贪夫厥家。浇身被强围兮，纵欲而不忍。日康娱而自忘兮，厥首用夫颠陨。（《离骚》）

羿焉弹日？乌焉解羽？……帝降夷羿，革孽夏民。胡射夫河伯，而妻破雒嫔？冯珧利决，封豨是射。何献蒸肉之膏，而后帝不若？浞娶纯狐，眩妻爰谋。何羿之射革而交吞揆之？阻穷西征，岩何越焉？化为黄熊，巫何活焉？咸播秬黍，莆雚是营。何由并投，而鲧疾修盈？白蜺婴茀，胡为此堂？安得夫良药不能固臧？天式从横，阳离爰死。大鸟何鸣，夫焉丧厥体？萍号起雨，何以兴之？撰体协胁，鹿何膺之？鳌戴山抃，何以安之？释舟陵行，何以迁之？惟浇在户，何求于嫂？何少康逐犬，而颠陨厥首？女歧缝裳，而馆同爰止，何颠易厥首，而亲以逢殆？（《天问》）

四、见于《山海经》者

羿与凿齿战于寿华之野，羿射杀之，在昆仑虚东。羿持弓矢，凿持盾。一曰戈。（《海外南经》。按一曰戈三字，或是注文羼入者。）

有人曰凿齿，羿杀之。（《大荒东经》）

帝俊赐羿彤弓素矰以扶下国，羿是始去恤下地之百艰。（《海内经》）

非仁羿莫能上。（按仁字当为夷字之读，两字皆从人，形近故致误。）

五、见于《吕氏春秋》者

夷羿作弓。（《勿躬》）

六、见于《说文》者

羿,羽之羿风,亦古诸侯也,一曰射师。(四,羽部)

弆,帝喾射官,夏少康灭之。从弓开声。《论语》曰:"弆,善射。"(十二,弓部。又同部弽下引《楚辞》"羿焉弽日","羿亦作弆"。)

又,《史记》于羿事不载,《正义》讥之。《世本》(见各辑本)谓夷羿作弓。《帝王世纪》所记羿事特详。(见宋翔凤辑本)然数书皆不出上文所举,故不录。

据以上材料,有数点须分解。

一、羿的地位。如罗泌所作传,及其比之于安史,则羿、浞只是夏之叛臣。然此说完全无据,以上一切材料全不曾说羿是夏之属臣。然则夷羿必是夏之敌国之君,且此敌国之君并不等闲。以《天问》《山海经》所说,居然是天神,而奉天帝命降于下土者,为夷之君,自钮迁穷桑,而为后人号为帝羿或曰羿帝。(《御览》八十二引《帝王世纪》)

二、夷为东方主。此说可由其称夷羿及《说文》称羿为帝喾(据王国维考,即帝俊)射官,及其地望等事证之。

三、夷夏之争数十年,在夷一面经羿、累二宗,在夏一面经相、少康二世,战斗得必然很厉害。《天问》所谓"阻穷西征"者,王逸解之曰:"言尧放鲧羽山,西行度越岑岩之地,因堕死也。"洪兴祖补曰:"羽山东裔,此云西征者,自西徂东也。上文言永遏在西山,夫何三年不施,则鲧非死于道路,此但言何以越岩险而至羽山耳。"按王说无稽,洪已辩之,然洪强释西征曰自西徂东,古书中全无此文法。此处明明谓阻(即钮)穷(石)之后帝羿西征,而越山岩,不然,西征一词全不可解,正不得以同韵之下句中说鲧化为黄熊事而谓此句亦是鲧事。

四、《左传》之神话故事已很伦理化,且《左传》之成分大体为晋楚鲁三国之语,而其立点是偏于西国夏周之正统传说,所以说羿、累甚不好。但《山海经》之为书,虽已系统化,尚未伦理化,且记东方的帝系较多。

这部书中所举夷羿事,很足以表显战国时羿、羿的传说尚甚盛。《山海经》与《天问》互相发明处甚多,《天问》称羿之重要全与《山海经》合。所谓"羿焉彃日",正在《天问》中论创世纪一节中,则羿本是天神。所谓"帝降夷羿"者,正《山海经》所谓"帝俊赐羿彤弓素矰,以扶下国,羿是始去恤下地之百艰"。《天问》一篇,本颇有次序,王逸以为不次序者,乃由于不知《天问》所陈是流行神话故事之次序,不与汉代人之古史传说同,故不能解。(余另有说见他处)其羿浞之间插入鲧之一段若甚错乱者,当由于《天问》之次序乃神话之次叙;一神话中有数人关涉者,则一次说出,不嫌前后错综。"阻穷西征,岩何越焉"一句,至下文"释舟陵行,何以迁之",凡十二句中,有涉及鲧处,并有若干因失其神话而不可解之故事,皆可据上下文细绎之,以知其正是说夷夏交战事。此节盖谓羿、羿相继西征,曾越山地,自鲧永遏于羽山后,禹平水土,秬黍藿皆茂长,巫乃将鲧化为黄熊。(《天问》所记鲧事,与《左传》《尚书》等皆不同。《尚书》《左传》皆谓舜殛鲧于羽山,然《天问》云:"永遏在羽山,夫何三年不施。")当夏代危急,遂与能荡舟之羿战,适其时羿妻窃药而行(本文"安得夫良药不能固藏")并有其他怪异,("白蜺婴茀"、"天式从横"等语)于是大战得雨起山抃,荡舟者不得不释舟陵行,逃归其嫂,而卒为太康并得之。如此解来,则《论语》南宫适之间正甚明白。南宫适这话并不是泛举古帝王羿羿禹稷而强比之,乃是论一段故事,东土强有力者失其国,西土务耕稼者有天下。《鲁语》上:"昔烈山氏之有天下也,其子曰柱,能殖百谷百蔬。夏之兴也,周弃继之。"明禹稷可作一事论。孔子对神话也如对鬼神一样敬而远之,且以其"君子相"之故,不愿于此等圣帝明王有所议论,故当面不答,而背后称赞南宫适对此神话之题旨西洋故事中所谓 Moral 者,甚能了解。若不如此,而是泛做一篇秦皇汉武与汉文宋仁之优劣论,殊不免于糊里糊涂。《论语》中论一事皆以一事为论,尚无策论八股气。南宫适这一段话,正可证明夷羿在当时的传说中并不大坏。若羿、奡不是当时神话中的大人物,何至与传说中功在生民之禹、稷相提并论,岂不不伦的很、不需要的很?

然则夷羿之故事,我们在现在尚可见到三种传说。一是以夷羿为自天而降其高明者,《山海经》《天问》属之。二是以夷羿与夏后为对,而以为一崇力一崇德,故一兴一替者。此等之成败论人,《论语》记南宫适所问之背景如此。三是以夷羿为不合道理者,《左传》如此。然尚称之曰"后",记其曾"因夏民而代夏政"。(夏民者,夏所服属之民,不必改作夏族。)凡读一切神话故事,都须注意及同一题目常因流传之不同而其中是非倒置。此是一例,鲧亦是一例。同在《国语》中,《周语》下谓"崇伯鲧播其淫心,称遂共工之祸"。《鲁语》上谓"鲧鄣洪水",故夏后"郊鲧"。吴语亦谓"鲧禹之功"。我们不可不注意传说之演变及其道德批评之改易。

夏后一代中夷夏之争,不仅见于有穷、后羿一段故事,夏代开国亡国时皆有同样的争斗。现在分别说。

(一)夏后启与伯益之争统。关于这件事,战国的传说有两种:一谓启益相让,二谓启益相争。

《孟子》:禹荐益于天。七年,禹崩。三年之丧毕,益避禹之子于箕山之阴。朝觐讼狱者,不之益而之启,曰:"吾君之子也!"讴歌者不讴歌益,而讴歌启,曰:"吾君之子也。"

《天问》:启代益作后,卒然离蠥。何启惟忧,而能拘是达?皆归射䳡,而无害厥躬?何后益作革,而禹播降?

《古本竹书》:益干启位,启杀之。(引见《晋书·束皙传》。《史通》《疑古篇》、《杂说篇》两引之。)

孟子的古史都是些伦理化的话,然这一段中还看出这个故事本来面目的背景。此背景即是说，代禹者几乎是益，而启卒得之。这话里虽不直说有何争执，但还可隐约看出对峙的形势来。至于《竹书》的话，虽不能即信，但益启之有争执，虽孟子的话中也表示个破绽。因为让争本是一事的两面，不是相争的形势，不需相让的态度。《天问》的话，因故事遗失不大好讲，然益称后，又曾一度革夏命，则甚明白。

我们再看伯益是如何人。经籍中有伯益、伯翳二人，太史公在《陈杞世家》中分为二人，然在他处则不分。索隐议之曰："秦祖伯翳，解者以翳益别为一人。今言十一人，叙伯翳，而又别言垂益，则是二人也。且按《舜本纪》叙十人，无翳，而有彭祖。彭祖亦坟典不载，未知太史公意如何，恐多是误。然据《秦本纪》叙翳之功云，佐舜驯调鸟兽，与《尧典》'命益作虞，若予上下草木鸟兽'文同，则为一人必矣。今未详其所以。"案，此议甚是。太史公在此处诚糊涂。罗泌重申二人不同之说，然全无证。金仁山辩之曰：

《尚书》之伯益，即《秦纪》谓之柏翳也。秦声以入为去，故谓益为翳也。《秦纪》谓柏翳佐禹治水，驯服鸟兽，岂非《书》所谓随山刊木，暨益奉庶鲜食，益作朕虞，若予上下鸟兽者乎？其事同，其声同，而太史公独以书纪字异，乃析一人而二之，可谓误矣。唐虞功臣，独四岳不名，其余未有无名者。夫岂别有伯翳，其功如此，而《书》反不及乎？太史公于《二帝本纪》言益，见《秦本纪》为翳，则又从翳，岂疑而未决，故于《陈杞世家》叙伯益与伯翳为二乎？抑出于谈迁二手，故其前后谬误也？（梁玉绳说同，〔见《史记志疑·人表考》〕不具引。）

金氏此说甚明白，此疑可以更无问题。益翳既是一人，翳又为秦赵公认之祖，然则即是嬴姓之祖，亦即是徐方之祖，亦即是《逸周书·作雒解》所谓"周公立，相天子，三叔及殷东（东亦地域名，说别见）徐奄及熊盈以略"之盈族之祖,然则伯益正是原原本本的东夷之祖,更无疑义。益启之争,不即是夷夏之争吗?

(二)汤放桀,等于夷灭夏。商人虽非夷,然曾抚有夷方之人,并用其文化,凭此人民以伐夏而灭之,实际上亦可说夷人胜夏。商人被周人呼为夷,有经典可证,说另详。

然则夏后一代的三段大事,开头的益启之争便是夏夷之争,中间的羿少康之争又是夷夏之争,末后的汤桀之争还是夷夏之争。夏代东西的斗争如此厉害,而春秋战国的大一统主义哲学家都把这些显然的史迹抹杀了,或曲解了!

第四章 诸夷姓

诸夏所在既如上章所述,与之对峙之诸夷,乃并不如诸夏之简单。所谓"夷"之一号,实包括若干族类,其中是否为一族之各宗,或是不同之族,今已不可详考。然各夷姓有一相同之处,即皆在东方,淮济下流一带。现将古来为人称为夷者各族,或其子孙列为东夷者,或其地望正所谓夷地者,分别疏解如下。

一 太皞之族

太皞与太昊为一词,古经籍多谓即是伏羲氏,或作庖牺氏。关于太皞之记载见于早年经籍者如下:

《左传》僖二十一:"任,宿,须句,颛臾,风姓也,实司大皞与有济之祀,以服事诸夏。邾人灭须句,须句子来奔,因成风也。成风为之言于公曰:'崇明祀,保小寡,周礼也;蛮夷猾夏,周祸也。若封须句,是崇皞济而修祀,纾祸也。'"杜云:"四国,伏羲之后。任,今任城县。颛臾在泰山南武阳县东北，须句在东平须昌县西北。四国封近于济，故世祀之。"按，杜释有济误。有济正如有夏有殷，乃是古国名，四国其后，或其同姓耳。

又昭十七："太皥氏以龙纪官，故为龙师而龙名。"

又同年："陈，太皥之墟也。"

《论语》："季氏将有事于颛臾，……孔子曰：'……昔者先王以为东蒙主，且在邦域之中矣，是社稷之臣也。何以伐为？'"按，此足证颛臾本为鲁之附国。

《易·系辞》下："古者包牺氏之王天下也，仰则观象于天，俯则观法于地，观鸟兽之文，与地之宜，近取诸身，远取诸物，于是始作八卦，以通神明之德，以类万物之情。作结绳而为罔罟，以佃以渔，盖取诸离。"按，《御览》七百二十引《帝王世纪》与此大同，唯"作结绳"作"造书契以代结绳之政"，与此异。

《帝王世纪》："太昊帝庖牺氏，风姓也。蛇身人首。有圣德，都陈。作瑟三十六弦。燧人氏没，庖牺氏代之。继天而生，首德于木，为百王先。帝出于震，未有所因，故位在东方，主春，象日之明，是称太昊，制嫁娶之礼，取牺牲以充庖厨，故号曰庖牺氏。后世音谬，故或谓之虙牺。"（《御览》七十八引作《皇王世纪》。自此以下皆据宋翔凤辑本）

又："太皥帝庖牺氏，风姓也。母曰华胥。燧人之世，有大人之迹，出于雷泽之中，华胥履之，生庖牺于成纪，蛇身人首。有圣德，为百王先。帝出于震，未有所因，故位在东，主春，象日之明，是以称太皥。"（《礼记·月令正义》引）

又："女娲氏亦风姓也，承庖牺制度，亦蛇身人首。一号女希，是为女皇。其末，诸侯有共工氏，任智刑，以强伯，而不王。以水承木，非行次，故易不载。及女娲氏没，次有大庭氏，柏皇氏，中央氏，栗陆氏，骊连氏，赫胥氏，尊卢氏，混沌氏，昊英氏，有巢氏，朱襄氏，葛天氏，阴康氏，

无怀氏,凡十五世,皆袭庖牺之号。"(《御览》七十八)

又:"庖牺作八卦。神农重之为六十四卦。黄帝尧舜引而申之,分为二易。至夏人因炎帝曰连山。殷人因黄帝曰归藏。文王广六十四卦,著九六之爻,谓之《周易》。"

《古史考》:"伏牺作瑟。"(《毛诗谱序正义》引)

又:"庖牺作易,弘开大道。"(《书钞·帝王部引》)

综合上列诸说,归纳之可得下之二事。

一、太皞族姓之国部之分配,西至陈,东括鲁,北临济水,大致当今河南东隅,山东西南部之平原,兼包蒙峄山境,空桑在其中,雷泽在其域。古代共认太皞为东方之部族,乃分配于淮济间之族姓。

二、太皞继燧人而有此土,在古代之礼乐系统上,颇有相当之贡献,在生活状态上,颇能做一大进步。当是已进于较高文化之民族,其后世并不为人所贱。在周代虽居采卫,而为"小寡",世人犹以为"明祀"也。

二 少皞之族

关于少皞之记载,见于早年经籍者如下:

《左》昭十七:"郯子来朝,公与之宴,昭子问焉,曰:'少皞氏鸟名官,何故也?'郯子曰:'吾祖也,我知之。昔者黄帝氏以云纪,故为云师而云名。炎帝氏以火纪,故为火师而火名。共工氏以水纪,故为水师而水名。大皞氏以龙纪,故为龙师而龙名。我高祖少皞挚之立也,凤鸟适至,故纪于鸟,为鸟师而鸟名。凤鸟氏,历正也;玄鸟氏,司分者也;伯赵氏,司至者也;青鸟氏,司启者也;丹鸟氏,司闭者也;祝鸠氏,司徒也;鴡鸠氏,司马也;鸤鸠氏,司空也;爽鸠氏,司寇也;鹘鸠氏,司事也。五鸠,鸠民者也。五雉，为五工正，利器用，正度量，夷民者也。九扈，为九农正，扈民无淫者也。自颛顼以来，不能纪远，乃纪于近，为民师而命以民事，则不能故也。'仲尼闻之，见于郯子而学之。既而告人曰：'吾闻之，天子失官，学在四夷，犹信。'"（按此乃古代之图腾制。古代称图腾曰"物"，说别详。）

昭二十九："少皞氏有四叔，曰重，曰该，曰修，曰熙，实能金木及水。使重为句芒，该为蓐收，修及熙为玄冥。世不失职，遂济穷桑。此其三祀也。"（杜云，穷桑地在鲁北。按，即空桑。）

定四："因商奄之民，命以伯禽，而封于少皞之虚。"（据此，知曲阜为少皞氏之本邑。）

《楚语》："及少皞之衰也，九黎乱德。民神杂糅，不可方物。"

《帝王世纪》："少昊帝，名挚，字青阳，姬姓也。母曰女节。黄帝时，有大星如虹，下流华渚。女节梦接，意感生少昊。是为玄嚣，降居江水。有圣德，邑于穷桑，以登帝位，都曲阜，故或谓之穷桑。帝以金承土，……故称少昊，号金天氏。"（引见《御览》七十九）

《古史考》："穷桑氏，嬴姓也。以金德王，故号金天氏。或曰，宗师太皞之道，故曰少皞。"（《太平御览·帝王部》引）

《海内经》："少皞生般，般是始为弓矢，帝俊赐羿彤弓素矰，以扶下国。"

综合以上所记，除其矛盾处以外，其地望大致与太皞同，而位于空桑之野之曲阜，尤为少皞之本邑。太皞少皞皆是部族名号，不是个人私名，在古代记载上本甚明白。所谓伏羲氏、金天氏者，亦非能名之于一人者。至战国末汉初年之易系，始有"尧舜氏"一类的名词。然"尧舜氏"亦是统指一派，而非单指一人。氏本为部类家族之义，《左传》及其他古籍皆如此用。至于太少二字，金文中本即大小，大小可以地域大小及人数众寡论,如大月氏、小月氏。然亦可以先后论,如大康、少康。今观太皞、少皞,既同处一地,当是先后有别。且太皞之后今可得而考见者,只风姓三四小国,而少皞之后今可考见者,竟有嬴己偃允四著姓,当是少皞之族代太皞之族而居陈鲁一带。太皞族之孑遗,仅存太山之南,为零数小部落,而少皞一族,种姓繁衍。春秋所谓淮夷,每从其姓,商末所谓奄人,亦是嬴姓。且秦赵之祖,皆称嬴姓,比起太皞来,真是有后福的了。今分述少皞四姓于下。

嬴　嬴姓国今可考者有商末之奄,淮夷之徐,西方之秦、赵、梁。(《左传》僖十七年,"梁嬴孕过期")中原之葛,(僖十七,"葛嬴")东南之江、黄。(《史记索隐》引《世本》)据《史记》,伯翳(按即伯益,详下)为秦赵之祖,嬴姓之所宗。(《世本》同)秦赵以西方之国,而用东方之姓者,盖商代西向拓土,嬴姓东夷在商人旗帜下入于西戎。《秦本纪》说此事本甚明白。少皞在月令系统中为西方之帝者,当由于秦赵先祖移其传说于西土,久而成土著,后世作系统论者,遂忘其非本土所生。《史记》载嬴氏之西封如下:

《秦本纪》:"秦之先,帝颛顼之苗裔。(按颛顼在古帝系统中应属东系,说别详。)孙曰女修。女修织,玄鸟陨卵。女修吞之,生子大业。(此东夷之传说,辨详上文)大业取少典之子,曰女华。女华生大费,与禹平水土。已成,帝锡玄圭。禹受曰:'非予能成,亦大费为辅。'帝舜曰:'咨尔费,赞禹功,其赐尔皂游,尔后嗣将大出。'乃妻之姚姓之玉女,大费拜受。佐舜调驯鸟兽,鸟兽多驯服。(按此即皋陶谟之伯益故事)是为柏翳,舜赐姓嬴氏。大费生子二人,一曰大廉,实鸟俗氏。(按此即所谓少皞以鸟纪官)二曰若木,实费氏。(按鲁有费邑,见《左传》《论语》,当即费氏之故居。曲阜为少皞之墟,费氏之居去之不远也。)其玄孙曰费昌,子孙或在中国,或在夷狄。费昌当夏桀之时,去夏归商,为汤御,以败桀于鸣条。(此盖汤创业时,先服东夷,后克夏后,故费昌在汤部队中。)太廉玄孙曰孟戏,中衍,鸟身人言。帝太戊闻而卜之使御,吉,遂致使御而妻之。自太戊以下,中衍之后,遂世有功,以佐殷国,故嬴姓多显,遂为诸侯。其玄孙曰中潏,在西戎,保西陲。(此盖殷人拓土西陲,东夷之费氏为之守戍,遂建部队于西陲。)生蜚廉,蜚廉生恶来,恶来有力,蜚廉善走,父子惧以材力事殷纣。周武王之伐纣,并杀恶来。是时蜚廉为纣在北方,还,无所报,为坛霍太山而报。得石棺,铭曰:'帝令处父不与殷乱,赐尔石棺。'以华氏死,遂葬于霍太山。蜚廉复有子曰季胜。季胜生孟增,孟增幸于周成王,是为宅皋狼。(《赵策》,"智伯之赵,请皋狼之地。"盖智伯自大,故请人之皋狼。在汉为县。曰"宅皋狼"者,谓居于皋狼也。)皋狼生衡父,衡父生造父。造父以善御幸于周缪王,得骥、温骊、骅骝、骤耳之驷。西巡狩,乐而忘归。徐偃王作乱,造父为缪王御,长驱归周,以救乱。缪王以赵城封造父,造父族由此为赵氏。自蜚廉生季胜已下五世至造父,别居赵,赵衰其后也。恶来革者,蜚廉子也,早死,有子曰女防。女防生旁皋,旁皋生太几,太几生大骆,大骆生非子。以造父之宠,皆蒙赵城,姓赵氏。非子居犬丘,好马及畜,善养息之。犬丘人言之周孝王,孝王召使主马于汧渭之间,马大蕃息。孝王欲以为大骆适嗣。申侯之女,为大骆妻,生子成,为适。申侯乃言孝王曰:'昔我先郦山之女,为戎胥轩妻,生中潏。以亲故,归周,保西陲。西陲以其故和睦。今我复与大骆妻,生适子成。申骆重婚,西戎皆服,所以为王。王其图之。'(按周人惯呼殷人曰戎,"戎商必克","殪戎殷",皆其证。则称胥轩为戎者,当亦因其为东方族类也。嬴姓(费氏)为商人置之西陲后,婚于西戎之姜姓,〔申为姜姓,则郦山氏亦当为姜姓〕所生之子,在殷周之末,以母系故,归顺周人。所谓"西陲和睦"者,此其义也。)于是孝王曰:'昔柏翳为舜主畜,畜多息,故有土,赐姓嬴。今其后世亦为朕息马,朕其分土为附庸,邑之秦,使复续嬴氏祀。'号曰秦嬴,亦不废申侯之女子为骆适者,以和西戎。秦嬴生秦侯。"(按秦史记未与六国同亡,太史公书所记秦之先世必有所本,且此说正与少皞之其他传说相合。纵使秦有冒充之嫌,其由来已久矣。)

《赵世家》:"赵氏之先,与秦共祖,至中衍,为帝大戊御。其后世蜚廉,有子二人,而命其一子曰恶来。事纣,为周所杀,其后为秦。恶来弟曰季胜,其后为赵。季胜生孟增,孟增幸于周成王,是为宅皋狼。皋狼生衡父,衡父生造父,造父幸于周缪王。造父取骥之乘匹,与桃林盗骊、骅骝、绿耳,献之缪王。缪王使造父御,西巡狩,见西王母,乐之忘归。而徐偃王反,缪王日驰千里马,攻徐偃王,大破之。乃赐造父以赵城,由此为赵氏。"

按,伯翳即伯益。(说前详)伯益与夏有争统之事,其人亦号有平水土之功,已见上文论夷夏交胜一章中,此亦嬴为东夷姓之一证。又《逸周书·作雒解》:"周公立,相天子,三叔及殷东徐奄及熊盈以略。……凡所征熊盈族十有七。"所谓熊者,或是楚之同族。(按楚芈姓,而其王名皆曰熊某。金文中熊作酓。)所谓盈者,当即嬴之借字。又,宣八年《左传》经文"夫人嬴氏薨","葬我小君敬嬴",公、榖经文皆作"熊氏"、"顷熊",因此近人有疑熊嬴为一名者。然楚王号之熊字本借字,其本字在金文为酓,不可强比。《作雒解》熊嬴并举,不可以为一。且果熊嬴是一姓者,《郑语》详述祝融八姓,不应略此重事,反曰"姜,嬴,荆芈,实与诸姬代相干"。从此可知嬴熊二词同源之说之无根。果此说不误,则《书》所谓践奄,即《逸周书》所谓略盈族也。此固未可谓为确证,然求之地望,按之传说,差为近是矣。

又《秦本纪·赞》记嬴姓诸氏云:"秦之先为嬴姓,其后分封以国为姓。有徐氏,郯氏,莒氏,终黎氏,运奄氏,菟裘氏,将梁氏,黄氏,江氏,修鱼氏,白冥氏,蜚廉氏,秦氏。然秦以其先造父封赵城,为赵氏。"此亦东方之徐郯、西方之秦赵同出一祖之证。

　　己　按,己本祝融八姓之一。然《世本》云:"莒己姓。"(隐二正义引)杜预云:"少皞金天氏,己姓之祖也。"(昭十七注)又云:"莒嬴姓,少昊之后。周武王封兹舆于莒,初都计,后徙莒,今城阳莒县是也。《世本》自纪公以下为己姓,不知谁赐之姓者。"(隐二正义引杜预世族谱)据此,祝融八姓之己与莒国之己本非一源,不可混为一事。莒之中道改姓,殊费解。按之文七年《左传》"穆伯娶于莒,曰戴己"。是莒己姓有明征,改姓之说,虽或由于"易物",究不能证明或反证之。今应知者,所谓己姓,不出同一之祖,或祖祝融,或祖少皞,或祖黄帝。下文之表,但以祖少皞者为限。

　　偃　皋陶之后为偃姓,偃姓与嬴姓之关系,可以皋陶与少皞之关系推求之。自《列女传》曹大家注以为"皋陶之子伯益",(《诗·秦风·疏》引。)郑玄以为"伯翳实皋陶之子",(《诗谱·秦风》)王符以为"皋陶……其子伯翳",(《潜夫论·氏姓》)此说在后世著书者遂多所尊信。梁玉绳详辨此说之非,(《史记志疑》十九《人表考二·许繇下》)其所举证多近理。至其举《左传》臧文仲皋陶庭坚不祀之叹,以证徐秦之不祖皋陶,即皋陶非伯益之父,尤为确不可易。然古代传说中既有此盛行之一说,自当有所本。盖"皋益同族而异支",(梁玉绳语)以族姓论,二者差近;以时代论,皋陶氏略先于伯益。后世之追造《世本》者,(周末此风甚炽,帝系即如此出来者)遂以为伯益父皋陶矣。今固不当泥于皋陶为伯益父之说,同时亦当凭此传说承认偃嬴二宗种姓上有亲属关系。

　　然则皋陶之皞,当即大皞、少皞之皞,曰皋陶者,皋为氏,陶为名,犹丹朱、商均,上字是邑号,下字是人名。《易林》需之大畜称之曰陶叔,足征陶为私名。《路史·后纪》七云:"封之于皋,是曰皋陶。"(按《路史》卖弄文辞而不知别择,好以己意补苴旧文,诚不可据。然宋时所见古书尚多,《世本》等尚未佚,《路史》亦是一部辑佚书,只是书辑得不合法度而已,终不当尽屏而不取)此说或有所本,亦可为此说之一旁证。皋陶之裔分配在英六群舒之地,似去徐州嬴姓较远。然若信皋陶之陶即少皞之皞,又知周初曾压迫熊盈(即嬴)之族,所谓平淮夷,惩舒人,皆对此部类用兵者,则当知此部类古先所居,当较其后世所居偏北;少皞之墟,未尝不可为皋陶之邑。

所有少皞诸姓国之地望,今列表如下:

国	姓	时　代	地　望	附　记
郯	嬴(见《史记》《汉·志》《潜夫论》)己(杜说)	始建国不知在何时,当为古代部落,春秋后始亡。	今山东有郯城县。	《汉·地理志》:"郯嬴姓国";《春秋》文四年见。杜于郯姓未明说,然昭十七传云:"郯氏来朝,……昭子问焉,曰,少皞氏鸟名官,何故也? 郯子曰,吾祖也。"杜云:"少皞金天氏,己姓之祖也。"是杜意以郯为己姓。
莒	嬴己(二姓或同出一源,说见前)	始建国不知在何时,当为古代部落,春秋后灭于楚。	杜云:"今城阳莒县。"	
奄	嬴《左传》昭二疏,襄二十疏引《世本》)	商代东方大国,灭于周初。	奄在鲁境。	定四:"因商奄之民,命以伯禽,而封于少皞之虚。"按,克商为武王事,践奄为周公事,是奄亡于周公成王时。
徐	嬴(见《左传》《史记》等)	殷时旧国,西周中曾一度强大称王。西伐济河,见《檀弓》。齐桓时服事诸夏,后灭于楚。	其本土应在鲁,后为周公鲁公逐之。保淮水。《左传》僖三年杜注:"徐国在下邳僮县东南。"	《书·费誓》,《诗·大雅》《小雅》《鲁颂》《逸周书·作雒解》等,多记徐事。金文中自称郐王。

国	姓	时　代	地　望	附　记
江	嬴（《陈杞世家·索隐》引《世本》）	不知建国于何时，文四年，灭于楚。	杜云："江国在汝南安阳县。"	《索隐》引《世本》：江黄并嬴姓。
黄	嬴（同上）	不知建国于何时，僖十二年灭于楚。	杜云："黄国，今弋阳县。"	
赵	嬴（见《左传》《史记》等）	《秦本纪》：缪王以赵城封造父。自晋献公时，赵氏世为晋大夫，始大。	《集解》引徐广云："赵城在河东永安县。"《正义》引《括地志》云："今晋州赵城县本彘县地，后改永安，即造父之邑。"	
秦	嬴（同上）	《秦本纪》：周孝王封非子，邑之秦。	《集解》引徐广曰："今天水陇西县秦亭。"	
梁	嬴（见《左传》《潜夫论》）	不知何时建国，僖十九，灭于秦。	杜云："梁国在冯翊夏阳县。"	
葛	嬴（见《左传》《潜夫论》）	《春秋》桓十五，葛人来朝。	杜云："梁国宁陵县东北。"	《左传》僖十七，有葛嬴为齐桓众夫人之一。据《孟子》，葛与汤为邻。春秋嬴姓之葛与古葛有若何关系，今不可考。
菟裘	嬴（《史记》《潜夫论》）	隐十一："公曰：……使营菟裘。"盖春秋前已亡，为鲁邑。	《寰宇记》："菟裘故城在泗水县北五十里。"	

国	姓	时　代	地　望	附　记
费	嬴（《史记·秦本纪》）	《书》有《费誓》，盖灭于周初。	春秋鲁邑，后为季氏私邑，今犹名费县。	《书·费誓》，盖即对徐方嬴姓族用兵之誓。
群舒	偃（文十二疏引《世本》。杜注）	群舒部落，位于淮南。春秋时初灭于徐，卒灭于楚。	僖五，杜曰："舒国，今庐江舒县。"	《左传》文十二："群舒叛楚。"杜曰："群舒偃姓，舒庸舒鸠之属。今庐江有舒城，舒城西南有龙舒。"《正义》曰："《世本》：偃姓。舒庸，舒蓼，舒鸠，舒龙，舒鲍，舒龚。以其非一，故言属以包之。"
六	偃（《陈杞世家·索隐》引《世本》）	《春秋》文五："楚人灭六。"	杜云："今庐江六县。"	
蓼	偃（同上）	《左》文五："楚子灭蓼。"	杜云："今安丰蓼县。"	《左传》文五："楚子燮灭蓼。臧文仲闻六与蓼灭，曰：皋陶庭坚，不祀忽诸！德之不建，民之无援，哀哉！"
英氏	偃（同上）	《春秋》僖十七年："齐人徐人伐英氏。"杜云："英氏，楚与国。"又《陈杞世家》："皋陶之后，或封英六，楚穆王灭之。"		

以上所列，但以见于《左传》《史记》《世本》佚文、左氏《杜注》者为限，《潜夫论》所举亦略采及，至于《姓纂》《唐宰相世系表略》等书所列，材料既太厐，又少有头绪，均不列入。

据上表,足知少皞后世之嬴姓一支(宗少皞之己姓国在内)分配在今山东南境,河南东端,南及徐州一带。殷代有奄,为大国。有费,鲁公灭之。盖鲁地本嬴姓本土。所谓"奄有龟蒙,遂荒徐宅,至于海邦,淮夷蛮貊",是指周人略嬴族之故事。因周人建国于奄土,嬴姓乃南退保淮水,今徐州一带。及周人势力稍衰,又起反抗,西伐济河。周人只能压迫之,却不能灭之,故曰"徐方不回,王曰旋归"。可见是灭不了的。入春秋,徐始式微,而殷人所置嬴姓在西土者,转而强大,其一卒并天下。其别系偃姓在今安徽北部、河南东南隅以及湖北东境者,当亦西周时淮夷部队中人,入春秋,为楚所并。夏商虽有天下,其子孙犹不若此之延绵。若东方人作三代系统,必以之为正统无疑。

此外,"夷"名号下之部落,有有穷后羿,即所谓夷羿,说已见前。又有所谓伯夷者,为姜姓所宗,当与叔齐同为部族之号,别见姜姓篇。又祝融八姓之分配在东海者,亦号曰夷,别见祝融八姓篇,今俱不入此文。

又殷有所谓人方者,似不如释作夷方,其地不知在何处。董彦堂先生示我甲骨文一片,其词云:"……在二月,在齐甫,隹王来正人方。"是夷方当在济水流域中矣。

上列各部族国邑皆曾为人呼之曰夷,或其后世为人列于夷之一格中。综合其区域所包括,西至今河南之中心,东尽东海,北达济水,南则所谓淮夷徐舒者皆是。这个分布在东南的一大片部族,和分布在偏于西方的一大片部族名诸夏者,恰恰成对峙的形势。这里边的部族,如太皞,则有制八卦之传说,有制嫁娶用火食之传说。如少皞,则伯益一支以牧畜著名,皋陶一支以制刑著名。而一切所谓夷,又皆以弓矢著名。可见夷之贡献于文化者不少。殷人本非夷族,而抚有夷之人民土地,故《吕览》曰:"商人服象,为虐于东夷。"虽到宋襄公,还是忘不了东夷,活活的牺牲了夏代的后人,以取悦于东夷。殷曾部分地同化于夷。《逸书》曰:"纣越厥夷居而不事上帝。"似乎殷末已忽略其原有之五方帝的宗教,改从夷俗,在亡国时飞廉恶来诸夷人犹为之死。周武王灭商之后,周公之践奄憨熊盈国,鲁公成王之应付"淮夷徐戎并兴",仍全是夷夏交争之局面,与启益间,少康羿浞间之斗争,同为东西之斗争。西周盛时,徐能西伐济于河,俨然夷羿陵夏之风势。然经籍中所谓虞夏商周之四代,并无夷之任何一宗,这当是由于虞夏商周四代之说,乃周朝之正统史观,不免偏重西方,忽略东方。若是殷人造的,或者以夷代夏。所谓"裔(疑即衣〔殷〕字)不谋夏,夷不乱华"者,当是西方人的话。夏朝在文化上的贡献何若,今尚未有踪迹可寻,然诸夷姓之贡献却实在不少。春秋战国的思想家,在组织一种大一统观念时,虽不把东夷放在三代之系统内,然已把伯夷皋陶伯益放在舜禹庭中,赓歌揖让,明其有分庭抗礼的资格。(四岳为姜姓之祖,亦是另一部落。非一庭之君臣,乃异族之酋长。说详姜姓篇。)《左传》中所谓才子不才子,与《书》《尧典》《皋陶谟》所举之君臣,本来是些互相斗争的部族和不同时的酋长或宗神,而哲学家造一个全神堂,使之同列在一个朝廷中。"元首股肱",不限于千里之内,千年之间。这真像希腊的全神堂,本是多元,而希腊人之综合的信仰,把他们硬造成一个大系。只是夷夏列国列族的地望世系尚不尽失,所以我们在今日尚可从哲学家的综合系统中,分析出族部的多元状态来。

第五章　总结上文

说到这里,我们可以综合前几章中所论的结果,去讨论古代中国由部落进为王国(后来又进为帝国)的过程中,东西对峙的总局面。

随便看一个有等高线的中国地图,例如最近申报出版的丁文江、翁文灏、曾世英合著的中国分省图,不免觉得黄河下流及淮济流域一带和太行山及豫西群山以西的地域,有个根本的地形差别。这样东边的一大片,是个水道冲积的大平原,除山东半岛上有些山地以外,都是些一二百公尺以下的平地,水道改变是极平常的事:若非用人工筑堤防,黄河直无水道可言。西边的一大片是些夹在山中的高地,城市惯分配在河流的两岸。平汉铁路似乎是这个东西地形差别的好界线,不过在河南省境内郑州以下东平原超过平汉线西而几百里,在湖北情形更不整齐了。

我们简称东边一片平地曰东平原区,简称西边一片夹在大山中的高地曰西高地系。

东平原区是世界上极平的大块土地之一,平到河流无定的状态中,有人工河流始有定路,有堤防黄河始有水道。东边是大海,还有两个大半岛在望,可惜海港好的太少,海中岛屿又太少,是不能同希腊比的。北边有热察两省境的大山作屏障,只是这些山脉颇有缺口,山外便是直把辽洮平原(外国书中所谓满洲平原)经天山北路直到南俄罗斯平原连作一气的无障大区域,专便于游牧人生活的。东平原本有她的姊妹行,就是辽洮平原,不过两者中间以热河山地之限制,只有沿海一线可通,所以本来是一个的,分而为不断的两个了。辽洮平原与东平原的气候颇有差别,这个差别在初期农业中是很有意义的,但此外相同处远在东平原与任何平原之上。东平原如以地平论,南端可以一直算到浙西,不过南渡淮水不远,雨量也多了,溪沼也多了,地形与地利全不是一回事了。所以我们的东平原中可有淮南,却不能有江北。东平原中,在古代有更多的泽渚为泄水之用,因垦地及人口之增加。这些泽渚一代比一代少了。这是绝好的大农场而缺少险要形胜,便于扩大的政治,而不便于防守。

西高地系是几条大山夹着几条河流造成的一套高地系。在这些高地里头关中高原最大,兼括渭泾洛三水下流冲积地,在经济及政治的意义上也最重要。其次是汾水区，汾水与黄河夹着成一个"河东"，其重要仅次于渭水区。又其次是伊雒区，这片高地方本不大，不过是关中河东的东面大口，自西而东的势力，总要以雒阳为控制东平原区的第一步重镇。在这三片高地之西，还有陇西区，是泾渭的上游。有洮湟区，是昆仑山脚下的高地。在关中之北，过了洛水的上游，又是大块平的高原了。这大高原在地形上颇接近蒙古高原，甚便于游牧人，如无政治力量，阴山是限不住胡马的。在这三片之南，过了秦岭山脉，便是汉水流域。汉水流域在古代史上大致可分汉中、江汉、汉东三区。就古代史的意义说，汉水是长江的正源，不过这一带地方，因秦岭山脉之隔绝，与我们所谓西高地系者不能混为一谈。西高地系在经济的意义上，当然不如东平原区，然而也还不太坏，地形尤其好，攻人易而受攻难。山中虽不便农业，但天然的林木是在早年社会发展上很有帮助的，陵谷的水草是便于畜牧的。这样的地理形势，容易养成强悍部落。西高地系还有一个便利处，也可以说是一种危险处，就是接近西方，若有文化自中央亚细亚或西方亚细亚带来，它是近水楼台。

人类的住家不能不依自然形势，所以在东平原区中好择高出平地的地方住，因而古代东方地名多叫作丘。在西高地系中好择近水流的平坦地住，因而古代西方地名多叫作原。

在前四章中，我们把夷夏殷的地望条理出来，周代之创业岐阳又是不用证的，现在若把它们分配在本章的东西区域，我们可说夷与殷显然属于东系，夏与周显然属于西系。

同在东区之中，殷与夷又不同。诸夷似乎以淮济间为本土，殷人却是自北而南的。殷人是不是东方土著，或是从东北来的，自是可以辩论的问题，却断乎不能是从西北来的，如太史公所说。他们南向一过陇海线，便向西发展，一直伸张到陕甘边界或更西。夷人中，虽少啴一族,也不曾在军事上政治上有殷人的成功。但似乎人口非常众多,文化也有可观。殷人所以能建那样一个东起辽海西至氐羌的大帝国,也许是先凭着蓟辽的武力,再占有淮济间的经济与人力,所以西向无敌。

同在西系之中,诸夏与周又不尽在一处。夏以河东为土,周以岐渭为本。周在初步发展时,所居比夏更西,但他们在东向制东平原区时,都以雒邑为出口,用同样的形势临制东方。(夏都洛阳说,考见《求古录·礼说》。)

因地形的差别,形成不同的经济生活,不同的政治组织。古代中国之有东西二元,是很自然的现象。不过,黄河淮水上下流域到底是接近难分的地形。在由部落进为帝国的过程达到相当高阶段时,这样的东西二元局势,自非混合不可,于是起于东者,逆流压迫西方。起于西者,顺流压迫东方。东西对峙,而相争相灭,便是中国的三代史。在夏之夷夏之争,夷东而夏西。在商之夏商之争,商东而夏西。在周之建业,商奄东而周人西。在东方盛时,"自彼氐羌,莫敢不来享,莫敢不来王,曰商是常"。在西方盛时,"东人之子,职劳不来。西人之子,粲粲衣服"。秦并六国,虽说是个新局面,却也有夏周为他们开路。关东亡秦,虽说是个新局面,却也有夷人"释舟陵行",殷人"覃及鬼方",为他们作前驱。且东西二元之局,何止三代,战国以后数百年中,又何尝不然?秦并六国是西胜东,楚汉亡秦是东胜西,平林赤眉对新室是东胜西,曹操对袁绍是西胜东。不过,到两汉时,东西的混合已很深了,对峙的形势自然远不如三代时之明了。到了东汉,长江流域才普遍的发达。到孙氏,江南才成一个政治组织。从此少见东西的对峙了,所见多是南北对峙的局面。然而这是汉魏间的新局面,凭长江发展而生之局面,不能以之追论三代事。

现在将自夏初以来"东西对峙"的局面列为一表,以醒眉目。

正线的东西相争		结　　局	斜线的东西战争		结　　局
东	西		东	西	
夷——夏		东西互胜,夷曾一度灭夏后氏,夏亦数度克夷,但夏终未尽定夷地			
商——夏		东胜西			
殷——周		西胜东	殷——鬼方		东胜西
六国——秦		西胜东	淮夷——周		虽淮夷曾再度危及成周,终归失败
陈、项等——秦		东胜西			
楚——汉		西胜东			

据此表,三代中东胜西之事较少,西胜东之事甚多。胜负所系,不在一端,或由文化力,或由战斗力,或由组织力。大体说来,东方经济好,所以文化优。西方地利好,所以武力优。在西方一大区兼有巴蜀与陇西之时,经济上有了天府,武力上有了天骄,是不易当的。然而东方的经济人文,虽武力上失败,政治上一时不能抬头,一经多年安定之后,却是会再起来的。自春秋至王莽时,最上层的文化只有一个重心,这一个重心便是齐鲁。这些话虽在大体上是秦汉的局面,然也颇可以反映三代的事。

谈到这里,读者或不免要问,所谓东平原区,与所谓西高地系,究竟每个有没有它自己的地理重心,如后世之有关洛、邺都、建业、汴京、燕山等。答曰:在古代,社会组织不若战国以来之发达时,想有一个历代承继的都邑,是不可能的。然有一个地理的重心,其政治的,经济的,因而文化的区域,不随统治民族之改变而改变,却是可以找到的。这样的地理重心,属于东平原区者,是空桑,别以韦为辅。属于西高地系者,是雒邑,别以安邑为次。请举其说如下:

在东平原区中,其北端的一段,当今河北省中部偏东者,本所谓九河故道,即是黄河近海处的无定冲积地。这样地势,在早期社会中是很难发达的,所以不特这一段(故天津府、河间府、深冀两直隶州一带)在夏殷无闻,就是春秋时也还听不到有何大事在此地发生。齐燕之交,仿佛想象有一片瓯脱样的。到了春秋下半,凭借治水法子之进步,(即是堤防的法子进步,所谓以邻国为壑)这一带"河济间之沃土"始关重要。这样的一块地方,当然不能成为早期历史中心。至于山东半岛,是些山地,便于小部落据地固守,在初时的社会阶段之下,亦难成为历史的重心。只有这个大平原区的南部,即是西起陈、东至鲁一带,是理想的好地方。自荥泽而东,接连不断地有好些蓄水湖泽,如菏泽、孟诸等,又去黄河下游稍远,所以天然的水患不大,地是最肥的,交通是最便当的。果然,历史的重心便在此地排演。太昊都陈,炎帝自陈徙曲阜。(《周本纪·正义》引《帝王世纪》)曲阜一带,即空桑之地。穷桑有穷,皆空桑一名之异称。所谓空桑者,在远古是一个极重要的地方。少昊氏的大本营在这里,后羿立国在这里,周公东征时的对象奄国在这里,这些事都明白指示空桑是个政治中心。五祀之三,勾芒、蓐收、玄冥,起于此地。(《左传》昭二十九及他书。)后羿立国在此地。此地土著之伊尹,用其文化所赋之智谋以事汤,遂灭夏。此地土著之孔子凭借时势,遂成儒宗。这些事都明白指示空桑是个文化中心。古代东方宗教中心之泰山,有虞氏及商人所居之商丘及商人之宗邑蒙亳,皆在空桑外环。这样看,空桑显然是东平原区之第一重心,政治的及文化的。

在东平原区中,地位稍次于空桑之重心,是邦。邦读如衣,衣即是殷。(见《吕氏·慎大览》高诱注)殷地者,其都邑在今河南省北端安阳县境,汤灭韦而未都,其后世自河南迁居于此。在商人统治此地以前,此地之有韦,大约是一个极重要的部落,所以《诗·商颂》中拿他和夏桀并提。商人迁居此地之目的,大约是求便于对付西方,自太行山外而来的戎祸,即所谓鬼方者,恰如明成祖营北平而使子孙定居,是为对付北鞑者一般。商人居此地数百年,为人称曰殷商,即等于称在殷之商。末世虽号称都朝歌，朝歌实尚在邶地范围，所以成王封唐叔于卫，曰"封于殷虚"。（定四）此地入周朝，犹为兵政之重镇。（看白懋父敦等）又八百年后入于秦，为东郡，又成控制东方之重镇。到了汉末，邺为盛都，五胡时，割据中原者多都之，俨然为长安雒阳的敌手。

在西高地系内，正中有低地一条，即汾洛泾渭伊雒入河之规形长条。此长条在地形上之优点，地图已明白宣示，不待历史为它说明。它是一群高地所环绕的交通总汇，东端有一个控制东平原的大出口。利用这个形势成为都邑，便是雒阳。如嫌雒阳过分出于形胜的高地之外，则雒阳以西经过殽函之固，又过了河，便是安邑。雒阳为夏周两代所都，其政治的重要不待说。（夏亦曾都雒阳，见《求古录·礼说》）安邑一带，是夏代之最重要区域。在后世，唐叔受封，而卒成霸业。魏氏受邑，而卒成大名。直到战国初，安邑仍为三晋领袖之魏国所都，用以东临中原，西伺秦胡者。河东之重要，自古已然，不待刘渊作乱，李氏禅隋，方才表显它的地理优越性。

以上所举，东方与西土之地理重心，在东平原区中以南之空桑为主，以北之有邦为次；在西高地系中，以外之雒阳为主，内之安邑为次，似皆是凭借地形，自然长成，所以其地之重要，大半不因朝代改变而改变。此四地之在中国三代及三代以前史中，恰如长安、雒邑、建康、汴梁、燕山之在秦汉以来史。秦汉以来，因政治中心之迁移，有此各大都邑之时隆时降。秦汉以前，因部落及王国之势力消长，有本文所说。四个地理重心虽时隆时降，其为重心却是超于朝代的。认识此四地在中国古代史上的意义，或者是一件可以帮助了解中国古代史"全形"的事。

说"广陵之曲江"

余少读《文选》,至枚乘《七发》之赋曲江潮,为之神往,窃思何日得见此海天之大观耶?二十余年间,西游欧洲,南居岭外,终不得一睹子胥之波臣,民国十七年秋,羁旅上海,于仲秋既望往观于海宁,然后知枚生之辞,华而未尝无实,铺张而恰中事情也。归途坐小舟,遵江溪,景物清新,心旷神怡,窃意楚太子何事如彼头巾寒酸气,告以巨观,曰病未能,告以孔墨,乃霍然愈?于是益觉枚生所称曲江之潮非浙江潮莫当,而所谓"广陵之曲江"一语,更不能释然于心矣。后来稍稍询之治地理者,广陵之称,终不可解。今北都再危,忧愤忘事,爰检屈辞,遂及枚赋。旧情既萌,獭祭群书,卒得证据,涣然冰释矣。谨写其解如下:

以曲江为浙江者,朱竹垞也。既以曲江为浙江,遂似不得不以广陵为钱塘之城(见《曝书亭集》卷三十一,与《越辰六书》)。以广陵为近世所谓扬州城者,汪容甫也。既以广陵为扬州城,遂似不得不以曲江当甘泉县之小水。实则广陵正是后之广陵,曲江亦即后之浙江,事在易而两君求之难矣。

地名,人为者也,可同名,可移徙,可讹谬。地理,自然界之事实也,人不得而改易,故论地当以自然事实为先。今浙江之潮,诚世界稀有之大观,必入海之口为胃形,然后能成此奇迹。今世上有此现象者,钱塘江之外,仅南非一大川类似。若从汪氏说,以曲江为北江,则必两千年前,扬子江入海处与今日形状大异,镇江以下皆在海中,然后可也。夫崇明岛至宋始大,今日东海海塘之筑始于明代,固为熟知之事实。然谓西历纪元第二世纪中,即枚乘生时,长江入海处与今日情形如此大差异,诚不可能,区区两千年,在历史上固为久远,在地质史上乃不成一单位。且浙江潮固历代著名者,若扬子有同类之潮,枚乘之后不便即无称道之者,歌咏之者。李善注固以曲江为扬子江者,乃不得不引山谦之《南徐州记》《南齐书·地理志》,以佐证之。然所引仅谓有江涛耳,与《七发》所形容者迥别。今扬子江潮犹及芜湖,然非浙江潮之类也。枚乘固云,"通望乎东海",则观潮处必东近海口,设以扬子当之,亦必如今日海门以下,非扬州、镇江之形势也。又云:

其始起也,洪淋淋焉,若白鹭之下翔。其少进也,浩浩溰溰,如素车白马帷盖之张。其波涌而云乱,扰扰焉如三军之腾装。……诚奋厥武,如震如怒。

则俨然今日浙江潮之画图也。郦道元,古代地理学之第一权威也。其序地理,虽不能尽由目验,亦皆折之事实,绝非抄袭史传,排比文辞者可比。其注江水,虽庐江郡以下自宋已阙佚,然其注浙江则云:

常以月晦及望尤大,至二月八月最高,峨峨二丈有余。《吴越春秋》以为子胥、文种之神也。昔子胥亮(忠)于吴,而浮尸于江,吴人怜之,立祠于江上,名曰胥山。《吴录》云,胥山在太湖边,去江不百里,故曰江上。文种诚于越,而伏剑于山阴;越人哀之,葬于重山。文种既葬一年,子胥从海上负种俱去,游夫江海。故潮水之前扬波者伍子胥,后重水者大夫种。是以枚乘曰:"涛无记焉。然海水上潮,江水逆流,似神而非,于是处焉。"

郦君明明以枚乘之曲江为浙江,汪氏舍此说,而乞灵于《南齐书·志》《南徐州记》,诚忘轻重。且"曲""浙"本一词,其音变甚明。今按之地形,征之字义,曲江潮之必为浙江潮,无可疑也。

广陵一名始见于《史记·六国表》,慎睹王二年,即楚怀王十年(公元 319),"城广陵"。此当由灭越而起,前此十余年,越为楚灭,故今城之。《史记》此处固未示吾人以广陵之所在,然《项羽本纪》云:

> 广陵人召平,于是为陈王徇广陵,未能下。闻陈王败走,秦兵又且至,乃渡江矫陈王命,拜梁为楚王上柱国。

是时项梁"举吴中兵",而召平渡江拜之。则广陵之在江北明矣。且据上文所引《史记》两事,广陵自战国即为重镇,不容钱塘江上又有一小邑,用夺其称。自汉以来,广陵为邑,为国,为郡,班班可考。今按之沿革,广陵城之必在江北,为近代所谓扬州城之前身,又无可疑也。

广陵城既必在江北,曲江潮又必为浙江潮,则"广陵之曲江"一词其不词乎?于是清帝弘历曰:

> 《七发》之作,不过文人托事抒藻之为,如子虚亡是,骋其赡博。非必若山经地志,专供考资者之脉络分明也(引见王先谦本《水经注》卷首)。

此语糊涂致极!子虚亡是,固可空托,若言实在地名,则不能乱说,乱说必为时人所讥。昆仑玄圃,神话中之地名也。故屈平可以肆用之,然云梦息慎,则实际地名矣,司马长卿虽设子虚亡是,然不能言"齐之云梦""楚之息慎"也。然则"广陵之曲江"一词,必为汉惠文时通行之语,或可通之称,今宜寻其所由。若不然者,则《七发》必后人书矣。

以为广陵国不涉江南者,乃误读《汉地理志》之故,《汉志》郡国皆哀帝元始二年制,与前此之郡国分合不同。《汉志》中之广陵国境,乃成帝继广陵王胥之绝嗣,重立广陵孝王子守以后之分土。元始二年,在王位者为守子弘,此时广陵王国早失在江南之郡郡,不止会稽而已。弘历以《汉志》之广陵国境论枚乘时事,其疏已甚。又《史记》褚少孙补三王世家记元狩六年广陵王胥受封之策曰:

於戏!小子胥,受兹赤社!朕承祖考,维稽古建尔国家,封于南土,世为汉藩辅,古人有言曰:"大江之南,五湖之间,其人轻心。扬州保疆,三代要服,不及以政。"(《汉书·武五子传》同)

褚又曰:"孝武帝之时,同日而俱拜三子为王……各因子才力智能,及土地之刚柔,人民之轻重,为作策以申戒之。"又曰:"夫广陵在吴越之地,其民精而轻,故诫之曰云云。"《汉书》亦云:"同日立,皆赐策,各以国土风俗申戒焉。"夫五湖,具区也,吴越,会稽郡是其本土。设若广陵王胥初受封时,并不及于会稽,则《汉书》及褚补所云,皆为不根之谈矣。

景帝后三年,武帝立,时年十六。武帝年"二十九,乃得太子,甚喜",当在元朔元年。《武五子传》云,"元狩元年,立为皇太子,年七岁",亦戾太子生在元朔元年之证。卫夫人王夫人并宠幸于武帝,元朔元年三月,立皇后卫氏,是太子生然后立其母为嫡,戾太子前,武帝当无子。同日受封之齐闳燕旦广陵胥三王,既皆不长于戾太子,而三人中齐王当居长,广陵王又为燕王之同母弟。《三王世家》首列霍去病上书云,"皇子赖天,能胜衣趋拜";又曰,"皇子或在襁褓而立为诸侯王"。又,闳立八年,薨,而褚曰"早死"。《汉书·燕王旦传》云,"旦壮大就国"。凡此皆足证明三王初立,正在数龄,未尝即就国也。且由太子初生之元朔元年至三王受封之元狩六年仅十一年,尤为三王受封时少小之明证。广陵王始封时既未就国，则此国自等于虚设，会稽仍为汉廷之郡。封策中虽已列入吴越之地，行政上仍为假设之邦。其后元鼎元光中，武帝大用事于瓯闽，会稽郡为屯兵备战之重地，则会稽之隶汉廷也，当仍而未改。逮后来胥就国时，或即沿此不得会稽郡矣。江都易王时代，曾兼有会稽郡否，今已不可详知。江都易王之立，"治故吴国"，故吴都广陵，则江都王亦都广陵。王先谦依此以为江都兼有会稽之证，乃误以"治故吴国"为"治吴"或"都吴"耳。《汉志》会稽郡下云，"景帝四年属江都"，广陵下云，"江都易王非广陵厉王胥皆都此，并得鄣郡而不得吴"。显相矛盾，未知孰是。考江都王建自杀国除在元狩二年，而建元三年即有会稽守，见《严助传》，则江都王或未尝有会稽郡，或先有而后失之耳。西汉诸王国境变化不常，时而益封，时而削地，时而自请扫之汉廷，今不可一一考证得之。要之，江都国、广陵国皆不得以为从来但为江北国，皆一度兼得会稽郡，即钱塘江游域，其踪迹今犹可寻也。

广陵国非以江北为限，已如上文所述，然广陵国之号既始于元狩六年，枚乘又为文景时人，在其前不应预知，岂《七发》固为后人所作，抑此语为后人所改耶？曰，不然，以所治之邑名其郡国者，汉世之通习也。吴王濞之国治广陵，不治吴，则王濞之国在世俗称谓中，应曰广陵，不曰吴，作吴者策府之官号，作广陵者民间之习语。请举例以说之。终西汉之世，未尝有吴郡，会稽郡治吴，郡不名吴也。《汉志》会稽郡下云，"高帝六年，为荆国，十二年，更名吴"，此谓王濞之国为荆之更名，非谓会稽郡。王濞之国与会稽郡，大小固绝非一事。《汉志》广陵下云，"江都易王非，广陵厉王胥，皆都此，并得鄣郡而不得吴。"此处之吴，指会稽郡言，故与鄣郡为对。然汉固未尝有吴郡，是直以吴名会稽郡，即以会稽郡所治邑名会稽郡矣。例一也。《枚乘传》曰："景帝召拜乘为弘农都尉。"弘农置郡在武帝元鼎四年，景帝时已有弘农都尉者，汉初弘农当属河南郡，盖为河南郡都尉而治弘农（钱大昕说）。河南都尉治弘农，即称弘农都尉,是又以治所名都尉之官也,例二也。刘濞之国,策名曰吴,然既都广陵不都吴,则民间自以称之曰广陵为便。《越绝书》二,"高皇帝更封兄子濞为吴王,治广陵,并有吴。立二十一年,东渡之吴,十日,还去"。《越绝书》为东汉会稽人袁康吴平所作,见杨慎《丹铅录》,其书稽古多不可据,而记会稽郡事则为亲见亲闻,其称吴王"治广陵,并有吴"者,可征当时人心中固以濞为广陵之王,兼制吴地,国既在广陵,国即称广陵矣。综是以观,王濞之国称广陵者,当时之通称也。枚乘著书称"广陵之曲江者",依时俗也。元狩六年封胥为广陵王者,昔日民间之通称,今升为官府之策名者也。其称曲江必曰"广陵之曲江"者,明曲江在广陵所隶境内,犹曰"楚之云梦吴之具区"也。知"广陵"为王濞国之俗称,则"广陵之曲江"一词之解,当从其易,不必求其难矣。阎百诗《潜丘札记》三,论此事,与今此论有同处,然阎说无证,仅一假设,故为钱晓征所议。今不引举,读者幸参看焉。

然则与其执"广陵之曲江"一词以疑《七发》为非枚乘作,毋宁执此以证其为枚乘作耳。

民国二十三年六月

(原载 1936 年 3 月《国立中央研究院历史语言研究所集刊》第六本第一部分)

谁是《齐物论》之作者

一 述题

今本《庄子》,为向秀、郭象所编定者,计有《内篇》七,《外篇》十五,《杂篇》十一。按,内外杂之分,一凭主观,既无逻辑为之差别,又无遗说为之依据,可谓注者之私识,无关庄生一书之弘旨,读者如不局促于西晋二君之藩篱,斯不当据为典要。即如《齐物》一篇,在庄书中独显异采,以文词论,徘徊幽忽,不似他篇之昭朗翱翔也。以思想论,决然无主,不似他篇之睥睨众家也。再以标题言之,《庄子》一书中,此篇之外无以论名者,自慎到、荀卿、吕不韦之前,亦不闻以论名篇,则此篇之可疑滋甚,此题之待证孔殷。无惑乎自北宋人发挥批评精神,此事遂为经籍批评学中一问题。

疑此篇名者自王安石始(王说引见后代人书,原文今不可考见),而王应麟等畅其说。《困学纪闻》(卷十)云:

《齐物论》,非欲齐物也,盖谓物论之难齐也。是非毁誉,一付于物,而我无与焉,则物论齐矣。邵子诗谓"齐物到头争",恐误。张文潜曰:"庄周患夫彼是之无穷,而物论之不齐也,而托之于天籁。"(下略)(按,今本《柯山集》不载此语)

又，钱大昕《养新录》十九云：

> 王伯厚谓《庄子·齐物论》，云云（同上文所引，不重录）。按，左思《蜀都赋》，"万物可齐于一朝"，刘渊林注云，"庄子有齐物之论"。刘琨《答卢谌书》云，"远慕老庄之齐物"。《文心雕龙·论说篇》云，"庄周齐物，以论为名"。是六朝人已误以齐物两字连读，唐人多取齐物两字为名，其误不始康节也。

究竟谁误谁不误，今可考定，而本书作者亦可借此推求焉。

二　今本《庄子》为向郭所定与古本大不同

欲解此题，宜先究今本《庄子》为何如书。《世说新语·文学章》云：

> 初，注《庄子》者数十家，莫能究其旨要。向秀于旧注外为解义，妙析奇致，大畅玄风。惟《秋水》《至乐》二篇未竟，而秀卒，秀子幼，义遂零落。然犹有别本。郭象者，为人薄行，有俊才。见秀义不传于世，遂窃以为己注。乃自注《秋水》《至乐》二篇，又易《马蹄》一篇，其余众篇，或定点文句而已。后秀义别本出，故今有向郭二《庄》，其义一也。

又《晋书·向秀传》云：

> 向秀……雅好老庄之学。庄周著内外数十篇，历世方士虽有观者，莫适论其旨统也。秀乃为之隐解，发明奇趣，振起玄风，读之者超然心悟，莫不自足一时也。惠帝之世，郭象又述而广之，儒墨之迹见鄙，道家之言遂盛焉。

又陆德明《经典释文·庄子序录》云：

> 然庄生宏才命世，辞趣华深，正言若反，故莫能畅其弘致。后人增足，渐失其真。故郭子玄云，"一曲之才，妄窜奇说，若《阏奕》《意修》之首，《危言》《游凫》《子胥》之篇，凡诸巧杂，十分有三。"《汉书·艺文志》庄子五十二篇，即司马彪孟氏所注是也。言多诡诞，或似《山海经》，或类占梦书，故注者以意去取。其内篇众家并同，自余或有外而无杂。唯子玄所注，特会庄生之旨，故为世所贵。

据此，《庄子》一书后来以郭注为定本。前此诸家虽崔譔注二十七篇，向秀注二十六篇，司马彪注五十二篇，并著录于《释文》，向秀注二十卷（原注"今阙"），司马彪注十六卷（原注，"本二十一卷，今阙"），并著录于《隋志》，崔、向、司马三家亦并著录于两唐书志，然《崇文总目》即已不载，陈振孙谓"向义今不传"，知先郭诸家均亡于唐世，或唐宋之际矣。今以现存各家《庄子注》对勘，不特篇卷无殊，即文字之差异亦复至少，知郭注既为定本，诸家从此沦没。今固不能见庄书面目于郭本之前，类书等所引庄子有在今本外者，必由唐人犹见司马本之故（《御览》虽编于宋初，然实抄旧有类书）。

然郭本实删定本也。《释文序录》所引郭子玄语不见今本《庄子注》，意者当为《庄子注后序》，或郭氏他文，今不可考。此文谓"凡诸巧杂十分有三"，是郭氏本对司马氏本所删除者，十居其三。按《释文叙录》载司马本五十二篇（《汉志》同），郭本三十三篇，郭本正当司马本百分之六十三余，与郭氏删芟什三之数相合。所谓"《阏奕》《意修》之首，《危言》（或系卮言之误）《游凫》《子胥》之篇"，今皆不可见，是皆删之矣。且向郭二氏实魏晋玄风之中坚，文辞清华，思致玄邈，而考订之学，则非所论也。故上之不如汉儒之质拙，虽欲改窜而不能掩其迹，下之不如宋世朴学诸贤,如朱熹、蔡沈、王应麟,疑古辨伪可得其正。乃竟指挥由心,率尔编定,其失多矣。恐向郭之本不特篇章有选择,即词句亦有所删改耳。又按《史记·庄子列传》云:

> 庄子者……其学无所不窥,然其要本归于老子之言,故其著书十余万言,大抵率寓言也。作《渔父》《盗跖》《胠箧》,以诋訾孔子之徒,以明老子之术。《畏累虚》《亢桑子》之属,皆空语,无事实。

按,亢桑,及庚桑当并是空桑之转。张守节《正义》以为《亢桑子》即今本《庚桑楚》,张守节生当司马本未亡时,此说当不误。其畏累虚一名,则司马贞《索隐》云,“按,《庄子·畏累虚》,篇名也”,是太史公所特为标举者,亦有为向郭所删落者矣。《庄子》一书,诚非尽庄子所著,然内外杂之分既不可据,向郭又非考定之才,其所去取,自是凭一家之爱憎而已。

今更进而论《齐物论》一篇之思想。《齐物》一篇,所论者甚多曲折,其文辞又复张皇幽眇,诚不可以一言归纳之。然郭注颇得其要旨,其言曰:

> 夫自是而非彼,美己而恶人,物莫不皆然,故是非虽异,而彼我均也。

此正《天下篇》谓慎到“舍是与非”也。《天下篇》所云“决然无主,趣物而不两”者,《齐物》反复言之,盈数百言,以多方作喻,其归则“至于莫之是莫之非而已矣”。“万物皆有所可有所不可”,而“辩也者有不见也”,正《天下篇》所谓“大道能包之而不能辩之也”。《齐物论》更详申其义曰,“是不是,然不然。是若果是也,则是之异乎不是也,亦无辩。然若果然也,则然之异乎不然也,亦无辩。”“是非之彰也,道之所以亏也。”至于

"弃知去己"之义,《齐物论》中啮缺问乎王倪一节,所释最为明白。所谓"弃知",并己之不知亦不知,并物果无知否亦不知。所谓去己,则罔两与景皆无所谓己,人之所美,则"鱼见之深入,鸟见之高飞"者也。凡此相同之点,无待列举。细以《天下篇》所述彭蒙、慎到、田骈所持义与《齐物论》比勘,自当觉其互为注脚耳。

儒家曰:"夫物之不齐,物之情也。"非儒者务反是,以为物本齐也,乃有妄人儒墨者,自以为圣智,立是非,辩人我,于是乎不齐矣。以不齐齐其齐也,不齐,犹《庄子》曰,"以不平平其平也,不平"。

《齐物论》一书,在《庄子》三十三篇中,"块然独处,廓然独居"。文辞既绝与他篇不同,思想亦不类,今以《天下篇》庄子所以自述者为准,知《逍遥》《秋水》诸篇最为庄子之本旨,所谓"外死生无终始"者,外篇杂篇所载转多胜义。《齐物论》者,犹不免以齐为心,以齐喻齐,不若以非齐喻齐也,如是安得"上与造物者游"乎? 故《齐物论》虽能"与物辊转",而庄子犹以为"慎到、田骈不知道"耳。

《齐物论》词句与《庄子》他篇偶同者,一见于《庚桑楚》,再见于《寓言》,皆抄袭《齐物》,无关旨要,盖后人敷衍成文者,此不足为《齐物》属于庄子著书之证,适足为《齐物论》混入庄学颇早之证。时至汉初,反儒墨用古之义及其认真之态度者,几皆托庇于黄老,于是乎《庄子》中甚多篇颇似为五千言作注脚者,而庄老之分乃不易见。慎到之学,当至战国末而微,以儒墨为对,自觉其近于庄氏,其混入亦复近情。今幸犹存《天下篇》,可据以探其异源耳。

庄子之学,在汉仅附老子而行,至魏晋则转以老子释庄子。吾尝以为老学凡三变,而阴阳养生神仙术数之比附者不与焉。其一曰关老,其义流行于战国末,乃道术之一派,如《天下篇》所述者是也。其二曰黄老,其义流行于盛汉,乃用世之学,君相南面之术也。其三曰庄老,其义流行于魏晋,乃与时俯仰之见解,衰代聪明自私之人之避世术也(干宝

《晋纪总论》,"学者以庄老为宗",明庄学比老学在当时更居前列,魏晋玄谈,实以老释庄耳)。庄书虽称老子,并非老学,《天下篇》所论者可证。时至汉初,九流相混,庄义难行于盛时,遂成老子之附庸。太史公所见,乃当时之景象,壹如《班志》叙墨家所释贵俭,兼爱,尚贤,明鬼,非命,尚同诸义,皆汉代墨者之义,非战国时墨学之真。自庄书之要义观之,此为庄学之衰微,然庄书正恐缘此而不失耳。在一派学术衰杀之日,其名犹盛,其理则识之者少,一切相干不相干者,从此附入,亦事理之恒然。人皆知庄子之名,而不识庄子之实,他家名稍逊者,若与庄义相邻,在无别择之时人观之,即为庄子书矣。然则《汉志》著录《庄子》五十二篇,其中正可有他家书之混入,汉晋名贤,无以识别之也。

三 《齐物论》作者为慎到

今日考订古籍,仅可有《庄子》一书之问题,不可有庄子一人之问题;仅可以一篇为单位,不可以一书为单位。古者诸子著书,自吕刘诸家之外,多以篇为单位,集众篇以为一书者,后人之作为,每非著者及生可见之事。功出后死之人,或竟隔远数代,不能起古人而问之,即不能辨何者为原书,何者为后录矣。庄子事迹,可考者少,其曾游稷下否,今不可断言(其不游稷下为章氏太炎臆说)。其真终身不仕否,今无术证明(见《史记》)。今日可得议而不辩者,只《庄》书之思想系统耳。

欲明此事不可不立一标准,标准惟何,《天下篇》所论者是也。《庄子内篇》七,固为魏晋名贤所重,然太史公所重者,乃在《渔父》《盗跖》《胠箧》。此由魏晋玄风,《逍遥》为胜,盛汉百家,老氏为先,各从其时,不关《庄》书之本。《天下篇》虽未必为庄生自作,然所举六派十一家恰与《荀子·非十二子篇》、《天论篇》末、《吕氏·不二篇》,及《孟子》所论者,大体相合,明其所述者为战国末诸子之形态,非如刘安、司马谈所说为汉人之见识也。此《天下篇》早成之外证也。关老一派，慎到田骈一派，庄子一派，自后人观之，若不易分，而庄老之混，不特汉儒多作此想，即《庄》书本身亦每现此象。然五千文具在，不同卮言，道德义可据，无关逍遥。今《庄》书多篇竟若混同之水，而《天下篇》所示，乃为泾渭未合之上游，从此可知《天下篇》所示者，庄生之原意，虽《胠箧》《盗跖》，亦为后起之书矣。此《天下篇》早成之内证也。持《天下篇》为准，以别关老与庄氏，即可出《齐物论》于《庄》书矣。《天下篇》述慎到、田骈之方术曰：

公而不当（崔本作党），易而无私，决而无主，趣物而不两，不顾于虑，不谋于志，于物无择，与之俱往。古之道术有在于是者，彭蒙、田骈、慎到闻其风而悦之。齐万物以为首，曰，天能覆之，而不能载之；地能载之，而不能覆之；大道能包之，而不能辩之。知万物皆有所可，有所不可。故曰，选则不遍，教则不至，道则无遗者矣。是故慎到弃知去己，而缘不得已，泠汰于物，以为道理。曰，知不知，将薄知而后邻伤之者也。谋髁无任，而笑天下之尚贤也。纵脱无行，而非天下之大圣。椎拍辐断，与物宛转。舍是与非，苟可以免。不师知虑，不知前后，魏然而已矣。推而后行，曳而后往。若飘风之还，若羽之旋。若磨石之隧，全而无非。动静无过，未尝有罪。是何故？夫无知之物，无建己之患，无用知之累。动静不离于理，是以终身无誉。故曰，至于若无知之物而已，无用贤圣。夫块不失道。

豪杰相与笑之，曰，慎到之道非生人之道，而至死人之理，适得怪焉。

田骈亦然。学于彭蒙，得不教焉。彭蒙之师曰，古之道人，至于莫之是莫之非而已矣。其风窢然，恶可而言。常反人，不见观，而不免于魭（輐）断。其所谓道非道，而所言之韪不免于非。

彭蒙、田骈、慎到不知道。虽然，概乎皆尝有闻者也。

240

据此文，则慎到著书，曾以《齐物》一篇为首也。所谓"首"者，谓首章，犹《国语》云"以《那》为首"。又，《史记·孟子荀卿列传》云：

> 慎到，赵人；田骈，接子，齐人；环渊，楚人，皆学黄老道德之术，因发明序其指意。故慎到著十二论，环渊著上下篇，而田骈接子皆有所论焉。

据此文，则慎到著书，以论名篇，其数凡十二也。合此两事，知《齐物论》者，慎到所著十二论之首篇也。

《齐物论》一篇中，仅末段见《庄子》名，然此段陈义乃与前文相反。此段中有云，"周与胡蝶则必有分矣"，前文乃云，"分也者，有不分也"。试取古卷子本看其款式，卷尾最易为传写者追加，此段之来源正当如是。

此篇除末节外，分作数章，皆为对语。最先最长之一章为南郭子綦与颜成子游之对语，此两人皆无可考。据下文南郭子綦名丘，颜成子游名偃，字子游。夫师名丘，而徒名偃，更字子游，俨然影射孔子与言偃。战国时，孔子与言偃，在儒家中最知名，荀子所谓"仲尼、子游为兹厚于后世"也。今乃仿其名号，改其主义，以为论议，甚矣慎到之吊诡，稷下先生之好事也！

四　前章所持论之旁证

慎到之学见引于晚周诸子者，皆与前说吻合。兹列举如下。《荀子·非十二子篇》云：

> 尚法而无法，不循（从王念孙改）而好作。上则取听于上，下则取从于俗。终日言成文典，反纠察之，则倜然无所归宿。不可以经国定分。

然而其持之有故，其言之成理，足以欺惑愚众，是慎到、田骈也。

又《天论篇》：

　　慎子有见于后，无见于先。老子有见于诎，无见于信。墨子有见于齐，无见于畸。宋子有见于少，无见于多。有后而无先，则群众无门。有诎而无信，则贵贱不分。有齐而无畸，则政令不施。有少而无多，则群众不化。

《吕览·不二篇》：

　　老聃贵柔，孔子贵仁，墨翟贵廉，关尹贵清，列子贵虚，陈骈贵齐。（高注："贵齐，齐生死等古今也。"）

今按，所谓尚法者，解见下章。所谓"不循而好作"者，仅谓其著书陈义，自我作古，是泛语，未能据以审断慎子思想。其谓"上则取听于上，下则取从于俗"者，疑谓在上位者，一任所凭之势以为治，无待乎辩贤与不肖，正如《韩非子·难势篇》所引慎到语"无以是知势位之足恃，而贤智之不足慕也"。齐物之思想，若以之应用于人事，自必去是非，泯贤愚，而专用势。"上则取听于上"者，似指居上者当取其力于其自身所凭之势，"下则取从于俗"者，既不辨是非，等而齐之，自可顺俗为治。所谓"有见于后无见于先"者，但据本文颇不可解，观下文云，"有后而无先，则群众无门"，则易解矣。由荀子观之，慎子不能探本追源，以定是非，乃杂然并陈，以为万物皆可皆不可，群众对此，犹治丝而棼之，何所适从？故曰，"有后而无先，则群众无门"也。后者，众说之比肩，先者，原始之一贯也。

上文所释，诚非惟一可能之解。吾在此处所祈求辩证者，仅谓荀子此语与《齐物论》为慎子义之一说不相违悖，非谓其相互证明，此中分际，不敢逾越。《慎子》书既号称十二论，《齐物》之外至少犹有十一篇，《齐物》固为道体之言，此外必有用世之论。以《齐物》之道论，自可有"无所归宿"之人事论，用势而不尚贤之政治论耳。

至于《吕览》所载，乃大可为吾解《齐物论》之证。陈骈即田骈（见《汉志》），田骈即与慎子同道齐名之人，庄荀论此一派，皆以二者并举。此语中所谓柔、仁、廉、清、虚，皆指抽象之德，不关政治之用，则所谓齐者，当亦如是。高诱注以贵齐为"齐生死，等古今"，不以为齐贵贱，甚得其旨。田骈既贵齐，慎到亦必贵齐，贵齐之义，正托于《齐物论》以传于今耳。

五　论今本《慎子》不足据

如此解《齐物论》，吾深觉其涣然冰释矣。然有一类事实，表面与吾说不合者，即《汉志》著录《慎子》四十二篇在法家，而今本《慎子》思想与《齐物论》既不相干，文辞更绝不类，是也。

求解此谜，并非难事。由《庄子·天下篇》《荀子·非十二子篇》所示，慎到、田骈乃一派之学，今《汉志》以《田子》二十五篇列之道家，《慎子》四十二篇列之法家，明二子之后世，学有变化矣。战国诸子，相反相生，一传之后，本师之名号未改，此学之内容乃变，是以读其书者不可不论其世也。据《史记·始皇本纪》太子扶苏语，孔子为神仙方士所宗，据《非十二子篇》，子思、孟子造为五行，据《汉志》语，墨家以养三老五更为兼爱，以顺四时而行为非命。此岂所以论其朔耶？凡此持论者，皆据当时所见言之，既不可以为探本之谈，亦不便以为伪造之证。慎到、田骈，在始本为一家之学，《天下篇》所著者其道论也。其用世之旨，政治之论如何，虽可略窥其端，究不能详考其说，惟既以绝是非摒知虑为说，自易

谁是《齐物论》之作者

流为任势尚法之学。意者十二论中先开其端,其弟子所记乃衍而畅之。道家之流为法家,本自然之势也(《汉志》所谓道家者,虽以五千文为宗,实乃关尹老聃,慎到田骈,庄周列御寇之总名)。凡此慎田二子之支流,邻于法家引于韩非者,正是荀子所谓"尚法而无法",《汉志》所以列四十二篇于法家者也。犹之自《文子》以降引老子言多出五千文之外者,因当时五千文之外,复有托名老子之传记,其书后世不传耳。且学风之变,动于时尚,成于利禄之途。在慎子田子时,世变未至其极,大国犹可安居,稷下先生开第康庄之衢,不治而议论,穷年清谈,块然可以为生,下逮战国末,交争之风更炽,利国之要求尤著,承师说者,自不能不迁竞时尚,以写新书,而资啖饭,于是解《老子》者,为申韩张目,承慎到者,助法家扬波矣。儒墨在汉皆曾如此丕变,慎学在战国末容亦不免耳。然则韩吕所引,慎子后世书也。果《汉志》著录之四十二篇不绝,吾说当得直接证明。今幸道家犹著录《田子》二十五篇,高注以为"齐生死,等古今",此中得其消息矣(凡此所论,详见拙著《变化的诸子》,未刊)。

至于今本《慎子》,不足深论。今行世著者二本,慎懋赏本最多,亦最不可据,其内篇已杂采群书,外篇乃纯系伪造,世有定评。《守山阁本》最谨严,然实辑佚之书,校以《群书治要》,多出者甚少,是此书之全佚久矣。凡此佚文,当在四十二篇中,吾所谓后世宗慎子者所写录也。

二十五年五月六日

附 记

余之蓄此说也,几近十年矣,人事靰掌,东西南北,每思写出,而逡巡不果。本年5月2日,余与李济、董作宾、梁思永诸先生聚谈一室,涉及此事,乃发愤曰,"今晚回家写成",于是尽两夜之力,成此一文。

此文写成后,同事陈钝先生为我抄录,因举《国学论文索引第三编》所刊山东大学励学社所刊之《励学》中王先进一文,名《庄子考证》,子目有《齐物论之作者问题》一项示余。适研究所无此书，立函山东大学索之。越一周，董作宾先生谓有此书，取而读之，知王先进先生所持之论与余说全合，即谓《齐物论》为慎到作，以《天下篇》为证也(《励学》自题出版于二十二年十二月，惟首页有赵校长序，题一月十日，故知此书出版期当在二十三年一月，或其后)。

余之初为人道此说也，始于民国十六年春，在中山大学教书时。十七年春，访胡适先生于其沪寓，谈《中国古代哲学史》之再版重写，因及此事。适之先生甚喜此说，勉以速写，《哲学史》再版时当引入也。其后适之先生见辄催之，如是二年之久，直至其返居北平之后，犹以为言。此外余又向同好者道之，如顾颉刚、冯友兰、罗膺中、罗莘田、丁山、容元胎及其他甚多友人同事，皆习闻吾说。在北大授"中国古代文学史"课，亦每为诸生言之。其将此说写布者，则为顾颉刚先生。顾先生于所著《从〈吕氏春秋〉推测〈老子〉之成书年代》一文中云(载于《史学年报》第四期，民国二十一年六月出版，并转载于《古史辨》第四册，二十二年三月出版)：

关于慎到，傅斯年先生有一很重要的发现。他觉得《天下篇》中所云"弃知去己"、"舍是与非"、"块不失道"等义均与《庄子·齐物论》相合，而"齐万物以为首"一语，简直把《齐物论》的篇名也揭了出来了。这是四年前他在谈话中所发表的。那时容肇祖先生亦举一证以证成之。他说："《史记·孟子荀卿列传》中说，'慎到，赵人……著十二论'，《齐物》名'论'，即是十二篇之一。"他们的见解都是极精确的。

按，王先进君文，未注明写于何时，然《励学》出版，既在《史学年报》第四期及《古史辨》第四期之后，再按以编者之《编后》，王君必预读顾文无疑：因《编后》引王君来信，自称"其材料是本诸黄方刚《老子年代之考证》一段,在《古史辨》第四册第 357～358 页和罗根泽《老子及老子书的年代》一段,同书第 449 页"。《古史辨》第四册刊于二十二年三月,而王文自谓用其材料,则其写彼一文必不在二十二年之前可知也。《古史辨》第四册既为王君自认所熟读,所依据,而王君发挥《齐物论》为慎到书之一义,竟全不引同书中顾先生论此事之原文! 然此亦不足深论也。

同年六月十九日

此意蓄之十年,以为不移之论,一旦写成,转觉可疑。《庄子·杂篇》中与《齐物论》之思想相应者甚多,不可以为偶合,然则《齐物论》之思想与庄生后学者相混久矣,《天下篇》所论,仅见其始耳。甚矣治学之宜毋意毋必也。

同年六月廿一日

（原载 1936 年《国立中央研究院历史语言研究所集刊》第六本第四部分）

谁是《后出师表》之作者

　　余羁旅渝城，行箧中史籍仅存《三国志》一部。《文史杂志》编者卢逮曾先生征文于余，不特考证之文无从着手，即泛论之词亦难下笔。盖引书而不检原书，不可示人也。促之不已，姑乞灵于《三国志》以塞责，读者谅之。

　　世传诸葛孔明《后出师表》，末有句云：

　　臣鞠躬尽力，死而后已！

此真忠臣谋国之典型，足以仪训百世者也！然其下又云：

　　至于成败利钝，非臣之明所能逆睹也。

是则可怪矣。夫诸葛公出师，北向秦陇，固争其必胜者也。先定南中，而后北进，内整军民，外联胡越，而后举事，将以为成算可操也。时后主朝中，不无滋疑之人，以为以一州之地未可败大敌者，故《前出师表》中谆谆命之，其辞云：

　　今南方已定，兵甲已足，当奖率三军北定中原，庶竭驽钝，攘除奸凶,兴复汉室,还于旧都。此臣所以报先帝,而忠陛下之职分也。……愿陛下托臣以讨贼兴复之效,不效则治臣之罪,以告先帝之灵。

此之自信为何如?其昭示其自信者又何如?"谨慎"者作此言,其有把握又何如?大凡负荷世业之人,绝非认前途为漆黑之辈,事出无奈,无精打采,自不信矣,何以信人?信以成功,疑以招败,古今通例也。若诸葛公以为当时之力未足以克敌,则当益储实力,以待来年,绝不漫然出兵,又漫然作此语。若诸葛公以为当时之力足以克敌,此言更何为者?历观建立世功者,必有其见识,亦必有其自信,人以为冒险,彼知其必克,今观《后出师表》,全篇充满文人做事之心理,若果决而实忧疑,若奋发而实不振,其文辞固与《前出师表》断然两途,其用思尤嫌冰炭。今试问《后出师表》之言为谁发之?为将士欤?此足以隳三军之气勇者也。为朝臣欤?则朝臣已有贪苟安者矣,此固诸葛相力求克服之者,岂容反而助之?为后主欤?则后主庸君,原无庙算,诸葛公谆谆然命之者,"亲贤臣,远小人……宫中府中俱为一体……亦宜自谋,以谘诹善道,察纳雅言,深追先帝遗诏"也,岂容滋长其疑于大计乎?《后出师表》之六不解,虽不可曰"败北主义",终不免于"不必胜"论,求之于史,颇似殷浩、庾亮之心境,即桓玄子亦劣不至此,更安所论于我汉家三炎之丞相哉?

故世人于此文疑之久矣,而信者亦不乏人。其疑之者,以为此文与诸葛公他文皆不类,心境亦不同,而赵云卒年尤与史不合也。其信之者,爱其文辞,谅其居心之苦,且觉其称道时事与当时情景逼合也。身边无一书可查,亦不必查,国志一书之资料足以证之矣。余于辩章两造之前,先察此文之出处。

此表之来源裴松之云:"亮集所无,出张俨默记。"

(原载 1941 年 7 月 16 日重庆《文史杂志》第一卷第八期)

民族与古代中国史

夷夏东西说（此处存目，文见本书第一百七十九页）

姜　原

姜之世系

《左传》一部书是如何成就的，我们现在还不能确切地断定；但，一、必不是《春秋》的传；二、必与《国语》有一亲密的关系，则除去守古文家法者外，总不该再怀疑了。《国语》《左传》虽是混淆了的书，但确也是保存很多古代史料的书。例如古代世系，这书中的记载很给我们些可供寻思的材料。世系的观念他们有，他们又有神话，结果世系和神话混为一谈。民族的观念，他们没有，但我们颇可因他们神话世系的记载寻出些古代的民族同异的事实来。

譬如姜之一姓，《国语》中有下列的记载：

> 昔少典氏取于有蟜氏，生黄帝，炎帝。黄帝以姬水成，炎帝以姜水成；成而异德，故黄帝为姬，炎帝为姜。二帝用师以相济也，异德之故也。异姓则异德，异德则异类。异类虽近，男女相及，以生民也。同姓则同德，同德则同心，同心则同志。同志虽远，男女不相及，畏黩敬也。（《晋语》四）

> 姜嬴荆芈，实与诸姬代相干也。姜，伯夷之后也；嬴，伯翳之后

也。伯夷能礼于神以佐尧者也;伯翳能议百物以佐舜者也。其后皆不失祀,而未有兴者。周衰,其将至矣!

昔共工弃此道也,虞于湛乐,淫失其身,欲壅防百川,堕高堙庳,以害天下。皇天弗祚,庶民弗助,祸乱并兴,共工用灭。其在有虞,有崇伯鲧播其淫心,称遂共工之过。尧用殛之于羽山。其后伯禹念前之非度,厘改制量,象物天地,比类百则,仪之于民,而度之于群生。共工从孙四岳佐之,高高下下,疏川导滞,钟水丰物,封崇九山,决汩九川,陂鄣九泽,丰殖九薮,汩越九原,宅居九隩,合通四海。故天无伏阴,地无散阳,水无沈气,火无灾燀,神无闲行,民无淫心,时无逆数,物无害生。帅象禹之功,度之于轨仪,莫非嘉绩,克厌帝心。皇天嘉之,祚以天下,赐姓曰姒,氏曰有夏,谓其能以嘉祉殷富生物也。祚四岳国,命以侯伯,赐姓曰姜,氏曰有吕;谓其能为禹股肱心膂,以养物丰民人也。此一王四伯,岂繄多宠?皆亡王之后也!唯能厘举嘉义,以有胤在下守祀,不替其典。有夏虽衰,杞鄫犹在。申吕虽衰,齐许犹在。唯有嘉功,以命姓受祀,迄于天下。及其失之也,必有慆淫之心闲之,故亡其氏姓,踣毙不振,绝后无主,湮替隶圉。夫亡者岂繄无宠?皆黄炎之后也!(《周语》三)

昔烈山氏之有天下也,其子曰柱,能殖百谷百蔬。夏之兴也,周弃继之,故祀以为稷。共工氏之伯九有也,其子曰后土,能平九土,故祀以为社。(《周语》四)

齐许申吕由太姜。(《周语》二)

又《诗·大雅·生民》,"厥初生民,时维姜嫄。"《诗·鲁颂·閟宫》,"赫赫姜嫄,其德不回。"周以姬姓而用姜之神话,则姬周当是姜姓的一个支族,或者是一更大之族之两支。根据上列记载,可得下列之表:

姜 原

```
        ┌ 姜(炎帝)─共工┐
少典 ┤              └ 伯夷 ─ 四岳国 ─ 齐许申吕诸国
        └ 姬(黄帝)
```

姜之地望

在西周封建的事迹中,有一件很当注意者,就是诸侯的民族不必和他所治的民族是一件事。譬如勾吴,那地方的人民是断发文身的,而公室是姬姓;晋,那地方的人民是唐国之遗,而公室是姬姓;虞,那地方是有虞,而公室又是姬姓。齐之民族必是一个特异的民族,可以《史记·封禅书》《汉书·郊祀志》及传记所载齐人宗教之迹为证。但公室乃是四岳之后,后来又是有虞之后了。认清这件事实,然后可以不根据齐民族之特异,论到姜姓之公室。

姜姓国见于载记者,有下列数国。

许

申

吕　　或作甫

以上所谓四岳国,在今河南中部向西南境山中。

姜戎(《左传》襄十四年):将执戎子驹支。范宣子亲数诸朝,曰:"来! 姜戎氏! 昔秦人追逐乃祖吾离于瓜州。乃祖吾离被苫盖,蒙荆棘,以来归我先君。我先君惠公有不腆之田,与女剖分而食之。今诸侯之事我寡君不如昔者,盖言语漏泄,则职女之由。诘朝之事,尔无与焉! 与,将执女!"对曰:"昔秦人负恃其众,贪于土地,逐我诸戎。惠公蠲其大德,谓我诸戎是四岳之裔胄也,毋是翦弃。赐我南鄙之田,狐狸所居,豺狼所嗥。我诸戎除翦其荆棘,驱其狐狸豺狼,以为先君不侵不叛之臣,至于今不贰。昔文公与秦伐郑,秦人窃与郑盟,而舍戍焉,于是乎有殽之师。晋御其上,戎亢其下。秦师不复,我诸戎实然。譬犹捕鹿,晋人角之,诸戎掎之,与晋踣之。戎何以不免? 自是以来,晋之百役,与我诸戎相继于时,以从执政,犹殽志也。岂敢离逷? 今官之师旅无乃实有所阙,以携诸侯,而罪我诸戎? 我诸戎饮食衣服不与华同:贽币不通,言语不达,何恶之能为? 不与于会,亦无瞢焉!"赋青蝇而退。宣子辞焉,使即事于会。

齐《国语》齐许申吕由太姜

纪

向

州

莱 莱在顾栋高《春秋大事年表》中列为姜姓,然此说实可疑。其言曰:"襄二年传,'齐侯使诸姜宗妇来送葬,召莱子,莱子不会。'是莱亦齐同姓国也。"按:莱子非宗妇,何以召及莱子,而莱子必会? 或因莱子夫人是姜姓,故莱子必会乎? (惟"宗妇"寻常之解并不如是耳)此说若确,则莱非姜姓。又,《史记》:"莱人,夷也,与齐争国。"然则果是姜姓,亦当是后来齐国所分植。

以上五国皆在山东境,纪州莱皆环齐,为之邻者。

姜 据古本《竹书纪年》,宣王时戎人灭姜侯之邑,引见后汉《西羌传》。准以芈曹等皆为先代国名后代姓号之例,姜之为姓必原是国名。唯此姜侯是否姜姓,或是他族封建于其地者,则不可考。

综合上举《国语》《左传》之记载,知姜之所在有两个区域。一在今河南西境,所谓四岳之后者,一在今山东东境。然河南西境必是四岳之本土,此可以"齐许申吕由大姜",及"太公封于营邱,比及五世,皆返葬于周",诸说证之。齐本是由四岳国里出来的,望倏两代仍用吕称。

（《书·顾命》齐侯吕伋）若齐旁诸姜，当是齐之宗姓分封者。姜之先世为四岳，四岳之地望如可确定，则姜为何处的民族，可以无疑问了。

有把四岳当做人的，例如战国秦汉间之《尧典》；又有把四岳当做岱宗等四山的，例如杜预注《左传》。但四岳实是岳山脉中的四座大山，四岳之国便是这些山里的部落。《诗·大雅》，"崧高维岳，峻极于天。维岳降神，生甫及申。维申及甫，维周之翰。"毛云："崧，高貌，山大而高曰崧。岳，四岳也。"那么，申甫一带的山，即是四岳了。同篇下文说，"亹亹申伯，王缵之事，于邑于谢，南国是式。王命召伯，定申伯之宅；登是南邦，世执其功。王命申伯，式是南邦。因是谢人，以作尔庸。"这是说申境向南移。其向南移的地方在谢，其差在北的地方可以推想。又《诗·王风·扬之水》说：

　　扬之水，不流束薪。彼其之子，不与我戍申。怀哉怀哉！曷月予还归哉！

　　扬之水，不流束楚。彼其之子，不与我戍甫。怀哉怀哉！曷月予还归哉！

　　扬之水，不流束蒲。彼其之子，不与我戍许。怀哉怀哉！曷月予还归哉！

如此看来，申甫许在一块儿。许之称至今未改，申又可知其后来在谢，则申许吕之地望大致可知了。《郑语》，史伯曰："当成周者，南有申吕。"可知汉《地理志》，"南阳郡宛县故申伯国"，《水经注》，"宛西吕城，四岳受封于吕"，诸说，当不误。

然姜之本源实在许谢迤西大山所谓"九州"者之中。《郑语》，"谢西之九州何如？"可知谢西之域名九州。《左传》昭四年，"四岳、三涂、阳城、大室、荆山、中南、九州之险也。"杜注，三涂在陆浑县南（今嵩县）；阳城在阳城县(今登封县)东北;大室在河南阳城县西北;荆山在新城渻乡县(今湖北郧阳一带与河南之界)南;中南在始平武功县(今武功县)西。然则九州之区域正是现在豫西渭南群山中,四岳亦在此九州内,并非岱宗等四山。

又据上文所引,《左传》襄十四年姜戎一段,知九州之一名瓜州,其地邻秦,其人为姜姓,其类则戎。虽则为戎,不失其为四岳之后。四岳之后,有文物之大国齐,又有戎者,可以女真为例。建州女真征服中夏之后,所谓满洲八旗者尽染华风,而在混同江上之女真部落,至今日仍保其渔猎生活,不与文化之数。但借此可知姜本西戎,与周密迩,又为姻戚,惟并不是中国。

姜之源不在诸夏,又可以《吕刑》为证。《吕刑》虽列《周书》,但在先秦文籍今存者中,仅有《墨子》引他。若儒家书中引《吕刑》者,只有汉博士所作之《孝经》与记而已。《吕刑》全篇祖述南方神话,全无一字及宗周之典。其篇首曰:"惟吕命王,享国百,耄荒。度作刑以诘四方。"《史记》云:"甫侯言于王。"郑云:"吕侯受王命,入为三公。"这都是讲不通的话。"吕命王"到底不能解作"王命吕"。如以命为吕王之号,如周昭王之类,便"文从字顺"了,篇中王曰便是吕王曰了。吕称王并见于彝器,吕王𣄴作大姬尊壶,其辞云:"吕王𣄴作大姬尊壶,其永宝用享。"(见《愙斋集古录》第十四)可知吕称王本有实物为证。吕在周代竟称王,所谈又是些外国语,则姜之源始不是诸夏,可谓信而有征。

姜姓在西周的事迹

姜与姬是姻戚,关系极复杂,上文已经说了。若姜姓者在西周的事迹,则公望申伯为大,与西周兴亡颇有关系。公望佐周,《诗经》有证。《大明》,"牧野洋洋,檀车煌煌,驷骠彭彭。维师尚父,时维鹰扬。"又,齐侯吕伋在成昭间犹为大臣。《书·顾命》："俾爰齐侯吕伋以二干戈，虎贲百人，逆子钊于南门之外。"申伯在西周末极有势力，《崧高》一篇可以为证。《郑语》史伯曰："申缯西戎方强，王室方骚。将以纵欲，不亦难乎？王欲杀太子，以成伯服，必求之申。申人弗畀，必伐之。若伐申，而缯与西戎会以伐周，周不守矣。缯与西戎方将德申，申吕方强，其隩爱太子亦必可知也。王师若在，其救之亦必然矣。王心怒矣，虢公从矣。凡周存亡，不三稔矣。"这虽是作为预言写的，其实还是后人追记宗周亡的事实。周兴有公望为佐，周亡由于申祸；姜之与姬，始终有关系也。

姜羌为一字

周代的习俗，"男子称氏，女子称姓"。姓非男子所称，乃是女子所专称，所以姓之字多从女。金文中姬姜异文甚多，然无一不从女。《说文》标姓皆从女。后人有以为这是姓由母系的缘故，这实在是拿着小篆解字源之错误。假令中国古代有母统制度，必去殷周之际已极远，文字必不起于母统时代之茫昧。知女子称姓，则姓从女之义并不足发奇想的。女子称姓之习惯，在商代或者未必这样谨严。鬼方之鬼，在殷墟文字中或从人，或从女。照这个例，则殷墟文字中出现羌字之从人，与未出现从女之姜字，在当时或未必有很大的分别。到后来男女的称谓不同，于是地望从人为羌字，女子从女为姜字，沿而为二了。不过汉晋儒者还是知道羌即是姜的。

但，姜羌之同，是仅仅文字上一名之异流呢，或者种族上周姜汉羌是一事？照《后汉书·西羌传》，"西羌之本出自三苗，姜姓之别也。"则范晔认姜羌为一事。范晔虽是刘宋人，但范氏《后汉书》仅是文字上修正华氏司马氏的，这话未必无所本。且《西羌传》中所记事，羌的好些部落本是自东向西移的，而秦之强盛尤与羌之西去有关系。这话正和《左传》襄十四年姜戎子的一段话是一类的事。那么,汉代羌部落中有些是姜氏,看来像是如此。不过羌绝不是一个单纯的名词,必含若干不同的民族,只以地望衔接的关系,被汉人一齐呼做羌罢了。

姜之一部分在殷周之际为中国侯伯,而其又一部分到后汉一直是戎狄,这情形并不奇怪。南匈奴在魏晋时已大致如汉人,北匈奴却跑得不知去向。契丹窃据燕云,同于汉化,至今俄夷以契丹为华夏之名,其本土部落至元犹繁。女真灭辽毒宋,后来渡河南而自称中州,其东海的部落却一直保持到现在;虽后来建州又来荼毒中夏,也还没有全带进来。蒙古在伊兰汗者同化于波斯,在钦察汗者同化于俄罗斯,在忽必烈汗国者同化于中国,在漠南北者依旧保持他的游牧生活。一个民族分得很远之后,文野有大差别,在东方的成例已多,在欧洲西亚尤其不可胜数了。

（原刊《国立中央研究院历史语言研究所集刊》第二本第一部分,1930 年 5 月）

周东封与殷遗民

此我所著《古代中国与民族》一书中之一章也。是书经始于五年以前，至民国二十年夏，写成者将三分之二矣。日本寇辽东，心乱如焚，中辍者数月。以后公私事纷至，继以大病，至今三年。未能杀青，惭何如之！此章大约写于十九年冬，或民国二十年春，与其他数章于二十年十二月持以求正于胡适之先生。适之先生谬为称许，嘱以送刊于北大国学季刊。余以此文所论多待充实，逡巡未果。今春适之先生已于同一道路上作成丰伟之论文，此文更若爝火之宜息矣。而适之先生勉以同时刊行，俾读者有所参考。今从其命，并志同声之欣悦焉。

二十三年六月

商朝以一个六百年的朝代，数千里的大国，在其亡国前不久帝乙时，犹是一个强有兵力的组织，而初亡之后，王子禄父等依然能一次一次地反抗周人，何以到周朝天下事大定后，封建者除区区二三百里之宋，四围以诸姬环之，以外，竟不闻商朝遗民尚保存何部落，何以亡得那么干净呢？那些商殷遗民，除以"顽"而迁雒邑者外，运命是怎么样呢？据《逸周书·世俘篇》，"武王遂征四方，凡憝国九十有九国，馘魇亿有十万七千七百七十有九，俘人三亿万有二百三十，凡服国六百五十有二"。

果然照这样子"憝"下去,再加以周公成王之"善继人之志,善述人之事",真可以把殷遗民"憝"完。不过那时候的农业还不曾到铁器深耕的时代,所以绝对没有这么许多人可"憝",可"戜磿",所以这话竟无辩探的价值,只是战国人的一种幻想而已。且佶屈聱牙的《周诰》上明明记载周人对殷遗是用一种相当的怀柔政策,而近发见之白懋父敦盖(中央研究院历史语言研究所藏器)记"王命伯懋父以殷八自征东夷"。然则周初东征的部队中当不少有范文虎、留梦炎、洪承畴、吴三桂一流的汉奸。周人以这样一个"臣妾之"之政策,固速成其王业,而殷民借此亦可延其不尊荣之生存。《左传》定四年记周以殷遗民作东封,其说如下:

> 昔武王克商,成王定之,选建明德,以藩屏周。故周公相王室,以尹天下,于周为睦。分鲁公以大路,大旂,夏后氏之璜,封父之繁弱;殷民六族,条氏,徐氏,萧氏,索氏,长勺氏,尾勺氏,使帅其宗氏,辑其分族,将其类丑,以法则周公,用即命于周。是使之职事于鲁,以昭周公之明德。分之土田陪敦,祝宗卜史,备物典策,官司彝器,因商奄之民,命以伯禽,而封于少皞之虚。分康叔以大路,少帛,綪茷,旃旌,大吕;殷民七族,陶氏,施氏,繁氏,锜氏,樊氏,饥氏,终葵氏。封畛土略,自武父以南,及圃田之北竟,取于有阎之士,以共王职,取于相土之东都,以会王之东搜。聃季授土,陶叔授民。命以康诰,而封于殷虚。皆启以商政,疆以周索。分唐叔以大路,密须之鼓,阙巩,沽洗;怀姓九宗,职官五正。命以唐诰,而封于夏虚。启以夏政,疆以戎索。

可见鲁卫之国为殷遗民之国,晋为夏遗民之国,这里说得清清楚楚。所谓"启以商政疆以周索"者,尤显然是一种殖民地政策,虽取其统治权,而仍其旧来礼俗,故曰"启以商政疆以周索"。这话的绝对信实更有其他确证。现分述鲁卫齐三国之情形如下：

鲁 《春秋》及《左传》有所谓"亳社"者，是一件很重要的事。"亳社"屡见于《春秋经》：以那样一个简略的二百四十年间之"断烂朝报"，所记皆是戎祀会盟之大事，而"亳社"独占一位置，则"亳社"在鲁之重要可知。且《春秋》记"亳社（《公羊》作蒲社）灾"在哀四年，去殷商之亡已六百余年，已与现在去南宋之亡差不多（共和前无确切之纪年，姑据《通鉴外纪》，自武王元年至哀四年为六百三十一年。宋亡于祥兴二年〔一二七九〕，去中华民国二十年〔一九三一〕凡六百五十二年。相差甚微）。"亳社"在殷亡国后六百余年犹有作用，是甚可注意之事实。且《左传》所记"亳社"中有两事尤关重要。哀七，"以邾子益来献于亳社"，杜云："以其亡国与殷同。"此真谬说。邾于殷为东夷，此等献俘，当与宋襄公"用鄫子于次睢之社，欲以属东夷"一样，周人诣殷鬼而已。又定六年，"阳虎又盟公及三桓于周社，盟国人于亳社"。这真清清楚楚指示我们：鲁之统治者是周人，而鲁之国民是殷人。殷亡六七百年后之情形尚如此，则西周时周人在鲁，不过仅是少数的统治者，犹钦察汗金骑之于俄罗斯诸部，当更无疑问。

说到这里，有一件很重要的事，当附带着说。孔子所代表之儒家，其地理的及人众的位置在何处，可以借此推求。以儒家在中国文化进展上的重要，而早年儒教的史料仅仅《论语》《檀弓》《孟子》《荀子》几篇，使我们对于这个宗派的来源不明了，颇是一件可惜的事。孙星衍重修之《孔子集语》，材料虽多，几乎皆不可用。《论语》与《檀弓》在语言上有一件特征，即吾我尔汝之分别颇显：此为胡适之先生之重要发见。（《庄子·齐物》等篇亦然）《檀弓》与《论语》既为一系，且看《檀弓》中孔子自居殷人之说于《论语》有证否。

《檀弓》孔子蚤作，负手曳杖消摇于门，歌曰："泰山其颓乎？梁木其坏乎？哲人其萎乎？"既歌而入，当户而坐。子贡闻之，曰："泰山其颓，则吾将安仰？梁木其坏，哲人其萎，则吾将安放？"夫子殆将病也。遂趋而入。夫子曰："赐，尔来何迟也？夏后氏殡于东阶之上，则犹在阼也。殷人殡于两楹之间，则与宾主夹之也。周人殡于西阶之上，则犹宾之也。而丘也，殷人也。予畴昔之夜梦坐奠于两楹之间。夫明王不兴，而天下其孰能宗予？予殆将死也！"盖寝疾七日而没。

这话在《论语》上虽不曾重见,(《檀弓》中有几段与《论语》同的)然《论语》《檀弓》两书所记孔子对于殷周两代之一视同仁态度,是全然一样的。

> 《论语》行夏之时,乘殷之辂,服周之冕,乐则韶舞。
>
> 殷因于夏礼,所损益,可知也。周因于殷礼,所损益,可知也。其或继周者,虽百世可知也。
>
> 周监于二代,郁郁乎文哉! 吾从周。
>
> 夏礼吾能言之,杞不足征也;殷礼吾能言之,宋不足征也。文献不足故也,足则吾能征之矣。
>
> 《檀弓》殷既封而吊,周反哭而吊。孔子曰:"殷已悫,吾从周。"
>
> 殷练而祔,周卒哭而祔。孔子善殷(此外《檀弓》篇中记三代异制而折中之说甚多,不备录)。

这些话都看出孔子对于殷周一视同仁。殷为胜国,周为王朝,却毫无宗周之意。所谓从周,正以其"后王灿然"之故,不曾有他意。再看孔子是否有矢忠于周室之心。

> 《论语》公山弗扰以费畔,召,子欲往。子路不说,曰:"末之也

已,何必公山氏之之也?"子曰:"夫召我者而岂徒哉? 如有用我者,吾其为东周乎?"(《阳货》章。又同章:佛肸召,子欲往。)

子畏于匡,曰:"文王既没,文不在兹乎? 天之将丧斯文也,后死者不得与于斯文也。天之未丧斯文也,匡人其如子何?"

这话直然要继衰周而造四代。虽许多事要以周为师,却绝不以周为宗,《公羊》家义所谓"故宋"者,证以《论语》,当是儒家之本原主义。然则孔子之请讨弑君,只是欲维持当时的社会秩序。孔子之称管仲,只是称他曾经救了文明,免其沉沦。所有"不显文武"一类精神的话语,不曾说过一句,而明说"其或继周者"。(曾国藩一辈人传檄讨太平天国,只是护持儒教,与传统之文明,无一句护持满洲,颇与此类。)又孔子但是自比于老彭,老彭是殷人;又称师挚,亦殷人;称高宗不冠以殷商字样,直曰"书曰"。称殷三仁,尤有余音绕梁之趣,颇可使人疑其有"故国旧墟""王孙芳草"之感,此皆出于最可信的关于孔子之史料,而这些史料统计起来是这样,则孔子儒家与殷商有一种密切之关系,可以晓然。

尤有可以证成此说者,即三年之丧之制。如谓此制为周之通制,则《左传》《国语》所记周人之制毫无此痕迹。孟子鼓动滕文公行三年之丧,而滕国卿大夫说:"吾先君莫之行,吾宗国鲁先君亦莫之行也。"这话清清楚楚证明三年之丧非周礼。然而《论语》上记孔子曰:"夫三年之丧,天下之通丧也",这话怎讲? 孔子之天下,大约即是齐鲁宋卫,不能甚大,可以"登大山而小天下"为证。然若如"改制托古"者之论,此话非删之便须讳之,实在不是办法。唯一可以解释此困难者,即三年之丧,在东国,在民间,有相当之通行性,盖殷之遗礼,而非周之制度。当时的"君子(即统治者),三年不为礼,礼必坏,三年不为乐,乐必崩",而士及其相近之阶级,则渊源有自,齐以殷政者也。试看关于大孝,三年之丧,及丧后三年不做事之代表人物,如太甲,高宗,孝已,皆是殷人,而"君

薨,百官总已以听于冢宰者三年",全不见于周人之记载。说到这里,有《论语》一章,向来不得其解者,似可以解之:

> 子曰:"先进于礼乐,野人也;后进于礼乐,君子也。如用之,则吾从先进。"

此语作何解,汉宋诂经家说皆迂曲不可通。今释此语,须先辨其中名词含义若何。"野人"者,今俗用之以表不开化之人。此为甚后起之义。《诗》:"我行其野,芃芃其麦",明野为农田。又与《论语》同时书之《左传》,记僖二十三年"晋公子重耳……出于五鹿,乞食于野人。野人与之块。"然则野人即是农夫,孟子所谓"齐东野人"者,亦当是指农夫。彼时齐东开辟已甚,已无荒野。且孟子归之于齐东野人之尧与瞽瞍北面朝舜,舜有惭色之一个文雅传说,亦只能是田亩间的故事,不能是深山大泽中的神话。孟子说到"与木石居,与鹿豕游",便须加深山于野人之上,方足以尽之。(《孟子·尽心章》:"其所以异于深山之野人者,几希。")可见彼时所谓野人,非如后人用之以对"斯文"而言。《论语》中君子有二义,一谓卿大夫阶级,即统治阶级,二谓合于此阶级之礼度者。此处所谓君子者,自当是本义。先进后进自是先到后到之义。礼乐自是泛指文化,不专就玉帛钟鼓而言。名词既定,试翻做现在的话,如下:

> 那些先到了开化的程度的,是乡下人;那些后到了开化程度的,是"上等人"。如问我何所取,则我是站在先开化的乡下人一边的。

先开化的乡下人自然是殷遗,后开化的上等人自然是周宗姓婚姻了。

宋　卫　宋为商之转声,卫之名卫由于豕韦。宋为商之宗邑,韦自汤以来为商属。宋之立国始于微子,固是商之子遗。卫以帝乙帝辛之王都,康叔以殷民七族而立国。此两处人民之为殷遗,本不待论。

齐　齐民之为殷遗有二证。一,《书·序》:"成王既践奄,将迁其君于蒲姑。周公告召公,作将蒲姑。"《左传》昭九:"王使詹伯辞于晋曰,蒲姑商奄,吾东土也。"又,昭二十,晏子对景公曰:"昔爽鸠氏始居此地,季萴因之,有逢伯陵因之,蒲姑氏因之,而后太公因之。"《汉·地理志》云:"齐地殷末有蒲姑氏,至周成王时,蒲姑与四国共作乱,成王灭之,以封师尚父。"二,请再以齐宗教为证。王静安曰:"曰'贞方帝卯一牛之南口',曰'贞𡥀奠于东',曰'己巳卜王奠于东',曰'奠于西',曰'贞奠于西',曰'癸酉卜中贞三牛'。曰'方帝',曰'东',曰'西',曰'中',疑即五方帝之祀矣"。(增订《殷墟书契考释》下六十叶。)然则荀子所谓"按往旧造说谓之五行"者,其所由来久远,虽是战国人之推衍,并非战国人之创作,此一端也。周人逐纣将飞廉于海隅而戮之,飞廉在民间故事中曰黄飞虎。黄飞虎之祀,至今在山东与玄武之祀同样普遍。太公之祀不过偶然有之,并且是文士所提倡,不与民间信仰有关系。我们可说至今山东人仍祭前朝的文信国、郑延平,此二端也。至于亳之在山东,泰山之有汤迹,前章中已详论,今不更述。

然则商之宗教,其祖先崇拜在鲁独发展,而为儒学,其自然崇拜在齐独发展,而为五行方士,各得一体,派衍有自。试以西洋史为比:西罗马之亡,帝国旧土分为若干蛮族封建之国。然遗民之数远多于新来之人,故经千余年之紊乱,各地人民以方言之别而成分化,其居意大利,法兰西,西班牙半岛,意大利西南部二大岛,以及多瑙河北岸,今罗马尼亚国者,仍成拉丁民族,未尝为日耳曼人改其文化的、语言的、民族的系统。地中海南岸,若非因阿拉伯人努力其宗教之故,恐至今仍在拉丁范围中。遗民之不以封建改其民族性也如是。商朝本在东方,西周时东方或以被征服而暂衰,入春秋后文物富庶又在东方,而鲁宋之儒墨,燕齐之神仙,惟孝之论,五行之说,又起而主宰中国思想者二千余年。然则谓殷商为中国文化之正统,殷遗民为中国文化之重心,或非孟浪之言。战国学者将一切神话故事充分地伦理化,理智化,于是不同时代不同地方之宗神,合为一个人文的"全神堂",遂有《皋陶谟》一类君臣赓歌的文章。在此全神堂中,居"敬敷五教"之任者,偏偏不是他人,而是商之先祖契,则商人为礼教宗信之寄象,或者不是没有根据的吧。

（原刊《国立中央研究院历史语言研究所集刊》第四本第三部分,
1934 年）

大东小东说——兼论鲁、燕、齐初封在成周东南后乃东迁

〔大东小东的地望和鲁、燕、齐的初封地〕

《诗小序·大东篇》序曰："东国困于役而伤于财,谭大夫作是诗以告病焉。"其二章云："小东大东,杼轴其空。"大东小东究在何处,此宜注意者也。笺云："小也大也,谓赋敛之多少也。小亦于东,大亦于东,言其政偏,失砥矢之道也。"此真求其说不得而敷衍其辞者。大东在何处,诗固有明文。《鲁颂·閟宫》"奄有龟蒙,遂荒大东",已明指大东所在,即泰山山脉迤南各地,今山东境,济南泰安迤南,或兼及泰山东部,是也。谭之地望在今济南。谭大夫奔驰大东小东间,大东既知,小东当亦可得推知其地望。吾比校周初事迹,而知小东当今山东濮县河北濮阳大名一带,自秦汉以来所谓东郡者也。欲申此说,不可不于周初方域之迹有所考订,而求解此事,不得不先于东方大国鲁燕齐之原始有所论列焉。

武王伐纣,"致天之届,于牧之野"。其结果诛纣而已,犹不能尽平其国。纣子禄父仍为商君焉,东土之未大定可知也。武王克殷后二年即卒,周公摄政,武庚以商奄淮夷畔,管蔡流言,周室事业之不坠若线。

周公东征,三年然后灭奄。多士多方诸辞,其于殷人之抚柔盖致全力焉。营成周以制东国,其于守防盖甚慎焉。犹不能不封微子以奉殷社,而缓和殷之遗民,其成功盖如此之难且迟也。乃成王初立,鲁燕齐诸国即可越殷商故域而建都于海表之营丘,近淮之曲阜,越在北狄之蓟丘,此理之不可能也。今以比校可信之事实订之,则知此三国者,初皆封于成周东南,鲁之至曲阜,燕之至蓟丘,齐之至营丘,皆后来事也。兹分述之:

燕 《史记·燕世家》:"周武王之灭纣,封召公于北燕,其在成王时,召公为三公。自陕以西,召公主之;自陕以东,周公主之。"召公既执陕西之政,而封国远在蓟丘,其不便何如?成王中季,东方之局始定,而周武王灭纣即可封召公于北燕,其不便又何如?按:燕字今经典皆作燕翼之燕,而金文则皆作郾。著录者有郾侯鼎,郾侯戈,郾王剑,郾王喜戈,均无作者。郾王喜戈见《周金文存》卷六第八十二叶,郾王大事剑见同卷补遗。其书式已方整,颇有隶意,其为战国器无疑。是知燕之称郾,历春秋战国初无二字,经典作燕者,汉人传写之误也。燕既本作郾,则与今河南之郾城,有无关系,此可注意者。在汉世,郾县与召陵县虽分属颍川汝南二郡,然土壤密迩,今郾城县实括故郾、召陵二县境。近年郾城出许冲墓,则所谓召陵万岁里之许冲,固居今郾城治境中[1]。曰郾曰召,不为孤证,其为召公初封之燕无疑也。

鲁 《史记·鲁世家》:"周公卒,子伯禽固已前受封,是为鲁公。鲁公伯禽之初受封,之鲁三年,而后报政周公。周公曰:'何迟也?'伯禽曰:'变世俗,革其礼,丧三年,然后除之;故迟。'大公亦封于齐,五月而报政周公。周公曰:'何疾也?'曰:'吾简其君臣礼,从其俗为也!'及后闻伯禽报政迟,乃叹曰:'呜乎,鲁后世其北面事齐矣!'"按:今河南有鲁山县,其地当为鲁城之原。《鲁颂·閟宫》云:

---

[1] 去年游开封时,南阳张嘉谋先生告我。

大东小东说——兼论鲁、燕、齐初封在成周东南后乃东迁

> 后稷之孙,实维大王;居岐之阳,实始翦商。至于文武,缵大王
> 之绪;致天之届,于牧之野。无贰无虞,上帝临女!敦商之旅,克咸
> 厥功。王曰:"叔父!嘉尔元子,俾侯于鲁,大启尔宇,为周室辅!"

此叙周之原始,以至鲁封。其下乃云:

> 乃命鲁公,俾侯于东。锡之山川,土田附庸。

此则初命伯禽侯于鲁,继命鲁侯侯于东,文义显然。如无迁移之事,何劳重复其辞?且许者,历春秋之世,鲁所念念不忘者。《閟宫》:"居常与许,复周公之宇!"《左传》隐公十一年秋七月,"公会齐侯郑伯伐许。庚辰,傅于许。……壬午,遂入许。……齐侯以许让公。"灭许尽鲁国先有之,鲁与许有如何关系,固已可疑。《春秋》只对许宿二国称男,男者,"侯田男"也,见近出土周公子明锡天各器,然则男实为附庸。宿介于宋鲁之间,《左传》僖二十一年,"任,宿,须,句,风姓也,实司太皞与有济之祀,以服事诸夏。"此当为鲁之附庸。许在《春秋》称男,亦当以其本为鲁附庸,其后郑实密迩,以势临之,鲁不得有许国为附庸,亦不得有许田,而割之于郑。然旧称未改,旧情不忘,歌于《颂》,书于《春秋》。成周东南既有以鲁为称之邑,其东邻则为"周公之宇",鲁之本在此地无疑也。

楚者,荆蛮北侵后始有此号。《春秋》庄十,庄十四,庄二十三,庄二十八,皆称荆。僖公元年,"楚人侵郑"以下乃称楚。金文有"王在楚"之语,知其地必为嵩山迤南山麓之称。《史记》载周公当危难时出奔楚,如非其封地,何得于艰难时走之乎?此亦鲁在鲁山之一证也。

且周公事业,定殷平奄为先。奄当后来鲁境,王静安君论之是矣。周公子受封者,除伯禽为鲁公,一子嗣周公于王田中而外,尚有凡,蒋,邢,茅,胙,祭。如杜预所说地望可据,则此六国者,除蒋远在汝南之南

境不无可疑外，其余五国可自鲁山县东北上，画作一线以括之。卫在其北，宋在其南，"周公之宇"东渐之形势可知也。

齐　齐亦在成周之南。《史记·齐世家》，"太公望吕尚者，东海上人。其先祖常为四岳，佐禹平水土，甚有功。虞夏之际，封于吕，或封于申，姓姜氏。夏商之时，申吕或封枝庶子孙，或为庶人，尚其苗裔也。本姓姜氏，从其封姓，故曰吕尚。吕尚盖常穷困，年老矣，以鱼钓干周西伯。西伯将出猎，卜之曰：'所获非龙非彲！非虎非罴，所获霸王之辅。'于是周西伯猎，果遇太公于渭之阳。与语，大说。曰：'自吾先君太公曰：当有圣人适周，周以兴。子真是邪？吾太公望子久矣！'故号之曰太公望。载与俱归，立为师。或曰：太公博闻，尝事纣。纣无道，去之，游说诸侯。无所遇，而卒西归周西伯。或曰：吕尚处士，隐海滨。周西伯拘羑里，散宜生闳夭素知而招吕尚。吕尚亦曰：'吾闻西伯贤，又善养老，盍往焉？'三人者为西伯求美女奇物，献之于纣，以赎西伯。西伯得以出返国。言吕尚所以事周虽异，然要之为文武师。西伯昌之脱羑里归，与吕尚阴谋修德以倾商政。其事多兵权与奇计，故后世之言兵及周之阴权皆宗太公为本谋。"

循此一段文章，真战国末流齐东野人之语也。相互矛盾，而自为传奇。《国语》，"齐许申吕由大姜"，据此可知齐以外戚而得封，无所谓垂钓以干西伯。《诗·大雅·大明》："牧野洋洋，檀车煌煌，驷骥彭彭。维师尚父，时维鹰扬。凉彼武王，肆伐大商，会朝清明。"据此，可知尚父为三军之勇将，牧野之功臣，阴谋术数，后人托辞耳。凡此野语，初不足深论者也。

《史记》又云："于是武王已平商，而王天下，封师尚父于齐营丘。东就国，道宿，行迟。逆旅之人曰：'吾闻时难得而易失，客寝甚安，殆非就国者也。'太公闻之，夜衣而行，黎明至国。莱侯来伐，与之争营丘。营丘边莱，莱人夷也，会纣之乱，而周初定，未能集远方，是以与太公争国。"

据此可见就国营丘之不易。至于其就国在武王时否，则甚可疑。齐者，济也，济水之域也，其先有济，其裔在春秋为风姓。而营丘又在济水之东,武王之世,殷未大定,能越之而就国乎?尚父侯伋两世历为周辅,能远就国于如此之东国乎?综合经传所记,则知大公封邑本在吕也。

《诗·大雅》,"崧高维岳,峻极于天。"《毛传》曰:"崧,高貌,山大而高曰崧。岳,四岳也。东岳岱,南岳衡,西岳华,北岳恒。"按:崧高之解固确,而四岳所指,则秦汉间地理,与战国末或秦汉时人托之以成所谓"粤若稽古"之《尧典》者合,与周地理全不合。吾友徐中舒先生谓,《左传》昭四年,"四岳,三涂,阳城,太室,荆山,中南,九州之险也。"一句中各地名在一域,则此九州当为一域之名,非如《禹贡》所谓。按,此说是矣。《郑语》何"公曰:'谢西之九州何如?'"此正昭四年《传》所谓九州。谢西之域,即成周之南,当今河南西南境,西接陕西,南接汉阳诸山脉。三涂,阳城,太室,荆山,中南,皆在此区域,四岳亦不能独异也。四岳之国,名号见于经籍者,有申,吕,许。申吕皆在四岳区域中,可以诗证之。"崧高维岳,峻极于天。维岳降神,生甫及申。惟申及甫,为周之翰。"是也。申在宣王时曾邑于谢,今南阳县境,此为召伯虎所定宅。《崧高》又云,"亹亹申伯,王缵之事。于邑于谢,南国是式。王命召伯,定申伯之宅,登是南邦,世执其功。王命申伯,式是南邦。因是谢人,以作尔庸。"据此,知申在西周晚年曾稍向南拓土也。吕甫为一名之异文,彝器有吕王作大姬壶,吕仲彝等,而《礼记》引《书》作甫刑。《诗·王风》,申甫许并列。《左传》"楚子重请取于申吕,以为赏田。申公巫臣曰:'不可!此申吕所以邑也!是以为赋,以御北方。若取之,是无申吕也!'"申既可知其在谢,吕当去之不远。《水经注》,宛西有吕城,四岳受封,此当不误也。许之地望则以地名至今未改故,更无疑问。四岳之义既得,吕之地望既知,再谈吕与周之关系。姬之与姜,纵非一家之支派,如祝融之八姓者,亦必累世之姻戚,如满洲之于蒙古。《晋语》:"昔少典取于有蛟氏,生黄帝炎帝。黄帝以姬水成,炎帝以姜水成。成而异德。故黄帝为姬,炎帝为姜。二帝用师以相济也,异德之故也。异姓则异德,异德则异类。虽近，男女相及，以生民也。"此真如后来之秦晋，齐鲁，累世相战，亦累世相姻也。《大雅·生民》："厥初生民，时维姜嫄。"《鲁颂·闷宫》述其远祖，而曰："赫赫姜嫄，其德不回。"此则姬姜共其神话，种族上当不无多少关系。《诗》："思齐大任，文王之母。思媚周姜，京室之妇。"《周语》："齐许申吕由太姜。"是知四岳诸国，实以外戚显于周，逮西周之末，申伯犹以外戚强大。《诗·崧高》，"不显申伯，王之元舅"，是也。其后申竟以外戚之势，亡宗周，而平王唯母族是党，当荆蛮之始大，北窥周南，且劳周民戍于申吕许焉〔1〕。

传记称齐太公为吕望，《书·顾命》称丁公为吕伋。此所谓吕者，当非氏非姓。男子不称姓，而国君无氏〔2〕。此之父子称吕者何谓耶？准以周世称谓见于《左传》等书者之例，此父子之称吕，必称其封邑无疑也。然则齐太公实封于吕，其子犹嗣吕称，后虽封于齐，当侯伋之身旧号未改也。《史记》所载齐就国事，莱夷来争，其初建国之飘摇可知也。《檀弓》，"太公封于营丘，比及五世，皆返葬于周"，营丘之不稳可知也。《左传》僖四年，"管仲对曰：'昔召康公命我先君大公曰，五侯九伯，女实征之，以夹辅周室。赐我先君履，东至于海，西至于河，南至于穆陵，北至于无棣。'"似东海之封，始于太公矣。然细察此段文义，实是两句。"五侯九伯，女实征之，以夹辅周室"者，召康公命太公语也。"赐我先君履"者，此先君固不必即为太公，且其四至不括楚地。是则仅言封域之广，为诸侯之霸而已，与上文"五侯九伯女实征之"者非一事也。

吕既东迁而为齐，吕之故地犹为列国，其后且有称王者。彝器有"吕王作大姬壶"，《书》有"吕命王，享国百年，旄荒"。《书·吕刑》："惟吕命王，享国百年，耄荒。度作刑，以诘四方。"《史记》云："甫侯言于

---

〔1〕 见《诗·王风·扬之水》。
〔2〕 见顾亭林《原姓》。

大东小东说——兼论鲁、燕、齐初封在成周东南后乃东迁

王。"郑云："吕侯受王命人为三公。"此皆求其文理不可解而强解之之辞。吕命王，固不可解作王命吕。如以命为吕王之号，如周昭王之类，则文从字顺矣。且吕之称王，彝器有证。《吕刑》一篇王曰辞中，无一语涉及周室之典，而神话故事，皆在南方，与《国语》所记颇合。是知《吕刑》之王，固吕王，王曰之语，固南方之遗训也。引《吕刑》者，墨子为先，儒家用之不见于《戴记》之先，《论语》《孟子》绝不及之。此非中国之文献儒家之旧典无疑也。然后来吕之世系是否出之太公望，则不可知，其为诸姜则信也。

雒邑之形势，至今日犹有足多者，在当年实为形胜之要地，周人据之以控南方东方之诸侯者也。齐燕鲁初封于此，以为周翰，亦固其所。循周初封建之疆，南不逾于陈蔡，毛郑所谓文王化行江汉者，全非事实。开南国者召伯虎也[1]。东方者，殷商之旧，人文必高，而物质必丰。平定固难，若既平定之后，佐命大臣愿锡土于其地，以资殷富，亦理之常。夫封邑迁移，旧号不改，在周先例甚多，郑其著者。鲁燕移封，不失旧号。吕以新就大国，定宅济水，乃用新号，此本文之结论也。

周初东向发展之步骤

春秋战国之际，封建废，部落削，公族除，军国成，故兼并大易。然秦自孝公以来，积数世之烈，至始皇乃兼并六国，其来犹渐，其功犹迟。若八百年而前，部落之局面仍固，周以蕞尔之国，"壹戎殷而天下定"，断乎无是理也。故周之翦服时夏，安定东土，开辟南国，必非一朝之烈，一世之功。言"壹戎殷而天下定"者，诰语之修词，居然以为文武两代即能化行江汉，奠定东夷者，战国之臆说，汉儒之拘论耳。《诗》《书》所载，周

---

[1] 说详中央研究院历史语言研究所集刊第一本《周颂说》，及该刊第二本丁山先生《著召伯虎传》。

之成功，非一世也，盖自大王至宣王数百年中之功业。若其步骤，则大略可见：其一为平定密，阮，共，此为巩固豳岐之域。二步为灭崇而"作邑于丰"，于是定渭南矣。三步为断虞芮之讼，于是疆域至河东矣。四步为牧野之战，殷商克矣。五步为灭唐，自河东北上矣。六步为伐奄，定淮夷。七步为营成周。以上一二三为文王时事，四五为武王时事，六七为周公时事。至于论南国之疆域，则周初封建，陈蔡为最南。昭王南征而不复，厉宣之世，徐蛮等兵力几迫成周，金文中有证。大定南服，召虎之力为大。此其大略，其详不可得而考，所谓"书缺有间"者也。（七步之次，均以数码记于附图中。）

周公之事功

周公之在周，犹多尔衮之在后金。原武王虽能平殷，而不能奠定其国。武王初崩之岁，管蔡流言，武庚以淮夷叛，此其形势之危急，有超过玄晔既亲政后，吴三桂等之倒戈而北。盖三藩之叛，只是外部问题，周公时之困难，不仅奄淮，兼有三叔。此时周公在何处用兵，宜为考求。《诗》《书》所记，只言居东，未指何地为东。然武王渡河，实由盟津，牧野之战，在商北郊。是周人用兵商都，先自南渡河而北，又自西北压之向东南也。后来康叔既封于卫[1]，卫在今黄河北，微子犹得保宋，宋在今黄河南。卫域实殷商之旧都，宋域乃临于淮夷，则周公用兵当经卫之一路。其成功后乃能东南行，而驱商人服象于东夷也[2]。且周公之胤所封国中，凡胙邢三国皆邻于卫。据此可知周公东向戡定所及。奄在今

---

[1] 吾友顾颉刚先生谓康叔之封应在武王之世。《大诰》乃武王即位之诰，《康诰》亦武王之词。按：宁王一词，既由吴大澂君定为文王，此数篇中曾无一语及武王者，其为武王之诰无疑也。

[2] 见《吕氏春秋·古乐》。

山东境,当春秋时介于齐鲁,此当为今泰山南境。周兵力自卫逼奄,当居今河北省濮阳大名等县,山东省茌博聊濮等县境,此即秦汉以来所谓东郡者也。东郡之名原于何时,不可考。《史记》以为秦设,然秦开东土,此非最先,独以此名东,或其地本有东之专名,秦承之耳。此一区域必为周公屯兵向奄之所,按之卫邢胙封建之迹,及山川形势而信然,且此地后来又有东郡之号,则此为周初专名之东,实可成立之一说也。余又考之《逸周书》作雒解,然后知周公所居之东为专名,更无疑义。作雒解曰:"周公立,相天子,三叔及殷东徐奄及熊盈以略。周公召公内弭父兄,外抚诸侯。……凡所征熊盈族十有七国。俘维九邑,俘殷献民,迁于九毕。俾康叔宇于殷,俾中旄父宇东。"此则东为国名,必袭殷商之旧。所谓东者,正指殷商都邑而言,犹邶伯之北,指殷商都邑而言也。大小之别,每分后先。罗马人名希腊本土曰哥里西,而名其西向之殖民地一大区域曰大哥里西(Magna Grecia)。名今法兰西西境曰不列颠,而名其渡海之大岛曰大不列颠(Magna Britannia)。则后来居上,人情之常。小东在先,大东在后,亦固其宜。据《鲁颂》之词,荒大东者周公之孙,地乃龟蒙,则周公戡定之东,当是小东,地则秦汉以来所谓东郡者也。兹更表以明之。

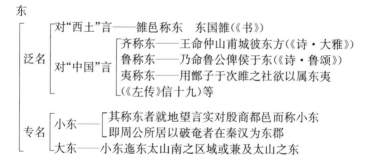

中华民国十九年二月北平

(原刊《国立中央研究院历史语言研究所集刊》第二本第一部分,1930 年 5 月)

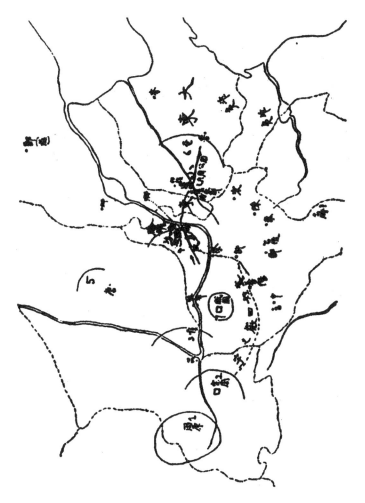

此图原作地名难以一一辨认，悉仍其旧，请读者见谅。——编者注

大东小东说——兼论鲁、燕、齐初封在成周东南后乃东迁

论所谓五等爵

〔五等称谓的淆乱〕

五等爵之说旧矣,《春秋》《孟子》《周官》皆为此说作扶持矣。然《孟子》所记史实无不颠倒。《周官》集于西汉末,而《春秋》之为如何书至今犹无定论。故此三书所陈五等爵之说,果足为西周之旧典否,诚未可遽断。吾尝反复思之,以为相传之五等爵说颇不能免于下列之矛盾焉。

一与《尚书》不合 《周书·康诰》,"四方民大和会,侯甸男邦采卫。"又《酒诰》"百工,播民和,见士于周。""越在外服,侯甸男卫邦伯;越在内服,百僚庶尹。"《召诰》,"周公乃朝,命庶殷侯甸男邦伯。"《顾命》[1],"庶邦侯甸男卫。"郑玄以五服之称释此数词,而诂经者宗之,此不通之说也[2]。按五服说之最早见者,为《周语》上,其文曰:"夫先王之制,邦内甸服、邦外侯服、侯卫宾服、蛮夷要服、戎狄荒服。甸服者祭,侯服者祀,宾服者享,要服者贡,荒服者王。"此言畿内者为甸,畿外者为侯,侯之附邑为宾,蛮夷犹可羁縻,戎狄则不必果来王也。盖曰王者,谓

---

〔1〕 马融后作《康王之诰》。
〔2〕 或不始于郑君。

傅斯年论历史

其应来王,而实即见其不必果来王矣。又战国人书之《禹贡》所载五服为甸侯绥要荒,固与《周语》同,绥服即宾服,而与《周书》中此数词绝非指一事者。若《康诰》《召诰》《顾命》所说,乃正与此不类。甸在侯下,男一词固不见于五服,而要服荒服反不与焉,明是二事。近洛阳出周公子明数器,其词有云:"唯十月,月吉,癸未,明公朝至于成周。逆命舍三事命,众卿事寮,众诸尹,众里君,众百工,众诸侯,侯田男,舍四方命。"持以拟之《尚书·顾命》之"庶邦侯甸男卫"者,应作庶邦侯,侯田男,犹云,诸侯,及诸侯封域中之诸男也。"侯甸男卫"者,"侯,侯田男,卫",犹云,诸侯,及诸侯封域中之诸男,及诸卫也。"侯甸男邦采卫"者,犹云,诸侯,及诸侯封域中之诸男,及邦域之外而纳采之诸卫也。《韩诗外传》八,"所谓采者,不得有其土地人民,采取其租税尔。"此采之确解也。"侯甸男邦伯"者,犹云,诸侯、及诸侯封域中之诸男,及诸邦之伯也。"侯甸男卫邦伯"者,诸侯,及诸侯封域中之诸男,及卫,及诸邦之伯也。持周公子明器刻辞此语以校《尚书》,则知侯下有重文,传经者遗之。此所云云,均称呼畿外受上者之综括列举辞。而甸乃侯甸,非《国语》所谓王甸之服,与五服故说不相涉也。古来召令不必齐一其式,故邦伯或见或不见,而王臣及诸侯亦或先或后。然《尚书》此数语皆列举畿外受土者之辞,果五等爵制为周初旧典者,何不曰"诸公侯伯子男"乎?此则五等爵之说显与《尚书》矛盾矣。

二与《诗》不合　《诗》言侯者未必特尊,如,"载驰载驱,归唁卫侯。""齐侯之子,卫侯之妻。"而言伯者则每是负荷世业之大臣,如召伯,申伯,郇伯,凡伯。果伯一称在爵等之意义上不逮侯者,此又何说?

三与金文不合　自宋以来著录之金文刻辞无贯称"公侯伯子男"者。若周公子明诸器刻辞,固与《尚书》相印证,而与五等爵说绝不合。

四以常情推之亦不可通　上文一二三已证五等爵说既与可信之间接史料即《尚书》《诗》者不合,又与可信之直接史料即金文者不合矣,今更以其他记载考之,亦觉不可通。《顾命》,"乃同召大保奭,芮伯,彤伯,毕公,卫侯,毛公,师氏,虎臣,百尹,御事。"以卫侯毕公毛公之亲且尊,反列于芮伯彤伯之下,果伯之爵小于公侯乎? 一也。"曹叔振铎,文之昭也,"而反不得大封,列于侯之次乎? 二也。郑伯秦伯,周室东迁所依,勋在王室。当王室既微,乃反吝于名器,以次于侯之伯酬庸乎? 三也。如此者正不可胜数。

顾栋高《春秋大事表》五列国爵姓表,所记爵姓,非专据经文,乃并据《左传》及杜预《集解》,且旁及他书者。经文与《左传》固非一事,姑无论《左传》来源之问题如何,其非释经之书,在今日之不守师说者中已为定论。而杜氏生于魏晋之世,其所凭依今不可得而校订。故顾栋高此表颇为混乱之结果。然若重为编订,分别经文左氏杜氏三者,则非将此三书作一完全之地名人名索引不可,此非二三月中所能了事。故今仍录原文于下,兼附数十处校记。若其标爵之失,称始封之误,姑不校也。

国 爵	姬	始封	今补记
鲁 侯	姬	周公子伯禽	彝器中称鲁侯
蔡 侯	姬	文王子叔度	彝器中称蔡侯
曹 伯	姬	文王子叔振铎	彝器中有量侯张之洞释为曹
卫 侯	姬	文王子康叔封	彝器中有康侯封鼎
滕侯(后书子)	姬	文王子叔绣	彝器中有滕侯敦
晋 侯	姬	武王子叔虞	彝器中有晋公盦
郑 伯	姬	厉王子友	
吴子(按《国语》本伯爵)	姬	太王子太伯	彝器中称工吴王
北燕伯(《史记》作侯)	姬	召公奭	彝器中称郾侯,郾公,郾王
齐 侯	姜	太公尚父	彝器中称齐侯
秦 伯	嬴	伯益后非子	彝器中有秦公敦
楚 子	芈	颛顼后熊绎	彝器中称公称王
宋 公	子	殷后微子启	彝器中有宋公䤿钟,或称商

杞侯（后书伯或书公子，按《正义》本公爵）	姒	禹后东楼公	彝器中称杞伯
陈 侯	妫	舜后胡公	彝器中有"陈侯"者皆齐器，与此无涉
薛侯（后书伯）	任	黄帝后奚仲	彝器中称膟侯
邾子（本附庸进爵）	曹	颛顼苗裔挟	彝器中称邾公
莒 子	己	兹舆期	彝器中称鄦侯
小邾子（本附庸进爵）	曹	邾公子友	
许 男	姜	伯夷后文叔	彝器中称鄦子
宿 男	风	太皞后	
祭 伯	姬	周公子	彝器中有祭中鼎
申 侯	姜	伯夷后	彝器中称申伯
东 虢	姬	文王弟虢仲	
共 伯			
纪 侯	姜		彝器中称己侯
夷	妘		
西虢 公	姬	文王弟虢叔	彝器中有虢季子白盘等
向	姜		
极 附庸	姬		
邢 侯	姬	周公子	彝器中称井伯井侯
郕 伯	姬	文王子叔武	
南燕 伯	姞	黄帝后	
凡 伯	姬	周公子	
戴	子		
息 侯	姬		
郜 子	姬	文王子	
芮 伯	姬		彝器中称芮公芮伯
魏	姬		
州 公	姜		
随 侯	姬		
榖 伯	嬴		
邓 侯	曼		彝器中有邓公敦
黄	嬴		
巴 子	姬		
鄾 子			
梁 伯	嬴		彝器有梁伯戈

281

荀（或云即郇国）	侯	姬		
贾 伯		姬		
虞 公		姬	仲雍后虞仲	
贰				
轸				
郧（即邧国）		子		
绞				
州				
蓼				
罗		熊		
赖 子				
牟 附庸				
葛 伯		嬴		
于馀邱				
谭 子		子		
萧 附庸		子	萧叔大心	
遂		妫		
滑 伯		姬		
原 伯		姬	文王子	
权		子		
郭				
徐 子		嬴	伯益后	彝器中概称邻王
樊 侯			仲山甫	彝器中有樊君鬲。此为畿内之邑，晋文公定戎难时，王以赐晋，其称君不称侯正与金文之例合也。
郭 附庸		姜		
耿		姬		
霍 侯		姬	文王子叔处	
阳 侯		姬		
江		嬴		
冀				
舒 子		偃		
弦 子		隗		
道				
柏				
温 子		己	司寇苏公	
鄫 子		姒	禹后	彝器中有曾伯簠
厉		姜	厉山氏后	

国名	爵	姓	备注	
英	氏	偃	皋陶后	
项				
密		姬		
任		风	太皞后	
须句	子	风	太皞后	
颛臾	附庸	风	太皞后	
顿	子	姬		
管		姬	文王子叔鲜	
毛	伯	姬	文王子叔郑	彝器中称毛公
聃		姬	文王子季载	
雍		姬	文王子	
毕		姬	文王子	
郕	侯	姬	文王子	
郇	侯	姬	文王子	彝器中有旬伯簋
邘		姬	武王子	
应	侯	姬	武王子	彝器中有应公敦
韩	侯	姬	武王子	
蒋		姬	周公子	
茅		姬	周公子	
胙		姬	周公子	
郜				彝器中皆称郜公又有郜公平侯敦
夔	子	芈	熊挚	
桧		妘	祝融后	
沈	子	姬		
六		偃	皋陶后	
蓼		偃	皋陶后	
偪		姞		
禀	子			
巢	伯(见《尚书》序)			
宗	子			
舒蓼		偃	皋陶后	
庸				
崇				
郯	子	己	少昊后	
莱	子	姜		
越	子	姒	夏后少康子	
刘	子	姬	匡王子	

唐 侯		祁	尧后
黎 侯			
邻 附庸			
州来			
吕 侯		姜	彝器中有称吕王者
檀 伯			
钟离 子			
舒庸		偃	
偪阳 子		妘	
郝			
铸		祁	尧后
杜 伯		祁	尧后
舒鸠 子		偃	
胡 子		归	
焦		姬	
杨 侯		姬	彝器中有阳白鼎
邧			彝器中称邧伯邧子
庸			
沈			金天氏苗裔台骀之后
姒		同上	
蓐		同上	
黄		同上	
不羹			
房			
郮 子		妘	
钟吾 子			
桐		偃	
戎			
北戎			
卢戎 子		南蛮	
大戎		姬	唐叔后
小戎		允	四岳后
骊戎 男		姬	
山戎			即北戎
狄			有白狄赤狄二种
犬戎			西戎之别在中国者
东山皋落氏			赤狄别种

国名	姓	说明
扬拒泉皋伊雒之戎		
淮夷		
陆浑之戎	子允	即小戎之徙于中国者
又名阴戎		
廧咎如	隗	赤狄别种
介		东夷国
姜戎　子	姜	四岳后陆浑之别部
白狄		
鄋瞒	漆	防风氏后
群蛮		
百濮		西南夷
赤狄		
根牟		东夷国
潞氏　子		赤狄别种　　彝器中有貉子卣不知即潞否
甲氏		赤狄别种
留吁		赤狄别种
铎辰		赤狄别种
茅戎		戎别种
戎蛮即蛮氏子		戎别种
无终　子		山戎种
肃慎		东北夷
亳		西夷《史记·索隐》盖成汤之胤
鲜虞一名中山	姬	白狄别种
肥　子		白狄别种
鼓　子	祁	白狄别种
有莘		夏商时国
有穷		夏时国（下同）
寒		
有鬲	偃	
斟灌	姒	
斟郡	姒	
过		
戈		
豕韦	彭	夏商时国
观	姒	夏时国
扈	姒	同上
姺		商时国（下同）

285

国名	姓	称号	
邳			
奄	嬴		
仍		夏时国（下同）	
有缗			
駘			
岐			
蒲姑		商时国	
逢	姜	商时国	
昆吾	己	夏时国	
密须	姞	商时国	
阙巩		古国	
甲父		同上	
飂		古国	
豢夷	董	虞夏时国	
封父		古国	
有虞	姚	夏商时国	

补记诸节，大致据余永梁先生之《金文地名表》。但举以为例，以见杜说与金文之相差而已，不获一一考其详也。以下又录金文所有顾表所无者若干事。

国名	姓	称号（自称者）	
召	姬	伯	彝器有召伯虎敦
散	姬	伯	彝器有散伯敦
天		王	彝器有天王鼎天王尊散盘中亦称之为天王
辅		伯	彝器有辅伯鼎
苏		公	彝器有苏公敦
相		侯	彝器有相侯鼎
龙		伯	彝器中有龙伯戈
铸		公,子	彝器中有铸公簠铸子钟
郱		伯	彝器中有郱伯鼎
钟		伯	彝器中有钟伯鼎

据上列顾表，以公为称者五，宋，西虢，州，虞，刘，而刘标子爵。此则据杜氏之非。经文固明明言刘公，其后乃言刘子，此畿内之公，其称公乃当然也。今共得称公者五，而其三为畿内之君，虞虢刘皆王室卿士

也。其一之州公最突兀,《公羊传》桓五年,"冬州公如曹。相如不书,此何以书? 过我也。""六年春正月,寔来。寔来者何? 犹曰是人来也。孰谓? 谓州公也。曷为谓之寔来? 慢之也。曷为慢之? 化我也。"此真断烂朝报中之尤断烂处。《春秋》全经中,外相如不书,意者此文盖"公如曹""公至自曹"之误乎? 无论此设想是否可据。而州之称公无先无后,固只能存疑,不能据以为例。然则《春秋》称公者,王室世卿之外,其唯宋公乎? 此甚可注意者也。又姬姓在此表中除爵号不详者外;列于侯者十六,为最多数;列于伯者十二,曹郑祭北燕郕芮凡贾滑原毛;列于子者,除刘子前文中已订正外,尚有吴巴鄀顿沈;列于男者一,骊戎;列于附庸者一,极。子男之姬姓者,非越在蛮夷,如吴如巴,即陈蔡间之小国;若鄀则仅以其大鼎见于经文,春秋前已灭;骊则本是戎狄之类。此数国受封之原,除吴鄀外皆不可详。如顿沈之是否姬姓,经文《左传》亦无说也。姬姓何以非侯即伯,号子者如此其少? 此又可注意者也。表中以子为号而从杜氏标姓为姬者,已如上所举,若其他号子者,则

子姓有	谭;
姜姓有	莱,姜戎;
曹姓有	邾,小邾;
己姓有	莒,温,郯;
嬴姓有	徐;
姒姓有	鄫,越;
芈姓有	楚,夔;
隗姓有	弦;
偃姓有	舒,鸠舒;
妘姓有	偪阳,鄅;
归姓有	胡;
风姓有	须句;

祁姓有　　　　　　　鼓;

允姓有　　　　　　　陆浑之戎;

姓无可考者有鄟,郳,赖,麋,宗,潞,戎蛮,无终,肥,钟离,钟吾,卢戎。

再以地域论之,则在南蛮东夷者十七,吴,楚,巴,鄟,郳,赖,舒,弦,顿,夔,宗,越,钟离,舒,鸠,卢戎(以上偏南);邾,莒,小邾,徐,郯,须句,郑,莱,胡,郇,钟吾(以上偏东);在戎狄者七,姜戎,陆浑之戎,潞,戎蛮,无终,肥,鼓。至于谭,温,顿,沈,麋,偪阳,各邑中,则温在王畿之内,谭入春秋灭于齐,顿沈之封不详,偪阳则妘姓之遗,亦楚之同族也(见《郑语》)。约而言之,以子为号者,非盟蛮夷戎狄,即奉前代某姓之祀者,质言之,即彼一姓之孑遗。其中大多数与周之宗盟不相涉。彼等有自称王者,如徐,楚,吴,越,《春秋》加以子号,既非其所以自称,恐亦非周室所得而封耳。

男之见于前表者,仅有三,许,宿,骊戎。准以周公子明器中"侯田男"一语,男实侯之附庸。戎骊之称男不见于《春秋经》,宿亦然。准以《鲁颂》"居常与许复周公之宇",及隐十一年《左传》,"秋七月,公会齐侯郑伯伐许,……壬午遂入许,……齐侯以许让公"之文,则许在始乃鲁之附庸,故入其国先以让鲁,鲁思往事之强大,而欲居常与许也。意者许在初年,曾划入鲁邦域之内,其后自大,鲁不过但欲守其稷田耳。及郑大,并此亦失之矣。今彝器有许子簠许子钟,无而称许男者。(鲁邦域所及,余另有文论之。)可知彼正不以"侯田男"自居也。

如上所分析,则五等称谓之分配颇现淆乱,其解多不可得。今先就字义论之。果得其谊,再谈制度。

〔公侯伯子男释字〕

公,君也。《尔雅》,"公,君也。"释名同。《左传》所记,邦君相称曰君,自称曰寡君,而群下则称之曰公。是公君之称,敬礼有小别,名实无二致也。

君,兄也。《诗·鄘风·鹑之奔奔》云:

鹑之奔奔,鹊之强强。人之无良,我以为兄。
鹊之强强,鹑之奔奔。人之无良,我以为君。

《国风》之成章,每有颠倒其词,取其一声之变,而字义无殊者。此处以君兄相易,其义固已迫近,而考其音声,接近尤多。广韵,君,上平二十文,举云切;兄,下平十二庚,许荣切。再以况贶诸字从兄声例之。况贶均在去声四十一漾,许访切,似声韵均与兄界然。然今北方多处读音,况贶诸字每读为溪纽或见纽,而哥字之音则见纽也。(唐韵,哥,古俄切。)诗以强兄为韵,则兄在古邶音中,必与强同其韵部。此在今日虽不过是一种假设,然可借之连络处正多,今试详之。

公,兄,君,尹,昆,翁,官,哥,皆似一名之分化者。今先列其反切韵部如下,再以图表之:

公	上平	东部	古红切	见纽
兄	下平	庚部	许荣切	晓纽
君	上平	文部	举云切	见纽
尹	上平	准部	余准切	喻纽
昆	上平	魂部	古浑切	见纽
翁	上平	东部	乌红切	影纽
官	上平	桓部	古丸切	见纽
哥	唐韵		古俄切	见纽

兹将上列各纽部表以明之:

发音 ＼ 收音	浅 喉 ng	舌 头 n	元 音
浅喉破裂 k,g	公兄(古读)	昆君官	哥
浅喉摩擦 h,x	兄(今读)		
深喉及元音	翁	尹	

公,君,兄,已如上所述,至其余诸字之故训,分记如下:

尹 《广雅释诂》,"尹,官也。"王氏疏证曰,"尔雅,'尹,正也。'郭璞注云,'谓官正也。'《周颂·臣工传》云,'工,官也。'《洪范》云,'师尹惟日。'《皋陶谟》云,'庶尹允谐。'《尧典》云,'允厘百工。'"又,尹犹君也。左氏隐三年经文,"君氏卒",《公羊》《穀梁》作尹氏卒。《左传》昭二年,"棠君",释文云,君本作尹。然金文中文之加口虽有时可有可略,而君尹之称实有别异。如周公子明诸器,"遝诸尹,遝里君",盖尹司职,君司土,果原为一字,彼时在施用上已分化矣。

昆 《诗》,《左传》,《论语》中,用昆为兄之例甚多。《尔雅·释亲》,亦晜(昆)兄错用。

翁 《广雅·释亲》,"翁,父也。"疏证,"《史记·项羽纪》云,'吾翁即若翁。'"此以翁为父。《方言》,"凡尊老,周晋秦陇谓之公,或谓之翁。"此以翁为泛称老者。又,汉世公主称翁主,则汉世言翁,实即公矣。翁字虽有此多义,然尹翁归字子兄,此翁与兄同谊之确证也。翁与兄同谊,并不害其可用于称父。人每谓父兄为老,而父兄在家亦有其同地位。父没,兄之权犹父也。自老孳乳之殊字,可以分称父兄,初无奇异。如姐,《广雅》以为母也,今则南北人以称其姊。

官 《周礼》牛人,掌养国之公牛。巾车,掌公车之政令。注并云,"公犹官也。"

哥 后起字。然今俗语含古音甚多,而古字之读音,或反不如。例如爸之声固近于父之古读,而父之今读反远于父之古读。

循上列诸义,试为其关系之图。此虽只可作为假设,然提醒处颇
多,充而实之,俟异日焉。

公一名在有土者之称谓中,无泛于此者。王室之元老称公,召公毛
公等是。王室之卿士邑君称公,刘子尹子是。若宋则于公之外并无他
号。伯亦得称公。《吴语》:"董褐复命曰,'夫命圭有命,固曰吴伯,不曰
吴王;诸侯是以敢辞。夫诸侯无二君,而周无二王。君若无卑天子,以
干其不祥,而曰吴公,孤敢不顺从君命。长弟许诺?'吴王许诺,乃退就
幕而会。吴公先歃,晋侯亚之。"是伯之称公可布于盟书也。侯在其国
皆称公,不特《左传》可以为证,诗书皆然。《书·费誓》,"公曰,嗟!"《秦
誓》,"公曰,嗟!"子男亦称公。《春秋》于许男之葬固书公,不书男。至
于由其孳生之词,如公子,不闻更有侯子,伯子。然则公者,一切有土者
之泛称,并非班爵之号。

宋之称公,缘其为先朝之旧,并非周所封建之侯,而亦不得称王耳。
虞虢之称公,缘其为王甸中大宗。侯伯子男皆可于其国称公,或为邻国
人称之曰公,非僭也。果其为僭者,何缘自西周之初即如此耶?以公称
为僭者,宋人说经之陋,曾不顾及《春秋》本文也。

宋之不在诸侯列,可以金文证之。吴大澂释周窖鼎文云:"口厥师
眉见王,为周客。锡贝五朋,用为宝器;鼎二,䚵一,其用享于乃帝考。"
吴云:"周王之客,殷帝之子,其为微子所作无疑也。"彼为周客则不得为

周侯。周不容有二王,则彼不得为宋王,只得以泛称之公为称,最近情理者也。《春秋》之序,王卿霸者之后,宋公独先,亦当以其实非在诸侯之列,不当以其称公也。

侯者,射侯之义,殷周之言侯,犹汉之言持节也。《仪礼·大射仪》,"司马命量人量侯道。"郑注,"所射正谓之侯者,天子中之则能服诸侯,诸侯以下中之则得为诸侯。"此当与侯之初义为近。《周书·职方》,"其外方五百里,为侯服。"注:"孔曰,侯,为王斥候也。"此当引申之义。侯之称见于殷墟卜辞。民国十七年董彦堂先生所获有"命周侯"之语,而前人所见有侯虎等词,是知侯之一称旧矣,其非周之创作无疑。至于何缘以射侯之称加于守土建藩之士,则亦有说。射者,商周时代最重之事,亦即最重之礼。《左传》,晋文公受九锡为侯伯时,辂服之次,彤弓彤矢为先。诗三百中,王者之锡,亦只彤弓之赐独成一篇。又《齐风·猗嗟》,齐人美其甥鲁庄公也,除美其容止以外,大体皆称其射仪。其词曰:

> 猗嗟昌兮!颀而长兮!抑若扬兮!美目扬兮!巧趋跄兮!射则臧兮!
> 猗嗟名兮!美目清兮!仪既成兮!终日射侯,不出正兮!展我甥兮!
> 猗嗟娈兮!清扬婉兮!舞则选兮!射则贯兮!四矢反兮,以御乱兮。

是知赳赳武夫者,公侯之干城。射则贯者,王者之干城也。侯非王畿以内之称,因王畿以内自有王师,无所用其为王者斥候也。而亦非一切畿外有土者之通称,因有土者不必皆得受命建侯。必建藩于王畿之外,而为王者有守土御乱之义,然后称侯。内之与王田内之有土称公者不同,外之与侯卫宾服者亦异。后世持节佩符者,其义实与侯无二。

伯者,长也。此《说文》说,而疏家用之,寻以经传及金文记此称谓诸处之义,此说不误也。伯即一宗诸子之首,在彼时制度之下,一家之长,即为一国之长,故一国之长曰伯,不论其在王田在诸侯也。在王甸之称伯者,如召伯虎,王之兀老也,如毛伯,王之叔父也,芮伯,王之卿士也。在诸侯之称伯者,如曹伯、郇伯,此王之同姓也,如秦伯、杞伯,此王之异姓也。至于伯之异于侯者,可由侯之称不及于畿内,伯之称遍及于中外观之。由此可知伯为泛名,侯为专号,伯为建宗有国者之通称,侯为封藩守疆者之殊爵也。若子,则除蛮夷称子外,当为邦伯之庶国。(论详下节。)果此设定不误,是真同于日耳曼制,graf,landgraf,markgraf 之别矣。graf 者,有土者一宗中之庶昆弟,当子;landgraf 者,有土者一宗中之长,当伯;markgraf 者,有土者斥候于边疆,得以建节专征者也。

《传》说(即《春秋左传》杜解等,以顾表为代表)之称伯者,与金文中所见之称侯伯者,颇有参差,看前表即知之。金文称伯者特多,《传》说则侯多。已出金文之全部统计尚未知,而金文既非尽出,其中时代又非尽知,且金文非可尽代表当世,故如持今日金文之知识以正顾表,诚哉其不足。然亦有数事可得而论次者:一则王室卿士公伯互称,此可知伯之非所谓爵也。二则齐鲁侯国绝不称伯,此可知侯之为号,固有殊异之荣。三则公固侯伯之泛称也。又一趋向可由顾表推知者,即称侯之国,其可考者几无不是周初宗胤。后来封建,若郑若秦,虽大,不得为侯。意者侯之为封本袭殷商,周初开辟土宇,犹有此戎武之号。逮于晚业,拓土无可言,遂不用乎? 周威烈王二十三年,命晋大夫魏斯、赵籍、韩虔为诸侯,后又以侯命田氏。此均战国初事,当时小国尽灭,列国皆侯称,威烈王但抄古礼而已,非当时之制矣。

侯伯之伯,论作用则为伯之引申,论文义反是伯之本义。犹云诸侯之长，与上文所叙宗法意义下之伯，在字义上全同，即皆就长而言，在指谓上全不同，即一为家长（即国长），一为众侯之长耳。

子者，儿也。下列金文甲文异形，观其形，知其义，今作子者借字也。

以子称有土者，已见于殷，微子箕子是。子者，王之子，故子之本义虽卑，而箕子微子之称子者，因其为王子，则甚崇。至于周世，则以子称有土者，约有数类。最显见者为诸邦之庶子。邦之长子曰伯，然一邦之内，可封数邦，一邦之外，可封某邦之庶子，仍其本国之称。然则此之谓子，正对伯而言。吴之本国在河东王甸之中，故越在东南者为子。郯之本国何在，今不可考知，然能于宗周时与申同以兵力加于周室，其不越在东夷可知，而越在东夷者为子。然则子之此义，正仲叔季之通称，与公子之义本无区别，仅事实上有土无土之差耳。诸侯之卿士称子，亦缘在初诸为侯卿士者正是诸侯之子。又王甸中之小君，无宗子称伯者可征，或亦称子，如刘子尹子。若然，则子之为称，亦王甸中众君之号，其称伯者，乃特得立长宗者耳。

至于蛮夷之有土者，则亦为人称子，自称王公侯伯。宗周钟，"王肇遹省文武，董董疆土。南国服子敢召虐我土。"是金文中之证。若春秋，则以子称一切蛮夷，尤为显然。此类子称，有若干既非被称者之自认，又非王室班爵之号。此可证明者：例如荆楚，彼自称王，诸侯与之订盟，无论其次序先后如何，准以散盘矢氏称王之例，及楚之实力，其必不贬号无疑也。然《春秋》记盟，犹书曰楚子。《国语·吴语》，"夫命圭有命，固曰吴伯，不曰吴王，诸侯是以敢辞。诸侯无二君，而周无二王。君若无卑天子，以干其不祥，而曰吴公，孤敢不顺从君命。长弟许诺？吴王许诺，乃退就幕而会。吴公先歃，晋侯亚之。"《春秋》书曰"吴子"，既与吴之自号不同，又与命圭有异也，是以蛮夷待吴也。至命圭有命，固曰吴伯者，意者吴之本宗在河东者已亡，句吴遂得承宗为伯乎？今又以金文较《春秋》，则莒自称为侯，而《春秋》子之；邾自泛称公，而《春秋》子之。楚自称为王，为公，而《春秋》子之。虽金文亦有自称子者，如许。然真在蛮夷者，并不自居于子也。然则蛮夷称子，实以贱之，谓其不得比于长宗耳。子伯之称既无间于王甸及畿外，其初义非爵，而为家族中之亲属关系，无疑矣！

就子一称之演变观之，颇有可供人发噱者。子本卑称，而王子冠以地名则尊，微子箕子是也。不冠地名，则称王子，如王子比干。此之为子，非可尽人得而子之。称于王室一家之内者，转之于外，颇有不恭之嫌。满洲多尔衮当福临可汗初年摄政时，通于福临之母，臣下奏章称曰叔父摄政王，此犹满人未习汉俗之严分内外。果有汉臣奏请，叔父者，皇之叔父，非可尽人得而叔父之，遂冠皇于叔父之上。此正如王子公子之造辞也。子一名在周初如何用，颇不了然，《周书》历举有土之君，子号不见。春秋之初，诸侯之卿，王室之卿，均称子，已见于典籍矣。前一格如齐之高国，晋之诸卿，鲁之三桓；后一格如刘子。至孔子时，士亦称子，孔子即其例也。战国之世，一切术士皆称子，子之称滥极矣。汉世崇经术，子之称转贵，汉武诏书，"子大夫"是也。其后历南北朝隋唐，子为严称。至宋则方巾之士，自号号人，皆曰子，而流俗固不以子为尊号。今如古其语言，呼人以子，强者必怒于言，弱者必怒于色矣。又"先生"一称，其运命颇可与子比拟。《论语》，"有酒食，先生馔，有事，弟子服其劳"。此先生谓父兄也。至汉而传经传术者犹传家，皆先生其所自出，此非谓父兄也。今先生犹为通称，而俚俗亦每将此词用于颇不佳之职业。又"爷"之一词亦然。木兰词，"阿爷无大儿，木兰无长兄"，又云，"不闻爷娘唤女声"，爷者，父也。今北方俗呼祖曰爷，外祖曰老爷，犹近此义。明称阁部为老爷，以尊其亲者尊之也。历清代遽降，至清末则虽以知县县丞之微,不愿人称之为老爷而求人称之为大老爷。此三词者,"子","先生","爷",皆始于家族,流为官称,忽焉抬举甚高,中经降落,其末流乃沉沦为不尊之称焉。

男者,附庸之号,有周公子明诸器所谓"诸侯,侯田男"者为之确证。按以《周书》所称"庶邦侯田男卫"诸词,此解可为定论。男既甚卑,则称男者应多,然《春秋》只书许男,而许又自称子(许子钟、许子簠)。此由许本鲁之附庸,鲁之势力东移,渐失其西方之纲纪,许缘以坐大,而不甘于附庸之列。鲁虽只希望"居常与许",终不能忘情,《春秋》遂一仍许男之称焉。鲁许之关系,别详拙著《大东小东说》,此不具论。

〔既非五等,更无五等爵制〕

以上之分析与疏通,义虽不尽新,而系统言之,今为初步。其中罅漏甚多,惟下列结语颇可得而论定焉。

一、公伯子男,皆一家之内所称名号,初义并非官爵,亦非班列。侯则武士之义,此两类皆宗法封建制度下之当然结果。盖封建宗法下之政治组织,制则家族,政则戎事,官属犹且世及,何况邦君? 如其成盟,非宗盟而何? 周室与诸国之关系,非同族则姻戚,非姻戚则"夷狄"。盖家族伦理即政治伦理,家族称谓即政治称谓。自战国来,国家去宗法而就军国,其时方术之士,遂忘其古者之不如是,于是班爵禄之异说起焉。实则"五等爵"者,本非一事,既未可以言等,更未可以言班爵也。

二、五名之称,缘自殷商,不可以言周制。今于卜辞中侯伯具见,其义已显,上文叙之已详。若公则载于《殷虚书契前编》卷二第三叶者系凡二,子男二字亦均见,特文句残缺,无从得知其确义耳。

三、《春秋》虽断烂,其源实出鲁国,故其称谓一遵鲁国之习惯,书与当时盟会之实辞,周室命圭之所命,各有不同。与其谓《春秋》有褒贬之义,毋宁谓其遵鲁国之习耳。

四、男之对侯,子之对伯,一则有隶属之义,一则有庶长之别。其有等差,固可晓然。若伯之与侯,侯之于公,实不可徒以为一系统中之差别。

殷周(指西周下文同)之世,在统治者阶级中,家即是国,国即是家。家指人之众,国指土之疆。有人斯有土,实一事耳。然世入春秋,宗法大乱。春秋初年,可称为列国群公子相杀时代,其结果或则大宗之权,落于庶支,例如宋鲁;或则异姓大夫,得而秉政,例如齐晋。晋为军国社会最先成立之国家,其原因乃由于献公前后之尽诛公族。桓庄之族死于先,献惠之子杀于后,故自重耳秉政,执政者尽为异姓之卿。在此情景之下,家国之别,遂判然焉。孟子以为国之本在家者,仍以春秋时代宗法之义言之也。自家国判然为二事,然后一切官私之观念生,战国初年,乃中国社会自"家国"入"官国"之时期,顾亭林所谓一大变者也。前此家国非二事也。《诗》曰:"雨我公田,遂及我私。"此谓国君之公,非后世所谓公家之公。战国人狃于当时官国之见,以为古者之班爵整严,殊不知古时家,部落,国家,三者不分者,不能有此也。狃于当时家国之分,殊不知殷周本无是也。狃于当时君臣之义,殊不知古之所谓臣,即奴隶及其他不自由人。金文中时有锡臣若干人之说,《论语》:"子疾病,子路使门人为臣。……子曰,无臣而为有臣,将谁欺?欺天乎?且予死于臣之手也,毋宁死于二三子之手乎?"皆可为证。至春秋而王公之臣几与君子同列。(君子初谊本如公子。)至战国而君臣之间义不合则去。此类家国之异,公私之分,皆殷周所不能有也。战国所谓君臣之义,有时即正如殷周时家长与其一家之众之义耳。吾辨五等爵之本由后人拼凑而成,古无此整齐之制,所识虽小,然可借为殷周"家国制"之证,于识当时文化程度,不无可以参考者焉。

中华民国十九年一月写于北平

按，此文主旨，大体想就于六七年前旅居柏林时，后曾以大意忽忽写投顾颉刚先生，为顾先生登于国立中山大学语言历史学研究所周刊第十四期。今思之较周，节目自异，然立论所归仍与前同。附记于此，以标同异。

　　校稿时补记——盂鼎，"佳殷边侯田（甸），雩（越）在殷正百辟，率肆肆于酒，古（故）丧自（师）。"曰"边侯"，则其为斥候之意至显，而"边侯"之称尤与 markgraf 合。

（原刊《国立中央研究院历史语言研究所集刊》第二本第一部分，1930 年 5 月）

附　录

一、**战国子家叙论**（此处存目，文见本书第九十五页）

二、性命古训辨证

序

此书自写成至今，已一年有半，写时感念，今多不能记忆。且清稿已先付商务印书馆，手中别无副本，可资检查。四邻喧嚣，行处不定，不能运思以为序，则姑述本书写就之始末，及求读者所见谅留意各事，以代自序之常例焉。

一、"生"与"性"，"令"与"命"之关系，及此关系在古代思想史上之地位，余始悟之于民国二十二三年间，始与同事丁梧梓先生（声树）言之，弗善也。二十五年初，移家南京，与徐中舒先生谈此，徐先生以为不误，劝余写为一文。遂于是年夏试写，初意不过数千字之篇，下笔乃不能自休。吾之职业，非官非学，无半月以上可以连续为我自由之时间，故原期国庆日前写就者，至是年之尾大体乃具。其下篇尤为潦草，其中有若干章，次年一月无定居时所写也。写成后，恳同事陈骧尘先生（钝）分忙为我抄成清本，骧尘则偶置其职务，或断或续以抄之。自二十五年夏初写此书时，至次年八月上海战事起，一年之中，余三至北平，两候蔡孑民师之病于上海，游秦蜀，顺江而下，至南京不两旬，又登庐山，七月末乃返京。不仅作者时作时辍，即抄者亦然。缘吾不能安坐校对，故抄者亦不能不若断若续也。陈钝先生所抄者为中下两卷，上卷仅抄数叶，战事即起，同人心志皆不在此等无谓之事矣。二十七年二月，以中下两卷，交商务印书馆，上卷拟自抄，终无暇也。适张苑峰先生（政烺）送古籍入川，慨然愿为我抄之，携稿西行，在停宜昌屡睹空袭中为我抄成，至可感矣。故上卷得于前月寄商务印书馆，一段心事遂了，此皆苑峰、骧尘之惠我无疆也。今详述此经历者，固以谢二君，亦以明本书文词前后绝不一致之故，以祈读者之见谅也。

一、写此书时，每与在南京同事商榷。益友之言，惠我良多，凡采入者，均著其姓氏。谨于此处致其感谢。

一、本书上卷第二章所引殷周彝器铭识，除诸宋人书外，皆录自《攈古录》《愙斋集古录》《陶斋吉金录》《善斋吉金录》《小校经阁金文》《贞松堂集古遗文及补遗》《殷文存》等，习见之书，尤以攈古、愙斋、贞松堂三书为多。（亦间录自今人郭沫若先生之金文辞大系等，此书本为通论，不属著录，然余信手引据，但求足证吾说而已。）盖写时周金文存为人借去，而某氏之《三代吉金文存》未出版也。当时凡引一条，必著其在此书中之卷叶，以求读者便于检寻。文属急就，所引卷叶不敢保其无误，而群书常见之器则不复注明。越一年有半，苑峰在宜昌为我抄成清稿时，其旅途中携有《三代吉金文存》，而诸书未备，乃将原引自愙斋、攈古、贞松堂等书并见于《三代吉金文存》者，一律易以《三代吉金文存》之卷叶，复增此一书中可采入者三十余条。余至重庆初见之，深感苑峰貤我之深，然亦颇有改回之志。盖夫己之书，少引为快，一也。新书之价，本以欺人，学者未备，二也。旋以手中无书可查，原稿中注明之卷叶未必无误，苑峰所录则无误，故徘徊久之，卒乃姑置吾之情感以从苑峰焉。

一、两年前始写上卷时，以引书较多，用文言写自较整洁，及写至本卷末章，乃觉若干"分析的思想"实不易以文言表达。写至中卷，尤感其难。终以懒于追改，即用文言写去，有此经验，深悟近代思想之不易以传统文言纪录之也。盖行文之白话正在滋长中，可由作者增其逻辑，变其语法，文言则不易耳。

一、引书之简繁，亦是难决之一事。盖引书愈约，（或仅举出处，尤佳。）则文辞愈见简练，而读者乃非检原书不能断其无误也。此利于作者而不利于读者。引书愈繁，则文辞愈见芜蔓，而在读者可省獭祭之劳。此利于读者而不利于作者。余思之久，与其使读者劳苦，毋宁使吾书具拙劣之面目耳。

一、本书标点，前后未能齐一，盖抄者非经一手，校对不在一时，即付之印者亦分两次，故不及画一之也。战时能刊此等书，即为万幸，无须苛求。读者谅之。

民国二十七年七月　傅斯年记于汉口江汉一路之海陆旅馆

引　语

《性命古训》一书，仪征阮元之所作也。阮氏别有《论语论仁》《孟子论仁》诸篇，又有论性、命、仁、智诸文，均载《揅经室集》中，要以《性命古训》一书最关重要。此中包有彼为儒家道德论探其原始之见解，又有最能表见彼治此问题之方法，故是书实为戴震《原善》《孟子字义疏证》两书之后劲，足以表显清代所谓汉学家反宋明理学之立场者也。自明末以来所谓汉学家，在始固未与宋儒立异，即其治文词名物之方法，亦远承朱熹、蔡沈、王应麟，虽激成于王学之末流，要皆朝宗于朱子，或明言愿为其后世。其公然掊击程朱，标榜炎汉，以为《六经》《论语》《孟子》经宋儒手而为异端所化者，休宁戴氏之作为也。（汉学家掊击宋儒始于毛奇龄，然毛说多攻击，少建设，未为世所重。）然而戴氏之书犹未脱乎一家之言，虽曰疏证《孟子》之字义，固仅发挥自己之哲学耳。至《性命古训》一书而方法丕变。阮氏聚积《诗》《书》《论语》《孟子》中之论性命字，以训诂学的方法定其字义，而后就其字义疏为理论，以张汉学家哲学之立场，以摇程朱之权威。夫阮氏之结论固多不能成立，然其方法则足为后人治思想史者所仪型。其方法惟何？即以语言学的观点解决思想史中之问题，是也。

夫阮氏一书之不能无蔽者，其故有三。在阮氏时，汉学精诣所在，古训古音之学耳！其于《诗》《书》之分析观念或并不及朱子、蔡沈，其于古文字之认识，则以所见材料有限之故，远在今人所到境界之下。阮氏据《召诰》发挥其"节性"之论，据《大雅》张皇其"弥性"之词，殊不知《召诰》所谓"节性",按之《吕览》本是"节生",《大雅》所谓"弥尔性",按之金文乃是"弥厥生",皆与性论无涉。皆所用材料蔽之也,一端也。孟子昌言道统,韩愈以后儒者皆以为孟子直得孔门之正传,在此"建置的宗教"势力之下,有敢谓孟子之说不同孔子者乎?有敢谓荀子性论近于孔子者乎?此时代偶像蔽之也,二端也。自西河毛氏、东原戴氏以来,汉宋门户之见甚深。宋儒之说为汉学家认作逃禅羽化,汉学家固不暇计较宋儒性命论究与汉儒有无关系,亦不暇探讨禅宗之果作何说,道士之果持何论也。自今日观之,清代所谓宋学实是明代之官学,而所谓汉学,大体上直是自紫阳至深宁一脉相衍之宋学,今人固可有此"觚不觚"之叹,在当时环境中则不易在此处平心静气。此门户蔽之也,三端也。有此三端,则今人重作性命古训者固可大异于阮氏,此时代为之也。吾不敢曰驳议,不敢曰校证,而曰辨证者,诚不敢昧其方法之雷同耳。

"以语言学的观点解释一个思想史的问题"之一法,在法德多见之。自十九世纪中叶以来,研治柏拉图、亚里士多德著书者,其出发点与其结论每属于语学。十年前余教书中山大学时,写有《战国子家叙论》讲义,(此书旧未刊,今拟即加整理付印。)其序意《论哲学乃语言之副产品》一节云:

世界上古往今来最以哲学著名者有三个民族:一、印度之亚利安人;二、希腊;三、德意志。这三个民族有一个共同点,就是在他的文化忽然极高的时候,他的语言还不失印度日耳曼系语言之早年的烦琐形质。思想既以文化提高了,而语言之原形犹在,语言又是和思想分不开的,于是乎繁丰的抽象思想,遂为若干特殊语言的形质作玄学的解释了。以前有人以为亚利安人是开辟印度文明的,希腊人是开辟地中海北岸文明的,这是大错而特错。亚利安人走到印度时,他的文化比土著低,他吸收了土著的文明,后来更增高若干级。希腊人在欧洲东南也是这样,即地中海沿岸赛米提各族人留居地也比希腊文明古得多多。野蛮人一旦进于文化,思想扩张了,而语言犹昔,于是乎凭借他们语言的特别形质而出之思想,当做妙道玄理了。今试读汉语翻译之佛典,自求会悟,有些语句简直莫名其妙,然而一旦做些梵文的工夫,可以化艰深为平易,化牵强为自然,岂不是那样的思想很受那样的语言支配吗?希腊语言之支配哲学,前人已多论列,现在姑举一例。亚里士多德所谓十个范畴者,后人对之有无穷的疏论,然这都是希腊语法上的问题,希腊语正供给我们这么些观念,离希腊语而谈范畴,则范畴断不能是这样子了。今姑置古代的例子,但论近代。德意志民族中出来最有声闻的哲人是康德,此君最有声闻的书是《纯理评论》,这部书所谈不是一往弥深的德国话吗?这部书有法子翻译吗?英文中译本有二:一出马克斯谬勒手,他是大语言学家,一出麦克尔江,那是很信实的翻译。然而他们的翻译都有时而穷,遇到好些名词须以不译了之,而专治康德学者还要谆谆劝人翻译不可用,只有原文才信实,异国杂学的注释不可取,只有若干本国语言中之标准义疏始可信。哲学应是逻辑的思想,逻辑的思想应是不局促于某一种语言的,应是和算学一样的容易翻译,或者说,不待翻译,然而适得其反,完全不能翻译,则这些哲学受他们所由产生之语言之支配,又有甚么疑惑呢?即如 Ding an sich 一词汉语固不能译他,即英文译了亦不像,然在德文中则 an sich 本是常语,故此名词初不奇怪。又如最通常的动词,如 sein 及 wer-den,这一类的希腊字,曾经在哲学工作了多少祟,习玄论者所共见。又如戴卡氏之妙语 Cogito ergo sum,翻成英语已不像话,翻成汉语更做不到。算学思想,则虽以中华与欧洲语言之大异而能涣然转译,哲学思想,则虽以英德语言之不过方言差别,而不能翻译,则哲学之为语言的副产物,似乎不待繁证即可明白了。印度日耳曼语之特别形质,例如主受之分,因致之别,过去及未来,已充及不满,质之与量,体之与象,以及各种把动词变作名词的方式,不特略习梵文或希腊文方知道,便是略习德语也就感觉到这些麻烦。这些麻烦,便是看来仿佛很严重的哲学分析所自出。

此虽余多年前所持论,今日思之差可自信。思想不能离语言,故思想必为语言所支配,一思想之来源与演变,固受甚多人文事件之影响,亦甚受语法之影响。思想愈抽象者,此情形愈明显。性命之谈,古代之抽象思想也。吾故以此一题为此方法之试验焉。

语学的观点之外,又有历史的观点,两者同其重要。用语学的观点所以识性命诸字之源,用历史的观点所以疏性论历来之变。思想非静止之物,静止则无思想已耳。故虽后学之仪范典型,弟子之承奉师说,其无微变者鲜矣,况公然标异者乎?前如程朱,后如戴阮,皆以古儒家义为一固定不移之物,不知分解其变动,乃昌言曰“求其是”,庸讵知所谓是者,相对之词非绝对之词,一时之准非永久之准乎?在此事上,朱子犹胜于戴阮,朱子论性颇能寻其演变,戴氏则但有一是非矣。(朱子著书中,不足征其历史的观点,然据《语类》所记,知其差能用历史方法。清代朴学家中惠栋、钱大昕诸氏较有历史观点,而钱氏尤长于此,若戴氏一派,最不知别时代之差,“求其是”三字误彼等不少。盖“求其古”尚可借以探流变,“求其是”则师心自用者多矣。)故戴氏所标榜者孟子字义也,而不知彼之陈义绝与孟子远也。所尊者许郑也,而不察许郑之性论,上与孔孟无涉,下反与宋儒有缘也。戴氏阮氏不能就历史的观点疏说《论语》《孟子》,斯不辨二子性说之绝异,不能为程朱二层性说推其渊源,斯不知程朱在儒家思想史上之地位。阮氏以威仪为明德之正,戴氏以训诂为义理之全,何其陋也?今以演化论之观点疏理自《论语》至于

《荀子》古儒家之性说,则儒墨之争,孟荀之差,见其所以然矣。布列汉儒之说,以时为序,则程朱性论非无因而至于前矣。夫思想家陈义多方,若丝之纷,然如明证其环境,罗列其因革,则有条不紊者见矣。

以上语学的观点与历史的观点两义,作者据之以成书者也。第一卷曰字篇,统计先秦文籍中之性命字,以求其正诂者也。第二卷曰义篇,综论先秦儒家及其相关连者论性命之义,以见其演变者也。第三卷曰绪篇,取汉以来儒家性说之要点分析之,以征宋儒性说之地位,即所以答戴阮诸氏论程朱之不公也。

(方东树《汉学商兑》一书,于戴氏多所驳议,然彼亦是主张门户者,故与本书第三卷所论者非一事,余不能引为同调也。)

上卷释字

第一章 提 纲

本卷所论之范围,大体以先秦遗文中"生""性""令""命"诸字之统计为限,并分析其含义,除非为解释字义之必要,不涉思想上之问题。以此统计及分析为基础,在第二卷中进而疏论晚周儒家之性命说。

统计之结果,识得独立之性字为先秦遗文所无,先秦遗文中皆用生字为之。至于生字之含义,在金文及《诗》《书》中,并无后人所谓性之一义,而皆属于生之本义。后人所谓性者,其字义自《论语》始有之,然犹去生之本义为近。至《孟子》,此一新义始充分发展。令之一字自古有之,不知其朔。命之一字,作始于西周中叶,盛用于西周晚期,与令字仅为一文之异形。其"天命"一义虽肇端甚早,然天命之命与王命之命在字义上亦无分别。兹为读者醒目计,在本书中严定"字"与"词"之界。所谓字者,指书写下之单位言,英语中所谓 character 者是。所谓词者,指口说中之单位言,英语所谓 word。字异词未必异,如粤之与越是两字而是一词,词异字未必异,如一字有其本训与众多假借义是也。

难者或以为此所论是字不是语,论古籍自当以语为对象,不当局于字形,王引之曰,"夫训诂之要在语音不在文字",是也。吾将答之曰,此言诚是矣,然有不可不察者。王氏父子时代,古文字学未发达,训诂学之所据,后人经籍写本与字书耳,故不能泥于文字之形也。今则古文字学之材料积累日多,自可进一步求其精审。在古时,一引申之词既未离原字而独立,在持论者心中口中自易混淆。今之职业的哲学家犹不能以逻辑严格之界律限辞说,遑论周世之人?两字未各立,即两词易混淆之故也。且生与性,令与命之语法的关系,吾固不敢忽略,将于本卷之末一章详加推索。此章乃本卷所统计与所分析之结果,读者幸留意焉。

第二章　周代金文中"生""令""命"三字之统计及其字义

周代钟鼎彝器款识中,生字屡见,性字不见。生字之含义约有下列数事。

一、人名之下一字。例如:

盒卣(《三代吉金文存》〔以下简称代〕一三·三四)

　　　　　　　　　　宜生商(赏)盒,用作父辛尊彝。

中鼎(《啸堂集古录》〔以下简称啸〕上·一一)

　　　　　　　　　　中呼归生飙于王。

师害毁(代八·三四)　　　麋生舀父师害。

城虢遣生毁(代七·三四)　城虢遣生作旅簋。

異仲壶(代一二·一三)　　異仲作朋生歓壶。

格伯簋(代九·一四)　　　格伯取良马乘于朋生。

周棘生毁(代七·四八)　　周棘生作麻娠媅媵簋。

周生豆(代一〇·四七)　　周生作尊豆。

召伯虎毁一(《攗古录金文》三之二·二五,以下简称攗)

	琱生又事召，来合事。
召伯虎簋二(代九·二一)	伯氏则报璧琱生。
师嫠毁(代九·三五)	宰琱生内右师嫠。
单伯钟(代一·一六)	单伯昊生曰……
单昊生豆(啸下·六三)	单昊生作羞豆，用亯。
昊生钟(□三之一·三〇)	昊生用作障公大騂钟。
番生簋(代九·三七)	番生不敢弗帅井皇祖考不杯元德。
番匊生壶(代一二·二四)	番匊生铸媵壶。
番仲吴生鼎(代三·四三)	番仲吴生作尊鼎。
安伯曻生壶(代一二·一〇)	安伯曻生作旅壶。
伯君黄生匜(代一七·三六)	唯□伯君黄生自作匜。
无夛鲁生鼎(代三·三九)	舞夛鲁生作寿母媵鼎。
厤大生窒鼎(啸上·一八)	厤大生窒作其鼎。
颂鼎(代四·三七，毁壶同)	王呼史虢生册令颂。
翏生盨(代一〇·四四)	王征南淮夷……翏生从。
武生鼎(代三·三五)	武生毁方作其羞鼎。
禹彝(代六·四八)	隽生蔑禹历。
伊生彝(代六·三九)	伊生作公女尊彝。
卣弗生甗(代五·七)	卣弗生作旅甗。
厈生鼎(代三·一六)	鲁内小臣厈生作黼。
殳僭生簋(啸下·九八)	殳僭生作尹姑尊簋。
威者生鼎(代三·五二)	威者生□□用吉金作宝鼎。
须炙生鼎(代三·八)	须炙生之钬鼎。

按：生字在人名中虽常见，然尽属下一字(张苑峰曰：《西清古鉴》八四·三，生辨尊"隹王南征，在序，王令生辨事厥公宗小子。生锡金"。

疑生字上有笔画缺落因而脱摹,不能据以为生字可用作人名之上一字也)。《左传》中人名类此者,有郑庄公寤生,齐悼公阳生,晋太子申生,鲁公子彭生,亦尽属下一字,当与上文所举者为一式。此类命名之谊今多不可确知。然寤生由于"庄公寤生,惊姜氏"。申生之母齐姜,申则姜姓之巨族。彭生或即朋生,指孪生而言。然则所谓某生者,以其生之所由或其初生之一种情态命之名也。果如此说,则此处生字之义是生字之本训也。

二、"既生霸"。"既生霸"一词为金文中最习见语之一,不烦举例。"生霸"与"死霸"既为相对之二词,则此处生之一词犹是本训,即出生之意。

三、"生妣"。召仲鬲(代五三·四)云,"召仲作生妣尊鬲"。此所谓生妣当是庶孽称其所自出之庶妣,亦即《诗》"夙兴夜寐,无忝尔所生"之生也。生字在此处亦为本训(张苑峰曰:贞松堂集古遗文补遗上三·四有尊,铭曰:"□作厥 ⚘ 考宝尊彝。"原释"生考",而字形体不类,当是皇字之别构,如陈逆簠邵王之諻鼎等铭,非生字也)。

四、"子生"。纕镈(代一·六七)云,"用旂寿老母死,保虑兄弟,用求匃命弥生,篇义政,保虑子生。"按"子生"即典籍中所谓子姓,子孙男女之共名也,故加人旁。此器以形制字体论,当为春秋晚期或战国器,此时加偏旁之自由已甚发达矣。

五、"百生"。例如:

臣辰卣(代一三·四四,尊盉同)	丰百生豚。
善鼎(代四·三六)	余其用各我宗子雩百生。
兮甲盘(代一七·二〇)	其惟我诸侯百生厥贮母不即市。
史颂鼎(代四·二六,簋同)	里君百生。

按:"百生"连宗子里君为文,即典籍中所谓百姓也。徐沇儿钟(代一·五四)以形制字体论当为春秋中期或晚期物,徐亡前不久之作。其

文曰,"龢逾(按此当即康诰"四方民大和会"之和会二字。)"百生",犹未加女旁(张苑峰曰:秦公钟〔薛氏钟鼎款识七六·〕"万生是敕",与秦公簋〔代九·三三〕"万民是敕"句相当,皆春秋末期物,已失古者称生与民之别,然仍未如女旁)。

六、"弥厥生"。例如:

叔俟孙父簋(啸下·五五)	永令弥厥生。
𡚾姑簋(代六·五三)	永令弥厥生。
鬲镈(代一·六七)	用求丐命弥生。

按、金文之"弥厥生"即诗卷阿三见之"弥尔性"。据郑笺,"弥长也",此祈求长生之词也。参看孙诒让之《古籀拾遗》卷中第二十三叶,及徐氏中舒之《金文嘏辞释例》(历史语言研究所集刊第六本)。

试将上列六项归纳之,则知金文中生字之用,虽非一类,要皆不离生字之本义。阮芸台以《诗经》之"弥尔性"为西周人论性说,乃由后世传本《诗经》之文字误之,可谓"无中生有"者矣。今再表以明之:

金文中生字
- (一)人名
- (二)"生霸"
- (三)"生姓" } 与后人用生字同。
- (四)"子佳"
- (五)"百生" } 后人以姓字书之。
- (六)弥厥生——《诗》以性字书之,后人所改写也。此即后人所谓"生命"。

令字在甲骨文字中频出现,其语意与金文同,命字则无之,足知命为后起之字也。甲骨文字中令字作下列诸形:

$(《殷虚书契》一·一四四)$ $(殷一·四九)$ $(殷四·二七)$

👤（殷七・一〇）👤（殷七・三二）👤（殷八・一四）

按、金文中之令字亦有作此形者,皆甚早期之器,或在周初,或当在殷世。例如:

👤令彝,（薛二・一八,代六・一）　　　　仅一字

👤令斧父辛卣,（代一三・四）　　　　　文曰"令斧父辛。"

👤母辛卣,（代一三・四二）　　　　　　文曰"乙子,子令小子👤先鼎人于董。…… 子曰令望人方𤔲。"

👤文父丁簋,（代八・三三）　　　　　　文曰"癸子……令伐人方𤔲。"

👤毓祖丁卣,（代一三・三八）　　　　　文曰"辛亥,王在廙,降命曰……"

👤伐甬鼎,（代四・七）　　　　　　　　文曰"丁卯,王令𤔲子迶西方于省。"

👤庚午父乙鼎,（代四・一一）　　　　　文曰"庚午,王令富👤辰省北田四品。"

👤子令彝,（代六・四二）　　　　　　　文曰"子令作父癸宝障彝。"

以上诸器固属于世所谓殷器之一格也。其皆为殷器否未可知,然字形既与甲骨文相应,其微有不同处由于刀法笔法之差异使然,则其中自必有殷器,至迟亦当在周初也。亦有确知为周创业时期器,其中令字之形态与此为一系者,例如:

👤臣辰卣,（代一三・四四,尊盂同）　　文曰"王令士上眔史寅𡥀于成周。"

👤小臣传簋,（代八・五二）　　　　　　文曰"王在京,令师田父殷成周□师田父令小臣传……师田父令余。"

👤小臣逨簋,（代九・一一）　　　　　　文曰"白懋父承王令……"

⟨⟩周公簋,(代六·五四)	文曰"王令夆眔内史曰……克奔走上下帝无终令于有周……用册王令作周公簋。"
⟨⟩令彝,(代六·五六,尊同)	文曰"王令周公子明保尹三事四方。……令矢告于周公宫。公令徣同卿事寮。……徣令舍三事令。……舍四方令,既咸令。……锡令鬯金小牛。……乃令曰,今我惟令女二人。……作册令敢扬明公尹人宝。"
⟨⟩令簋,(代九·二七)	文曰"作册矢令尊姐于王姜,姜商令贝十朋。……令敢扬皇王宝。……令用夲厌于皇王,令敢厌皇王宝。"
⟨⟩太保簋,(代八·四〇)	文曰"王降征令于太保。用兹彝对令。"

据此可知此令字之原形保存至于周初也。此自是令字之本式,像一人屈身跽于一三角形之下。作▲者其本形,作∧∧者从刀法而变也(举此数例,足征令字之本形。下文列举两周金文中令字,内亦间有类于此体者,盖新体虽已习用,旧体或仍有人偶一用之)。

《说文解字》卪部令字下云,"发号也,从∧卪"。令字在小篆固从∧卪,而∧卪二文之解,许一失而一阙之。卪字下云,"瑞信也。守邦国者用玉卪,守都鄙者用角卪,使山邦者用虎卪,土邦者用人卪,泽邦者用龙卪,门关者用符卪,货贿用玺卪,道路用旌卪,象相合之形"。按:此乃用战国以来符节之简字说字源,复强为类别,汉儒之陋说也。征之甲骨文及金文,卪之原始形乃像一人屈身而跽,与相合之义无关。∧字下云

"从𠆢一,象三合之形",然此三合何义,许亦无说。张苑峰曰:北平故宫博物院藏一鼎,由形制纹缋铭文字体考之,皆可断为商器,其文曰"乃(仍)孙作祖已宗宝𣸣𪔘,□□。"(代三·二一)"□□"二字即周代金文成语中习见之"□令"(如麦彝云"用作尊彝,用飨井侯出入,□令"。麦尊云"麦扬,用作宝尊彝,用飨侯逆𬼞,□明令"。史颂簋云"用作𪔘彝,颂其万年无疆,日□天子顊令"。皆与此鼎铭文义相同)。又古文字中从𠆢、𠓛、𠆢,多互相变易,如甲骨文□(殷六·二九𣂏)字或作□(殷契佚存七二〇)、□(佚九五八),孟鼎𣇃字作□,郘公化钟𡩋字作□(关于此字王国维与林浩卿博士《论洛诰书》曾详论之,虽未尽是,可供参考)。王人□□君簠(共四铭)宝字皆从𠆢。因知□必为令字之变体,其从𠆢即由▲若𠆢两端下引而成,是▲𠆢𠆢与𠆢之义当相若(《说文》"𠆢交覆深屋也,象形。")。盖本为屋宇或帐幕之原始象形,故𠆢、𠐬、□、□、京、高、仓、亶等文皆基于此以构成,而金文中从之者又有□(代五·三父己𧉛,疑即令鼎𤲃侯驭方鼎静簋等铭中"卿𬱃"之卿字,𥅫也)。□(代一二·五六父癸卣,又一六·三父乙爵,即虞书"金曰伯夷"之金字)诸字也。古者发号施令恒于宫庙行之,凡受命者引领待于其下,是以令字如此作(以上张君说)。

自此原始形态演变乃有声□(见孟鼎)□(见沈子它毁)诸形,两周金文多数如此,于是像一人屈身而跽之义不明见矣。此后起之形,创始似亦不迟,然本体仍在使用。如令字从此形之明公簋,其文曰"惟王□明公遣三族伐东国,在□,鲁侯又𡚒工,用作旅彝。"以明公及伐东国为证,知此器必在成王世,亦知令字之新体不后于成王世。惟此铭流传无原拓,今仅见者为摹刻(代六·四九)或缩临(《西清古鉴》一三·八)之本,是否有拓写上之差误,亦正未敢定耳。

两周金文中之令字除上文所举者外,兹依器别抄于下方(既论一字形体,自应以时代为序,以资识其演变。不幸此理想的办法竟不能采用,则以各器之时代可知者固不少,徒知其大齐不能确断其年代者尤多也。且令字之形态,虽上文所举诸例差似异于一般习见之令字,然实亦此字之原始形状,自此原始形状演而为西周金文中通用令字之体,在各器可谓大体一致,并无类的差别。故依器别之排列法未足以引人误会也)。

班　簋、(《西清古鉴》〔简称西〕一三·一二)"王令毛伯更虢城公服。……令锡⿰⿱⿻勒。咸。王令毛公以邦冢君,土驭,⿰⿱⿻人,伐东国瘠戎。咸。王令吴伯曰:以乃自左比毛父。王令吕伯曰:以乃自右比毛父。遣令曰:以乃族从父征。……公告厥事于上:惟民泯徘才(哉)彝恭天令,故亡。"

沈子也簋、(代九·三八)"也曰:拜顙首,敢取邵告朕吾考令。……克成妥吾考以于显显受令。……用永霝令。"

静　簋、(代六·五五)"王令静嗣射学宫。"

录伯威簋、(代九·二七)"王若曰……惠宏天令。"

队贮簋、(西二七·三〇)"王令东宫追以六白之年。"

师虎簋、(代九·二九)"王呼内史吴曰:册令虎。王若曰:虎。截先生既令乃祖考事,啻官嗣左右戲緐刑。敬夙夜勿灋朕令。"

燮　簋、(代八·一九)"王令燮在(才)市斿。"

免　簋、(代九·一二)"王各于大庙,井叔有免即令。王受作册尹书,俾册令免。曰:令女足周师嗣敔。"

段　簋、(代八·五四)"王蔑段曆,念毕仲孙子,令龚⿰⿱⿻遣大则于段。"

卯　簋、(代九·三七)"荥伯呼令卯曰……昔乃祖亦既令乃父死嗣葬人。……今余惟令女死嗣葬宫葬人。"

叔向父禹簋、(代九·一三)"勵于永令。"

望　　簋、(攈三之一·八三)"王呼史年册令望。"

  　簋、(薛一四·一三二)"王呼史先册令 。王若曰： 昔先
　　　　生既令女作宰嗣王家，今余惟 亶乃龠，命女眔舀 正
　　　　对各死嗣王家外内。……出入姜氏令。厥有见，有即
　　　　令。……敬夙夕勿灋朕令。"

敬　　簋、(啸下·五五)"王令敲追御于上洛烝谷。"

大　　簋、(代九·二五)"王令善夫 曰……嬰令 曰……"

  姞簋、(代六·五三)"用簪匄眉寿绰绾，永令弥厥生，霝终。"

师　俞　簋、(代九·一九)"王呼作册内史册令师俞。"

召伯虎簋、(攈三之二·二五)"告曰：以君氏令。……召伯虎曰：
　　　　余既 (讯)戾我考我母令，余弗敢啻，余或至我考我
　　　　母令。"

召伯虎簋、(代九·二一)"召伯虎告曰：……亦我考幽伯幽姜令余
　　　　告庆。……今余既嘭有戾，曰戾令。"

师　嫠　簋、(代九·三五)"王呼尹氏册令师嫠。王若曰：……既令
　　　　女更乃祖考嗣小辅，今余惟 亶乃令。……敬夙夜乃灋
　　　　朕令。"

扬　　簋、(代九·二四)"王呼内史先册令扬。……敢对扬天子不
　　　　显休令。"

师　衰　簋、(代九·二八)"王若曰：……今余肇令女達齐币，眔 ，
　　　　□□，左右虎臣，征淮夷。"

番　生　簋、(代九·三七)"番生不敢弗帅井皇祖考不 元德，用
　　　　圐大令。……王令 嗣公族，卿事，大史寮。"

追　　簋、(代九·五)"用簪匄眉寿永令。"

无　㠱　簋、(代九·一)"敢对扬天子鲁休令。"

师 兽 簋、（啸下·五三）"伯龢父若曰：……余令女死我家。"

裁 簋、（啸下·九三）"王曰裁令女作嗣土。"

师 訇 簋、（薛一四·一三七）"王若曰：师訇。不显文武，□受天
命。……用夹召厥辟，奠大令。……今余惟䮓憙乃令，
令女惠雝我邦大小猷。"

守 簋、（代八·四七）"守敢对扬天子休令。"

师 兑 簋、（代九·三）"王呼内史尹册令师兑。"

师 兑 簋、（代九·三〇）"王呼内史尹册令师兑。余既令女足师龢
父□左右走马，今余惟䮓憙乃令，令女靲嗣走马。"

𤔲 簋、（啸下·五一）"𤔲其沰沰，万年无疆，霝终霝令。"

虢 姜 簋、（薛一四·一二八）"篹勾康𢦏屯右，通录永令。"

叔倸孙父簋、（啸下·五五）"叔倸孙父作孟姜尊簋。绾绰眉寿，永
令弥厥生，万年无疆，子子孙孙永宝用宮。"

陈 逆 簋、（代八·二八）"以匄永令眉寿。"（战国初器。）

麦 彝、（西一三·一〇）"用酬井侯出入姤令。"

小臣宅彝、（代六·五四）"惟五月壬辰，同公在丰，令宅事伯懋父。"

献 彝、（代六·五三）"麒伯令厥臣献金车。"

吴 彝、（代六·五六）"王呼史戊册令吴。"

㢝父鼎、（攗二之三·二六）"㢝父作□宝鼎。延令曰：有女多兄，
母又逯女，惟女率我友以事。"

南宫中鼎、（啸上·一〇）"王令大史兄襄上。……中对王休命。"

南宫中鼎、（啸上·一一）"惟王令南宫伐反虎方之年，王令中先省
南国。"

夌 鼎、（啸上·一〇）"王徙于楚麓，令小臣夌先省楚居。"

寰 鼎、（攗二之三·七九）"王令趞蔵东反夷。"

史 兽 鼎、（代四·二三）"尹令史兽立工于成周。"

师　旅　鼎、(代四·三一)"懋父令曰……"

□　　鼎、(代四·一八)"溓公令□眔史旟曰：……"

内　史　鼎、(代四·七)"内史令□事。锡金一钧。"

盂　　鼎、(代四·四二)"惟九月，王在宗周，令盂。王若曰：盂。
　　　　不显玟王受天有大令。……我闻殷述(坠)令，惟殷边侯
　　　　甸，雩殷正百辟，率肆于酒，故丧白。……今我惟即井宣
　　　　于玟王正德，若玟王二三正。今余惟令女盂召荣，敬雝
　　　　德巠，敏朝夕入谏，亯奔走，畏天畏。王曰：永令女盂井
　　　　乃嗣祖南公。……王曰：盂。若敬乃正，勿灋朕令。"

小　盂　鼎、(捃三之三·四二——代四·四四)"王令荣……延王令
　　　　赏盂。"

舀　　鼎、(代四·四五)"王若曰：舀。令女更乃祖考嗣卜
　　　　事。……则俾复令曰若。(诺)"

雝　伯　鼎、(代三·三一)"王令雝伯图于生为宫。"

令　　鼎、(代四·二七)"令眔奋先马走。王曰：令眔旧乃克至。……
　　　　令拜颉首曰：小□乃学。令对扬王休。"(令人名。)

员　　鼎、(代四·五)"王令员执犬休善。"

善　　鼎、(代四·三六)"王曰：善。昔先王既令女左足虤侯，今余
　　　　唯肇龘先王令，令女左足虤侯。……"

史　颂　鼎、(代四·二六，簋同)"王在宗周，令史颂，……颂其万年
　　　　无疆，日□天子顯令。"

颂　　鼎、(代四·三七，簋壶同)"尹氏受王令书。王呼史虢生册
　　　　令颂。王曰：颂。令女官嗣成周。……颂拜颉首受令
　　　　册。……通录永令。"

无　叀　鼎、(代四·三四)"王呼史友册令无叀。"

师　晨　鼎、(捃三之二·二一)"王呼作册尹册令师晨……晨拜颉首

敢对扬天子不休令。”

窋　　鼎、（代四·二一）“遣中令𠭯𤔲郑田。”

大　　鼎、（代四·三二）“王召走马雁，令取雒𥎦三十二匹锡大。”

克　　鼎、（代四·四〇）“克曰：穆穆朕文祖师华父……肆克龚保厥辟龚王。……出内王令。……王呼尹氏册令善夫克。王若曰：克。昔余既令女出内朕令，今余惟𤔲𦡀乃令。……敬夙夜用事，勿灋朕令。”

𣪕攸从鼎、（代四·三五）“王令眚史南以即虢旅。”

寰　　鼎、（薛一〇·九五）“史𠧧受王令书。……寰拜𩒨首，敢对扬天子不显假休令。”

𢼸𦐇鼎、（薛一〇·九四）“王令𢼸𦐇。……眉寿。永令霝终。”

史頙鼎、（啸上·九）“用䈞匄眉寿。永令𩒨终。”

伯硕父鼎、（啸上·九）“眉寿绾绰永令。”

晋姜鼎、（啸上·八）“勿灋文侯𩒨令。”（按此为东周器。）

父乙甗、（薛一六·一五六）“王令中先省南国。……王令曰：余令女史小大邦。”

𡭴　　钟、（啸下·八二）“公令宰仆锡𡭴金十匀。”

克　　钟、（代一·二一）“王亲令克遹泾东至于京自。……克不敢坠，专奠王令。……用匄屯叚永令。”

通录钟、（代一·一二）“𠡞于永令。”

单伯罢吴生钟、（代一·一六）“单伯罢生曰：不显皇祖剌考逑匹先王，爵堇天令。”

𪇈羌钟、（代一·三二）“赏于韩宗，令于晋公，邵于天子。”（按此是春秋末期器）

盂　　爵、（代一六·四一）“王令盂宁𡢁伯。”

麦　　尊、（西八·三三）“王令辟井侯出衦，侯于井。……用𣪕侯逆幽，𫝀明令。……㫞旗走令。”

趞　　尊、(代一一·三八)“王呼内史册令趞更厥祖考服。”

生辨尊、(西八·四三)“惟王南征在冔，王令生辨事厥公宗
　　　　　小子。”

睘　　卣、(代一三·四〇)“王姜令作册睘安夷伯。”

貉子卣、(代一三·四一)“王令土道归貉子鹿三。”

𫝀　　卣、(代一三·三九)“公姑令𫝀嗣田人。”

彔敢卣、(代一三·四三，尊同)“王令敢曰：𢦏淮夷敢伐内国。”

农　　卣、(代一三·四二)“王𡧍令伯詔曰……”

免　　卣、(代一三·四三)“王蔑免𣲷，令史懋易免𨛜市同黄，作
　　　　　嗣工。”

史懋壶、(代一二·二八)“王在葊京𣲷宫，𧙃令史懋路暦咸。”

舀　　壶、(代一二·二九)“王呼尹氏册令舀。……舀拜手颁首，
　　　　　敢对扬天子不显鲁休令。……舀用匄万年眉寿，永令
　　　　　多福。”

免　　盂、(代一四·一二)“王在周，令作册内史锡免卤百陾。”

免　　簠、(捃三之一·二五)“王在周，令免作嗣土。”

辭从盨、(代一〇·四五)“王在永师田宫，令小臣成友。……”

克　　盨、(代一〇·四四)“王令尹氏友史趞典善夫克田人。……
　　　　　眉寿永令。”

杜伯盨、(代一〇·四〇)“用奉寿匄永令。”

大师虘豆、(代一〇·四七)“用匄永令。”

兮甲盘、(代一七·二〇)“王令甲政奉成周四方责，至于南淮
　　　　　夷。……敢不用令则即井戮伐。”

休　　盘、(一七·一八)“休拜颁首，敢对扬天子不显休令。”

归纳上列令字之用，不出王令天令之二端，间有所令出自长上不专

指君王者,然此固王令之一类也。曰"显令",曰"丕显休令",曰"天子鲁休令",皆王令也。曰"文武受令",曰"大令",则天令也。"永令霝终"之祈语,即召诰所谓"祈天永命"也。当时人之天帝观实富于人化主义(anthropomorphism)之色彩,皇天之命固"谆谆然命之"。此可以《诗·大雅·皇矣》为证:"帝省其山","帝度其心","帝谓文王","乃眷西顾",此神之情欲与喜怒俨然如人情欲与喜怒。然则此时所谓天命当与王命无殊,而令之一字在此两处使用者,就辞义论固绝对无差别也。

金文中但用命字不用令字之器,列举如下:

君 夫 簋、(代八·四七)"王在康宫太室,王命君夫曰,俾求乃友。"
　　　　　(据本文,此器必在康王之后)

贤　　簋、(代八·二八)"公叔初见于卫,贤从,公命事。"

龘　　簋、(代九·四)"王曰:龘。命女嗣成周里人。……敢对扬王休命。"(以上三器,字体不属西周晚期,然字形及行列皆整齐,亦非西周初期器也)

命　　簋、(代八·三一)"王锡命鹿。用作宝彝,命其永以多友殷认。"(命人名)

媵 虎 簋、(代七·二九)"媵虎敢肇作厥皇考公命中宝尊彝。"(王静安曰:"此敦文字乃周中叶以后物。")

同　　簋、(代九·一七)"王在宗周,各于大庙,荣伯右同……王命同差(左)右吴大父,嗣易林吴牧。……"(铭中有荣伯,当与康鼎为同时器)

伯 康 簋、(代八·四五)"伯康作宝殷。……受兹永命。"(以字体论与康鼎无别,疑是一人之器)

豆 闭 簋、(代九·一八)"各王于师戏大室,井伯人右豆闭,王呼内史册命豆闭……。敢对扬天子不显休命。"

师毛父簋、(啸下·五二)"师毛父即位,井伯右,内史册命。"

鄩　簋、(薛一四·一三四)"毛伯内门立中廷,右祝鄩,王呼内史
　　　册命鄩。王曰:鄩。昔先王既命女作邑□五邑祝,今余
　　　惟䚦貪乃命……敢对扬天子休命。"(毛伯即前器之师毛
　　　父)(此上五器与趞曹鼎〔代四·二四〕康鼎人名参午交
　　　错,故当约略同时,为共王前后之物。除豆闭簋外,其余
　　　四器命字口部皆为骈枝,附赘于令字结构之外,如 〔同
　　　簋〕)。

伊　簋、(代九·二〇)"王在周康宫,……䚦季内右,……王呼命
　　　尹(令尹)㸚册命伊。"(此器字体属于西周晚期。郭氏沫
　　　若曰"䚦季亦见大克鼎"。此器时代当以大克鼎之时代
　　　定之也)

茻　簋、(代八·五〇)"王命茻眔叔父归吴姬馔器。"(以字体
　　　论似为周中叶器)

谏　簋、(代九·一九)"王呼内史先册命谏曰:先王既命女觏嗣
　　　王宥,……今余惟或嗣命女。"

乖 伯 簋、(愙斋集古录一一·二二)"王命益公征眉敖。……王命
　　　仲致归乖伯䚦裘。王若曰:乖伯。朕不显祖玟珷雁受大
　　　命。乃祖克奉先王,异自宅邦,又蔕于大命。……用籫
　　　屯录永命。"(郭氏沫若定为宣王时器)(以上二器字体相
　　　近,约当同时)

害　簋、(啸下·五六)"王在犀宫,……王册命害。……害颉首
　　　对扬王休命。"(唐氏兰以犀宫为夷王宫)

秦 公 簋、(代九·三三)"秦公曰:不显朕皇祖受天命。……严龏
　　　夤天命。"(此春秋末期器)

牧　盨、(薛一五·一五一)"王曰:叡。……勿事 (暴)虐从
　　　(纵)狱,爰夺 行道,厥非正命,乃敢厌(侯)噬(讯)人,

則唯辅天降丧,不廷唯死。……敬夙夕勿灋朕命。"(此西周末期物。)

姬　窦　豆、(薛一五・一五二)"用蘄眉寿永命多福。"(按此齐器〔据考古图〕,所奉列公至静公止,当为夷王时器也)

陈　逆　簠、(代一〇・二五)"永命眉寿万年。"(战国初器)

趠　　鼎、(代四・三三)"内史即命。王若曰:趠。命女作牧自冢䞒马。"(疑与蒍簋同时,两器皆为季姜作,趠即彼器之叔䍿父也)

康　　鼎、(代四・二五)"王在康宫,㿻伯内右康,王命死嗣王家。……郑井。"

利　　鼎、(代四・二七)"王客于般宫,井伯内右利。……王呼作命内史册命利。"(以上二器字体非西周初期,般宫及井伯并见趠曹鼎〔代四・二四〕当为共王或其前后之器。命字之从口部分突出行外,似当时令字加口之式犹未用得自然,与此字之全体犹未融化也。此类口部突出行外者,当为命字初起之形。从此可知命字之起,盖在西周中叶也)

师奎父鼎、(代四・三四)"嗣马井伯右师趠父。王呼内史驹册命师奎父。"

师　望　鼎、(代四・三五)"……出内王命。"

伯　晨　鼎、(代四・三六)"王命䣄侯伯晨。……用夙夜事勿灋朕命。"

成　　鼎、(啸上・一三)"……自考幽大叔懿□命成,……作命臣工。……王□命乃六自殷八□自□成。"(文中有噩侯驭方,当与噩侯鼎为同时器。又字体与翏生盨,虢仲盨,宗周钟,无㚔簋等极相似,盖同记厉王南征事也)

毛 公 鼎、(代四·四六)“王若曰：父厝。不显文武，皇天弘厌厥德，配我有周，雁受大命。……唯天𪈇集厥命。……劳堇大命。……不巩先王配命……余唯肇巠先王命，命女䜌我邦我家内外。……䜌豰大命。……尃命尃政。……历自今出入尃命于外，厥非先告父厝，父厝舍命，母有敢㤅厝命于外。……今余唯䜌先王命，命女亟一方。……命女𩏂𤔲公族。……”(文中命字十二见，皆作命无作令者。郭氏沫若以为宣王时器。以多事证之，此说已成定论。又政字不作正，铃字作铪皆晚期字亦可注意者也)

郸孝子鼎、(代三·三六)“郸孝子以庚寅之日命铸饮鼎。”(春秋末期器。)

命 甗、(代五·四)“命作宝彝。”(命人名)

夆 伯 甗、(代五·六)“夆伯命作旅彝。”(此器命字从口之部在行列之外)

㝬 生 钟、(捃三之一·三〇)“王命……”(与单伯㝬生钟为同人之器)

齐 侯 镈、(啸下·七五)“余命女政于朕三军。……公曰：夷。女敬共辝命。……余命女𤔲辝釐。……弗敢不对扬朕辟皇君之锡休命。……余用登屯厚乃命。……余命女裁差卿为大事，𩏂命于外内之事。……余弗敢灋乃命。……虩虩成唐(汤)又敢在帝所，敷受天命。……用旂眉寿霝命难老。”

𪒠 镈、(代一·六七)“用簟侯氏永命万年。……用求丂命弥生。”(以上二齐器皆春秋时)

公孙班镈、(代一·三五)“霝命无其。”(春秋器)

秦 公 钟、（薛六·五六）"不显朕皇祖受天命。……严龚龚天命。"
（春秋末期器）

竞 卣、（代一三·四四）"惟伯犀父以成启即东命伐南夷。"（似
属于西周中叶）

齐 侯 壶、（代一二·三三）"齐侯命大子乘遽□叩宗伯,听命于天
子。……齐侯拜嘉命,于上天子用璧玉备一嗣,于大无
嗣折于大嗣命用璧,两壶八鼎,于南宫子用璧二备,玉二
嗣,鼓钟一鏄。……洹子孟姜用气〔乞?〕嘉命。"（春
秋器）

嗣 子 壶、（代一二·二八）"命瓜君嗣子作铸尊壶。"（战国初器）

齐大宰归父盘、（代一七·一四）"以篡眉寿霝命难老。"（春秋器）

晋 邦 盦、（代一八·一三）"晋公曰:我皇祖邹公(唐)公□受大命,
左右武王。……王命邹公,□宅京启。"（春秋末期器）

鱼 鼎 匕、（代一八·三〇）"……下民无智,参蠚蚘命,帛命入郦,
藉入耕出,母处其所。"（春秋末期或战国器）

子禾子釜、（代一八·二三）"命切陈导。……如关人不用命。"

陈 犹 釜、（代一八·二三）"命左关市𣏟叔成。"（以上二器皆田齐）

王命遵车键、（代一八·三六）"王命遵赁一稆裹之。"（战国器）

以上各器用命字不用令字者,虽其时代多不可确知,然核其故实,
论其字体,无一可指实为穆王以前器者,而甚多属于厉宣之世。即如宣
王时之毛公鼎,文中命字十二见,无一作令字者,且铃字亦从命作鋛（金
文如番生簋师裏簋皆有铃字）。是知宣世命字之用已严整固定矣。至
其文义则与上节用令字者全无分别,依此可知此命字之演出仅系一词
之异字,非异词也。

更有一类,一器中令命二字并见,或同式异器中令命二字互见者,
综举之如下:

师 酉 簋、(代九·二一箸录三件,器盖拓片凡六)"王呼史墙册命
(四作命两作令)师酉。……敬夙夜勿灋朕令(皆作令)。
师酉拜颌首对扬天子不显休命(五作命,一作令。此器
花纹与毛公鼎同,以字体论当较早,盖西周中叶之物)。"

不 娶 簋、(代九·四八)"白氏曰:不娶驭方。厰允广伐西俞,王令
我羞追于西,余来归献禽,余命女御追于署。"(此簋花纹
与吏颂簋善夫克盨完全相同,时代当与善夫克诸器相
近。郭氏沫若以为与虢季子白盘同时)(以上两器命字
曰部皆突出,附加于令字结体之外,未融为一)

牧 簋、(薛一四·一三九)"王呼内史吴册令牧。王若曰:牧。
昔先王既令女作嗣土,今余唯或廢改,令女辟百
寮。……今余唯戁臺乃命,(考古图三二·四摹本亦作
命。)……敬夙夕勿灋朕令。"(此簋花纹与大克鼎小克鼎
虢季子白盘同,时代亦当相近)

小 克 鼎、(代四·二八箸录凡七器)"王命(六作命一作令)善夫克
舍令(皆作令)于成周遹正八白之年,克作朕皇祖厘季宝
宗彝。……永令(皆作令)霝终。"(小克鼎之善夫克,即
大克鼎之善夫克。大克鼎记善夫克之祖曰师华父"龚保
厥辟龚(共)王"。按考为生父之专称,祖则自王父以上
皆可称之,金文中有连记祖名至于二三者,如■簋鑾镈
等器,又诗閟宫本为僖公时诗,其辞有曰"皇祖后稷""周
公皇祖"。是虽祖始亦与王父同称也。师华父与厘季是
否一人而仅为名字之异,今不可知,如以为非一人亦自
通。是则善夫克之王父或曾祖高祖仕于共王朝。善夫
克氏不能先于夷王,至于下限则以不知师华父为善夫克
之几世祖,不能确知矣。然此器之属于西周晚期据此可

定也）

此一类之器，论其时代俱不能上及昭穆之世，成康无论矣。据此诸器，足征令命二字之为互用，且为同时并用者。然则在当时此二字必无异样之读法，仅为一词之异体耳。在一器中或在同式器中竟不画一，似是暗示此类器之时代正为始用命字之时代，后来因分化而画一，当时未分化故未画一也。果此解不误，则命字之起其在西周中叶耶？其差后于改为形而相去不远耶？命字之始作，口部全在行列之外者，（如君夫簋，鱻簋，命簋，繭簋，同簋，伊簋，鄀簋，利鼎，康鼎，争伯命甗等器，最显。）其命字之最初式耶？曾试作一图以明此义，见本卷第十章。

第三章 《周诰》中之“性”“命”字

今如泛然统计《尚书》中之性命字而不于篇章加以别择，乃甚无谓。盖《尚书》者，来源最不整齐之书也。不特东晋古文出自虚造，即伏生所传益以大誓之二十八篇不可据者亦复不少。如《禹贡》《洪范》，春秋战国时人聚集多方材料，凭臆想而成之典书，与周官同科者也。如《甘誓》《汤誓》《大誓》，亦春秋战国时人为三代之创业各造一誓，以论汤武革命者也。如《尧典》《皋陶谟》，集若干异时异地相争相灭之部落之宗神于一“全神堂”上，大一统思想之表现，而非信史也。今姑舍是，专论周诰殷盘，此二者亦非尽可为典要。《商书》中《盘庚》《高宗肜日》《西伯戡黎》诸篇，固后人所信不以为伪书者，然诸篇文辞转比《周诰》易解，人不能无疑，夷考其辞，似非商之册典也。《高宗肜日》不知是何处之断简残篇，且儿子严辞教训其父，亦不近情理。《西伯》《微子》则纯依周人之立场说话，自称殷而诅咒之！《盘庚》视此为胜，然洋洋大篇，皆空语无事实，且未迁殷之前已曰“殷降大虐”，尤属不通（郑于此有解，然愈解愈见其不可通也）。殷商人自称曰商，绝不称殷，甲骨文中全无例外，所谓

"大邑商"，即洹都也。周人乃称之曰殷。其曰殷商者，当为在殷之商之义。殷本故国，商人卜都，故商人不自称殷。今《商书》之称殷足以证其非殷代之书。若以《商颂》称殷土殷武为例，则宜知《商颂》实宋颂，作于襄公之世，或少前，彼时商代久亡，殷地为故国旧墟矣，其习于外国周人所用之称号亦固其宜。其曰殷土殷武，正遥念故国耳，此非所论于商代之书也。即专就《周诰》言，亦有不可据者，如《金縢》当是鲁人之传说，事关记事，不涉诰命。又如《吕刑》，乃是吕王之诰，南国之献，与周人全无干涉者也（余别有考）。今舍此可疑者，并去其与本文题旨无关者，凡所统计以《周诰》十二篇为限，即《大诰》《康诰》《酒诰》《梓材》《召诰》《洛诰》《多士》《无逸》《君奭》《多方》《立政》《顾命》（所谓《康王之诰》在内），自周公称王至康王践阼，共约四十年间之书，正与西周初期之彝器铭词同时，亦与《雅》《颂》之时代相差不远。故此章所论可与上下两章为一系。

一　论《周诰》中本无性字

上列十二篇《周诰》中性字仅一见，在《召诰》，其文曰，"节性，惟日其迈，王敬作所不可不敬德"，此乃周公训戒成王之词，勉之以节性，复申告以日月迁逝，不可不敬德也。节性之解在《召诰》中无证，当于他书中求证。幸《吕氏春秋》犹存此名词，并载其解故。《吕氏春秋·重己篇》曰：

> 是故先王不处大室，不为高台，味不众珍，衣不燀热。燀热则理塞，理塞则气不达。味众珍则胃充，胃充则中大鞔，中大鞔而气不达，以此长生可得乎？昔先圣王之为苑囿园池也，足以观望劳形而已矣。其为宫室台榭也，足以辟燥湿而已矣。其为舆马衣裘也，足以逸身暖骸而已矣。其为饮食醴醚也，足以适味充虚而已矣。

其为声色音乐也,足以安性自娱而已矣。五者圣王之所以养性也,非好俭而恶费也,节乎性也。

《重己》一篇皆论养生之道,末节尤明显。凡所论节生之方,不出宫室、苑囿、饮食、衣服、舆马、声色诸端,于此数者必有所止,有所节,无逾于身体之需要,捐弃其放侈之享受,然后可以长生久视耳。此皆所以论养生,终篇之乱,应题节生,其曰"节性",曰"安性"者,后人传写,以性字代生字耳。(吕子全书皆然,详下。)节性之义既如是,则《召诰》之云"节性",在原文必作节生明矣。周公以此教成王,正虑其年少血气未定,如穷欲极侈必坠厥命,故勉其节生,治其身也,教以敬德,治其心也。阮芸台不知节性之本作节生,于此大发议论,可谓在迩而求诸远矣。

二　统计《周诰》十二篇之命字

《周诰》十二篇既与西周早期彝器铭辞之时代相应,自当仅有令字,未有命字,今所见本乃全是命字并无令字,则传者以后世字体改写之也。兹撮录命字之出现处如下:

《大诰》

矧曰其有能格知天命?

敷前人受命。

绍天明即命。

不敢替上帝命。

克绥受兹命。

肆予曷敢不越卬敉宁王大命?(按《汉书》莽诰作"予害敢不于身抚祖宗之所受大命"。又按"宁王"吴大澂谓是文王之误字,其说是也。)

亦惟十人迪知上帝命。(郑玄以十人为"乱臣十人"。)

尔亦不知天命不易。

天命不僭。

《康诰》

天乃大命文王,殪戎殷,诞受厥命。

不废在王命。

亦惟助王宅天命,作新民。

惟威惟虐,大放王命。（按放亦废字,其本字作瀌。）

惟命不于常。

明乃服命。

《酒诰》

明大命于妹邦。（按妹当与《诗·牧野》之牧,沫乡之沫,为一字。）

惟天降命。

克受殷之命。

酣身厥命。

今惟殷坠厥命。

《梓材》

王其效邦君越御事厥命。（按此谓教邦君及御事以此命也。）

用怿先王受命。

《召诰》

周公乃朝,用书,命庶殷侯甸男,邦伯。厥既命殷庶,庶殷丕作。
（按殷庶当作庶殷。）

皇天上帝改厥元子兹大国殷之命。惟王受命无疆惟休。

天既遐终大邦殷之命。

越厥后王后民兹服厥命。

其眷命用懋。

今时既坠厥命。（此语两见。）

王厥有成命。

曰有夏服天命，惟有历年。

乃早坠厥命。（此语两见。）

曰有殷受天命，惟有历年。

今王嗣受厥命，我亦惟兹二国命嗣若功。

自贻哲命，今天其命哲，命吉凶，命历年。

用祈天永命。

其曰我受天命。

受天永命。

保受王威命明德，王末有成命。

能祈天永命。

《洛诰》

王如弗敢及天基命定命。

今王即命曰，记功宗以功作元祀，惟命曰，汝受命笃弼不视功载。

罔不若予不敢废乃命。

奉答天命。

命公后。

王命予来承保乃文祖受命民。

乃命宁。

王命作册逸。

王命周公后作册逸。

惟周公诞保文武受命惟七年。

《多士》

我有周佑命，将天明威，致王罚，敕殷命终于帝。肆尔多士，非我小
国敢弋殷命。厥惟废元命。

乃命尔先祖成汤革夏。

有命曰，割殷，告敕于帝。

330

时惟天命无违。

殷革夏命。

时惟天命。

昔朕来自奄,予大降尔四国民命(此谓昔者践奄之时,曾以大命降告于四国之民,非谓赐四国民以生命也。《多方》"我惟大降尔命",大保簋"王降征命于大保",皆其例,王国维说失之。)

予惟时命有申。

《无逸》

严恭寅畏天命。文王受命惟中身。

《君奭》

殷既坠厥命。

我亦不敢宁于上帝命。

不知天命不易,天难谌,乃其坠命。

天不庸释于文王受命。

成汤既受命。

天惟纯佑命则。

今汝永念则有固命。

其集大命于厥躬。

惟时受有殷命。

我受命无疆惟休。

乃悉命汝作汝民极。

在亶乘兹大命。

《多方》

惟尔殷侯尹民,我惟大降尔命。

洪惟图天之命。

厥图帝之命。

乃大降显休命于成汤。

弗克以尔多方享天之命。

乃惟尔辟以尔多方大淫图天之命。

简畀殷命。

我惟大降尔四国民命。

尔曷不夹介乂我周王享天之命。

尔曷不惠王熙天之命。

尔乃不大宅天命,尔乃屑播天命。

乃有不用我降尔命。

尔不克劝忱我命。

尔乃惟逸,惟颇太远王命。

我惟祗告尔命。

《立政》

亦越成汤陟丕釐上帝之耿命。

式商受命。

《顾命》

兹予审训命汝。

用克达殷集大命。

兹既受命。

太保命仲桓南宫毛。

命作册度。

伯相命士须材。

御王册命。

道扬末命,命汝嗣训临君周邦。

皇天改大邦殷之命。

无坏我高祖寡命。

用端命于上帝。

乃命建侯树屏。

群公既皆听命。

统计以上命字之用法,知其与金文中命令字全同,其包函命字之成语亦多同,惟彼以王命为多,此以天命为多,是由《周诰》乃建国之谟训,金文乃王命之记录,故成分上有差别也。

第四章 《诗经》中之"性""命"字

一 论《诗经》中本无性字

《诗经》中之生字,其用法与今日无殊,不需举例,今但论性字。《诗经》中之性字仅出现于《大雅·卷阿》,其文云:

> 伴奂尔游矣。优游尔休矣。岂弟君子,俾尔弥尔性,似先公酋矣。
>
> 尔土宇昄章。亦孔之厚矣。岂弟君子,俾尔弥尔性,百神尔主矣。
>
> 尔受命长矣。弟禄尔康矣。茀弟君子,俾尔弥尔性,纯嘏尔常矣。

笺曰,"弥,终也",又曰,"乃使女终女之性命",此固可证郑所见《诗经》已作性字,然此说实觉文义不顺。后世所谓性命者,实即今人所谓生命。此章本为祝福之语,所谓"俾尔弥尔性"者,即谓俾尔终尔之一生,性固不可终,则此处之性字必为生字明矣。且此点可以金文证之。

叔悚孙父簠,(啸下·五五,薛一四·一二八)绾绰眉寿,永令弥底生,万年无疆。

六姑簠,(窓一一·二二,代六·五三)用祈匄眉寿绰绾,永令弥厥生，霝终。

齐鎒铸，（窓二·二一，代一·六七）用祈侯氏永命万年，鎒保其

身。……用祈寿老毋死，保□兄弟。用求考命弥生，肃肃

义政，保虘子性。

《诗》所谓"弥尔性"在金文中正作"弥厥生"，其出现全在祈求寿考
之吉语中，从此可知弥生即长生，从此可知诗三百中不特无论性之哲学
如阮氏所附会者，即性之一字本亦无之也。（参看徐中舒先生《金文嘏
辞释例》，见历史语言研究所集刊第六本。）

二 《诗经》中之"令""命"字

《诗经》中之"令"字与"命令"一义无涉者，有下列诸项：

一、《毛传》以"命令"为缨环声者：

《齐风·卢令》，卢令令。

二、《郑笺》，以"脊令"为雝渠者：

《小雅·常棣》，脊令在原。笺曰："雝渠，水鸟。"

《小雅·小宛》，题彼脊令。传曰："脊令不能自舍。"

三、《郑笺》以为训善者，或未明说，按其文义应与训善之"令"为一
辞者：

《邶风·凯风》，我无令人。笺曰："令，善也。"

《小雅·蓼萧》，令德寿岂。

《小雅·湛露》，莫不令德。笺曰："令，善也。"

同，　　莫不令仪。

《小雅·十月之交》，不宁不令。笺曰："天下不安，政教不善之征。"

《小雅·车牵》，令德来教。笺曰："喻王有美茂之德。"

《小雅·宾之初筵》，维其令仪。笺曰："令，善也。"

《小雅·角弓》，此令兄弟，不令兄弟。笺曰："令，善也。"

《大雅·文王》，令闻不已。笺曰："令，善。"

《大雅·既醉》，高朗令终。笺曰："令，善也。"

同，　　　令终有俶。

《大雅·假乐》，显显令德。笺曰："天嘉乐成王有光光之善德。"

《大雅·卷阿》，令闻令望。笺曰："令，善也。"

《大雅·烝民》，令仪令色。笺曰："令，善也。"

《大雅·韩奕》，庆既令居。笺曰："庆，善也。"（按此犹言善其善居也。）

《大雅·江汉》，令闻不已。笺曰："称扬王之德美。"

《鲁颂·閟宫》，令妻寿母。笺曰："令，善也。"

以上因字义之绝异，知其与令命字无涉。所有《郑笺》以之训善之令字及其同类之令字，在《诗经》本书皆原作霝字，不作令字，其证如下。

上段所举"高朗令终"笺以其中之"令"字训善者，当即后世所谓善终。此一吉祝辞，屡见于金文，皆作霝终，且有与令字同出一器者。从此可知训善之令，在金文皆作霝，与令绝不相混，亦不相涉也。如：

彔　　簋，(啸下·五一)万年无强，霝终霝令。（按以后世通行字写之，当作"令终令命"。）

微　彔　鼎，(薛一〇·九四)屯右眉寿，永令霝终，其万年无强。（以后世通行字写之当作"永命令终"。）

克　　鼎，(窟五·五)眉寿永令，霝终，万年无强。

颂　　鼎，(窟四·二三)万年眉寿无强，昍臣天子，霝终。（按此祝己福，非祝天子之福，犹云服臣于王，得保首领以没。昍臣当连下读。）

据此，诗中训善之令字古皆作平声之霝，不作去声之令。后人既以命字代令字，乃以令字代霝字。故凡此训善之令字皆可剔出，以其与命令之辞意无关也。兹更图以明之：

金　　文　　霝(平声)　　令(去声)

　　　　　　　　　　↓　　　　　　↓

今本《诗经》令　(当亦平声)命(去声)

上图仅表示今本《诗经》对金文书式大体之转变，非全数如此。如"霝雨既零"，霝字未改写令。"自公令之"，今未改写命，是也。

此训善之令字既剔出，则知今本《诗经》中之令字存原义者，仅有两处，未改写命字：

《齐风·东方未明》，自公令之。上章言"自公召之"，则令即召也，即命也。

《秦风·车邻》，寺人之令。笺曰："必先令寺人，使传告之。"

此外皆作命字，动用名用无别。（霝冬即令终，宋人已如此释金文。王怀祖先生更证明之，见《广雅疏证》卷一上"灵善也"及卷四下"冬终也"条。诗笺以为训善之令字原作霝，段茂堂已揭之，见说文令字注。）

《诗》中所有作动用之命字如下：

《小雅·出车》，王命南仲。

同，　　　　　天子命我。

《小雅·采菽》，天子命之。

《大雅·崧高》，王命召伯。（三见）

同，　　　　　王命申伯。

同，　　　　　王命傅御。

《大雅·烝民》，王命仲山甫。（再见）

《大雅·韩奕》，王亲命之。

《大雅·江汉》，王命召虎。（再见）

《大雅·常武》，王命卿士。

同，　　　　　命程伯休父。

《周颂·臣工》，命我众人。

《鲁颂·閟宫》,乃命鲁公。

　　　　　以上命自王。

《鄘风·定之方中》,命彼倌人。

　　　　　以上命自君。

《小雅·绵蛮》,命彼后车。(三见)

《大雅·抑》,匪面命之。

　　　　　以上泛言命自在上者。

《大雅·文王》,上帝既命。

《大雅·大明》,命此文王。

　同,　　　　保右命尔。

《大雅·假乐》,保右命之。

《商颂·玄鸟》,天命玄鸟。

　同,　　　　古帝命武汤。

　同,　　　　方命厥后。

《商颂·殷武》,天命多辟。

　同,　　　　命于下国。

　　　　　以上命自天。

《诗》中所有自动词出而变作名词或形容词之命字,如下:

《郑风·羔裘》,彼其之子,舍命不渝。(据惠栋、戴震、王国维诸氏说,舍训释,命则君王之命,《郑笺》失之。)

《小雅·采芑》,服其命服。(笺云,"命服者,命为将受王命之服也。")

《大雅·卷阿》,维君子命。

《大雅·烝民》,明命使赋。

　同,　　　　出纳王命。

　同,　　　　肃肃王命。

《大雅·韩奕》,韩侯受命。

同，　　　　无废朕命。

同，　　　　朕命不易。

同，　　　　以先祖受命。

《大雅·江汉》，自召祖命。

以上王命，或泛言在上者之命。

《唐风·扬之水》，我闻有命。

《大雅·抑》，訏谟定命。

以上亦自在上者之命一义出，引申为政令。

《小雅·十月之交》，天命不彻。

《小雅·小宛》，天命不又。

《大雅·文王》，其命维新。

同，　　　　帝命不时。

同，　　　　假哉天命。

同，　　　　天命靡常。

同，　　　　永言配命。（又见下武）

同，　　　　骏命不易。

同，　　　　命之不易。

《大雅·大明》，有命既集。

同，　　　　有命自天。

《大雅·皇矣》，受命既固。

《大雅·文王有声》，文王受命。

《大雅·既醉》，景命有仆。

《大雅·卷阿》，尔受命长矣。

《大雅·荡》，其命多辟。

同，　　　　其命匪谌。

同，　　　　大命以倾。

《大雅·云汉》,大命近止。(再见)

《大雅·江汉》,文武受命。

同, 于周受命。

《大雅·召旻》,昔先王受命。

《周颂·维天之命》,维天之命。

《周颂·昊天有成命》,昊天有成命。

同, 夙夜基命宥密。

《周颂·思文》,帝命率育。

《周颂·敬之》,命不易哉。

《周颂·桓》,天命匪懈。

《周颂·赉》,时周之命。(又见殷)

《商颂·烈祖》,我受命溥将。

《商颂·玄鸟》,受命不殆。

同, 殷受命咸宜。

《商颂·长发》,帝命不违。

同, 帝命式于九围。

《商颂·殷武》,天命降监。(笺曰,"天命乃下视下民",故此句之命字为名用,与"天命玄鸟"之为动用者不同。)以上天命。

《召南·小星》,寔命不同。

同, 寔命不犹。

《鄘风·蝃蝀》,不知命也。

以上自天命之义引申而出,为"命定"之义。("命正""命定"诸解,均详中卷。)

据上文所分析,《诗经》中命字之字义,以关于天命者为最多,其命定一义,则后来儒墨争斗之对象也。所有《诗》、《书》中之天命观,及东周时代此一线思想之演变,均详中卷。

第五章　《左传》《国语》中之"性""命"字

　　《左传》《国语》两书编成之时代未易断定,其史料价值亦多异见。欲详辩此事,非可于此书中为之,姑举吾所信之假定。春秋时大国各有其献典,亦各有其嘉言故闻,传于当朝,遗之后代,后世说林说苑一体之祖,吕氏刘子所取资以成类书者,在古谓之"语",而"故志""训典"或容纳其中,所以教国子也。(见《楚语·上》)其国语一名,始见于汲冢书中,(《晋书·束皙传》"《国语》三篇言楚晋事"。)不专一国,故谓国语,犹言列国语也。汲冢书名《国语》者,虽不在今《国语》中,(如在其中,《晋书·束皙传》及杜预《集解后序》当明言之。)要为一类之书。夫列国各有其语,则必有人辑之,或并整齐之焉,始为《国语》。(传本《国语》中之《齐语》固为《小匡》篇文,其吴越语亦与他国文体词法不类。)至战国之世,春秋之学大显,春秋之号益尊,于是诸家著书每被春秋之名,晏子、虞卿、吕不韦皆是也。当有震于春秋之学,以《国语》改为编年者,合以当时列国纪年之书,墨子所谓百国春秋,乃成《春秋左氏传》,或曰《左氏春秋》。此书虽成,国别之国语犹存,后世所谓《国语》,其一本也,汲冢《国语》又其一本也。此编年之书虽比附《春秋》,犹各有详略,并无书法,至刘歆欲夺公羊之席,乃将此书加之书法,且于《春秋》所详,此所略者,敷衍成文,此即《春秋左传》也。(吾尝试以刘申受《左氏春秋考证》一书之规例遍检全传,觉襄公以前,传应经者,除大事外,皆空语,无事实,襄公以后则不然,未可一概论。如以改编年为刘歆事,则刘歆时何处得见列国(尤其是鲁国)纪年之书将其采入?故知据《国语》改为编年必在秦火之前,其加书法并使前数公之经文亦多有传可伍,则刘歆事也。)

　　如上文所说不误,则《左传》《国语》者实为东周第一宝书,其成书虽在战国,其取材则渊源甚早,所举宪典话言或有沿自西周者矣。今于

《诗》《书》之后取材于《左传》《国语》者,顺时代之序也。

《左传》《国语》中生字除私名外皆作出生解,或其引申之义,今不举列。但论两书中之性字。性字见于《左传》者九处:

襄十四:"天生民而立之君,使司牧之,勿使失性。有君而为之贰,使师保之,勿使过度。……天之爱民甚矣,岂其使一人肆于民上以从其淫而弃天地之性? 必不然矣。"

按:"勿使失性"者,勿使失其生也,牧民所以保民之生,与性无涉,此本显然,不待索解。下文所谓天地之性亦必作生字然后可通,犹云,岂其使一人肆其暴行于民之上,以纵其淫欲而弃天之生斯民之德也?《易系》云"天地之大德曰生",正与此词相类。若以为性命字则与上文不合矣。

襄二十六:"夫小人之性,衅于勇,啬于祸,以足其性而求名焉者,非国家之利也。"

此语中下性字必作生字始可解,"足其性"者犹谓利其生也。上性字固可作性字解,然以为生字尤顺,犹云小人之生也,动于勇,贪于祸,以图厚其生而求名焉。

昭八:"今宫室崇侈,民力雕尽,怨讟并作,莫保其性。"

此谓莫保其生也。

昭十九:"吾闻抚民者节用于内而树德于外,民乐其性而无寇雠。"

此谓民乐其生也。

昭二十五:"则天之明,因地之性……淫则昏乱,民失其性。……哀乐不失乃能协于天地之性。"

独此节中之性字解作后世所谓性者为义较长,然解作生字亦可通。"因地之性",犹云因地之所以生,即载物厚生者也。"民失其性",犹云民失其所禀以生。"天地之性",即所谓"天地之大德曰生"也。

《周语》上:"先王之于民也,懋正其德,而厚其性;阜其财求,而利其器用。"

"厚其性"者厚其生也,《左传》文七年:"正德,利用,厚生,谓之三事。"成十六:"民生厚而德正,用利而事节。"襄二十八:"夫民生厚而用利,于是乎正德以幅之。"文十六:"时以作事,事以厚生。"皆其证也。(此一证丁声树君所举。)

如上文所分解,《左传》《国语》中之性字,多数原是生字,即以为全数原为生字,亦无不可也。从此可知性之一观念在《左传》《国语》时代始渐渐出来,犹未完全成立,至于性之一字,彼时绝无之,后世传写始以意加心字偏旁,而所加多不惬当。

《左传》《国语》中令字频见,其用处与《诗经》无二。如下:

第一类为霝字之假借,所谓"令德""令名""令闻""令图""令终""令龟""令王""令主"皆是也。

第二类为令字之原始义,如"令无入僖负羁之宫。"《左传》《国语》中凡此动用之令字多作命字,其偶作令者,恐是后人改写未尽者耳。

第三类为王令或君令之类名,即"政令""教令"之类也。如"未能行令"(宣十),"政令于是乎成"(成十六),"择楚国之令典"(宣十二),"以大国政令之无常"(襄二十二),"著之制令"(昭元),"夕以修令"(昭元),"先王之令有之"(《周语》上),"无以赋令"(《周语》上),或为单词,或为合词,皆是也。

第四类为第三类之一例,即"令尹"一词是也。既为专名自可别为一事。令尹亦见于金文,作"命尹"。(伊殷,"王乎命尹甄册命伊。")

《左传》《国语》中之命字,其用法与《诗经》同。两书中出见繁多,不须遍举,今但论其可注意者五点:

一、两书中令命两字混用,无甚界限,一如西周晚期金文及《诗经》。例如:

樊仲山甫谏曰,"不可立也! 不顺必犯,犯王命必诛,故出令不可不顺也。令之不行，政之不立，行而不顺，民将弃上。……若鲁从之而诸侯效之，王命将有所壅。若不从而诛之，是自诛王命也。"（《周语》上）

此语中令命实为一事，乃忽曰令，忽曰命，两书中令命两字之混用，不可胜数也。

二、以命（或令）为政典教制之称，在两书中极多。此时命（或令）为文书之具体名，用之已甚普遍矣。（后世大体以令为政典，以命为教敕，分别不严，在古则无此分别也。）

三、以命为复词之一节，在两书中已甚多，是彼时命字之用及其变化繁矣。以命为上节者，如"命夫""命妇""命服""命书"（按，册典也。）"命祀"。以命为下节者，如"好命""嘉命""时命""治命""后命""前命""共命""敬命""禀命""专命""用命""即命"（见文六年，谓就死也，犹云就身于天命之所定也。）"死命""成命""废命""逃命"（谓避身于命令之外也。宣十二"民闻公命如逃寇雠"，即其义。后世所谓亡命自此出。）"承命""违命""弃命""奸命""贰命""失命""听命""闻命""请命""待命""受命""辱命""将命""致命""复命"（诸子多作反命。）"改命""使命""发命""奔命"（谓奔赴王命无宁止也。）"一命""再命""三命""追命""坠命"（此词亦见金文，假述为坠。）"陨命""知命"（见文十三，谓知天命之正也。）"不堪命"，皆当时文告册书中之习语也。

四、动词之命，施用更广泛。在《诗经》中犹以上谓下为限，《左传》中乃有例外，如"叔向命晋侯拜二君"（哀二十六），叔向臣也，而以命君，盖此命字犹言谓也。

五、命犹名也。例如下：

　　"子同生，以大子生之礼举之。……公与文姜宗妇命之（按，谓议命名也）。公问名于申繻。对曰：'名有五，有信，有义，有象，有假，有类。以名生为信，以德命为义，以类命为象，取于物为假，取于父为类。不以国，不以官，不以山川，不以隐疾，不以畜牲，不以器币。周人以讳事神，名终将讳之。故以国则废名，以官则废职，以山川则废主，以畜牲则废祀，以器币则废礼。晋以僖侯废司徒，宋以武公废司空，先君献武废二山。是以大物不可以命。'公曰：'是其生也，与吾同物。'命之曰同。"（桓六年）

按，"命之"者名之也。"以名生为信，以德命为义，以类命为象"者，后世传写错误，其原文应作"以生名为信"，（洪亮吉《左传诂》云"论衡作生名，下德命作德名，类命作类名"。）记其实也，晋侯成师，郑伯寤生是也。"以德名为义"，"命以义"也，取义于正则曰平，取义于灵均曰原者是也。"以类名为象"，若孔子首象尼丘是也。如作"以生命为信，以德命为义，以类命为象"，俾上下文一致，亦通，独如今流传本之颠倒错乱者为不可通耳。下文云"大物不可以命"者，大物不可以名也。"命之曰同"者，名之曰同也。

　　"初，晋穆侯之夫人姜氏，以条之役生大子，命之曰仇，其弟以千亩之战生，命之曰成师。师服曰：'异哉，君之名子也！夫名以制义。……嘉耦曰妃，怨耦曰仇，古之命也。今君命大子曰仇，弟曰成师，始兆乱矣，兄其替乎？'"（桓二年）

按"命之"，名之也。"古之命"，古之名也。"命太子曰仇，弟曰成师"，名太子曰仇，名弟曰成师也。

　　"楚人谓乳'穀'，谓虎'於菟'，故命之曰斗穀於菟。"（宣四年）

344

此谓名之曰斗榖於菟也。

依此三例,命有名之一解,名亦可称命。然则卫君如待孔子为政,孔子必先正名者,指整齐令典而言。苟仅如学究荀卿之正名,其指不过如今之审定名词,固可曰"名不正则言不顺",不可说"事不成""刑罚不中"也。是则所谓名家者,亦法家之一类也。

至于天命之说,命正之解,在《左传》已有深远之思想,既不涉文字,当于中卷论之。

第六章 《论语》中之"性""命"字

《论语》中明称天命者,共七见,如下:

子曰:"……五十而知天命……"(《为政》)

伯牛有疾,子问之,自牖执其手,曰:"亡之,命矣夫! 斯人也而有斯疾也,斯人也而有斯疾也!"(《雍也》)

子罕言利,与命,与仁。(《子罕》)

子夏曰:"商闻之矣:死生有命,富贵在天。"(《颜渊》)

子曰:"道之将行也与? 命也! 道之将废也与? 命也! 公伯寮其如命何?"(《宪问》)

孔子曰:"君子有三畏:畏天命,畏大人,畏圣人之言。小人不知天命而不畏也,狎大人,侮圣人之言。"(《季氏》)

孔子曰:"不知命,无以为君子也。"(《尧曰》)

亦有未明言天命而所论实指天命者,有下列三处:

子曰:"天生德于予,桓魋其如予何?"(《述而》)

子畏于匡,曰:"文王既没,文不在兹乎? 天之将丧斯文也,后死者不得与于斯文也! 天之未丧斯文也,匡人其如予何?"
(《子罕》)

　　　子曰:"凤鸟不至,河不出图,吾已矣夫!"(《子罕》)

　　据此,《论语》书中明载命定之义,墨氏攻之,正中其要害。其曰孔子罕言者,或疑孔子言仁言命载于《论语》者既如是多矣,不得云罕,于是强为之解,谓"与命与仁"之与字为动词。孔子固与命,然此处文法实不能如是解。《国语》九,"杀晋君,与逐出之,与以归之,与复之,孰利?"又《国语》十五,"夫以回鬻国之中,与绝亲以买直,与非司寇而擅杀,其罪一也。"又十六,"夏后卜杀之,与去之,与止之,莫吉"皆与"子罕言利与命与仁"为同一文法,可知与字在此仍是连词,非主格之动词也。子罕言命,罕言仁,而《论语》所记者多,盖子所常言,每无须记,其罕言者乃记耳。孔子虽罕言,然其信天命则章章明矣。特孔子所信之天命仍偏于宗教之成分为多,非如孟子,此当于次卷中详之。

　　《论语》中性字仅两见:

　　　子曰:"性相近也,习相远也。"(《阳货》)
　　　子贡曰:"夫子之文章可得而闻也,夫子之言性与天道不可得而闻也。"(《公冶长》)

　　前一事可以解作生来本相近,因习而日异。"生""习"皆无定主动词,故下云"相",如以性为表质之名词,则与习不对矣。后一事所谓夫子之言性者,其字究应作性或作生,不能于此语之内求之,《论语》中他事亦鲜可供解决此事者,必参考稍后之书始可决之。设如《孟子》书中生性二义界然划分,则前于此之《论语》中生性二字可以界然划分,亦不必定界然划分,设如《孟子》书中生性二义并未界然划分,则前于此之

《论语》中生性二字更不能界然划分矣。故此点应留待下数章中论之。

第七章　论《告子》言"性"实言生
兼论《孟子》一书之"性"字在原本当作生字

《诗》《书》《左氏》《国语》《论语》中之性命字,既统计之矣,战国诸子书中之性命字,则不必尽数统计也。时至战国,命字之诸义皆显然分立,不烦疏别,其天命一义亦滋衍丰长矣,此当于次卷论思想变迁中详之。天命之说虽已发展,人性之论,其已自论述具体之生,演为辨析抽象之性乎? 今《孟子》《荀子》《吕子》诸书中之论性者,果所论者是性不是生乎? 纵使性之一义既成,其对于生字之本义果尽脱离乎? 自此以下三章,为答此问题而作也。

一　论《告子》言性皆就生字之本义立说

告子曰:"性犹杞柳也,义犹桮棬也。以人性为仁义,犹以杞柳为桮棬。"

孟子曰:"子能顺杞柳之性而以为桮棬乎? 将戕贼杞柳而后以为桮棬也? 如将戕贼杞柳而以为桮棬,则亦将戕贼人以为仁义与? 率天下之人而祸仁义者,必子之言夫!"(《孟子·告子篇》,下同。)

按,《告子》所谓性,即所谓天生,所谓义,即所谓人为。以天生与人为对,故曰"仁内也,义外也"。寻告子之意,以为杞柳之生也,支蔓丛出,不循方圆,使之成器,非加以人工不可,人之生亦支蔓丛出,不辨善恶,使之就世间约定之仁义,亦非加以人工不可。所谓"戕贼人性以为仁义"正荀子之说也。

告子曰:"性犹湍水也,决诸东方则东流,决诸西方则西流。人性之无分于善不善也,犹水之无分于东西也。"

孟子曰:"水信无分于东西,无分于上下乎? 人性之善也,犹水之就下也。人无有不善,水无有不下。"

"今夫水,搏而跃之,可使过颡,激而行之,可使在山。是岂水之性哉? 其势则然也! 人之可使为不善,其性亦犹是也。"

按,告子之说,与孔子"性(生)相近也习相远也"之说合,孟子则离孔子说远矣。

告子曰:"生之谓性。"

孟子曰:"生之谓性也,犹白之谓白与?"曰:"然。"

"白羽之白也,犹白雪之白,白雪之白犹白玉之白欤?"曰:"然。"

"然则犬之性犹牛之性,牛之性犹人之性欤?"

寻上文之意,"生之谓性"之性字,原本必作生,否则孟子不得以"白之谓白"为喻也。

告子曰:"食色,性也。仁,内也,非外也;义,外也,非内也。"

孟子曰:"何以谓仁内义外也?"

曰:"彼长而我长之,非有长于我也。犹彼白而我白之,从其白于外也,故谓之外也。"

曰:"异于(二字衍文)白马之白也,无以异于白人之白也,不识长马之长也,无以异于长人之长欤? 且谓长者义乎,长之者义乎?"

曰:"吾弟则爱之,秦人之弟则不爱也,是以我为悦者也,故谓之内。长楚人之长,亦长吾之长,是以长为悦者也,故谓之外也。"

曰:"耆秦人之炙无以异于耆吾炙,夫物则亦有然者也,然则耆炙亦有外欤?"

寻告子之意,食色生而具者也,恻隐之心自内发,故曰内,至于是是非非贤贤贱不肖,必学而后知之,必习而后与人同,故曰外也。

公都子曰:"告子曰:'性无善无不善也。'"

寻告子之义,善恶之辩,由于习俗,成于陶染,若天生之质,则无预于此外来者也。

二 论《孟子》书之性字在原本当作生字

《孟子》一书,言性者多处,其中有可作生字解者,又有必释作生字然后可解者,如下:

或曰:"性可以为善,可以为不善。是故文武兴则民好善,幽厉兴则民好暴。"

此或人之言,谓人之生来可以为善可以为恶也。

孟子曰:"牛山之木尝美矣。以其郊于大国也,斧斤伐之,可以为美乎? 是其日夜之所息,雨露之所润,非无萌蘖之生焉。牛羊又从而牧之,是以若彼濯濯也。人见其濯濯也,以为未尝有材焉,此岂山之性也哉。"

所谓山之性,乃山之生来之状,其原文当作"山之生",如此乃与上文"萌蘖之生"一贯。

> 孟子曰："尧舜性之也，汤武身之也，五霸假之也。"（《尽心》，
> 下同）

此谓尧舜生来便善，不待人为，汤武力行，然后达于道也。若如今
本作性字，则尧舜之圣为性之所生，汤武之身之独不由于性乎？如别古
圣人以性之身之之二类，即无异以性为不备，正与孟子说性相违矣。然
则此处本作生字无疑也。

> 孟子曰："尧舜性者也，汤武反之也。"

此亦与上举一例同义，谓尧舜生而然，谓汤武反躬力行而几于道，
非谓汤武所行不由于性也。

> 孟子曰："形色，天性也。"

此亦谓形色天生而有也。

> 孟子曰："口之于味也，目之于色也，耳之于声也，鼻之于臭也，
> 四肢之于安佚也，性也，有命焉，君子不谓性也。仁之于父子也，义
> 之于君臣也，礼之于宾主也，知之于贤者也，圣人之于天道也，命
> 也，有性焉，君子不谓命也。"

此语之义，赵岐、朱子皆不尽得其解，今如以性字为生字，文义显然
矣。孟子盖谓口之于味，目之于色，耳之于声，鼻之于臭，四肢之于安

逸,皆生而然也,然而人之生也有所受于天之正命焉,即义理也,故君子不以此等五官为人生之全也。仁之于父子,义之于君臣,礼之于宾主,知之于贤者,圣人之于天道,皆天所命之义理也,然而人之能行此者其端亦与生而俱焉,故君子不以此等事徒归之于天所命也。此为性命一贯论之最早发挥者,此义待中卷第七章详说之。今说明者即此语中之性字本皆生字也。(《孟子》此一节中命字乃"命正"之义,非"命定"之义,赵解失之。详次卷。)

如上所论,《孟子》一书中虽有性之一义,在原文却只有生之一字,其作性字者,汉儒传写所改也。

第八章　论《荀子》性恶、正名诸篇中之"性"字在原本当作生字

《荀子·性恶篇》之性字,在原书写本未经隶变之前,必皆作生字,可以下列一事证明之。《性恶篇》首云:"人之性恶,其善者伪也。"杨注曰:"伪,为也,矫也,矫其本性也。"郝懿行曰:"性,自然也,伪,作为也,伪与为古字通,杨氏不了而训为矫,全书皆然,是其蔽也。"(《荀子补注》)王先谦曰:"郝说是。荀书伪皆读为,下文'器生于工人之伪',尤其明证。"(《荀子集解》。)斯年按,《性恶篇》全篇所论"其善者伪也"之伪,皆用人为之义,与矫义无涉。据郝王二氏所考,全篇之"伪"字,在原本必尽作"为"字,其作"伪"者,后人传写时所改也。"伪"字既原作"为"字,"性"字亦原作"生"字欤?此亦可考而知也。篇中有云:

今人之性,固无礼义,故强学而求有之也。性(此处必作生字方可通)不知礼义,故思虑而求知之也。然则生而已,则人无礼义,不知礼义。人无礼义则乱,不知礼义则悖。然则生而已,则悖乱在己。用此观之,人之性恶明矣,其善者伪也。

卢文弨校本曰:"'生而已,元刻作'性而已',下同。"寻荀子此段之意,如皆作性字,固勉强可解,如皆作生字,文义尤顺。今或作性字,或作生字,乃不可解矣。今假定其皆作性字,绎其义如下:

> 人之天性之中,本无所谓礼义也。故待强学而求有此礼义。性中本不知有礼义也,故待思虑而求识此礼义。既如是,若仅凭性之所有为已足,则人无礼义,且不识礼义矣。人无礼义,且不识礼义,悖谬之甚者也。既如是,若仅凭性之所有为已足,则悖谬暴乱出于己身矣。由此观之,人之性之本为恶也明矣。其能为善者人为之力也。

如此绎之固可解,究嫌勉强,然如全作生字,其意则显矣:

> 人之生也,本未挟礼义以俱来,故待强学而求有此礼义。人之生也,本不识何谓礼义也,故待思虑而求识此礼义。既如是,若仅凭生来所有为已足,则人无礼义且不识礼义矣。人无礼义且不识礼义,悖谬之甚者也。既如是,若仅凭生来所有为已足,则悖谬暴乱出于己身矣。由此观之,人之生也恶,其义甚明,其能为善者,人为之力也。

独或作性字或作生字,如今本所具者,在文义为不可通。从此可知原本必皆是生字,后人传写,寻求文义,乃改其若干生字为性字,然句如"然亦生而已"者,势难改作性字,故犹留此原来形迹。元本校者见此处独作生,与上下文不一贯也,乃一律改作性。今日据此未泯之迹,可知原本全篇之皆作生不作性,其改写性字,经汉晋六代至于唐宋而未曾改尽也。

且就《性恶篇》所持之旨论之,其作生也固宜。全篇反复陈说者,皆不外乎申明人之生也本恶,其能为善者人为之力也。之所谓善者,非生而有之者也,学而后有之。所谓恶也,生而具来者也,要在以礼法,教化,规矩,刑罚,克服之耳。与其写作《性恶篇》,固不如写作生恶篇之足以显其义也。荀子之生恶论,正其以人胜天之主张之一面,其以劝学为教,人道为道,不愿"大天而思之",而欲"制天命而用之",皆与生恶说相表里也。(参看胡适之先生《中国哲学史大纲》卷上第十一篇第二章。)

难者曰,《荀子·性恶篇》中所有性字在未经汉人改写前,固应一律作生字,如君所说矣,然《荀书·正名篇》有云,"生之所以然者谓之性,性之和所生,精合感应,不事而自然谓之性",明明以生字解性字,今曰一律作生字,是何说乎? 曰此正荀书中一律作生字之证也,请遍观《正名篇》之用辞,此义可晓然矣。《正名篇》曰:

散名之在人者,——生之所以然者谓之性;性之和所生,精合感应,不事而自然谓之性。性之好、恶、喜、怒、哀、乐,谓之情。情然而心为之择谓之虑。心虑而能为之动谓之伪;虑积焉,能习焉,而后成谓之伪。正利而为谓之事。正义而为谓之行。所以知之在人者谓之知,知有所合谓之智。"智"(据卢文弨校第二智字衍)所以能之在人者谓之能,能有所合谓之能。性伤谓之病,节遇谓之命。是散名之在人者也,是后王之成名也。

又曰:

故万物虽众,有时而欲遍举之,故谓之物。物也者,大共名也。推而共之,共则又(原作有,据王念孙改)共,至于无共,然后止。

循荀子之用语也,好用在语法上异其作用之同字于一句中,即如《非十二子篇》,"信信信也"(上信字为动词,中信字为名词,下信字为谓词)。如不贯上下文以读之,几不可解。今《正名篇》曰:"所以能之在人者谓之能,能有所合谓之能",如此句法,则正名之界说性也,固应作"生之所以然者谓之生,生之和所生,精合感应,不事而自然谓之生",如将下生字改为性字,语法不类矣。今固不能改下一能字为别一字,即亦不当改下一生字为性字也。至于"知之在人者谓之知,知有所合谓之智",智字应为知字,不应作智字,卢文弨校本中已说之矣。又如"推而共之,共则又共,至于无共然后止",亦是此等变化字义法,此种造语之法是否可为行文之法式,今不具论,然此种风格甚显意趣,《荀子》书有刻意造辞之迹,与前此子书之但记口语者不同,此其一证矣。

第九章　论《吕氏春秋》中"性"字在原本当作生字

晚周子书中,年代确可考者为《吕氏春秋》,此书明言成于"维秦八年岁在涒滩",此书固当为晚周诸子书中之最晚者矣。其《本生篇》泛载生字与性字,前文正在论生,后文乃直继以论性之语,忽又直继以论生之语,今日分写生性二字,若语无伦次然,然若知原本当皆作生字,性即生也,则上下文理通矣。今录而释之如下:

> 始生之者,天也。养成之者,人也。能养天之所生而勿撄之,谓之天子。天子之动也,以全天为故者也。此官之所自立也。立官者以全生也。今世之惑主,多官而反以害生,则失所为立之矣。譬之若修兵者以备寇也,今修兵而反以自攻,则亦失所为修之矣。

此所论者明明生也,而下文忽接以论性。

　　夫水之性清,土者抇之,故不得清。人之性寿,物者抇之,故不得寿。物也者所以养性也,非所以性养也。今世之人惑者,多以性养物,则不知轻重也。(按,此明明谓养生,下同。)……是故圣人之于声色滋味也,利于性则取之,害于性则舍之,此全性之道也。世之贵富者其于声色滋味也,多惑者。日夜求,幸而得之则遁焉。遁焉,性恶得不伤?

此虽著性字,所论实养生也。下文接此乃著生字。

　　万人操弓,共射其一招,招无不中,万物章章以害一生,生无不伤,以便一生,生无不长。故圣人之制万物也,以全其天也。天全则神和矣,目明矣,耳聪矣,鼻臭矣,口敏矣,三百六十节皆通利矣。若此人者,不言而信,不谋而当,不虑而得,精通乎天地,神覆乎宇宙,其于物无不受也,无不裹也,若天地然。上为天子而不骄,下为匹夫而不惛,此之谓全德之人。

其下文则上句著性字下句著生字,然所论者固为一事,承前文而说也。

　　贵富而不知道,适足以为患,不如贫贱。贫贱之致物也难,虽欲过之奚由? 出则以车,入则以辇,务以自佚,命之曰招蹶之机。肥肉厚酒务以自强,命之曰烂肠之食。靡曼皓齿,郑卫之音,务以自乐,命之曰伐性之斧。三患者贵富之所致也。故古之人有不肯贵富者矣,由重生故也,非夸以名也,为其实也。则此论之不可不察也。

此篇标题曰本生，文中所指，关养生者多，关养性者少。然则《吕子》此篇，原本必上下一贯用生字不用性字，其改作性字者后世写者所为也。

《重己》一篇亦如是。全篇皆论养生之道，篇末忽著"安性""养性""节性"诸词，按以上文，知即"安生""养生""节生"也。《贵生篇》正作养生，可证也。（《庄子》亦作养生不作养性。）

《吕氏春秋》乃战国时最晚之书，吕书中无生性二字之分，则战国时无此二字之分明矣。其分之者汉儒所作为也。

第十章　"生"与"性"、"令"与"命"之语言学的关系

以上诸章，说明生性令命诸字在先秦遗文及先秦经籍中如何出现及其如何演变，兹总括前文，约其旨要，以论其形与音。

一　字形

令字乃复体象形字，像一人跽于屋宇或帐幕之下，《说文》以为从卪者。就战国时字体附会之说，非所以论此字之原也。在殷商及周初文字中，令字及从令之字皆作此形，后来像人跽形之部渐就省易，所像之形遂不可识。约当西周中叶，即昭穆以后，书者复加口字于令字之旁。初则从口之部在行列之外，后乃与令字融为一体。（参看本卷第二章）在西周晚期金文中，一器中或专用令字，或专用命字，或命令二字互用，可知此时令命二字虽作两体，实是一字，不应有截然不同之两音，如今日令从来母命从明母者也。历西周末至春秋，两字虽字体不同，其用法则实无分别可以窥见。此两字之读音究竟至何时始分化，不可详矣，兹

为图以明其演变之迹。

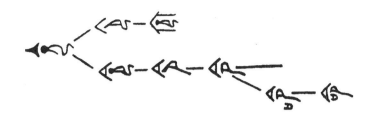

　　生字乃金文及先秦经籍中所普用之字,虽有时借眚为之(如"既眚
魄"),然后代"百姓"之姓,"性命"之性,在先秦古文皆作生,不从女,不
从心。即今存各先秦文籍中,所有之性字皆后人改写,在原本必皆作生
字,此可确定者也。后世所谓性命之性字,在东周虽恍惚若有此义,却
并无此独立之字也,吾作此语,非谓先秦无从心之性字之一体,战国容
有此字,今不可考,然吾今敢断言者,战国纵有此字,必是生字之或体,
与生字可以互用,准以文王之文字从心作忞,兼以战国文字好加偏旁,
从心之性字成立于彼时固为可能,特此字对生字并非独立,仅是其异文
而已。其分别生性二字者,秦后事也。

　　或以为生死之生与性善之性在晚周既有文义的分别,则虽作一字
不必以为一字也。不知此解似是而实误。字者,语词之代表也,词者,
语义之发音也。凡一名在字在词尚未分判为二体之时,纵有相联而异
之语义,亦不易界画井然,无所淆混。今日受哲学之训练,守逻辑之纪
律者,尚不易在用重要名词时谨守其界说,遑论晚周诸子?故生性二字
之未相互独立,即生性二词之未相互独立,生性二词未互相独立,即生
性二义之未能不淆也。试看孟荀所著,此情显然。荀子所谓性恶者,即
谓生来本恶也。孟子所谓性善者,亦谓生来本善也,在其论"性"时,指
天生之具体事件耶,抑指禀赋之抽象品德耶? 按其文义,忽谓此,忽转
谓彼,今诚不易严为界画。其实二子心中固未将此二事尽量分别清楚。
二字之未到相互独立地步,即致此现象之一因也。

二 字音

字形(可简称字)者，一词或一系词之符号也。字形本身并非语言之枝节或体躯，其作用仅如人之有名字。名字固一人之符号，然一名字与其所代表之实体无关也。故今日可以罗马字母写汉语，亦可以汉字记英语。汉语之用汉字书写之者，其始出于一事之偶然，其后成于数千年之习惯，今日混汉字汉语为一事，诚未可也。然汉语历数千年用汉字为其符号，汉语之变化惟有借汉字之符号求之，故今日舍字形之学而论字音之变，亦必有所不通矣。称中国语言学为中国文字学者误也，舍文字之语言学，亦必遇其所不可通者焉。

字音者，一词或一系词之本身也。故一词之认识在其音不在其形。(戴段王孔诸氏皆申明此说)其演变即其音之迁动也。今审求生性令命诸字之音如下。

生，《广韵》下平声十二庚，所庚切，又去声四十三敬，所敬切，是此一字有平去两读。性，去声四十五劲，息正切。所为审母三等字，息为心母字。心为舌头摩擦音，当等于国际音标中之 S，审在照穿床审禅一列(或称部)中，此列乃稍后于舌头之音，而审又与心为同行，(或称位。举例说之，重唇轻唇，部之别也，在表中可以横行之列容之。摩擦破裂，位之别也，在表中可以直行之行容之。行列易称亦可。)故二母最易相变，高本汉氏以 S 表之。生性二文本是原字孳乳字之关系，今按之《广韵》，二字虽异纽，而二字之纽实相近而易互变者也。至于二字之韵亦可识其古同。盖劲为清之去声，而庚耕清青蒸登六韵(以平括上去入)在等韵中本为一类也。(参看陈澧《切韵考外篇》卷二。)庚耕清青以大齐言之，古为一类，此类即戴氏之第十三部婴，段氏之第十一部庚，王念孙氏之第六部耕，江有诰氏之第十三部庚也。

令，广韵去声四十五劲，力政切，命，去声四十三映，眉病切。映劲固同韵类，同声调矣，而纽则令为来母，命为明母，全不同也。按之金文,一器之中,同样用法之下,令命二字互写,知此二字在古初必无不同之读如今日所见者,此其故何耶？又据《诗经》《左传》借令字以写霝字,霝为平声,《诗经》之令字苓字零字大体与平声字为韵,知令字古必有平去二读,如生字之有平去二读,此亦待解者也。

欲审辨此事,有一先决之问题在,即汉字在古初是否一字仅有一音一声调是也。试览《说文音韵表》《说文声类》诸书,吾辈可将同所从声之字及所从声之原字认为音读大同或极近,而依不易识出之法式微变其音读,然不能冒然认为绝同也。又试思一字之音异其声调者,如颜之推、陆德明所论,《经典释文》及诸古字书所载,其故何耶？颜之推曰：

> 夫物体自有精粗,精粗谓之好恶;人心有所去取,去取谓之好恶。(上呼号下乌故反。)此音见于葛洪、徐邈,而河北学士读《尚书》云,"好(呼号反)生恶(于谷反)杀",是为一论物体,一就人情,殊不通矣。(《颜氏家训·音辞篇》)

陆德明曰：

> 夫质有精粗,谓之好恶(并如字);心有爱憎,称为好恶(上呼报反,下乌路反)。当体即云名誉(音预),论情则曰毁誉(音余)。及夫自败(蒲迈反)败他(蒲败反)之殊,自坏(呼怪反)坏辙(音怪)之异,此等或近代始分,或古已为别,相仍积习,有自来矣。余承师说,皆辨析之。比人言者多为一例。……莫辨复(扶又反,重)复(音服,反也),宁论过(古禾反,经过)过(古卧反,超过)。……如此之俦,恐非为得。

如斯之例,寻之于古字书及释文,为数极多。此之分别究为后起而古无之耶,抑古本有之,后来渐失,仅存若干例于书中耶?颜陆对此,并无断定,颜氏举葛洪、徐邈为言,信旧有此别矣,乃同篇中论焉字两读云,"河北混同一音,虽依古读,不可行于今也"。又以"江南学士读《左传》,军自败曰败,打破人军曰败(补败反)……为穿凿",似心中摇摇未定也。然《公羊传》成于西汉,有曰:

> 春秋伐者为客,伐者为主。

何休注曰:

> 伐人者为客,读伐长言之,齐人语也。见伐者为主,读伐短言之,齐人语也。

知此特质之存在早矣!何休以为齐人语者,非齐人造之,乃齐人承古未变耳。古者词句简,字中含此变化,后来表示语法作用之副词增多,如"见伐""所生""以告"之类,于是古汉语中此一特质逐渐消失,另以副词代此多项语法作用矣。

细审之,如此类者,不可以为一字有不类之两读,乃一词缘语法之作用,因其在句中之位置,而有两读,此两读者,乃一源而出之差异,或仅异其声调,或并微异其音质,或缘声调之异而微异其音质。颜说未彻,何例诚精,此固古汉语中之绝大问题,当俟语学家解决之也。

此类变化,所表者必为语法作用,可以无疑,其表示何种语法则未易理解。意者所表者乃多种之语法作用,不限一类,故其头绪不易寻也。如王之读去声(《孟子》可以王,《中庸》王天下之王),是一名用词一动用词之差异也。伐之急言短言(此别必为声调的),是一主呼一受呼之差异也。好恶之读去声,是一静用词(与名用本为一类)一动用词之差异也。正字有征政二读(金文中三字不分),告字有入去二读,疑是一示动作一示所动作之结果之差异也。如斯之例,求之于《释文》,当甚多矣。

今所论生与性、令与命之音的关系,当不出上列诸类之一。幸有《荀子》一节可以证明此事。

> 生之所以然者谓之生(传本作性,今改正,说见本卷第八章,以下同)。生之和所生,精合感应,不事而自然谓之生。……心虑而能为之动谓之为(传本作伪,据郝氏说改正)。……所以知之在人者谓之知,知有所合谓之知(传本作智,据卢改)。所以能之在人者谓之能,能有所合谓之能。

上为字平声(远支切),下为字读伪,去声(于伪切)。上知字平声,下知字读智,去声。上能字平声,下能字据杨注读耐,去声。(按《乐记》"故人不耐无乐,乐不耐无形,形而不为道,不耐无乱"郑注曰:"耐古书能字也,后世变之,此独存焉。")同样句法皆如此,生之一字当不异。生字本有平去两读,则此处上生字当为平,下生字当为去,其读去之生字即后世所谓性字也。性与生字之异读,除声调外,性字多一齐齿介音,此介音如何来,或受声调改变之影响,或受前加仆音,如西藏语此种变化(李方桂先生疑其或如此),当俟语言学家解决之矣。

若言其语法上差异,则上文生,为,知,能,四字作平读者,动词之正格,表动作者也。下文同样四字作去读者,缘动词而成之名词,表动作之所成(resultative)者也。今可举其大齐简言之曰,"生(去读)所生(平读)也";如以后代分化字体写之,则"性所生也"。古书中语法类此者甚多,如：

> 孔子对曰：君君、臣臣、父父、子子。公曰：善哉！信如君不
> 君，臣不臣，父不父，子不子，虽有粟吾得而食诸？（《论语·颜渊》）
> 老吾老，以及人之老，幼吾幼，以及人之幼。（《孟子·梁惠
> 王上》）
> 信信，信也，疑疑，亦信也，贤贤，仁也，贱不肖，亦仁也。（《荀
> 子·非十二子》）

似此之例，如辑类之，可至于无穷。在后世摹拟此种文句者，固
不辨其读音依语法而变化，在古初自是语言中之一自然现象，有音差
可征。因汉字记音不细密，此等微细处未尝有别，乃为后人所不
识耳。

依生与性之关系，以察令与命之关系，两者为一类。令字古有平去
二读，如上文所说，韵部又同，所差在纽及介音耳。令开口而命合口者，
疑命字之介音或出于纽之影响，纽变为重唇，乃出合口之介音。此处纽
之差别为来明二母。来明二母古本交错，如来之为麦，蛮之为蛮，是其
例也。故令命两字之纽如此差异，本非不可想象者，然究缘何事有此差
别，亦当虑及也。意者此一词两字之纽，古为复合仆音，或 ml 或 bl，受
音调变化之影响，一失其 l 而为后世读令之音，一失其 l 而为后世读命
之音，或本为 l 因语法变化加 m 为前支，久而前支 m 成为纽之本身，原
有之纽 l，变后混于介音中。凡此涉想，吾将俟语言学家理之，今可质言
者，即令命实为一词，因语法变化，虽为一词而有两读，古者令命两体固
为一词，亦各有 l、m 两组，非令从 l 命从 m，后来乃分化为断然不同之二
音，复以二体分别表之耳。今依释生字之例，释令命两字之关系曰：令
作平声读者，动词之正格，表动作者也，作去声读者（后为命字），缘动词

而成之名词,表动作之所成者也。举其大齐简言之,"令(去声)所令(平读)也",以后代分化字体写之"命所令也"。

尚有一事须提及者,即令命二字之收声在古必为 n 不为 η,此可以令命两字在《诗经》与天人诸字为韵求之。此两字在古音中应居段氏第十二真部,王氏第七真部,江有诰氏第十二真部,不与阳庚蒸等部相涉也。

兹附假定之图以明此变。

	主动词 平声 动词主格。	所成名词 去声	因主动词所示之动作,而成就者,亦即动词受格之变为名词用者。
生性一词	(平)saη	(去)saη 或 (去)siaη	
令命一词	(平)mlin 或 (平)blin	(去)mwin	

〔附志〕按,诸词之王音,其细密之分别与本节论旨无关,故仅用知其相近之音符书之,不必严格定之也。参看高本汉氏书。

三 字义

因形识字,因音识词,因一词之音之微变识词性之作用,因词性之作用可以辨字义矣。一词之众义,在枝蔓群生之后,似觉其离甚远,有时或并不觉其有关系,然由词性作用以求之,其关联多可通或皆可通也。令命之本义为发号施令之动词,而所发之号所出之令(或命)亦为令(或命)。凡在上位者皆可发号施令,故王令天令在金文中语法无别也。殷世及周初人心中之天令(或作天命)固"谆谆然命之"也,凡人之哲,吉凶,历年,皆天命之也(见《召诰》)。犹人富贵荣辱皆王命之也。

王命不常，天命亦不常，王命不易，天命亦不易（解见次卷），故天命王命在语法上初无别，在宗教意义上则有差。天命一词既省作命，后来又加以前定及超于善恶之意，而亡其本为口语，此即后来孔子所言之命，墨子所非之命。从此天命一词含义复杂，晚周德运之说，汉世谶书之本，皆与命之一义相涉矣。

生之本义为表示出生之动词，而所生之本，所赋之质亦谓之生。（后来以姓字书前者，以性字书后者。）物各有所生，故人有生，犬有生，牛有生，其生则一，其所以为生者则异。古初以为万物之生皆由于天，凡人与物生来之所赋，皆天生之也。故后人所谓性之一词，在昔仅表示一种具体动作所产之结果，孟荀吕子之言性，皆不脱生之本义。必确认此点，然后可论晚周之性说矣。

春秋时有天道人道之词，汉儒有天人之学，宋儒有性命之论。命自天降，而受之者人，性自天降，而赋之者人，故先秦之性命说即当时之天人论。至于汉儒天人之学，宋儒性命之论，其哲思有异同，其名号不一致，然其问题之对象，即所谓天人之关系者，则并非二事也。

中卷释义

第一章　周初人之"帝""天"

在论周人"上帝""皇天"之观念以前，宜先识太古之"帝""天"为何如之物。

上古中国人之"上帝""皇天"观念何自来乎？如何起源？如何演进？此一问题极大，非本书所能悉论。其专属于历史或古代民族学者，当于他处论之，（此类文稿多写成于六七年以前，以后分期在本所集刊登载。）其与周人天道观有涉各事，则于此章说之。此类问题待说者有三：一、抽象之帝天何自演出？二、殷人之"帝"是人王抑是天神？

三、周初之"帝""天"是否袭自商人？此三问题中，以第三题为本章之基础，为解答此题，第一第二两题亦不可无说。

抽象之上帝皇天绝不是原始时代之天神观念。早年之图腾标识，自然物与自然力，以及祖先，乃是初民崇拜之对象，从此演进，经若干步程，方有群神之主宰，方有抽象之皇天，方有普照之上帝。由宗神进为上帝，由不相干之群神进为皇天之系统，必经过甚多政治的、社会的、思想的变化，方可到达。此种发展之步程，可于印度、美索布达米、埃及、希腊、以色列各地古宗教史征之。就中国论，古来一切称帝之神王皆是宗神（tribal gods），每一部落有其特殊之宗神，因部落之混合，成为宗神之混合，后来复以大一统思想之发达，成为普遍的混合。《尧典》所载尧廷中诸人，舜、四岳、禹、弃、契、皋陶、垂、益、伯夷、夔、龙，以及殳斨、伯与、朱虎、熊罴，《左传》文十八年所载苍舒、隤敳、梼戭、大临、龙降、庭坚、仲容、叔达、伯奋、仲堪、叔献、季仲、伯虎、仲熊、叔豹、季狸，以及帝鸿、少皞、颛顼、缙云，其来源皆是宗神，即部落之崇拜。后来或置之于一堂，或列之于多系，其混合方式要不出于战伐的，文化的，思想的。两民族或两部落攻战之后，一败一胜，征服人者之宗神固易为被征服者所采用，有时被征服者之宗神，亦可为征服人者所采用。文化高者之宗神固可为文化低者因文化接触而采用，有时亦可相反。本非一系一族之部落，各有其宗神，后来奉大一统思想者，亦可强为安置，使成亲属。此等实例累百累千，世界各地之古史皆有之，不以中国为限矣。今举三例以明其变化之大。古者中国南方有拜火教，诸部落奉此教者之宗神，以象物言之曰祝融（后称炎帝），以象功言之曰神农（农融古当为一词）。此一崇拜，其祠祀中心，原在江汉衡湘，后来秦岭山脉中姜姓部落（即上古之羌），奉此祠祀，于是有炎帝神农氏之混合号，于是神农为姜姓之祖矣。（说别详。）又如鲧、禹平水土之创世论本为居处西土诸夏部落所奉信，后来以诸夏文化之声威远被，百越奉此祠祀，匈奴受此传说，于是勾践、冒顿皆祖夏禹,而胡越一家矣。又如耶和华一神本是以色列诸部之一宗神,浸假而为以色列全族之宗神,复以犹太教耶稣教之抽象思想进展,耶和华一神,在后来全失其地域性,在今日为世上一切奉耶稣教各派者之普遍天父矣。

殷周人之帝天,其观念之演变及信奉之流传,自亦不免走此一路。余在《新获卜辞写本后记跋》中论此事较详(载《安阳发掘报告》第二期民国十九年出版),兹移录其数段于下:

(周人)在这样的接受殷化中最重要的一件事,是竟自把殷人的祖宗也认成自己的祖宗了。周人认娘舅的祖宗本有明例。如:"厥初生民,时维姜嫄",这是认了太王的妻的祖宗。至于认商的始祖,尤其是中国人宗教信仰之进化上一个大关键。这话说来好像奇怪,但看其中的情形,当知此说大体是不误的。

初民的帝天,总是带个部落性的。旧约的耶和华,本是一个犹太部落的宗神。从这宗神演进成圣约翰福音中的上帝,真正费了好多的事,决不是一蹴而成的。商代的帝必是个宗族性的,这可以历来传说商禘帝喾为直证,并可以商之宗祀系统中以帝俊(即帝喾)为高祖为旁证。周朝的上帝,依然和人一样,有爱眷,有暴怒(见《诗·皇矣》),然而已经不是活灵活现的嫡亲祖宗,不过是"践迹"而生。且将在此一事上商周的不同观念作一比较:

商"有娀方将,帝立子生商。"这是说,商为帝之子,即契为喾之子。

周"履帝武敏歆。攸介攸止,载震载夙,载生载育,时维后稷。诞弥厥月,先生如达。不坼不副,无菑无害,以赫厥灵。上帝不宁,不康禋祀,居然生子。"这是说:稷为姜嫄之子,而与上帝之关系是较含糊的。

这样看来,虽说殷周的上帝都与宗姓有关系,然而周的上帝确是从东方搬到西土的,也有《诗》为证。

"皇天上帝,临下有赫。监观四方,求民之莫。维此二国,其政不获。维彼四国,爰究爰度。上帝者之,憎其式廓。乃眷西顾,此维与宅。"把这话翻译成后代的话,大致便是:

大哉上帝,明白地向下看着。监看四方的国家,求知道人民的疾苦。把这两国看,看得政治是不对的。把那四方之国再都一看,看来看去,考量了又考量,上帝觉得他们那样子真讨厌。于是转东〔向?〕西看,看中了意,便住在这里了。

这个上帝虽在周住下所谓"此维与宅",然而是从东方来的(二国,《毛传》以为夏殷,当不误),这话已经明说周人之帝是借自东土的了。进一步问,这个上帝有姓有名不呢?曰,有,便是帝喾。何以证之?曰,第一层,"履帝武敏故",《毛传》曰:"帝,高辛氏之帝也。"因为我们不能尽信《毛传》,这话还不算一个确证。第二层,《鲁语》上,"商人禘喾而祖契,郊冥而宗汤。周人禘喾而郊稷,祖文王而宗武王。……上甲微,能帅契者也,商人报焉,高圉,大王,能帅稷者也,周人报焉。"这句话着实奇怪,照这话岂不是殷周同祖吗?然殷周同祖之说,全不可信,因其除禘帝喾以外全无同处。且周人斥殷,动曰"戎商""戎殷",其不同族更可知。然《鲁语》这一段话,又一定是可靠的,因为所说既与一切记载合,而商之禘喾,上甲之受报祭,皆可由殷虚卜辞证明。一个全套而单纯的东西,其中一部分既确切不移,则其他部分也应可信。那么,这个矛盾的现象,如何解释呢?唯一的可能,足以不与此两个都可信的事实矛盾者,即是:商人的上帝是帝喾,周人向商人借了帝喾为他们的上帝,所以虽种族不同,至于所禘者,则是一神。帝者,即所禘者之号而已。第三层,《世本》《史记》各书皆以为殷周同祖帝喾。这个佐证若无《左传》

《国语》中的明确的记载,我们或者不相信的。但一有《国语》中那个已有若干部分直接证明了的记载,而我们又可以为这记载作一个不矛盾的解释,则《世本》《史记》的旁证,也可引来张目了。

禘、帝是一个字,殷虚文字彝器刻词皆这样。帝郊祖宗报五者,人称,礼号,皆同字,所在地或亦然。帝之礼曰帝(禘),帝(禘)时所享之神为帝。祀土之礼曰土(社),祀土之所在曰土(社),所祀之人亦曰土,即相土。殷之宗族,据今人研究卜辞所得者统计之,除去若干自然现象崇拜以外,大体是一个祖先教,而在这祖先教的全神堂(Pantheon)中,总该有一个加于一切之上的。这一个加于一切之上的,总不免有些超于宗族的意义。所以由宗神的帝喾,变为全民的上帝,在殷商时代当已有相当的发展,而这上帝失去宗神性最好的机会,是在民族变迁中。乙民族用了甲民族的上帝,必不承认这上帝只是甲民族的上帝。《周语》《周诗》是专好讲上帝三心二意的,先爱上了夏,后来爱上了殷,现在又爱上了周了。这样的上帝自然要抽象,要超于部落民族,然而毕竟《周诗》的作者,不是《约翰福音》的作者,也不是圣奥古斯丁,还只是说上帝是"谆谆然命之"的。

古经籍中之帝喾即甲骨卜辞中之夋(或曰"高祖夋"),而甲骨文中之夋,即《山海经》之帝俊,王国维已确证之(《观堂集林》九),在今日已成定论矣。试一统计甲骨卜辞中"帝"之出现数,尤觉殷人之单称"帝"者,必为其所奉为祖宗者之一,以其对此单称帝者并无祭祀也。据孙氏海波《甲骨文编》,共收帝字六十四,除重出者一条外,凡得六十三,其中单称"帝"者二十六:

今二月帝不令雨。(藏一二三,一)

庚子卜，□贞，帝令□（雨）。（藏二一七，四）

贞：帝令雨，弗其足年。（前一，五十，一）

帝令雨足年。（同上）

壬子卜，𡧊□（贞）：自今至□（于）丙□，帝□（令）雨王□（受）□（又）。（前六，二十，二）

庚戌□（卜）𡧊贞：□（不）雨，帝不我。……（藏三五，三）

□□□（卜）□贞：今三日，帝令多雨。（前三，十八，五）

□丑卜，贞：不雨，帝隹堇（馑）我。（甲一，二五，十三）

……曰帝……堇我。（一五九，三）

庚戌卜，贞：帝其降堇。（前三，二四，四）

□□卜，贞……帝……降□（堇）。（前四，十七，六）

我其巳（祀）宾，乍（则）帝降若。（前七，三八，一）

我勿巳宾，乍（则）帝降不若。（同上）

丙子卜，𡧊贞：帝弗若。（藏六一，四）

帝弗若。（后下十四，四）

贞王乍（作）邑，帝若。（藏二二〇，三）

贞王乍（作）邑，帝若。（后下十六，十七）

贞勿伐𢀛，帝不我其受又（祐）。（前六，五八，四）

……伐𢀛方，帝受（授）我又。（甲一，十一，十三）

帝弗[illegible]于王。（藏一九一，四）

贞帝弗其奠王。（后下二四，十二）

贞帝于令。（前三，二四，六）

庚戌卜，贞：㞢[illegible][illegible]隹帝令[illegible]。（前五，二五，一）

贞帝弗□丝□。（前七，十五，二）

戊寅卜，宾贞：帝……（同上）

甲午卜，𣪘贞：帝……（菁十，八）其用为动词即后来之“禘”字者十七：

贞帝于王亥。（后上十九，一）

戊戌□（卜）帝黄𣨼二犬。（前六，二一，三）

帝黄𣨼三犬。（同上）

戊戌卜，帝于𣨼□。（甲一，十一，六）

甲辰卜，宾贞：帝于……（后上二六，五）

辛酉卜，亘贞：方帝，卯一牛，屮南。（前七，一，一）

方帝。（甲一，十一，一）

勿方帝。（同上）

丁巳卜，贞：帝𣊡（爻）。（前四，十七，五）

贞帝𣊡三羊三豕三犬。（同上）

癸酉贞：帝五丰，其三牢。（后上二六，十五）

丙戌卜，贞：虫犬屮豕帝。（前七，一，二）

……帝既……于……豕二羊。（藏一七八，四）

帝隹癸其雨不（否）……（前三，二一，三）

……□丁不隹帝日……（藏二，一戠三二，五）

贞帝。（甲一，十一，十八）

往隹帝。（甲一，二九，十一）其用为先王之名号者六：

□□卜，贞：大……王其又……文武帝（即文武丁，即文丁）……王受冬。（前一，二二，二）

乙丑卜，□（贞）：其又久□□（文）武帝……三牢正□（王）□（受）冬。（前四，十七，四）

……文武帝……（甲二，二五，三）

……王……久……帝……冬。（前四，二七，三）

己卯卜，員贞：帝甲（即祖甲）𣏓……其眔且丁……（后上四，十六）

□酉卜，景□（贞）：帝甲丁……其牢。（戬五，十三）

其词残缺或其义不详者，十四：

隹帝……昌西：（藏八七，四）

……帝……（藏八九，三）

壬□卜，宾贞：帝……（藏一〇九，三）

贞帝……（藏二五七，三）

丁亥□（卜），敼贞：□隹帝……（藏二六七，一）

隹帝臣令。（余七，二）

壬午卜，燎土从🔯帝乎……（拾一，一）

……帝……🌿（前一，三一，一）

□子卜，贞：🐛□帝……（前五，三八，七）

……帚于🏛□帝……（前六，三十，三）

贞……立……帝……（后下九，六）

……帝𠂤𣏟𣏟……（后下三十，二）

□子卜……帝……（甲二，二五，五）

□□卜，贞……王其……帝……（后下三二，十五）

又有孙书收入合文之一片，关系重要，并列于此。

……兄……上帝……出……（后上，二十八）

依此统计，（各条由同事胡福林君为我检出，谨志感谢。又，《甲骨文编》未收最近出版者及王氏襄书，故此统计不可谓备，然诸家著录之甲骨文多杂具各时代，皆非所谓"选择标样"，故在统计学的意义上，此一"非选择的标样"之代表性甚大。后来如广为搜罗，数量诚增加，若范畴之分配，则必无大异于此矣。）知商人禘祭之对象有彼所认为高祖者，如王亥，有图腾，如🐦（此以字形知其为图腾）。其称先王为帝者，有祖甲，有文丁，皆殷商晚世之名王，虽无帝乙，帝乙之名必与此为同类也

（当由紂时卜辞不在洹上之故）。先王不皆受禘祭，受禘祭者不皆为先王，先王不皆号帝，号帝者不皆为先王，知禘礼独尊，帝号特异，专所以祠威显，报功烈者矣。其第一类不著名号之帝，出现最多，知此"不冠字将军"，乃是帝之一观念之主要对象。既祈雨求年于此帝，此帝更能降馑，降若，授祐，此帝之必为上天主宰甚明，其他以帝为号者，无论其为神怪或先王，要皆为次等之帝，所谓"在帝左右""配天""郊祀"者也。意者最初仅有此不冠字之帝，后来得配天而受禘祭者，乃冠帝字，冠帝字者既有，然后加"上"字于不冠字之主宰帝上，而有"上帝"一名。此名虽仅一见于甲骨卜辞，载此之片，仅余一小块，"上帝"之上下文皆阙，然此上帝必即上文第一类不冠字之帝，亦必即周人之上帝，见于《周诰》《雅》《颂》大丰敦宗周钟者，按之情理，不容有别解也。此上帝之必为帝喾，即帝俊者，有一事足以助成此想：如此重要之上帝，卜辞中并无专祀合祀之记载，是此帝虽有至上之神权，却似不受人间之享祀者然，固绝无此理也。然则今日所以不见祀此不冠字帝之记载者，必此不冠字之帝即在商人祭祀系统中，祀时著其本名，不关祀事者乃但称帝（或依时期而变易）。此"上帝"既应于殷商祭祀系统中求其名称，自非帝俊无以当之，此帝俊固为商人称作"高祖"，亦固即经典中之帝喾也。（商人祀典，自上甲以下，始有次序可考，此外称高祖者二，一为夒，一为亥，明知其非祖先者二，一曰河（旧释姒乙），一曰岳（即四岳之岳），此外每作动物形，此类似皆为自图腾演化而出之宗神，然其相互之关系则不易考也。）

周人袭用殷商之文化，则并其宗教亦袭用之，并其宗神系统中之最上一位曰"上帝"者亦袭用之。上帝经此一番转移，更失其宗神性，而为普遍之上帝，于是周人以为"无党无偏"以为"其命无常"矣。今日读《诗》《书》，心知其意者，或觉其酷似《旧约》矣。

一位治汉学之美国人语余曰，天之观念疑自周起，天子之称，疑自周人入主中夏始。按：周之文化袭自殷商，其宗教亦然，不当于此最高点反是固有者。且天之一字在甲骨文虽仅用于"天邑商"一词中,其字之存在则无可疑。既有如许众多之神,又有其上帝,支配一切自然力及祸福,自当有"天"之一观念,以为一切上神先王之综合名。且卜辞之用,仅以若干场所为限,并非记当时一切话言之物。《卜辞》非议论之书如《周诰》者,理无需此达名,今日不当执所不见以为不曾有也。《召诰》曰,"皇天上帝改厥元子兹大邦殷之命",此虽周人之语,然当是彼时一般人共喻之情况,足征人王以上天为父之思想,至迟在殷商已流行矣。夫生称"天君〔子?〕",死以"配天"之故乃称帝,是晚殷之骄泰也,生称天子,死不称帝,是兴周之竞竞了。(天子之称,虽周初亦少见。今日可征者,仅周公敦中有天子一词,而作册大方鼎称王曰"皇天尹〔君〕",其余称王但曰王,自西周中叶以后天子之称始普遍,知称天以况王辟,必周初人承受之于殷商者也。然则天子之一思想,必不始于周人,其称谓如此,则虽周初亦未普遍也。)

第二章 周初之"天命无常"论

一 《周诰》《大雅》之坠命受命论及其民监说 人道主义之黎明

《周诰》之可信诸篇中,发挥殷丧天命周受天命之说最详,盖周王受命说即是周公、召公、成王施政教民告后嗣之中央思想,其他议论皆用此思想为之主宰也。此思想之表见大致可分为反正两面,在反面则畅述殷王何以能保天之命,其末王何以失之,在正面则申说文王何以集大命于厥身。以此说说殷遗,将以使其忘其兴复之思想,而为周王之荩臣也;以此说说周人,将以使其深知受命保命之不易,勿荒逸以从殷之覆辙也;以此说训后世,将以使其知先人创业之艰难,后王守成之不易,应善其人事,不可徒依天恃天以为生也。虽出词之轻重有异,其主旨则一也。《周诰》诸篇及《大雅》若干篇皆反复申明此义者,今引数节以明之,读者可就《周诰》反复诵思,以识其详焉。(西周金文中亦言"受命""坠命"，引见上篇第一章，虽所说与《周诰》《大雅》所说者为一事，而鲜有发挥，故今所举但以《周诰》《大雅》为限。）其论殷之坠命曰：

我闻惟曰，在昔殷先哲王，迪畏天，显小民，经德秉哲，自成汤咸至于帝乙。成王畏（从孙诒让读。疑畏下脱天字），相惟御事厥棐（《周诰》中，棐字皆应作非或匪，孙说）有恭（共）。不敢自暇自逸，矧曰其敢崇饮？……我闻亦惟曰，在今后嗣王酗身，厥命罔显，于民只保（两句并从孙诒让读），越怨不易。诞惟厥纵淫佚于非彝，用燕丧威仪，民罔不尽伤心，惟荒腆于酒。不惟自息，乃逸，厥心疾很不克畏死，辜在商邑，越殷国灭无罹。弗惟德馨香祀登闻于天，诞惟民怨庶群自酒腥闻在上。故天降丧于殷，罔爱于殷，惟逸。天非虐，惟民自速辜。

王曰，对，予不惟若兹多诰，古人有言曰，人无于水监，当于民监。今惟殷坠厥命，我其可不大监抚于时。（以上《酒诰》）

周公曰，呜呼，我闻曰：昔在殷王中宗，严恭寅畏天命，自度，治民只惧，不敢荒宁。肆中宗之享国七十有五年。其在高宗，时旧劳于外，爰暨小人。作其即位，乃或亮阴，三年不言。其惟不言，言乃雍。不敢荒宁，嘉靖殷邦，至于小大，无时或怨。肆高宗之享国五十有九年。其在祖甲，不义惟王，旧为小人。作其即位，爰知小人之依，能保惠于庶民，不敢侮鳏寡。肆祖甲之享国卅有三年。自时厥后，立王生则逸。生则逸，不知稼穑之艰难，不闻小人之劳，惟耽乐之从。自时厥后，亦罔或克寿，或十年，或七八年，或五六年，或四三年。（《无逸》。此处汉石经在宋世犹存一块，洪氏据之，谓："独阙祖甲，计其字当在中宗之上。"段懋堂《尚书撰异》云，"是《今文尚书》与《古文尚书》大异。……此条今文实胜古文"。此言诚是，然隶释所载仅一小块，无从据之恢复原文，兹仍用开成本。）

凡此皆谓殷之先王勤民毋逸,故足以负荷天命,及其末王,不述祖德,荒于政事,从于安乐,乃丧天命。

其论周之受命曰:

昔我丕显考文王,克明德慎罚,不敢侮鳏寡,庸庸,只只,畏威(今本作威威,据汉儒遗说改,即《诗》之"畏天之威"也),显民,用肇造我区夏(周人每自称夏,除此处自称区夏以外,《立政篇》亦言"伻我有夏,式商受命",《诗》亦言"我求懿德,肆于时夏","无此疆可界,陈常于时夏"。说详拙著《夷夏东西说》),越我一二邦以修我西土。惟时怙冒闻于上帝,帝休,天乃大命文王殪戎殷,诞受厥命。(《康诰》)

周公曰,呜呼,厥亦惟我周太王王季克自抑畏。文王卑服,即康功田功,徽柔懿共,怀保小人,惠于矜寡(以上三句中字,据汉石经残片改)。自朝至于日中昃,不遑暇食,用咸和万民。文王不敢盘于游田,以庶邦维正之共。文王受命惟中身,厥享国五十年。(《无逸》)

昔君文王,武王,宣重光,奠丽陈教,则肄肄不违,用克达(挞也,《诗·商颂》"挞彼殷武")殷集大命。(《顾命》)

惟此文王,小心翼翼,昭事上帝,聿怀多福。表德不回,以受方国(方,西方,国,四国。《大雅·大明》)。

凡此皆谓文王之所以受天大命者,畏天,恤民,勤政,节俭,以致之也。

其告嗣王以敬保天命之义(周公告成王)曰:

旦曰……节性(生),惟日其迈,王敬作所不可不敬德。我不可不监于有夏,亦不可不监于有殷。我不敢知曰,有夏服天命惟有历年,我不敢知曰,不其延。惟不敬厥德,乃早坠厥命。我不敢知曰,有殷受天命惟有历年,我不敢知曰,不其延。惟不敬厥德,乃早坠厥命。今王嗣受厥命,我亦惟兹二国命嗣若功。王乃初服,呜呼,若生子,罔不在厥初生,自贻哲命。今天其命哲,命吉凶,命历年。今我初服,宅新邑,肆惟王其疾敬德。王其德之用祈天永命。

此谓应以明德为永命之基,后王不可徒恃先王之受天命而不小心翼翼以将守之也。

其告亡国臣民以服事有周之理由曰:

王若曰,尔殷遗多士!弗吊旻天(吊,淑,古一字。)大降丧于殷。我有周佑命,将天明威致王罚,敕殷命终于帝。肆尔多士!非我小国取弋(孙以弋为翼,本之《释文》,并以为训教。按,如训敬,文义难通。疑即代字。代字古当为入声,以从代之忒为入声也。高本汉说)。殷命,惟天不畀允罔固(从孙读),乱弼我,我其敢求位?惟帝不畀,惟我下民秉为,惟天明畏。我闻曰,上帝引逸。有夏不适逸则,惟帝降格响于时。夏弗克庸帝,大淫佚有辞。惟时天罔念闻,厥惟废元帝,降至罚。乃命尔先祖成汤革夏,俊民,甸四方。自成汤至于帝乙,罔不明德恤祀。亦惟天丕建,保又有殷。殷王亦罔敢失帝,罔不配天其译。在今后嗣王,诞罔显于天,矧曰其有听念于先王勤家?诞淫厥泆,罔顾于天,显民只。

惟时上帝不保,降若兹大丧。惟天不畀不明厥德,凡四方小大邦丧,罔非有辞于罚。(上文乱字,率之讹也。)

王若曰,尔殷多士!今惟我周王丕灵承帝事,有命曰,割殷,告敕于帝。惟我事不贰适,惟尔王家我适。予其曰,惟尔洪无度,我不尔动自乃邑。予亦念天，即于殷大戾肆不征。王曰，猷告尔多士！予惟时其迁居西尔。非我一人奉德不康宁，时惟天命。（以上《多士》。《多方》辞大同，旨无异。）

穆穆文王，于缉熙敬止。假哉天命，有商孙子。商之孙子，其丽不亿，上帝既命，侯于周服。

侯服于周，天命靡常。殷士肤敏，祼将于京。厥作祼将，常服黼冔。王之荩臣，无念尔祖。

无念尔祖，聿修厥德。永言配命，自求多福。殷之未丧师，克配上帝。宜鉴于殷，峻命不易。（《大雅·文王》。胡适之先生谓："王之荩臣，无念尔祖"云云，皆对殷遗士言，勉此辈服事新朝，无怀祖宗荣光之想，但求应天之新命，自求多福耳。其说甚当。）

此以革命之解告示殷遗，谓昔者殷先王能尽人事，故能膺天命，今既以淫佚遭天之罚，天既改其大命，命周以王业矣，尔辈不当犹恋恋前王之烈也。凡此革命之解，以人事为天命之基础，以夏殷丧邦为有应得之咎者，果仅周公对殷逸之词，用以慑服之，用以信喻之耶。抑此本是周公之一贯思想耶？按之前所引《无逸》诸篇及《诗经》大雅周颂之"峻命不易"论，当知周公对自己，对亡国，虽词有重轻，乃义无二说。设若殷多士中有人起而问曰，"准公所言，若周之后王不能畏天显民，亦将臣服他姓乎"？周公如舍其征服者尊严之不可犯，必将应之曰"然"，如此则类似清汗雍正与曾静之辩论矣。此等辩论究不可常见，此辈殷多士中似鲜忠烈之人，方救死之不暇，不特不敢作此问，恐亦无心作此想。然而周公以此语告其同姓同僚矣。《君奭篇》云：

周公若曰，君奭！弗吊天降丧于殷，殷既坠厥命，我有周既受。我不敢知曰，厥基永孚于休？若天棐（非之借字也，孙诒让说，见骈枝及述林)忱(诚也,"天非忱〔或作谌〕""天难谌斯"皆谓天不可信其必然也),我亦不敢知曰,其终出于不祥? 呜呼,君已曰时我,我亦不敢宁(安也)于上帝命,弗永远念天威越(与也,孙说)我民。罔尤违,惟人。在我后嗣子孙,大弗克共上下,遏佚前人光,在家,不知天命不易,天难谌(难谌即棐忱也),乃其坠命,弗克经历嗣前人共明德(作一句读,孙说。余疑此十字应在"在家"下),在今予小子旦,非克有正,迪惟前人光施于我冲子。又曰天不可信(又曰有曰也,有人曰天不可信。孙说),我迪(原作道,迪之误字也。据王引之说改)惟宁(文之误字)王德延,天不庸释于文王受命。

此论现身说法,明切之至。此辞之作,盖当周公将归政于成王,勉召公以勤辅弼之,故下文历陈前代及周初之贤辅,而结以"只若兹往,敬用治"也。伪书序以为"召公不悦,周公作君奭",真闭眼胡说矣。

寻周公此论之旨,可以归纳于"天命靡常"一句中,所谓"峻命不易""其命匪谌",亦皆此语之变化也。"天命靡常"者,谓天命不常与一姓一王也。"峻命不易"者,言固保天命之难也。(按:郑笺云"天之大命不可改易",《大诰》有"尔亦不知天命不易"句,莽诰作"岂亦不知命之不易乎",师古曰,"言不知天命不可改易"。今寻释《诗》《书》中此类词句之上下文,知此解非是。《周颂·敬之》章曰,"敬之敬之,天维显思,命不易哉! 无曰高高在上,陟降厥士〔疑本作土〕,日监在兹。"岂可以不易为不可改易乎? 朱传,"不易,言其难也",此用论语"为君难为臣不易"之训以解此。朱传超越毛郑者多矣,此其一事也。〔按:朱从释文。〕)"天命匪谌"者(《大诰》"天棐忱辞",《大明》"天难谌斯",皆与此同义。孙说),言天命时依人事而变易,不可常赖,故曰"靡不有初,鲜克有终"也。周公将归政时,天下事既大定矣,周公犹不能信周之果能常保天眷也,而致其疑辞曰,殷既坠命,周既受命,果周基之可永耶,周其亦将出于不祥如殷商夏后之末世耶？复自答此问曰，我不敢安于上天之命，嗣王其永念天威，以民为监，毋尤人，毋违命，凡事皆在乎人为耳。设若我之后嗣子孙不能协恭上下，反遏失前王之光烈，而不知保固天命之不易，不知天命之难谌，则必丧其天命矣。凡此所云，可用求己勿尤人，民监即天监两语归纳之。如是之"人定胜天"说，必在世间智慧甚发达之后，足征周虽小邦，却并非野蛮部落也。

一切固保天命之方案，皆明言在人事之中。凡求固守天命者，在敬，在明明德，在保乂民，在慎刑，在勤治，在无忘前人艰难，在有贤辅，在远恬人，在秉遗训，在察有司，毋康逸，毋酗于酒。事事托命于天，而无一事舍人事而言天，"祈天永命"，而以为"惟德之用"。如是之天道即人道论，其周公之创作耶，抑当时人本有此论耶？由前一解，可以《周诰》为思想转变一大枢纽，由后一解，周公所言特是人道黎明中之一段记载，前此及同时相等之论不幸失其传耳。今有两证，足明后解之近实。

古人有言曰"人无于水监，当于民监"。(《酒诰》)

有曰"天不可信，我迪惟宁(文)王德延"。(《君奭》。孙曰，"谓有是言曰，犹云有言曰"。)

据此，知民监而上天难谌之说，既闻于当时，更传自先世，其渊源长矣，周公特在实际政治上发挥之耳。至于此古人为何时之人，谓"天不可信"者为何人，今固不可考，要以所谓商代老成人者为近是。商代发迹渤海，奄有东土，(说详拙著《东北史纲》卷一，及《夷夏东西说》，载《历史语言研究所集刊》外编第一)。臣服诸夏，载祀六百。其本身之来源固为北鄙杀伐之族，其内服外服中，则不少四方多识多闻之士。《多士》所谓"夏迪简在王庭，有服在百僚"者，其一类也。此辈饱经世变，熟识兴亡，非封建制度下之奴隶，而为守册守典之人，故有自用其思想之机会。不负实际政治之责任,故不必对任何朝代族姓有其恶欲。统治阶级不能改换思想,被统治阶级不能负任何思想之责任,赖他人启之,方成力量。凡思想之演变,其发端皆起于中流,世界史供给我辈以无数实例矣。殷墟记载所表示之思想系统乃当时王家之正统思想,虽凭借之地位至高,却不必为当时最进展之思想,且必较一部分王臣之思想为守旧。世已变矣,而统治者不能变其心也。变其心者,新兴之族,新兴之众,皆易为之,而旧日之宗主为难。按之历史,此理至显也。

虽然,周之兴也,亦有其特征焉。惟此特征绝不在物质文明,亦未必在宗法制度耳。何以言之?中央研究院发掘殷墟之工作已历八年,于累经毁损之墓中获见不少殷商遗物,其冶金之术,琢玉之工,犹使今人为之惊佩。其品物形色之富,器用制作之精,兵器种类之众,亦未发掘前所不能预料者也。以此与世上已知之周初遗物,及中央研究院所发掘者比,知周之代商,绝不代表物质文化之进展。凡周初所有者,商人无不有之,且或因易代之际,战事孔炽,文化沉沦不少,凡商人所有者,周初人未必尽有之,或有之而未若商人之精也。从此之后,一切疑殷商文化不及周初之见解,应一扫而空。故曰,殷周之际,文化变转之特征,绝不能在物质文明也。至于宗法制度,后人皆以为商人兄终弟及,周人长子承统矣。夷考其实,商末康祖丁、武乙、文武丁、帝乙、帝辛五世,皆传子,无所谓兄终弟及也。周初太王舍太伯而立王季,武王之兄伯邑考不得为大宗,周公且称王,则亦兄终弟及,仅立冲子为储,有后来授政之诺言耳(如鲁隐公所说)。且武王之卒,已登大髦,其长子成王乃仅在冲龄,亦似非近情之说。晋公盦云:

晋公云,我皇祖唐公,□受大令,左右武王,□□百蛮,广翩四方,至于大廷,莫不事□。(王)命唐公,□宅京师。

唐公相传为成王之小弱弟,成王在武王殂落时尚在冲龄,则其小弱弟唐公必不能左右武王,征伐百蛮矣。唐公既能左右武王,则武王殂落时,唐公年岁至少在二十以上矣。然周公称王时成王实在冲龄,有《周诰》可证。是则唐公非成王之弟,乃成王之兄也(《召诰》,"有王虽小,元子哉"。此即同篇"皇天上帝改厥元子兹大邦殷之命"之元子,谓天之元子,非谓武王之元子也。观上下文自明)。唐公之上尚有封于邘者(见《左传》),足征成王之立,容为立嫡,绝非立长,或周公不免有所作用于其间,于是管蔡哗然,联武庚以变耳。从此可知周人传长子之法,是后人心中之一理想标准,周初并未如此实行,而周公之称王,大有商人遗风焉。故曰,殷周之际大变化,未必在宗法制度也。既不在物质文明,又不在宗法制度,其转变之特征究何在?曰,在人道主义之黎明。

年来殷墟发掘团,在清理历代翻毁之殷商墓葬群中所得最深刻之印象,为其杀人殉葬或祭祀之多。如此大规模之人殉,诚非始料所及,盖人殉本是历史上之常事,不足怪,所可怪者,其人殉人祭之规模如此广大耳。人殉之习,在西洋用之极长,不特埃及、美索不达米亚、小亚细亚等地行之,即至中世纪末,北欧洲犹存此俗。在中国则秦后不闻,而明初偶行之,明太祖诸妃皆殉,此习至英宗始革者,以承元之后,受胡化也(见《朝鲜实录》等)。清初未入关时亦行此制。人祭则久亡矣。殷商时期人殉人祭犹如此盛行,而后此三四百年《左传》所记,凡偶一用此,必大受责难。秦染于西戎之俗,始用此制,中国遂以夷狄遇之(据《史记》,秦武公卒,初以人从死,献公元年,止从死)。宋哀公偶以人祭,公子目夷乃曰,"得死为幸"。下至孔子,时代非遥,然孟子述孔子之言曰,"'始作俑者,其无后乎?'为其象人而用之也"!是春秋晚期已似完全忘却五六百年前有此广溥之习俗,虽博闻如孔子者,犹不得于此处征殷礼也。数百年中,如此善忘,其变化大矣,其变化之意义尤大。吾疑此一变化之关键在于周之代商,其说如下。

按之殷人以人殉以人祭之习,其用政用刑必极严峻,虽疆土广漠(北至渤海区域,西至渭水流域,南至淮水流域,说详《夷夏东西说》),政治组织弘大("越在外服,侯田男卫邦伯,越在内服,百僚庶尹"),其维系之道,乃几全在武力,大约能伐叛而未必能柔服,能立威而未必能亲民。故及其盛世,天下莫之违,一朝瓦解,立成不可收拾之势。返观周初,创业艰难,"笃公刘,匪居匪康……乃裹糇粮……爰方启行……于胥斯原(胥地名,胡适之先生说)……于豳斯馆,涉渭为乱","古公亶父,陶复陶穴,未有家室。……率西水浒,至于岐下。爰及姜女,聿来胥宇";至于文王,"小心翼翼,昭事上帝","克明德慎罚,不敢侮鳏寡,庸庸,祗祗,畏威,显民"。综合数代言之,自"大王王季,克自抑畏。文王卑服,即康功田功,徽柔懿共,怀保小人,惠于矜寡"。如此微薄起家,诚合于所谓"旧为小人,作其即位,爰知小人之依,能保惠于庶民"者。盖周之创业,不由巨大之凭借,其先世当是诸夏之一小部,为猃狁压迫,流亡岐周,作西周夷中姜姓部落之赘婿,"险阻艰难,备尝之矣,民之情伪,尽知之矣"。一面固能整齐师旅,一面亦能收揽人心,于是"柔弱胜刚强",斗力亦斗智,西自阻共,南被江汉,所有西南山中之部落"庸、蜀、羌、髳、微、卢、彭、濮人"皆为所用。东向戡黎,而殷王室恐矣。矢于牧野,无贰厥心,虽"殷商之旅其会如林",亦无济于事矣。此其所谓"善政(政古与征为一字,含戡定之义)不如善教之得民"耶? 此其所谓"纣有亿兆人,离心离德,予有率(乱)臣十人,同心同德"者耶? 凡此恤民而用之,慎刑以服之,其作用固为乎自己。此中是否有良心的发展,抑仅是政治的手腕,今亦不可考知,然既走此一方向,将数世积成之习惯,作为宝训,谆谆命之于子孙,则已启人道主义之路,已至良心之黎明,已将百僚庶民之地位增高。于是商人仲虺"侮亡"之诰,易之以周人史佚"勿犯众怒"之册。为善与为恶一般,无论最初居心何在,一开其端,虽假亦可成真,此亦所谓"久假而不归,恶知其非有也"。

此路既开,经数百年,承学之大儒孔丘、孟轲,竟似不知古有人殉人祭之事!

二　敬畏上帝之证据

或曰,如君所言,是周初之帝天观仅成一空壳,虽事事称天而道之,然既以为万事皆在人为而天命不可恃,其称天亦仅口头禅耳,其心中之天不过口中之一符号,实际等于零矣。其然,岂其然乎?

吾将申吾说曰,绝无此事也。以为既信人力即不必信天力者,逻辑上本无此必要,且人类并非逻辑的动物,古代人类尤非逻辑的动物。周初人能认识人定胜天定之道理,是其思想敏锐处,是由于世间知识饱满之故,若以为因此必遽然丧其畏天敬天之心,必遽然以为帝天并无作用,则非特无此必然性,且无此可然性,盖古代人自信每等于信天,信天每即是自信,一面知识发达,一面存心虔敬,信人是其心知,信天是其血气,心知充者,血气亦每旺也。如苏格拉底,柏拉图,其智慧何如,其虔敬又何如? 如牛顿,如戴嘉,其智慧何如,其虔敬又何如? 后代哲人尚如此,遑论上古之皇王侯辟? 遍观中国史,凡新兴之质粗部落几无不信天称天者,此适足以坚其自信,而为成功之一因也。所有关于匈奴、蒙古、满洲信天之记载今犹班班可考,今举饶有意味者一事。徐霆《黑鞑事略》云:

其卜筮则灼羊之枚子骨,验其文理之逆顺,而辨其吉凶。天弃天予,一决于此,信之甚笃,谓之烧琵琶。事无纤粟不占,占不再四不已。(原注,霆随一行使命至草地,鞑主数次烧琵琶,以卜使命去留,想是琵琶中当归,故得遣归。烧琵琶,即燔龟也。)其常谈必曰,"托着长生天的气力,皇帝的福荫"。彼所欲为之事,则曰"天教恁

地"；人所已为之事，则曰"天识着"。无一事不归之天，自鞑主至其
民无不然。

又云：

其行军……则先烧琵琶，决择一人统诸部。

此所说者蒙古建国时之俗，玩其辞意，乃令人恍忽如在殷周之际。
《大雅》所载周王之虔敬帝天，事神，重卜，上帝皇天俨然"如在其
上，如在其左右"者，今引数章以为证。其关于上帝"改厥元子大邦殷之
命"，命周绍治下民者，如下：

皇矣上帝，临下有赫。监观四方，求民之莫（瘼）。维此二国，
其政不获。维彼四国，爰究爰度。上帝耆之，憎其式廓。乃眷西
顾，此维与宅。
……帝迁明德，串夷载路。天立厥配，受命既固。帝省其山，
柞棫斯拔，松柏斯兑。帝作邦作对，自太王王季。
……帝谓丈王，无然畔援，无然歆羡，诞先登于岸。
……帝谓文王，予怀明德。不大声以色，不长夏以革，不识不
知，顺帝之则。
帝谓文王，询尔仇方，同尔兄弟，以尔钩援，与尔临冲，以伐崇
墉。（《皇矣》）

此真所谓"谆谆然命之矣"。似文王日日与上帝接谈者然，事无巨
细，一听天语，使读者如读《旧约》或读《启示录》或读太平洪王诏书一
般。其言上帝赫赫下监者则云：

明明在下,赫赫在上。天难忱斯,不易维王。天位殷适,使不挟四方。("天难忱斯",论天,"不易维王",论人,正接上文之"在下""在上"。谓天不可恃其必为己,王业之创守并非易事,天位自殷他适,使其不复制四方也。)

……天监在下,有命既集。(《大明》)

其言文王翼翼上承天命者则云:

维此文王,小心翼翼,昭事上帝,聿怀多福。厥德不回,以受方国。

殷商之旅,其会如林。矢于牧野,维予侯兴。上帝临女,无贰尔心!(《大明》)

此即金文所谓"严在上翼在下",言上令而下承也。其言先王在天在帝左右者则云:

文王在上,于昭于天。周虽旧邦,其命维新。有周不显,帝命不时。文王陟降,在帝左右。(《文王》)

下武维周,世有哲王。三后在天,王配于京。(《下武》)

其祈福之词则云:

昭兹来许,绳其祖武,于万斯年,受天之祜。(《下武》。《周诰》中多祈天降福辞,不遍举。)

其用卜之辞则云:

爰始爰谋，爰契我龟。（《绵》）

考卜维王，宅是镐京。维龟正之，武王成之。武王烝哉！（《文王有声》）

其言"天命匪谌"者，则有《大明》之首章（引见前），《荡》之首章。

荡荡上帝，下民之辟。疾威上帝，其命多辟。天生烝民，其命匪谌，靡不有初，鲜克有终。（按：此为周初诗，下文皆载文王斥商之词，绝无西周晚期痕迹。荡荡即《洪范》"王道荡荡"之荡荡，亦即《诗》"汶水汤汤"之汤汤，言其浩大也。上辟字训君，《诗》《书》之辟字多此训。下辟字训法，即"如何昊天，辟言不信"之辟。后世刑辟之辟，亦即此训所出。此章言：此广大之上帝，是下民之君也，此严威之上帝，其命多峻厉也。天之生斯民也，其命未尝固定。初曾眷顾者，后来皆弃之，夏殷是也。称上帝之严威，为下文斥商之张本，称天命匪谌，为下文殷鉴在于夏后之基论，"靡不有初，鲜克有终"二句，正以释"其命匪谌"者。如此解之，本章文义固顺，与下文尤顺，乃毛传郑笺固执诗之次序，以为此诗既在《民劳》《板》之后，必为西周晚年刺诗，于是改下辟字之音以为邪僻字。于是谓全篇之"文王曰咨"为设辞，以上帝为厉王，可谓"道在迩而求诸远，事在易而求诸难"矣。）

其言固守天眷之不易者，则有《周颂·敬之篇》：

敬之敬之，天维显思，命不易哉！无曰高高在上，陟降厥土，日监在兹。

所有天命匪谌,峻命不易,皆与《周诰》陈说之义全合。《雅》《颂》中此若干篇与周公之《周诰》,论其世则为同时(此举大齐言),论其事则皆言殷周易命,故相应如此。其详略不同者,《周诰》为论政之书,《大雅》为庙堂之乐章,既以论政为限,故人事之说多,既以享祀力用。故宗教之情殷,若必强为分别,则《大雅》此若干篇,其时代有稍后于周公诰书之可能,决无先之之可能,岂有帝天已成空壳,忽又活灵活现之理乎?推此意而广之,吾辈今日亦不能据殷商卜辞认为殷人思想全在其中,以为殷无人谋,只有卜谋也。殷人"有册有典",此典册若今日可得见者,当多人谋之词,而不与卜辞尽同其题质,亦因文书之作用不同,故话言有类别也。然则今日若遽作结论曰,殷商全在神权时代中,有神谋而无人谋,自属不可通。以不见不知为不存不在,逻辑上之大病也。

周初人之敬畏帝天,其情至笃,已如上所证矣。其心中之上帝,无异人王,有喜悦,有暴怒,忽眷顾,忽遗弃,降福降祸,命之讫之,此种之"人生化上帝观"本是一切早期宗教所具有,其认定惟有修人事者方足以永天命,自足以证其智慧之开拓,却不足以证其信仰之坠落。就《大诰》所载论之,周公违反众议,必欲东征,其所持之理由凡二,其一为周后嗣王必完成文王所受之天命,其二为东征之谋曾得吉卜。故不可违。其言曰:

> 已予惟小子不敢僭(不信也,又废也)上帝命。天休于宁(文)王,兴我小邦周,宁(文)王惟卜用,克绥受兹命。今天其相民,矧亦惟卜用。……天命不僭,卜陈惟若兹!

是则周公之大举东征,固用人谋,亦称天道(《周语》引《大誓》云,"朕梦协朕卜,袭于休祥,戎商必克",与此同义),所以坚人之信,壮士之气,周公诰书中仅《大诰》一篇表显浓厚之宗教性,盖此为成功以前表示决心之话言，其他乃既成功之后，谋所以安固周宗之思虑也。然"尔亦不知天命不易"正在《大诰》中，天鉴下民以定厥命之怡在《大雅》《周颂》《周诰》中弥往而不遇。参互考之，知敬畏上帝乃周初人之基本思想，而其对于上帝之认识，则以为上帝乃时时向下方观察着，凡勤民恤功者，必得上帝之宠眷，凡荒逸废事者，必遭上帝之捐弃。周代殷命即此理之证据，宜鉴于殷，知所戒惧，必敬德勤民，然后可以祈祷皇天，求其永命不改也。必自身无暇，民心归附，然后可以永命霈终也。《大学》引《康诰》"惟命不于常"，而释其义曰，"道善则得之，不善则失之矣"，可谓一语道破。夫自我言之，则曰"峻命不易"，就天言之，则曰"天命靡常"，盖虺畏上天，熟察人事，两个元素化合而成如是之天人论。此诚兴国之气象，亦东周诸家思想所导源，亦宋代以来新儒学中政论之立基点也。（明代之宝训有四事，敬天，法祖，勤政，爱民，此种政本的"成文宪法"，非明太祖所能为，乃是宋元以来儒家政治论之结晶，亦即《周诰》之总括语也。）

三 本章结语

总括上文所论，今日犹可推知周初统治阶级中之天道观为何如者。

此时此辈人之天道观，仍在宗教的范畴内，徒以人事知识之开展，故以极显著的理性论色彩笼罩之，以为天人相应，上下一理，求天必先求己，欲知天命所归，必先知人心所归。此即欧洲谚语所谓"欲上帝助尔，尔宜先自助"者也。此说有一必然之附旨，即天命无常是也。惟天命之无常，故人事之必修。此一天人论可称之曰"畏天威重人事之天命无常论"。（下文引此论时，简称"命无常论"。）

此一命无常论是否为周宗统治阶级所独具，抑为当时一般上中社会所共信，今不可知，准以周之百僚多士，来源复杂，或为懿亲，或为姻亚，或为亡国之臣，其文化之背景不同，其社会之地位悬绝，自不易有同一思想。然全文所载祈福之词每作"永令(命)霝终"者,人必信命之不易永,然后祈永命,人之不易灵终,然后乞灵终(即善终),设永命灵终为当然之事,则无所用其祈祷矣。既用此为祈祷语,足征命无常论之流行广矣。

第三章　诸子天人论导源

古史者,劫灰中之烬余也。据此烬余,若干轮廓有时可以推知,然其不可知者亦多矣。以不知为不有,以或然为必然,既违逻辑之戒律,又蔽事实之概观,诚不可以为术也。今日固当据可知者尽力推至逻辑所容许之极度,然若或然为必然,则自陷矣。即以殷商史料言之,假如洹上之迹深埋地下,文字器物不出土中,则十年前流行之说,如"殷文化甚低","尚在游牧时代","或不脱石器时代","《殷本纪》世系为虚造",等等见解,在今日容犹在畅行中,持论者虽无以自明,反对者亦无术在正面指示其非是。差幸今日可略知"周因于殷礼"者如何,则"殷因于夏礼"者,不特不能断其必无,且更当以殷之可借考古学自"神话"中入于历史为例,设定其为必有矣?夏代之政治社会已演进至如何阶段,非本文所能试论,然夏后氏一代之必然存在,其文化必颇高,而为殷人所承之诸系文化最要一脉,则可就殷商文化之高度而推知之。殷商文化今日可据遗物遗文推知者,不特不得谓之原始,且不得谓之单纯,乃集合若干文化系以成者,故其前必有甚广甚久之背景可知也。即以文字论,中国古文字之最早发端容许不在中土,然能自初步符号进至甲骨文字中之六书具备系统,而适应于诸夏语言之用,决非二三百年所能达也。以铜器论,青铜器制造之最早发端固无理由加之中土,然制作程度与数量能如殷墟所表见者,必在中国境内有长期之演进,然后大量铜锡矿石来源之路线得以开发,资料得以积聚,技术及本地色彩得以演进,此又非短期所能至也。此两者最易为人觉其导源西方,犹且如是,然则殷墟文化之前身，必在中国东西地方发展若干世纪，始能有此大观，可以无疑。因其事事物物皆表见明确的中国色彩，绝不与西方者混淆，知其在神州土上演化长久矣。

殷墟文化系之发见与分析，足征殷商以前在中国必有不止一个之高级文化，经若干世纪之演进而为殷商文化吸收之。殷墟时代二百余年中，其文字与器物与墓葬之结构，均无显然变易之痕迹，大体上可谓为静止时代。前此固应有急遽变转之时代，亦应有静止之时代。以由殷商至春秋演进之速度比拟之，殷商时代以前（本书中言"殷商"者，指在殷之商而言，即商代之后半也。上下文均如此），黄河流域及其邻近地带中，不止一系之高级文化，必有若干世纪之历史，纵逾千年，亦非怪事也。（或以为夏代器物今日无一事可指实者，然夏代都邑，今日固未遇见，亦未为有系统之搜求。即如殷商之前身蒙亳，本所亦曾试求之于曹县、商丘间，所见皆茫茫冲积地，至今未得丝毫线索。然其必有，必为殷商直接承受者，则无可疑也。殷墟之发见，亦因其地势较高，未遭冲埋，既非大平原中之低地，亦非山原中之低谷，故易出现。本所调查之遗址虽有数百处，若以北方全体论之，则亦太山之一丘垤也。又，古文字之用处，未必各处各时各阶级一致。设若殷人不用其文字于甲骨铜器上，而但用于易于消毁之资料上，则今日徒闻"殷人有册有典"一语耳。）且就组成殷商文化之分子言之，或者殷商统治阶级之固有文化乃是各分子中最低者之一，其先进于礼乐者，转为商人征服，落在政治中下层。（说见《夷夏东西说》，《新获卜辞写本后记跋》等。）商代统治者，以其武力鞭策宇内，而失其政治独立之先进人士，则负荷文化事业于百僚众庶之间。《多士》云，"殷革夏命……夏迪简在王庭，有服在百僚"，斯此解之明证矣。周革殷命，殷多士集于大邑东国雒，此中"商之孙子"固不少，亦当有其他族类，本为商朝所臣服者，周朝若无此一套官僚臣工，即无以继承殷代王朝之体统，维持政治之结构。此辈人士介于奴隶与自由人之间,其幸运者可为统治阶级之助手,其不幸者则夷入皂隶之等,既不与周王室同其立场,自不必与之同其信仰。周初王公固以为周得天命有应得之道,殷丧天命亦有其应失之道,在此辈则吾恐多数不如此想,否则周公无须如彼哓哓也。此辈在周之鼎盛,安分慑服,骏臣新主而已。然既熟闻治乱之故实,备尝人生之滋味,一方不负政治之责任,一方不为贵族之厮养,潜伏则能思,忧患乃多虑,其文化程度固比统治者为先进,其鉴观兴亡祸福之思想,自比周室王公为多也。先于孔子之闻人为史佚,春秋时人之视史佚,犹战国时之视孔子。史佚之家世虽不可详,要当为此一辈人,决非周之懿亲。其时代当为成王时,不当为文王时,则以《洛诰》知之。《洛诰》之"作册逸",必即史佚,作册固为众史中一要职,逸佚则古通用。《左传》及他书称史佚语,今固不可尽信其为史佚书,然后人既以识兴亡祸福之道称之,以治事立身之雅辞归之,其声望俨如孔子,其书式俨如五千文之格言体,其哲学则皆是世事智慧,其命义则为后世自宋国出之墨家所宗,则此君自是西周"知识阶级"之代表,彼时如有可称为"知识阶级"者,必即为"士"中之一类无疑也。(按,史佚之书〔其中大多当为托名史佚者〕引于《左传》《国语》《墨子》者甚多,皆无以征其年代,可征年代者仅《洛诰》一事。《逸周书》克殷、世俘两篇记史佚〔亦作史逸〕躬与杀纣之役,似为文武时之大臣。夫在文武时为大臣,在成王成年反为周公之作册〔当时之作册职略如今之秘书〕,无是理也。《逸周书》此数篇虽每为后人所引,其言辞实荒诞之至,至早亦不过战国时人据传说以成之书,不得以此掩《洛诰》。至于大小《戴记》所言,〔《保傅篇》《曾子问篇》〕乃汉人书,更不足凭矣。《论语·微子篇》,孔子称逸民,以夷逸与伯夷、叔齐、虞仲、朱张、柳下惠、少连并举。意者夷逸即史佚,柳下惠非不仕者,故史佚虽仕为周公之作册,仍是不在其位之人,犹得称逸士也。孔子谓"虞仲、夷逸隐居放言,身中清,废中权",果此夷逸即史佚,则史佚当是在作册后未尝复进。终乃退身隐居，后人传其话言甚多，其言旨又放达，不同习见也。"身中清"者，立身不失其为清，孟子之所以称伯夷也，"废中权"者，废法也，"法中权"犹云论法则以权衡折中之，盖依时势之变为权衡也。凡此情景，皆与《左传》《国语》所引史佚之词合。果史逸即夷逸一说不误，则史佚当为出于东夷之人，或者周公东征，得之以佐文献之掌，后乃复废，而名满天下，遂为东周谈掌故论治道者所祖述焉。）

当西周之盛，王庭中潜伏此一种人，上承虞夏商殷文化之统，下为后来文化转变思想发展之种子。然其在王业赫赫之日，此辈人固无任何开新风气之作用，平日不过为王朝守文备献，至多为王朝增助文华而已。迨王纲不振，此辈人之地位乃渐渐提高。暨宗周既灭，此辈乃散往列国，"辛有入晋，司马适秦，史角在鲁"（汪容父语），皆其例也。于是昔日之伏而不出，潜而不用者，乃得发扬之机会，而异说纷纭矣。天人论之岐出，其一大端也。

东周之天命说，大略有下列五种趋势，其源似多为西周所有，庄子所谓"古之道术有在于是者"也。若其词说之丰长，陈义之蔓衍，自为后人之事。今固不当以一义之既展与其立说之胎质作为一事，亦不便徒见后来之发展，遂以为古者并其本根亦无之。凡此五种趋势，一曰命定论，二曰命正论，三曰俟命论，四曰命运论，五曰非命论，分疏如下。

命定论者，以天命为固定，不可改易者也。此等理解，在民间能成牢固不可破之信念，在学人口中实不易为之辩护。逮炎汉既兴，民智复昧，诸子衰息，迷信盛行，然后此说盛传于文籍中。春秋时最足以代表此说者，如《左传》宣三年王孙满对楚子语：

> 成王定鼎于郏鄏，卜世三十，卜年七百，天所命也。周德虽衰，天命未改。鼎之轻重，未可问也。

此说之根源自在人民信念中,后世所谓《商书·西伯戡黎篇》载王纣语曰:"呜呼我生不有命在天。"此虽非真商书,此说则当是自昔流传者。《周诰》中力辟者,即此天命不改易之说。此说如不在当时盛行,而为商人思恋故国之助,则周公无所用其如是之喋喋也。

命正论者,谓天眷无常,依人之行事以降祸福,《周诰》中周公、召公所谆谆言之者,皆此义也。此说既为周朝立国之宝训,在后世自当得承信之人。《左传》《国语》多记此派思想之词,举例如下:

> 季梁……对曰:"夫民,神之主也,是以圣王先成民而后致力于神。"(桓六年)
>
> 宫之奇……对曰:"臣闻之,鬼神非人实亲,惟德是依。故周书曰'皇天无亲,惟德是辅。'又曰:'黍稷非馨,明德惟馨。'又曰:'民不易物,惟德緊物。'如是,则非德,民不和,神不享矣。神所凭依,将在德矣。"(僖五年)
>
> "是阴阳之事,非吉凶所生也。吉凶由人。"(僖十六年)
>
> 唯有嘉功以命姓受祀,迄于天下。及其失之也,必有慆淫之心间之,故亡其氏姓。……夫亡者岂緊无宠?皆黄炎之后也。惟不帅天地之度,不顺四时之序,不度民神之义,不仪生物之则,以殄灭无胤,至于今不祀。及其得之也,必有忠信之心间之,度于天地,而顺于时动,和于民神,而仪于物则。……其兴者必有夏吕之功焉,其废者必有共鲧之败焉。(《周语》下)

举此以例其他,谓此为周人正统思想可也。此说固为人本思想之开明,亦足为人生行事之劝勉,然其"兑现能力"究如何,在静思者心中必生问题。其所谓贤者必得福耶,则孝已、伯夷何如?其所谓恶者必得祸耶,则瞽瞍、弟象何如?奉此正统思想者,固可将一切考终命得禄位者说成贤善之人,古人历史思想不发达,可听其铺张颠倒,然谓贤者必能寿考福禄,则虽辩者亦难乎其为辞矣。《墨子》诸篇曾试为此说,甚费力,甚智辩,终未足以信人也。于是俟命之说缘此思想而起焉。

俟命论者,谓上天之意在大体上是福善而祸淫,然亦有不齐者焉,贤者不必寿,不仁者不必不禄也。夫论其大齐,天志可征,举其一事,吉凶未必。君子惟有敬德以祈天之永命(语见《召诰》),修身以俟天命之至也(语见《孟子》)。此为儒家思想之核心,亦为非宗教的道德思想所必趋。

命运论者,自命定论出,为命定论作繁复而整齐之系统者也。其所以异于命定者,则以命定论仍有"谆谆命之"之形色,命运论则以为命之转移在潜行默换中有其必然之公式。运,迁也。孟子所谓"一治一乱",所谓"五百年必有王者兴,其间必有名世者",即此思想之踪迹。《左传》所载论天命之思想多有在此义范围中者,如宋司马子鱼云:"天之弃商久矣,君将兴之,弗可赦也已。"(僖二十二)谓一姓之命既讫,不可复兴也。又如秦缪公云:"吾闻唐叔之封也,箕子曰,其后必大,晋其庸可冀乎?"此谓命未终者,人不得而终之也。此一思想实根基于民间迷信,故其来源必古,逮邹衍创为五德终始之论,此思想乃成为复杂之组织,入汉弥盛,主宰中国后代思想者至大焉。

非命论者,《墨子》书为其明切之代表,其说亦自命正论出,乃变本加厉,并命之一词亦否认之。然墨子所非之命,指前定而不可变者言,《周诰》中之命以不常为义,故墨子说在大体上及实质上无所多异于周公也。

以上五种趋势,颇难以人为别,尤不易以学派为类,即如儒家,前四者之义兼有所取,而俟命之采色最重。今标此五名者,用以示天人观念之演变可有此五者,且实有此五者错然杂然见于诸子,而皆导源于古昔也。兹为图以明五者之相关如下:

命定论→命运论（邹衍）　（相反以横矢表之，直承以直矢表之，
　↕　　↗侯命论（儒家）　从出而有变化以斜矢表之。）
命正论→非命论（墨子）

第四章　自类别的人性观至普遍的人性观

以上三章论西周及其后来之天命观，本章所说，乃西周及东周开始时之人性观。

墨子曰："名，达、类、私。"三者之中，私名最为原始，次乃有类名，达名之生，待人智进步方有之矣。即如"人"之一普遍概念，在后代固为极寻常之理解，在初民则难有之。野蛮时代，但知有尔我，知有其自己之族姓与某某异族，普遍之人类一概念，未易有也。其实此现状何必以古为限，于今日犹可征之。在白人之殖民地中，日与土人接触者，每不觉土人与己同类也。忆英国诡趣文人且斯特有云："工人欲组织国际集合，殊不知英国工人只觉其自己为工人，只觉德国工人为德国人。"此虽言之过甚，然亦颇有此理也。岂特知识不广之工人如此，今日英国不犹有信其贵族为蓝血者乎？从此可知无上下之差等，无方土种性之类别，遍用"人"之一概念，以为圆颅方趾之达名者，必为人类知觉进步以后之事矣。

性之观念依人之观念以变化。古者以为上下异方之人不同，故其所以为人者不同，后世以为上下异方之人大同，故其所以为人者大同。以为人之所以为人者同，东周哲人之贡献也，前乎此者，虽当久有此动机，然如墨子、孟子明析肯定立论则未见也。盖必舍却"非我族类其心必异"之思想，然后可有适用于一切人之性说也。今先述古初之类别的人观，以明人道主义之产生与演进盖非一蹴而至者焉。

古者本无"人"之一个普遍概念，可以两事征之。第一、征之于名号。"人""黎""民"在初皆为部落之类名，非人类之达名也。

人者，以字形论，其原始当为象人形者如商代之"人乍父己卣"（攈二之一十叶）作𠄏形，"人作父戊卣"作𠄌、𠂉二形（同十一叶），二器同时同类，而前者末笔似屈，后者则申，似后来以不屈者为人，以屈者为尸（夷）之分别，然在此两器则不当有异解也。又甲骨文字中有人方，为殷王施其征伐之对象，经典中不见人方，而夷为习见之词，意者此一人方固应释作夷方欤？最近发见可解决此事。本年春（民国二十六年），安阳发掘出见甲文甚多，在一未动之坑中多为整版，按之董作宾先生五期分类法，此一批董氏定为第一期，其中有一辞云，"贞王惠侯告从正……𠂊"又一辞云，"……正𠂊……"（此虽皆作反形，然甲骨文中之人字亦皆正反互用。盖当时此等字何者为正，何者为反，尚未约定。故此二字必即后人认为尸（夷）字者无疑也。此二版乃胡福林君示我，于此志谢。）此二辞中之"尸"（夷）虽皆下文残阙，然当与习见之"人方"为一事，因时期不同，而书有异形耳。然则此足为人方当释作夷方之证矣。人方亦见金文，般甗"王图𠂉方"（攈二之二，叶八六）小臣余臸尊，"佳王来正𠂉方"。（攈十三，叶十）。前者近于夷，后者则为人字（此乃商器）。此亦足征人方尸方可自由写也。据此各节，可知"人""尸"（夷）二字，在最早可见之文字中固无严界，皆象人形，一踞而一立，踞者后人以为尸（夷）字，立者后人以为人字，在其原始则无别也。其有别者，至西周中叶诸器始然，师酉其例也。人夷二词，字本作同形，音亦为邻近，其在太初为一事明矣（参看吴大澂夷字说。又古籍中每有以夷字误为人或仁者，如《山海经》"非仁羿莫能上"，此亦"夷羿"之误，盖原作尸耳。《山海经》中他处习见"夷羿"一词，不见"仁羿"）。意者此一词先为东方族落之号，种姓蕃衍，蔚然大部，后来多数为人所征服（当即夏商），降为下民之列，又以文化独为先进，遂渐为圆颅方趾者之标准的普遍的名称耳（古籍中每以东夷为贵。《说文》《后汉书·东夷传》皆然）。

黎之一词，初亦为族类之名，后来乃以为"老百姓"之称。《书·秦誓》云，"以保我子孙黎民"，后人托古之《尧典》云，"黎民于变时雍"，此处所谓"黎民"，等于今人所谓"老百姓"。然黎为地名，春秋时犹有黎国。《卫风·式微》相传为黎庄公失国，其大夫所作（见《列女传》），杜预以为黎在上党壶关县，是则与殷卫仅一太行山脉之隔耳。《书序》以为"殷笰周，周人乘黎，祖伊恐，奔告于王"，意者黎之初域尚及上党之西耶？据《郑语》，黎为祝融系之北支，其南支为重（即董姓），果黎之一词为一切奉祀祝融之北方部族之通称，则其分布广矣（参看《新获卜辞写本后记跋》）。此族后来历为人所征服，成为社会之最下阶级，故相沿呼下人为黎民耳。

"民"之一词亦疑其亦本为族类之名。民、蛮、闽、苗诸字皆双声，似是一名之分化。《国语》，"百姓、千官、亿丑、兆民"，民最多，亦最下。

以上三词，由部落之类名成为人类之达名者，盖有同一之经历焉。其始为广漠之部族，曰人、曰黎、曰民，似皆为丁口众多之种类，及其丧师，夷为下贱，新兴者口少而居上。旧有者口多而居下，于是人也黎也民也皆成为社会阶级之名，即社会中之下层也。最后则黎民二字亦失其阶级性而为广泛的众庶之称，人乃更为溥被，成为圆颅方趾者之达名矣。自部落名变为阶级名，自阶级名变为达名，此足征时代之前进矣。

古者并无人之普遍概念，除征之于名号外，更可据典籍所载古昔论人诸说征之。盖古者以为圆颅方趾之辈，非同类同心者，乃异类异心者，下文所引《国语》《左传》足为证也。

昔少典娶于有蟜氏，生黄帝、炎帝。黄帝以姬水成，炎帝以姜水成。成而异德。故黄帝为姬，炎帝为姜。二帝用师以相济也，异德之故也。异姓则异德，异德则异类，异类虽近，男女相及，以生民也。同姓则同德，同德则同心，同心则同志，同志虽远，男女不相及，畏黩敬也。（《晋语》四）

史佚之志有之,曰:"非我族类,其心必异。"(成四,此语又见僖十)

神不歆非类,民不祀非族。(僖十)

卫迁于帝丘。……卫成公梦康叔曰:"相夺予享。"公命祀相。宁武子曰:"不可,鬼神非其族类不歆其祀。"(僖三十一)

富辰谏曰:"……耳不听五音之和为聋,目不别五色之章为昧,心不则德义之经为顽,口不道忠信之言为嚚。狄皆则之。"(僖二十四)

据此,知《左传》《国语》时代犹以此类别的人性论为流行见解也。《左传》中亦有与此相反之词,然春秋是一大矛盾时代,《左传》是一部大矛盾书,上所举之一说固当为当时通俗之论。盖用此说说人者,以为人因种族而异其类,异其类乃异其心,异其心乃异其行事,不特戎狄与华夏不同,即同为诸夏亦以异类而异心也。太古之图腾时代,以一大物之下为一类(物之始义即为图腾,说见《跋陈槃君文》,载《历史语言研究所集刊》第七本第二分),以为其为类不同者,其为人也亦不同。春秋时人道主义固已发达,此遗传观念仍自有力,亦彼时夷夏之辨,上下之等,有以维持之。若怪此等观念何以下至春秋尚存,则曷不观乎今日中欧之桀纣,其议论有过于此图腾制下之思想者乎?

讨论至此,有一事可注意者,即经典中"姓""性"二字,依上文所说,既知其本是一字,且识其本为一词也。经典中所谓姓者,表种族者也,词指为血统,所谓性者,表禀赋者也,词指为质材,不相混。然而其音则一也(两字在《广韵》同切),其字形又一也(两字在金文皆作生),其原始必为一词明矣。本书上篇释生性二字之关系曰,性所生也,今益之曰,姓,所由生也。后来"姓""性"二字,在古皆为生之一词之文法变化,生为主动词,姓则自主动词而出之成由格名词(ablative),性则自主动词而出之成就格名词(resultative)。后来以此三字表三义,古则以此一词兼三事。后来以为

398

血胤与禀赋非一事,古则以为本是一物之两面而已。

以上所说,似足证明古者本无人之普遍观念,但有人之类别观念。至于如何由此阶段进为墨子、孟子之普遍的人论,必非一蹴而至,其步步形态今已不可知矣。至其助成此一进化者,大体犹有下列三事可说。第一、自周初以来,既以爱民保民为政治口号矣,而所谓民者包括一切杂姓,其种类虽异,其阶级为一,积以时日,则同阶级者大混合。第二、当时王公贵族既用严格之外婚制,则所有母系,皆所谓"异类"也,如是混合,久则不易见其何谓"异类则异心"也。第三、当时负荷文化遗传者,并非新兴之姬姜,此辈乃暴发户,文化之熏染不深,而应为夏殷之遗士,此辈在当时居中间阶级,担当文物之运行。(说见上章。)故孔子曰:"先进于礼乐,野人也,后进于礼乐,君子也。"先进者,谓先进于文化,在当时沦为田夫矣,后进者,谓后进于文化,在当时隆为统治者矣。(说见《周东封与殷遗民》,载集刊第四本。)此辈虽不蔑视王朝,然亦必恶居下流,以为众民乃先代明德之胤,虽"湮替隶圉",要"皆黄炎之后也"(见《周语》下)。后来思想之发展,多眷自此等阶级中人出,宜乎其不为上天独眷之谈,而为斯民一类之论矣。中国人道主义之发达,大同思想之展布,在东周为独盛,其来虽未骤,其进实神速,必有其政治的社会的凭借,然后墨子之人类一家论,孟子之人性一般解,得以立根,得以舒张。学人诚有其自由,而其自由之范围仍为环境所定耳。

第五章　总叙以下数章

有思想改动在前,而政治改动随之者,有政治崩溃在前,思想因政治崩溃而改动者,历史无定例,天演非一途,故论史事宜乎不可必,不可固也。春秋时之思想,其若干趋势已与西周创业时期大不同,此可于《左传》所征引者证之。虽《左传》之编者仍为传统彩色所笼罩,然时代之变,粲然明白,正统派与若干非正统派并见于录,即正统派口中亦每自相矛盾。此变动自何时起乎？今以西周之文献不足，此事未易断言。西周晚期之钟鼎彝器文字虽多，足征此事者则甚少。虽《诗经》所记厉幽以来之辞，怨天尤人者居多，孔子亦言"不怨天，不尤人"，似是针对当时怨天者而发，然此亦王政崩溃，生命无所寄托时之自然现象，若谓西周晚期竟有怨天尤人之哲学，亦无征也。故本章所言不上于春秋之先，盖西周晚期只有政治史之材料遗于今日，此一小书所讨论者，却为思想史之一问题，既于此时代无所取材，则付之阙如耳。

虽然，西周王政之崩溃必影响及后来思想之分歧，则无疑者。当成周之盛，诸夏仅有一个政治中心，故亦仅有一个最高文化中心，及王政不逮，率土分崩，诸夏不仅有一个政治中心，自亦不仅有一个文化中心。即以物质事项论之，周代铜器，王室及王朝卿士大家之重器几尽在西周，而入春秋之后不闻焉。（虢季子白盘，疑为平王时器，此周室大器之最后者。盖此器书手与曾伯黎簠之书手为一人，而曾伯簠又与晋姜鼎为同时，晋姜鼎可确知其为平王时器也。说别详。）列国宝器，时代可征者，绝多在宗周既灭之后，而属于西周鼎盛者甚少，此即物质文化之重心，由一元散为多元之证也。物质生活既如此，则凭藉物质生活而延绪而启发之思想，自当同其变化。且王室益贫，王官四散，辛有入晋（《左传》昭十五），史角在鲁（《墨子·当染篇》），抱其遗训以适应于新环境，自不免依新环境而异其端趋。兼以列国分政，各有新兴之士族，各育新变之社会，于是春秋时代东西诸大国在文化上乃每有其相互殊异之处焉。今取地理之观点，以推论春秋末下逮战国时诸派思想所由生。

论儒墨法道四派，分起于鲁宋晋齐，因社会的政治的环境不同，而各异其天人论

晚周之显学，儒、墨、名、法、老子，似皆起于不同的社会政治环境。盖自大体言之，儒出于鲁，墨出于宋，名法出于晋，托名老子之学则导衍

于齐也。此义余将别写一文以论之,今先于此举其涯略,以征战国诸子言性与天道之不同者,盖有其地理的差别为之启导焉。

鲁与儒学

儒出于鲁一说,自来即无问题,在今日更可识其出于鲁之意义。鲁人之大体为殷商遗民,盖殷民六族,条氏、徐氏、萧氏、索氏、长勺氏、尾勺氏之后也。其统治者则为周之宗姓,其助治者则封建时所锡之祝宗卜史,即殷周时代之智识阶级也(《左传》定四年)。此种殷商遗民实为鲁国人民之本干,故《左传》记阳虎盟鲁"公及三垣于周社,盟国人于亳社",明"国人"所奉之祠祀,仍是殷商之国祀也。(此说及以下儒家来源说均详拙著《周东封与殷遗民》。)然而鲁为周公冢子伯禽受封之明都,在西周已为东邦之大藩,至东周尤为文化之重镇,丰镐沦陷,成周兵燹,于是"周礼尽在鲁",于鲁可睹"周公之德,与周之所以王",盖典册差存,本朝礼乐制度犹未尽失之谓也。

孔子之先,来自宋国,家传旧礼(见《鲁语》),自称殷人(见《檀弓》),故早期儒教中,殷遗色彩甚浓厚,尤以三年之丧一事为明显。所谓三年之丧,乃儒家宗教仪式中之最要义,而此制是殷俗,非周制也。然孔子非如宋襄公专寄托精诚于一姓再兴者,其少长所居,在邹鲁而不在宋,其对今朝之政治,盖充分承认其权能而衷心佩服之。故曰:"周监于二代,郁郁乎文哉,吾从周。"又曰:"甚矣吾衰也,久矣吾不复梦见周公。"夫未衰则梦见周公,将死则曰"丘殷人也",是其文政以"东周"为目标,其宗教以殷商为归宿,此其受鲁国地域性之影响大矣。故早期儒教实以二代文政遗训之调合为立场,其为鲁国产品,乃必然者也。

宋与墨家

东周列国中,宋人最富于宗教性,亦最富于民族思想,当时称愚人者皆归之宋人。(此义刘台拱、刘师培皆言之,前说见其"遗著",后说见《国粹学报》。)东周诸子学说中,亦以墨家最富于宗教性,《墨子》书中虽对三代一视同仁,然其称宋亦偶过其量。(《备城门篇》,"禽滑釐问于子墨子曰:'由圣人之言,凤鸟之不出,诸侯畔殷周之国,甲兵方起于天下,大攻小,强执弱,吾欲守小国,为之奈何?'"此设论当时事也,而曰"诸侯畔殷周之国"者,盖宋自襄公而后以商道中兴自命,故曰"于周为客"(见《左传》),是居然以周之匹偶自待矣。此一运动,似亦发生相当效力,《春秋》之书会盟,于鲁国王人伯主而外,宋人永居前列,盖当时列国亦间有以东方大统归之者也。称当时天下主为殷商之国,其为宋人语明矣。)今试绎墨子之教义,在若干事上,似与宋人传说直接矛盾者,如宋人宝贵其桑林万舞,而墨子非乐,宋人惟我独尊,而墨子兼爱天下,宋人仍以公族执政,而墨子尚贤,且反亲亲之论。(《尚同》上"今王公大人之刑政则反此,政以为便譬,宗於〔族字之误〕父兄,故旧,以为左右,置以为正长。"是墨子显以当时公族执政为不当,与孟子同姓卿说及其故国世臣说全相反也。)然此正激之如此,墨子绝非但知承袭之教徒,而是革命的宗教家,若不在宋之环境中,其反应不易如是之强烈深切也。故墨子一面发挥其极浓厚之宗教信仰,不悖宋人传统,一面尽反其当世之靡俗,不作任何调和。犹之《新约》书中所载耶稣及保罗之讲说,力排犹太教之末流,其自身之绪,无论变化如何,仍自犹太出耳。

晋与名法

时代入于春秋,政治社会之组织在若干地域上有强烈之变动焉,即早年之家族政治突变为军国政治是也。此事可征者,一见于齐桓之朝,异姓为列卿;再见于曲沃之后,桓庄之族尽戮,晋无公族矣。此种转变,在小国不易出现,在新兴之大国亦不易出现,前者无所兼并,则尚功之义不能发达,后者组织未腐,则转变之机不易舒发。惟旧邦大国,可以兵戎之兴成此转变。晋自翼曲沃分立之后,两门相争,垂数十年,及曲沃为君,翼宗尽夷,献公又以士蒍之助,尽杀桓庄群公子,"自是晋无公族",而献公朝中干城拓地之功臣皆为异氏矣。(庄二十三至二十五。)文公不废此制,识却縠以尚德,登先轸于下军,自是诸公子尽仕于外,不得安居于国。成公时表面上复公族之制,实则公族缘此制更不存在矣。

初,丽姬之乱,诅无畜群公子,自是晋无公族。及成公即位,乃宦卿之嫡子而为之田,以为公族,又宦其余子,以为余子,其庶子为公行。晋于是乎有公族,余子,公行。赵盾请以(赵)括为公族。……(公)使屏季以其故族为公族大夫。(宣二)

公族,余子,公行之名号虽复,其中乃尽是列卿之族,并无公室之子,列卿之宗据公族之位,而真正公族反须宦居于外。此一变动大矣。于是诗人讥之曰:

……彼其之子美无度。美无度,殊异乎公路。
……彼其之子美如英。美如英,殊异乎公行。
……彼其之子美如玉。美如玉,殊异乎公族。(《唐风·汾沮洳》)

盖以此辈"暴发户",虽外貌美秀,而行止无法度,绝非世家风范,徒有公路公行公族之名,其实则非也。

晋国之政治结构既如此大变,其维系此种结构之原则,自亦当随之大变,于是尊贤尚功之义进,亲亲之义退,于是周代封建制度之正形,即一族统治者,从兹陵替,而代以军国之制矣。在此社会变化中,晋为先进，用此变化，以成伯业，天下莫强焉。

且晋自随武子问礼于周室，"归乃讲聚三代之典礼，于是乎修执秩以为晋法"。公孙周自周入承侯位，修范武子士芮之法，用以复霸。盖当时列国中，法令之修，未有如晋邦者也。下至战国，名法之学皆出三晋，吴起仕魏，申子在韩，卫鞅居梁，韩非又韩之诸公子也。即如儒家之荀卿，其学杂于法家，其人则生于赵土。名法之学，出于晋国明矣。法家多以为天道不必谈，其人性观则以为可畏以威，而不可怀以德，无论明言性恶与否，要非性善之论也。此一派思想之发展，固有待于晋国新政新社会之环境者焉。

齐与道家

老子为何如人，《老子》五千文为何人何时之作，皆非本文所论，兹所揭举者，乃谓战国末汉初黄老之学实为齐学，此学与管子学为一脉，而管子学又纯为齐人之学也。今先论管子学之当出于齐。

齐之为国，民众而土不广，国富而兵不强，人习于文华，好为大言，而鲜晋人之军法训练，故欲争雄于列国之间，惟有"斗智不斗力"之一术耳。试遍观《管子》一书，绝无一语如《左传》《国语》所载之晋国武风，而多是奇巧谋略，操纵经济政策以制胜，利用地中富源以固国者，其中固颇有荒诞之辞，且间以阴阳禁忌，要其最特殊之义，则不出太史公所撮论者：

> 其为政也，善因祸而为福，转败而为功。贵轻重，慎权衡。……故曰，"知'与之为取'，政之宝也"。（《管晏列传》）

所谓"权衡""轻重"，皆计谋也。此与《老子》义固全合。《管子》书之释"与之为取"者，又云：

故刑罚不足以畏其意,杀戮不足以服其心。故刑罚繁而意不恐,则令不行矣,杀戮罪而心不服,则上位危矣。故从其四欲,则远者自亲,行其四恶,则近者叛之。故知"予之为取"者,政之宝也。

此正《老子》书中所谓"民不畏死奈何惧之"者也。汉初,黄老之学盛极一时,其遗书自五千言外今鲜存者,然《管子》书中犹存若干当时奉持此学者之通义,曹相国、孝文帝安民致富之术,皆有所取焉。《管子》在汉初为显学,故刘向所校"凡中外书五百六十四",此中亦可识管老相邻,因而并盛之消息也。刘子政时,老学已变,管学已衰,刘氏犹识此派与申韩商君之不合,而列之道家,此亦足证此学之宗派也。后人乃竟以之列于法家,使与申韩商君并处,诚无识之极矣。(《隋志》已然,《直斋书录解题》且谓管商用心同,直闭眼胡说也。)

且黄老之学中,不特托名《管子》之书出自齐地也,即老子学之本身在战国末汉初亦为齐学。《史记·乐毅列传》云:

而乐氏之族有乐瑕公、乐臣公。赵且为秦所灭,亡之齐高密。乐臣公善修黄帝、老子之言,显闻于齐,称贤师。

乐臣公学黄帝、老子,其本师号曰河上丈人,不知其所出。河上丈人教安期生,安期生教毛翕公,毛翕公教乐瑕公,乐瑕公教乐臣公,乐臣公教盖公,盖公教于齐高密胶西,为曹相国师。

老子之天道说为自然论,管书、老子之人性观,皆与三晋法家极度相反,此当于他处论之。

齐地出产此一大派思想之外,又出产一派极有影响于后世之《天道论》,即阴阳五行说是也。后一派之出于齐地,观汉《郊祀志》知其亦非偶然,盖齐地之上层思想集合成一自然论,其下层信念混融成一天运说，此两派入汉朝皆极有势力，融化一切方术家言者也。

    初写此册时，欲并入道家、阴阳家之天道论，故列此章。继以如是必将此书倍之，乃留待他日。此章所论，亦间与下文有关，遂不删也。

作者附记

第六章 春秋时代之矛盾性与孔子

    春秋时代之为矛盾时代，是中国史中最明显之事实。盖前此之西周与后此之战国全为两个不同之世界，则介其间者二三百年之必为转变时期，虽无记载，亦可推想知之。况春秋时代记载之有涉政治社会者，较战国转为充富，《左传》一书，虽编定不出于当时，而取材实为春秋列国之语献，其书诚春秋时代之绝好证物也。（《左传》今日所见之面目自有后人成分在内，然其内容之绝大部分必是战国初年所编，说别详。）春秋时代既为转变时代，自必为矛盾时代，凡转变时代皆矛盾时代也。

    春秋时代之为矛盾，征之于《左传》《国语》者，无往不然，自政治以及社会，自宗教以及思想，弥漫皆是。其不与本文相涉者，不具述，述当时天人论中之矛盾。

    春秋时代之天道观，在正统派自仍保持大量之神权性，又以其在《周诰》后数百年，自亦必有充分之人定论。试看《左氏》《国语》，几为鬼神灾祥占梦所充满，读者恍如置身殷商之际。彼自言“国之大事在祀与戎”，则正是殷商卜辞之内容也。此诚汪容甫所谓其失也巫矣。然亦偶记与此一般风气极端相反之说，其说固当时之新语，亦必为《左氏》《国语》作者所认为嘉话者也。举例如下：

    季梁……对曰：“夫民，神之主也。”（桓六）

〔宫之奇〕对曰：……"如是，则非德民不和，神不享矣。神所凭依，将在德矣。"(僖五)

及惠公在秦，曰："先君若从史苏之占，吾不及此夫。"韩简侍曰："……先君之败德，其可数乎？史苏是占，勿从何益？"(僖十五)

〔周内史叔兴父〕对曰："……是阴阳之事，非吉凶所生也。吉凶由人。"(僖十六)

邾文公卜迁于绎。史曰："利于民而不利于君。"邾子曰："苟利于民，孤之利也。天生民而树之以君，以利之也。民既利矣，孤必与焉。"左右曰："命可长也，君何弗为？"

邾子曰："命在养民。死之短长，时也。民苟利矣，迁也，吉莫如之！"遂迁于绎。五月，邾文公卒。君子曰："知命。"(文十三)

晋侯问于士弱曰："吾闻之，宋灾，于是乎知有天道，何故？"对曰："……商人阅其祸败之衅，必始于火，是以日知其有天道也。"公曰："可必乎？"对曰："在道，国乱无象，不可知也。"(襄九)

楚师伐郑……〔晋〕董叔曰："天道多在西北，南师不时，必无功。"叔向曰："在其君之德也。"(襄十九)

有星孛于大辰。……郑裨灶言于子产曰："宋卫陈郑将同日火。若我用瓘斝玉瓒，郑必不火。"子产弗与。……戊寅，风甚。壬午，大甚。宋、卫、陈、郑皆火。……裨灶曰："不用吾言，郑又将火。"郑人请用之，子产不可。子大叔曰："宝以保民也。若有火，国几亡。可以救亡，子何爱焉？"子产曰："天道远，人道迩，非所及也，何以知之？灶焉知天道？是亦多言矣，岂不或信？"遂不与，亦不复火。(昭十七至十八)

此中所论固与周召之诰一线相承，然其断然抹杀占梦所示，及当时之天道论，实比托词吉卜之《大诰》犹为更进一步。此等新说固与时人之一般行事不合，《左传》自身即足证明之矣。

春秋时代之人论，在一般人仍是依族类而生差别之说。左氏书既引史佚"非我族类其心必异"之语，又假郑小驷以喻之，以种言，则别夷狄华夏（富辰语，见僖二十四），以等言，则辨君子小人（阴饴甥语，见僖十五）。然"斯民同类"之意识，亦时时流露，既称晋文听舆人之诵，复美曹沫鄙肉食之言，对于庶民之观念已非如往昔之但以为"氓之蚩蚩"也。且其时族类间之界画已不甚严："虽楚有才，晋实用之。"绛登狐氏，秦用由余。其于吴也，固贱其为断发之荆蛮，亦奉之为姬姓之长宗。其于秦也，犹未如魏邦既建田氏篡齐之时以夷狄遇之也。再就阶级言之。《周诰》之词，固已认人事胜天定，犹绝无君侯之设乃为庶民服务之说，然此说在《左传》则有之。师旷曰："天之爱民甚矣，岂其使一人肆于民上？"宫之奇曰："夫民，神之主也，是以圣王先成民而后致力于神。"邾文公曰："命在养民。"由此前进一步，便是孟子民贵君轻之谈，其间可无任何过渡阶级矣。

括而言之，春秋时代，神鬼天道犹颇为人事之主宰，而纯正的人道论亦崭然出头。人之生也，犹辨夷夏之种类，上下之差别，而斯民同类说亦勃然以兴。以其所以为矛盾时代。生此时代之思想家，如不全仍旧贯，或全作新说，自必以调和为途径，所谓集大成者，即调和之别名也。

孔　子

孔子一生大致当春秋最后三分之一，则春秋时代之政治社会变动自必反应于孔子思想之中。孔子生平无著述（作《春秋》赞《周易》之说，皆不可信）。其言语行事在后世杂说百出，今日大体可持为据者，仅《论语》《檀弓》两书耳。《檀弓》所记多属于宗教范围，故今日测探孔子之天人论应但以《论语》为证矣。试绎《论语》之义，诚觉孔子之于天人论在春秋时代为进步论者,其言与上文所引《左传》所载之新说嘉话相同,而其保持正统遗训亦极有力量。然则孔子并非特异之学派,而是春秋晚期开明进步论者之最大代表耳。孔子之宗教以商为统,孔子之政治以周为宗。以周为宗,故曰:"如有用我者,吾其为东周乎。"其所谓"为东周"者,正以齐桓、管仲为其具体典范。故如为孔子之政治论作一名号,应曰霸道,特此所谓霸道远非孟子所界说者耳。

孔子之言性与天道,一如其政治论之为过渡的,转变的。《论语》记孔子言性与天道者不详,此似非《论语》取材有所简略,盖孔子实不详言也。子夏曰:"夫子之文章可得而闻也,夫子之言性与天道不可得而闻也已。"(据倭本增"已"字)《论语》又曰:"子罕言利,与命,与仁。"(宋儒或以为与命与仁之与字应作动字解,犹言许命许仁也。此说文法上实不可通。与之为连续词毫无可疑。《晋语》言:"杀晋君,与逐出之,与以归之,与复之,孰利?"此同时书中语法可征者也。)今统计《论语》诸章,诚哉其罕言,然亦非全不言也。列举如下:

子曰:"……五十而知天命。"(《为政》)

子曰:"不知命,无以为君子也。"(《尧曰》)

子曰:"君子有三畏,畏天命,畏大人,畏圣人之言。小人不知天命而不畏也,狎大人,侮圣人之言。"(《季氏》)

子曰:"道之将行也与,命也。道之将废也与,命也。公伯寮其如命何?"(《宪问》)

子曰:"天生德于予,桓魋其如予何?"(《述而》)

子畏于匡,曰:"文王既殁,文不在兹乎? 天之将丧斯文也,后死者不得于斯文也。天之未丧斯文也,匡人其如予何?"(《子罕》)

子曰:"凤鸟不至,河不出图,吾已矣夫!"(《子罕》)

颜渊死,子曰:"噫,天丧予! 天丧予!"(《先进》)

伯牛有疾，子问之，自牖执其手，曰："亡之，命也夫！斯人也而有斯疾也，斯人也而有斯疾也！"（《雍也》）

子疾病，子路请祷，子曰："有诸？"子路对曰："有之。诔曰：'祷尔于上下神祇。'"

子曰："丘之祷久矣。"（《述而》）

子夏曰："商闻之矣（此当是闻之孔子，故并引）：'死生有命，富贵在天。'"（《颜渊》）

子曰："莫我知也夫！"子贡曰："何为其莫知子也？"子曰："不怨天，不尤人，下学而上达，知我者，其天乎？"（《宪问》）

子曰："予欲无言。"子贡曰："子如不言，则小子何述焉？"子曰："天何言哉？四时行焉，百物生焉。天何言哉？"（《阳货》）

子不语怪，力，乱，神。（《述而》）

理会以上所引，知孔子之天道观有三事可得言者：

其一事曰，孔子之天命观念，一如西周之传说，春秋之世俗，非有新界说在其中也。孔子所谓天命，指天之意志，决定人事之成败吉凶祸福者，其命定论之彩色不少。方其壮年，以为天生德于予，庶几其为东周也，及岁过中年，所如辄不合，乃深感天下事有不可以人力必成者，乃以知天命为君子之德。颜回、司马牛早世，则归之于命，公伯寮、桓魋见谋，则归之于命，凤鸟不至，而西狩获麟，遂叹道之穷矣。在后人名之曰时，曰会合，在今人名之曰机会者，在孔子时尚不用此等自然名词，仍本之传统，名之曰天命。孔子之所谓天命，正与金文《周诰》之天令（或作天命）为同一名词，虽彼重言命之降，此重言命之不降，其所指固一物，即吉凶祸福成败也。

其二事曰，孔子之言天道，虽命定论之彩色不少，要非完全之命定论，而为命定论与命正论之调和。故曰："一日克己复礼，天下归仁焉"，又曰："知我者其天乎"！夫得失不系乎善恶而天命为前定者，极端命定论之说也，善则必得天眷，不善则必遭天殃，极端命正论之说也。后说孔子以为盖不尽信，前说孔子以为盖无可取，其归宿必至于俟命论。所谓俟命论者，谓修德以俟天命也。凡事求其在我，而不责其成败于天，故曰"不怨天"，尽人事而听天命焉，故曰"丘之祷久矣"。此义孟子发挥之甚为明切，其辞曰："修身以俟之"，又曰："顺受其正"，又曰："尽其道而死者正命也"。此为儒家天人论之核心，阮芸台言之已详，今不具论。

其三事曰，孔子之言天道，盖在若隐若显之间，故罕言之，若有所避焉，此与孔子之宗教立场相应，正是脱离宗教之道德论之初步也。夫罕言天道，是《论语》所记，子贡所叹。或问禘之说，孔子应之曰："不知也，知其说则于天下犹运之掌。"是其于天也，犹极虔敬而尊崇，盖以天道为礼之本，政事为礼之用。然而不愿谆谆言之者，言之详则有时失之诬，言之详则人事之分量微，此皆孔子所不欲也。与其详言而事实无征，何如虔敬以寄托心志，故孔子之不详言，不可归之记录有阙，实有意如此耳。子不语"怪，力，乱，神"，然而"祭如在，祭神如神在"。又曰："吾不与祭，如不祭。"其宗教之立场如此，其道德论之立场亦复一贯。孔子之道德观念，其最前假定仍为天道，并非自然论，亦未纯是全神论（Pantheism），惟孔子并不盘桓于宗教思想中，虽默然奉天以为大本，其详言之者，乃在他事不在此也。

如上所言，其第一事为古昔之达名，其二、三两事亦当时贤智之通识，孔子诚是春秋时代之人，至少在天道论上未有以超越时代也。在彼时取此立场固可得暂时之和谐，然此立场果能稳定乎？时代既已急转，思想主宰既已动摇，一发之势不可复遏，则此半路之立场非可止之地。故墨子对此施其攻击，言天之明明，言命之昧昧，而孟子亦在儒家路线上更进一步，舍默尔而息之态，为深切著明之辞。孔子能将春秋时代之矛盾成一调和,却不能使此调和固定也。

孔子之天论立于中途之上,孔子之人论亦复如是,古者以为人生而异,族类不同而异,等差不同而异,是为特别论之人性说,后世之孟子以为人心有其同然,圣人先得人心之同然者也,是为普遍论之人性说,孔子则介乎二者之间。今引《论语》中孔子论人之生质诸事。

> 子曰:"性相近也,习相远也。"(《阳货》)
>
> 子曰:"惟上智与下愚不移。"(《阳货》)
>
> 子曰:"中人以上可以语上也,中人以下不可以语上也。"(《雍也》)
>
> 孔子曰:"生而知之者上也,学而知之者次也,困而学之又其次也,困而不学,民斯为下矣。"(《季氏》)
>
> 子曰:"民可使由之,不可使知之。"(《泰伯》)
>
> 子曰:"惟女子与小人为难养也。近之则不逊,远之则怨。"(《阳货》)

孔子以为人之生也相近,因习染而相远,足征其走上普遍论的人性说已远矣,然犹未至其极也。故设上智下愚之例外,生而知,学而知,困而学之等差,犹以为氓氓众生,所生之凭借下,不足以语于智慧,女子、小人未有中上之素修,乃为难养,此其与孟子之性善论迥不侔矣。

在人论上,遵孔子之道路以演进者,是荀卿而非孟子。孔子以为人之生也,大体不远,而等差亦见,故必济之以学,然后归于一路。孔子认为尽人皆须有此外工夫,否则虽有良才,无以成器,虽颜回亦不是例外,故以克己复礼教之。此绝非如孟子所谓"万物皆备于我,反身而诚乐莫大焉"者也。引《论语》如下:

傅斯年论历史

子曰："我非生而知之者，好古，敏以求之者也。"（《述而》）

子曰："……好仁不好学，其蔽也愚。好知不好学，其蔽也荡。好信不好学，其蔽也贼。好直不好学，其蔽也绞。好勇不好学，其蔽也乱。好刚不好学，其蔽也狂。"（《阳货》）

孔子对曰："有颜回者好学，不迁怒，不贰过。"（《雍也》）

颜渊问仁。子曰："克己复礼为仁。一日克己复礼，天下归仁焉。为仁由己，而由人乎哉？"颜渊曰："请问其目。"子曰："非礼勿视，非礼勿听，非礼勿言，非礼勿动。"（《颜渊》）

颜渊喟然叹曰："……夫子循循然，善诱人，博我以文，约我以礼。"（《子罕》）

子贡问曰："孔文子，何以谓之文也。"子曰："敏而好学，不耻下问，是以谓之文也。"（《公冶长》）

孔子以为人之生也不齐，必学而后志于道，荀子以为人之生也恶，必学而后据于德。其人论虽有中性与极端之差，其济之之术则无异矣。兹将孔孟荀三氏之人性说图以明之。

```
                类  别          工  夫
           ┌ 孟子性善说     以扩充内禀成之。
孔子材差说 ┤              以力学济之。
           └ 荀子性恶说     以力学矫之。
```

后人以尊德性道问学分朱陆，其实此分辩颇适用于孟子、荀卿，若孔子，与其谓为尊德性，勿宁谓之为道问学耳。

孔子之地位，在一切事上为承前启后者，天人论其一焉。

第七章　墨子之非命论

《墨子》一书不可尽据，今本自《亲士》至《三辩》七篇宋人题作经者，虽所染与吕子合,《三辩》为《非乐》余义,《法仪》为《天志》余义,《七患》《辞过》为《节用》余义(皆孙仲容说),大体实甚驳杂。《修身》一篇全是儒家语,《亲士》下半为《老子》作注解,盖汉人之书也。《经上下》《经说上下》,自为一种学问,不关上说下教之义。《大取》至《公输》七篇,可称墨家杂篇,其多精义一如《庄子·杂篇》之于《庄子》全书。若其教义大纲之所在,皆含于《尚贤》至《非儒》二十四篇中,据此可识墨义之宗宰矣。

读《墨子》书者,总觉其宗教彩色甚浓,此自是极确定之事实,然其辩证之口气有时转比儒家更近于功利主义。墨子辩证之方式有所谓三表者,其词曰:

> 子墨子言曰:"有本之者,有原之者,有用之者。于何本之? 上本之于古者圣王之事。于何原之? 下原察百姓耳目之实。于何用之? 发以为刑政,观其中国家百姓人民之利。此所谓三表也。"(《非命上》)

"本之"即荀子所谓"持之有故","原之"即荀子所谓"言之成理",前者举传训以为证,后者举事理以为说。至于"用之",则纯是功利论之口气,谓如此如此乃是国家百姓万人之大利也。孔子以为自古皆有死,孟子以为舍生而取义,皆有宗教家行其所是之风度,墨子乃沾沾言利,言之不已,虽其所谓利非私利,而为万民之公利,然固不似孟子之劈头痛绝此一名词也。其尤甚者,墨子以为鬼纵无有,亦必须假定其有,然后万民得利焉。

> 虽使鬼神请(诚)无,此犹可以骦雒聚众,取亲于乡里。(《明鬼下》)

此则俨然服而德氏之说,虽使上帝诚无,亦须假设一个上帝。此虽设辩之词,然严肃之宗教家不许如此也。甚矣中国人思想中功利主义之深固,虽墨家亦如此也。然此中亦有故,当时墨家务反孔子,而儒家自始标榜"君子喻于义,小人喻于利",喻犹晓也。故墨子乃立小人之喻以为第三表,且于三表中辞说最多焉,墨子固以儒家此等言辞为伪善者也。孟子又务反墨说,乃并此一名词亦排斥之。此节虽小,足征晚周诸子务求相胜,甲曰日自东出,乙必曰日自西出,而为东西者作一新界说,或为方位作一新解,以成其论。识此则晚周诸子说如何相反相生,有时可得其隐微,而墨子之非命论与儒如何关系,亦可知焉。

又有一事,墨子极与孔子相反者,孔子"博学而无所成名","无可无不可",墨子则为晚周子籍中最有明白系统者。盖孔子依违调和于春秋之时代性中,墨子非儒,乃为断然的主张,积极的系统制作,其亦孔子后学激之使然耶?

墨子教义以宗教为主宰,其论人事虽以祸福利害为言,仍悉溯之于天,此与半取宗教之孔子固不同,与全舍宗教之荀子尤极端相反也。今试将墨子教义图以明之:

《墨子·鲁问篇》云:

国家昏乱,则语之尚贤,尚同。国家贫,则语之节用,节葬。国家喜音耽酒,则语之非乐,非命。国家淫僻无礼,则语之尊天,事鬼。国家务夺侵凌,则语之兼爱,非攻。(《鲁问》)

此虽若对症下药,各自成方,而寻绎其义理,实一完固之系统,如上图所形容也。墨孟荀三氏之思想皆成系统,在此点上,三家与孔子不同,而墨子之系统为最严整矣。墨义之发达全在务反儒学之道路上。当时儒家对鬼之观念,立于信不信之半途,而作不信如信之姿势,且儒家本是相对的信命定论者,墨家对此乃根本修正之。今引其说:

> 儒以天为不明,以鬼为不神,天鬼不说(问禘,答曰不知,性与天道不可得闻,皆孔子不说或罕说天鬼之证也。说读如字)。此足以丧天下。……又以命为有,贫富,寿夭,治乱,安危,有极矣,不可损益也。为上者行之,必不听治矣,为下者行之,必不从事矣,此足以丧天下。(《公孟》)

> 公孟子曰:"无鬼神。"又曰:"君子必学祭祀。"(毕沅曰,祀当为礼)子墨子曰:"执无鬼而学祭礼,是犹无客而学客礼也,是犹无鱼而为鱼罟也。"(《公孟》)

> 立命而怠事,不可使守职。(《非儒》)

此皆难儒斥儒之词,既足以见墨义之宗旨,更足以证墨学之立场。儒家已渐将人伦与宗教离开,其天人说已渐入自然论,墨者乃一反其说,复以宗教为大本,而以其人事说为其宗教论之引申。墨家在甚多事上最富于革命性,与儒家不同,独其最本原之教义转似走上复古之道路,比之儒家,表面上为后于时代也。

然墨子之宗教的上天,虽抛弃儒家渐就自然论渐成全神论之趋势,而返于有意志有喜怒之人格化之上天,究非无所修正之复古与徒信帝力之大者所可比也。墨子之天实是善恶论之天神化,其上天乃一超于人力之圣人,非世俗之怪力乱神也。如许我以以色列教统相比拟,《旧约》中尚少此等完全道德化之帝天,四福音中始见此义耳。是则墨子虽以宗教意识之重,较儒家为复古,亦以其上天之充分人格化道德化,转比儒家之天道说富于创造性。盖墨子彻底检讨人伦与宗教之一切义,为之树立上下贯彻之新解,虽彼之环境使以宗教为大本,而彼之时代亦使彼为一革新的宗教家,将道德理智纳之于宗教范畴之下,其宗教之本身遂与传统者有别。墨子立论至明切,非含糊接受古昔者也。《天志》三篇为彼教义之中心,其所反复陈言者:一则以为天有志,天志为义,义自天出。二则以为天兼有天下之人,故兼爱天下之人。三则以为从天之意者必得赏,背天之意者必得罚,人为天之所欲,则天为人之所欲,人为天之所恶,则天为人之所恶。四则以为天为贵,天为智,自庶人至于天子,皆不得次已而为政,有天政之。据此,可知墨子之天,乃人格化道德化之极致,是圣人之有广大权能在苍苍上者,故与怪力乱神不可同日语也。

兹将墨义系统如前图所示者再解说之,以明其条贯。墨子以为天非不言而运行四时者,乃有明明赫赫之意志者,人非义不生,而义"自天出"。天意者,"上尊天,中事鬼神,下爱人",行如此则天降之福,行不如此则天降之祸。墨子又就此义之背面以立论,设为非命之辨,以为三代之兴亡,个人之祸福,皆由自身之行事,天无固定之爱憎,即无前定之命焉,果存命定之说,万人皆怠其所务,"是覆天下之义",而"灭天下之人矣"。今知天志、非命为墨义系统中之主宰者,可取下引为证:

> 子墨子言曰:"我有天志,譬如轮人之有规,匠人之有矩,轮匠执其规矩,以度天下之方圆,曰,中(读去声,下同)者是也,不中者非也。"(《天志上》)

> 故子墨子之有天之意也,上将以度天下之王公大人为刑政也,下将以量天下之万民为文学出言谈也。……故置此以为法,立此以为仪,将以量度天下之王公大人卿大夫之仁与不仁,譬之犹分黑

白也。(《天志中》)

今又知墨子论人事诸义为天志、非命之引申者,可取下引为证:

> 子墨子曰:"天之意不欲大国之攻小国也,大家之乱小家也,强
> 之暴寡,诈之谋愚,贵之傲贱,此天之所不欲也。不止此而已,欲人
> 之有力相营,有道相教,有财相分也。又欲上之强听治也,下之强
> 从事也。"(《天志中》)

> 顺天之意者兼也,反天之意者别也。兼之为道也义正,别之为
> 道也力正。曰,义正者何若?曰,大不攻小也,强不侮弱也,众不贱
> 寡也,诈不欺愚也,贵不傲贱也,富不骄贫也,壮不夺老也。是以天
> 下之庶国莫以水火毒药兵刃以相害也。……曰,力正者何若?曰,
> 大则攻小也,强则侮弱也,众则贼寡也,诈则欺愚也,贵则傲贱也,
> 富则骄贫也,壮则夺老也。是以天下之庶国方以水火毒药兵刃以
> 相贼害也。(《天志下》)

据此,则兼爱、非攻皆天之意向,墨子奉天以申其说。尚同则一天
下人之行事以从天志,虽尚贤亦称为天之意焉。其言曰:

> 故古圣王以审以尚贤便能为政,而取法于天。虽天亦不辩贫
> 富、贵贱、远迩、亲疏,贤者举而尚之,不肖者抑而废之。(《尚
> 贤中》)

故天志、非命为墨义系统之主宰,无可疑也。

墨子之天道观对儒家为反动者,已如上文所论,其对《周诰》中之天
道论,则大体相同,虽口气有轻重,旨命则无殊也。此语骤看似不可通,

盖《周诰》中历言天不可信,而墨子以天之昭昭为言,《周诰》以为修短由人,墨子以为志之在天。然疏解古籍者,应识其大义,不可墨守其名词。墨子所非之命,指命定之论而言,以祸福有前定而不可损益者也,此说亦《周诰》中所力排者也。墨子所主张之天志,乃作善天降祥,作不善天降殃之说,谓天明明昭昭,赏罚可必,皆因人之行事而定,而非于人之行事以外别有所爱憎,此说正《周诰》所力持者也。《非命篇》全是《周诰》中殷纣丧命汤武受命说之注脚,而《天志篇》虽口气有轻重,注意点有不同,其谓天赏劳动善行,罚荒佚暴政,则无异矣。《周诰》为政治论,墨义为宗教论,其作用原非一事,故词气不同,若其谓天命之祸福皆决之于人事,乃无异矣。(参看本篇第二章)墨子之天道论固为周初以来(或不止于周初)正统天道论一脉中在东周时造成之极峰,其辞彩焕发,引喻明切,又为东周诸子所不及。(希腊、罗马之散文体以演说为正宗,中国之古演说体仅存于墨子。其陈义明切,辩证严明,大而不遗细,守而能攻击,固非循循讷讷之孔子,强辞夺理之孟子所能比,即整严之荀子,深刻之韩子,亦非其匹,盖立义既高,而文词又胜也。)然亦有其缺陷,易为人攻陷者,即彼之福善祸淫论在证据上有时不能自完其说,其说乃"无征不信,不信民弗从"也。请证吾说。

有游于子墨子之门者,谓子墨子曰:"先生以鬼神为明知(智),能为祸福,(据王孙二氏校)为善者富之,为暴者祸之。今吾事先生久矣,而福不至,意者先生之言有不善乎? 鬼神不明乎? 我何故不得福也?"子墨子曰:"虽子不得福,吾言何遽不善,而鬼神何遽不明? 子亦闻乎匿徒有刑乎?"(从俞校)对曰:"未之得闻也。"子墨子曰:"今有人于此,什子,子能什誉之而一自誉乎?"对曰:"不能。""有人于此,百子,予能终身誉其善而予无一乎?"对曰:"不能。"子墨子曰:"匿一人者犹有罪,今子所匿者若此其多,将有厚罪者也,何福之求?"

　　子墨子有疾,跌鼻进而问曰:"先生以鬼神为明,能为祸福,为善者赏之,为不善者罚之。今先生圣人也,何故有疾?意者先生之言有不善乎?鬼神不明知(智)乎?"子墨子曰:"虽使我有病,(鬼神)何遽不明?人之所得于病者多方,有得之寒暑,有得之劳苦。百门而闭一门焉,则盗何遽无从入?"(《公孟》)

　　此真墨说之大缺陷矣。弟子不得福,则曰汝尚未善也,若墨子有其早死之颜回,则又何说?且勉人以善更求善,一般人之行善固有限度者,累善而终得祸,其说必为人疑矣。《旧约》记约百力行善,天降之祸,更善,更降之祸,虽以约百之善人,终不免于怨天焉。墨子自身有疾,则曰,病由寒暑劳苦也,此非得自天焉,且以一对百比天意与他故之分际,此真自降其说矣。不以天为全智全能,则天志之说绝不易于动听也。夫耶稣教之颇似墨义,自清末以来多人言之,耶稣教有天堂地狱之说,谓祸福不可但论于此世,将以齐之于死后也。故善人得福在于天堂,恶人得祸在于地狱,恶人纵得间于生前,必正地火之刑于死后,至于世界末日,万类皆得平直焉。此固无可证其必有,亦无可证其必无之说,然立说如此乃成一完全之圆周,无所缺漏。如墨子之说,虽宗教意识极端发达,而不设身后荣辱说以调剂世间之不平,得意者固可风从,失意者固不肯信矣。墨家书传至现在者甚少,当年有无类于天堂地狱之说,今固不可确知,然按之《墨子》书,其反复陈说甚详,未尝及此也。其言明鬼,亦注重在鬼之干预世间事,未言鬼之生活也。墨子出身盖亦宋之公族,(颉刚语我云,墨氏即墨夷氏,公子目夷之后。其说盖可信。)后世迁居于鲁,与孔子全同,亦孔融所谓"圣人之后不得其位而亡于宋"者也。其说虽反儒家之尚学,其人实博极群书者,言必称三代,行乃载典籍,亦士大夫阶级之人也。其立教平等,舍亲亲尊尊之义,而唯才是尚,其教也无类,未有儒家"礼不下庶人"之恶习,故其教徒中所吸收者,甚多工匠,及下层社会中人,而不限于士流,于是显然若与儒学有阶级之差异者。其人之立身自高于孔子甚远,然而其自身究是学问之士,兼为教训政治之人,非一纯粹之宗教家也。此其为人所奉信反不如张角者欤?

第八章　孟子之性善论及其性命一贯之见解

墨子亟言天志,于性则阙之,是亦有故。大凡以宗教为思想之主宰者,所降者天也,而人为藐小,故可不论。务求脱去宗教色彩之哲学家,不得不立其大本,而人适为最便于作此大本者。此虽不可一概论,然趋向如是者多矣。墨学以宗教为本,其不作人论也,固可假设以书缺有间,然墨义原始要终,今具存其旨要,辩说所及,枝叶扶疏,独不及于人论者,绝不似天人之论失其一半,盖墨子既称天而示行,则无所用乎称人以载道也。

孟子一反墨家自儒反动之路,转向儒家之本而发展之,其立场比孔子更近于全神论及自然论,即比孔子更少宗教性。夫立于全神论,则虽称天而天实空,立于自然论,则天可归之冥冥矣。此孟子不亟言天而侈论性之故与?

孟子之言天道也,与孔子无殊,在此一界中,孟子对孔子,无所增损,此义赵岐已言之:

> 宋桓魋害孔子,孔子称"天生德于予"。鲁臧仓毁隔孟子,孟子曰:"臧氏之子,焉能使余不遇哉?"旨意合同,若此者众。

其谓际合成败有待于天命者如此。虽然,孔子、孟子之所谓天命,非阴阳家之天命,其中虽有命定之义,亦有命正之义焉,所谓"修身以俟之","尽其道而死者正命也"(《尽心》上)。此以义为命之说,自谓述之于孔子：

> 弥子谓子路曰："孔子主我，卫卿可得也。"子路以告。孔子曰："有命。"孔子进以礼，退以义，得之不得曰有命。而主痈疽与侍人瘠环，是无义无命也。(《万章》上)

且以为天命之降否纵一时有其不可知者，结局则必报善人：

> 苟为善，后世子孙必有王者矣。君子创业垂统，为可继也。若夫成功则天也。君如彼何哉？强为善而已矣。(《梁惠王》下)

其命正论之趋向固如是明显，然命运论之最早见于载籍者亦在《孟子》中：

> 天下之生久矣，一治一乱。(《滕文公下》)
> 五百年必有王者兴，其间必有名世者。(《公孙丑下》)

此则微似邹衍矣。孟子固不自知其矛盾也。

今于说孟子性善论之前，先述孟子思想所发生之环境。墨翟之时，孔学鼎盛，"墨子学儒者之业，受孔子之术，以为其体烦扰而不悦，厚葬靡财而贫民，久服伤生而害事，故背周道而用夏政"(《淮南·要略》)。盖务反儒者之所为也。孟轲之时，"杨朱、墨翟之言盈天下，天下之言不归杨则归墨"。孟子以为杨朱之言性(生)，徒纵口耳之欲，养其一体即忘其全也，遂恶养小以失大，且以为性中有命焉。今杨义不存，孟子言之激于杨氏而出者，不可尽知，然其激于墨氏而出者，则以墨义未亡，大体可考。墨子立万民之利以为第三表，孟子则闻利字若必洗耳然，以为此字一出乎心,其后患不可收拾。其务相反如此。墨子以为上天兼有世人,兼而食之,遂兼而爱之。孟子以为"人之于身也兼所爱,兼所爱则兼所养",其受墨说影响之辞气又如此。此虽小节,然尤足证其影响之甚也。若夫孔子,以为杞宋不足征,周监于二代,乃从后王之政。墨子侈言远古,不信而征,复立仪范虞夏之义,以为第一表。孟子在墨子之后,乃不能上返之于孔子,而下迁就于墨说,从而侈谈洪荒,不自知其与彼"尽信书则不如无书"之义相违也。故孟子者,在性格,在言谈,在逻辑,皆非孔子之正传,且时与《论语》之义相背,彼虽以去圣为近,愿乐孔子,实则纯是战国风习中之人,墨学磅礴后激动以出之新儒学也。

在性论上,孟子全与孔子不同,此义宋儒明知之,而非宋儒所敢明言也。孔子之人性说,以大齐为断,以中性为解,又谓必济之以学而后可以致德行,其中绝无性善论之含义,且其劝学乃如荀子。孟子舍宗教而就伦理,罕言天志而侈言人性,墨子以为仁义自天出者,孟子皆以为自人出矣。墨孟皆道德论者,道德论者,必为道德立一大本,墨子之大本,天也,孟子之大本,人也,从天志以兼爱,与夫扩充性端以为仁义,其结构同也。是则孟子之性善说,亦反墨反宗教后应有之一种道学态度矣。

当孟子时,论人生所赋之质者不一其说,则孟子之亟言性也,亦时代之所尚,特其质言性善者是其创作耳。当时告子以为"性无善无不善",此邻于道家之说。又或以为"性可以为善,可以为不善,是故文武兴则民好善,幽厉兴则民好暴",此似同于孔子之本说。又或以为"有性善,有性不善,是故以尧为君而有象,以瞽瞍为父而有舜",此则孔子所指上智下愚不移之例外也。(以上或说皆见《告子篇上》)今孟子皆非之,与孔子迥不侔矣。

告子性超善恶之说,以为仁义自外习成,非生之所具,欲人之仁义,必矫揉之然后可。孟子性善之说,以为仁义礼智皆出于内心,即皆生来

之禀赋,故以性为善,其为恶者人为也,《孟子》书中立此义者多,引其辨析微妙者一章:

> 孟季子问于公都子曰:"何以谓义内也?"曰:"行吾敬,故谓之内也。"
>
> "乡人长于伯兄一岁。则谁敬?"曰:"敬兄。"
>
> "酌则谁先?"曰:"酌乡人。"
>
> "所敬在此,所长在彼,果在外非由内也。"
>
> 公都子不能答,以告孟子。孟子曰:"敬叔父乎,敬弟乎?彼将曰敬叔父。曰,弟为尸则谁敬?彼将曰敬弟。子曰,恶在其敬叔父也。彼将曰,在位故也。子亦曰,在位故也。庸敬在兄,斯须之敬在乡人。"
>
> 季子闻之,曰:"敬叔父则敬,敬弟则敬,果在外非由内也。"
>
> 公都子曰:"冬日则饮汤,夏日则饮水,然则饮食亦在外也。"
> (《告子上》)

义者,是非之辩,所以论于行事者也,孟季子重言行事之本身,以为因外界之等差而异其义方,故认为义外,孟子重言其动机,以为虽外迹不齐,而其本自我,故认为义内。自今日视之,此等议论,皆字面之辩耳。虽然,欧洲哲学家免于字面之辩者又几人乎?

今更引《孟子》论性各章中最能代表其立说者之一章:

> 孟子曰:"乃若其情,则可以为善矣,乃所谓善也。若夫为不善,非才之罪也。"
>
> "恻隐之心,人皆有之,羞恶之心,人皆有之,恭敬之心,人皆有之,是非之心,人皆有之。恻隐之心,仁也,羞恶之心,义也,恭敬之心,礼也,是非之心,智也。仁、义、礼、智,非由外铄我也,我固有之

也。弗思耳矣。故曰，求则得之，舍则失之，或相倍蓰而无算者，不能尽其材者也。"(《告子上》)

夫曰"可以为善"，即等于说不必定为善也，其可以为善者，仁义礼智之端皆具于内，扩而充之斯善矣，其不为善者，由于不知扩充本心，外物诱之，遂陷于不义，所谓不能尽其材也。此说以善为内，以恶为外，俨然后世心学一派之说，而与李习之复性之说至近矣。孟子既以人之为善之动机具于内，乃必有良知良能论：

孟子曰："人之所不学而能者，其良能也；所不虑而知者，其良知也。孩提之童，无不知爱其亲也，及其长也，无不知敬其兄也。亲亲，仁也；敬长，义也。无他，达之天下也。"(《尽心上》)

而此良知良能又是尽人所有者，人之生性本无不同也。

孟子曰：富岁子弟多赖，凶岁子弟多暴，非天之降才尔殊也，其所以陷溺其心者然也。

今夫麰麦，播种而耰之，其地同，树之时又同，勃然而生，至于日至之时皆熟矣。虽有不同，则地有肥硗，雨露之养，人事之不齐也。

故凡同类者举相似也，何独至于人而疑之？圣人与我同类者。故龙子曰："不知足而为屦，我知其不为蒉也。"屦之相似，是天下之足同也。……

故曰，口之于味也，有同耆焉，耳之于声也，有同听焉，目之于色也，有同美焉，至于心独无所同然乎？

心之所同然者何也，谓理也，义也。……故义理之悦我心，犹

425

附录

刍豢之悦我口。(《告子上》)

既以为天下之人心同,又以为万物皆备于我。以为万物皆备于我,而孟子之性善论造最高峰矣。

孟子曰:"万物皆备于我矣。返身而诚,乐莫大焉。强恕而行,求仁莫近焉。"(《尽心上》)

古无真字,后世所谓真,古人所谓诚也。

至于为恶之端,孟子皆归之于外物。

孟子曰:"牛山之木尝美矣,以其郊于大国也,斧斤伐之,可以为美乎? 是其日夜之所息,雨露之所润,非无萌蘖之生焉,牛羊又从而牧之,是以若彼濯濯也。人见其濯濯也,以为未尝有材焉,此岂山之性也哉? 虽存乎人者,岂无仁义之心哉? 其所以放其良心者,亦犹斧斤之于木也。旦旦而伐之,可以为美乎? 其日夜之所息,平旦之气,其好恶与人相近也者几希。则其旦昼之所为,有梏亡之矣。梏之反复,则其夜气不足以存。夜气不足以存,则其违禽兽不远矣。人见其禽兽也,而以为未尝有才焉者,是岂人之情也哉? 故苟得其养,无物不长,苟失其养,无物不消。孔子曰:'操则存,舍则亡,出入无时,莫知其乡。'惟心之谓与!"(《告子上》)

孟子既以善为内,以恶为外,故其教育论在乎养其放心,而不重视力学,其言学问亦仅谓"求其放心而已矣"。此亦性善说之所必至,犹之劝学为性恶论者之所必取也。

孟子之论性如此,自必有尽心之教育说,养生之社会论,民贵之政治论,此三事似不相干,实为一贯,盖有性善之假定,三义方可树立也。不观乎《厄米尔》之作者与《民约论》之作者在欧洲亦为一人乎?

孟子之性命一贯见解

依本书上卷字篇所求索,命字之古本训为天之所令,性字之古本训为天之所生。远古之人,宗教意识超过其他意识,故以天令为谆谆然命之,复以人之生为天实主之,故天命人性二观念,在其演进之初,本属同一范域。虽其后重言宗教者或寡言人性,求摆脱宗教神力者或重言人性,似二事不为一物然,然在不全弃宗教,而又走上全神论、自然论之道路之儒家,如不求其思想成一条贯则已,如一求之,必将二事作为一系,此自然之理也。孟子以前书缺不可知,孟子之将二事合为一论者今犹可征也。

> 孟子曰:"口之于味也,目之于色也,耳之于声也,鼻之于臭也,四肢之于安佚也,性也。有命焉,君子不谓性也。"
>
> "仁之于父子也,义之于君臣也,礼之于宾主也,知之于贤者也,圣人之于天道也,命也。有性焉,君子不谓命也。"(《尽心》)

此章明明以性命二字相对相连为言,故自始为说性理者所注意。然赵岐(《孟子注》)朱子(《孟子章句》或问语类)戴震(《孟子字义疏证》第二十八条)程瑶田(《论学小记》),诸氏所解,虽亦或有精义,究不能使人感觉怡然理顺者,则以诸氏或不解或不注意此处之性字乃生字之本训,一如告子所谓"生之为性"之性(孟子在此一句上,并不驳告子,阮氏已详言之矣),此处之命字乃天令之引申义,一如《左传》所称邾子"知命"之命,故反复不得其解也。此一章之解,程朱较是,而赵氏、戴震转误。程氏最近,又以不敢信孔孟性说之异,遂昧于宋儒分辩气质义理二性之故。兹疏此章之义如下。

孟子之亟言性善，非一人独提性之问题而谓之善，乃世人已侈谈此题，而孟子独谓之善以辟群说也。告子之说，盖亦当时流行性说之一也。其言以为"生之谓性"，孟子只可訾其无着落，不能谓此语之非是，此语固当时约定俗成之字义也。（如墨子訾儒之"乐以为乐"，谓之说等于不说则可，谓之非是则不可。）故孟子之言性，亦每为生字之本训，荀子尤甚。（参看本书上卷第七、八章）

孟子之言命，字面固为天命，其内含则为义，为则，不尽为命定之训也。其为义者，"孔子进以礼，退以义，得之不得曰有命，而主痈疽与侍人瘠环，是无义无命也"。此虽联义与命言，亦正明其相关为一事也。其为则者，孟子引《诗》，"天生蒸民，有物有则"，而托孔子语以释之曰，"有物必有则"。孟子之物则二解皆非本训（物之本训为大物，今所谓图腾也。则之本训为法宪，今所谓威权也，说别详）。然既以为天降物与则，是谓命中有则也，故谓"尽其道而死者，正命也"。

字义既定，今疏此一章曰，口之好美味，目之好好色，耳之乐音声，鼻之恶恶臭，四肢之欲安逸，皆生而具焉者也，告子所谓"食色性也"。然此亦得之于天者。"天生烝民，有物有则，民之秉彝，好是懿德"（均从孟子所解义），天命固有其正则焉，故君子不徒归口耳等于生之禀赋中，故不言"食色性也"。仁者得以恩爱施于父子，义者得以义理施于君臣，好礼者得以礼敬施于宾主，圣者得以智慧明于天道，此固世所谓天命之正则也，然世人之能行此也，亦必由于生而有此禀，否则何所本而行此？"仁、义、礼、智，非由外铄我也，我固有之也。"故君子不取义外之说，不徒言"义自天出"（墨义），而忘其亦自人出也。

故此一章亦是孟子与墨家及告子及他人争论中之要义，而非凭空掉换字而以成玄渺之说。识性命二字之本训，合《孟子》他章而观之，其义至显矣。此处孟子合言性命，而示其一贯，无异乎谓性中有命，命中有性,犹言天道人道一也,内外之辩妄也。(孟子云:"尽其心者,知其性也,知其性则知天矣。存其心,养其性,所以事天也。夭寿不贰,修身以俟之,所以立命也。"亦言天道人道为一物一事之义者。口之于味一章既识其义,此章可不解而明矣。)西汉博士所著之《中庸》云,"天命之谓性",盖孟子后儒家合言天人者已多,而西京儒学于此为盛焉。

古宗教立天以制人,墨子之进步的宗教,则将人所谓义者归之于天,再称天以制人。孟子之全神论的、半自然论的人本主义,复以人道解天道,而谓其为一物一则一体,儒家之思想进至此一步,人本之论成矣。

附论赵岐注

赵岐解此章,阮芸台盛称之,然赵氏释命字作命定之义,遂全不可通。赵云:

> ……此(口耳等)皆人性之所欲也。得居此乐者,有命禄,人不能皆如其愿也。凡人则触情从欲而求可乐,君子之道则以仁义为先,礼节为制,不以性欲故而苟求之也。故君子不谓性也。
>
> ……皆(仁义等)命禄遭遇,乃得居而行之,不遇者不得施行。然亦才性有之,故可用也(按此语不误)。凡人则归之命禄,任天而已,不复谓性,以君子之道,则修仁、行义、修礼、学知,庶几圣人亹亹不倦,不但坐而听命。故曰君子不谓命也。(《尽心》下注)
>
> 〔章指〕尊德乐道,不任佚性。治性勤礼,不专委命。君子所能,小人所病。

此真汉儒之陋说,于孟子所用性命二字全昧其义。至以性为"性欲",且曰,"治性","佚性",岂孟子道性善者之义乎? 汉儒纯以其时代的陋解解古籍,其性论之本全在性善情恶之二元论(详下卷)。而阮氏以为古训如此,门户之见存也。

第九章　荀子之性恶论及其天道观

以荀卿、韩非之言为证,孟子之言,彼时盖盈天下矣。荀子起于诸儒间,争儒氏正统,在战国风尚中,非有新义不足以上说下教,自易于务反孟子之论,以立其说。若返之于孔子之旧谊,尽弃孟氏之新说,在理为直截之路,然荀子去孔子数百年,时代之变已大,有不可以尽返者。且荀卿赵人,诸儒名家,自子游而外,大略为邹鲁之士,其为齐卫人者不多见,若三晋,则自昔有其独立之学风(魏在三晋中,较能接受东方学风),乃法家之宗邦,而非儒术之灵土。荀卿生长于是邦,曾西游秦,南仕楚,皆非儒术炽盛之地,其游学于齐年已五十,虽其响慕儒学必有直接或间接之邹鲁师承,而其早岁环境之影响终不能无所显露。今观荀子陈义,其最引人注意者为援法入儒。荀氏以隆礼为立身施政之第一要义,彼所谓礼实包括法家所谓法(《修身篇》:"礼者,法之大分,类之纪纲也。"如此界说礼字,在儒家全为新说);彼所取术亦综核名实,其道肃然,欲一天下于一政权一思想也。其弟子有韩非、李斯之伦者,是应然,非偶然。今知荀子之学,一面直返于孔子之旧,一面援法而入以成儒家之新,则于荀子之天人论,可观其窍妙矣。荀子以性恶论著闻,昔人以不解荀子所谓"人性恶,其为善者伪也"之字义,遂多所误会。关于"伪"字者,清代汉学家已矫正杨注之失,郝懿行以为即是为字,其说无以易矣。而《性恶》《天论》两篇中之性字应是生字,前人尚无言之者,故荀子所以对言性伪之故犹不显,其语意犹未彻也。今将两篇中之性字一齐作生字读,则义理顺而显矣。(参看上卷第八章)

荀子以为人之生也本恶,其能为善者,人为之功也,从人生来所禀

赋,则为恶,法圣王之制作以矫揉生质,则为善。其言曰(文中一切性字皆应读如生字,一切伪字皆应读如为字,荀子原本必如此):

人之性(生)恶,其善者伪(为)也。今人之性(生),生而有好利焉,顺是,故争夺生而辞让亡焉。生而有疾恶焉,顺是,故残贼生而忠信亡焉。生而有耳目之欲,好声色焉(好上原衍生字据王先谦说删),顺是,故淫乱生而礼义文理亡焉。然则从人之性(生),顺人之情,必出于争夺,合于犯分乱理而归于暴。故必将有师法之化,礼义之道,然后出于辞让,合于文理而归于治。用此观之,然则人之性(生)恶明矣,其善者伪(为)也。故枸木必将待隐括烝矫然后直,钝金必将待砻厉然后利。今人之性(生)恶,必将待师法然后正,得礼义然后治。

孟子曰:"人之学者其性(生)善。"曰,是不然,是不及知人之性(生),而不察乎人之性(生)伪(为)之分者也。凡性(生)者,天之就也,不可学,不可事。礼义者,圣人之所生也,人之所学而能,所事而成者也。不可学,不可事,而在人者,谓之性(生),可学而能,可事而成之在人者,谓之伪(为),是性(生)伪(为)之分也。……问者曰,人之性(生)恶,则礼义恶生? 应之曰,凡礼义者是生于圣人之伪(为),非故生于人之性(生)也。故陶人埏埴而为器,然则器生于工人之伪(为),非故生于陶(据王念孙说补陶字)人之性(生)也。故工人断木而成器,然则器生于工人之伪(为),非故生于工(据王念孙说补工字)人之性(生)也。圣人积思虑,习伪(为)故,以生礼义,而起法度,然则礼义法度者,是生于圣人之伪(为),非故生于人之性(生)也。若夫目好色,耳好声,口好味,心好利,骨体理肤好愉佚,是皆生于人之情性(生)者也,感而自然,不待事而后生之者也。夫感而不能然,必且待事而后然者,谓之(之下"生于"二字据王说

431

附　录

删)伪(为)。是性(生)伪(为)之所生,其不同之征也。故圣人化性(生)而起伪(为)。伪(为)起而生礼义,礼义生而制法度。然则礼义法度者,是圣人之所生也。故圣人之所以同于众,其不异于众者,性(生)也,所以异而过众者伪(为)也。凡人之欲为善者为性(生)恶也。……故性(生)善则去圣王,息礼义矣,性(生)恶,则与圣王,贵礼义矣。故隐栝之生,为枸木也,绳墨之起,为不直也,立君上,明礼义,为性(生)恶也。……(《性恶篇》。篇中若干性字尽读为生字,固似勉强,然若一律作名词看,则无不可矣。说详上卷。)

既知《荀子》书中之性字本写作生字,其伪字本写作为字,则其性恶论所发挥者,义显而理充。如荀子之说,人之生也其本质为恶,故必待人工始可就于礼义,如以为人之生也善,则可不待人工而自善,犹之乎木不待矫揉而自直,不需乎圣王之制礼义,不取乎学问以修身也,固无是理也。无是理,则生来本恶明矣。彼以"生""为"为对待,以恶归之天生,以善归之人为。若以后代语言达其意,则荀子盖以为人之所以为善者,人工之力,历代圣人之积累,以学问得之,以力行致之,若从其本生之自然,则但可趋于恶而不能趋于善也,此义有其实理,在西方若干宗教、若干哲学有与此近似之大假定。近代论人之学,或分自然与文化为二个范畴(此为德国之习用名词),其以文化为扩充自然者,近于放性主义,其以文化为克服自然者,近于制性主义也。

孟子曰:"乃若其情,则可以为善矣,若夫为不善,非才之罪也。"如反其词以质孟子曰:"乃若其情,则可以为恶矣,若夫不为恶,非才之功也",孟子将何以答之乎?夫曰:"可以",则等于说"非定",谓"定"则事实无证,谓"非定",则性善之论自摇矣。此等语气,皆孟子之逻辑工夫远不如荀子处。孟子之词,放而无律,今若为卢前王后之班,则孟子之词,宜在淳于髡之上,荀卿之下也。

其实荀子之说,今日观之亦有其过度处。设若诘荀子云,人之生质中若无为善之可能,则虽有充分之人工又焉能为善?木固待矫揉然后可以为直,金固待冶者然后可以为兵,然而木固有其可以矫揉以成直之性,金固有其可以冶锻以成利器之性,木虽矫揉不能成利器,金虽有良冶不能成珠玉也。夫以为性善,是忘其可以为恶,以为性恶,是忘其可以为善矣。吾不知荀子如何答此难也。荀子之致此缺陷,亦有其故,荀子掊击之对象,孟子之性善说,非性无善无不善之说也,设如荀子与道家辩论,或变其战争之焦点,而稍修改其词,亦未可知也。此亦论生于反之例也。(《礼论》篇云:"性者本始材朴也,伪者文理隆盛也。无性则伪之无所加,无伪则性不能自美。……性伪合而天下治。"已与性恶论微不同。)自今日论之,生质者,自然界之事实,善恶者,人伦中之取舍也。自然在先,人伦在后,今以人之伦义倒名自然事实,是以后事定前事矣。人为人之需要而别善恶,天不为人之需要而生人,故善恶非所以名生质者也。且善恶因时因地因等因人而变,人性之变则非如此之速而无定也。虽然,自自然人变为文化人,需要累世之积业,无限之努力,多方之影响,故放心之事少,克己之端多,以大体言,荀说自近于实在,今人固不当泥执当时之词名而忽其大义也。

有荀子之性恶论,自必有荀子之劝学说。性善则"求其放心",斯为学问之全道,性恶则非有外工克服一身之自然趋势不可也。孟荀二氏之性论为极端相反者,其修身论遂亦极端相反,其学问之对象遂亦极端相反。此皆系统哲学家所必然,不然,则为自身矛盾矣。

寻荀子之教育说,皆在用外功克服生质,其书即以劝学为首(此虽后人编定,亦缘后人知荀学之首重在此)。

此《劝学》之一篇在荀书中最有严整组织,首尾历陈四义。其一义曰,善假于物而慎其所立:

干越夷貉之子，生而同声，长而异俗，教使之然也……吾尝终日而思矣，不如须臾之所学也(此述孔子语)。吾尝跂而望矣，不如登高之博见也。登高而招，臂非加长也，而见者远；顺风而呼，声非加疾也，而闻者彰。假舆马者，非利足也，而致千里；假舟楫者，非能水也，而绝江河。君子生非异也，善假于物也。(《性恶》篇云："尧舜之与桀跖，其性一也，君子之与小人，其性一也。")……西方有木焉，名曰射干，茎长四寸，生于高山之上，而临百仞之渊，木茎非能长也，所立者然也。……故君子居必择乡，(《论语》："里仁为美。")游必就士(此亦孔子损友益友之说)，所以防邪僻而近中正也。……平地若一，水就湿也，草木畴生，禽兽群焉，物各从其类也。……君子慎其所立乎？

此言必凭借往事之成绩，方可后来居上，必立身于良好之环境，方可就善远恶。其二义曰，用心必专一，此言治学之方也。

　　锲而舍之，朽木不折；锲而不舍，金石可镂。螾无爪牙之利，筋骨之强，上食埃土，下饮黄泉，用心一也。蟹六跪而二螯，非蛇蟺之穴无可寄托者，用心躁也。是故无冥冥之志者，无昭昭之明，无惛惛之道者，无赫赫之功。……目不能两视而明，耳不能两听而聪。……故君子结于一也。

其三义曰隆礼，此言治学之对象也。

　　学恶乎始，恶乎终？曰，其数则始乎诵经，终于读礼，其义则始乎为士，终乎为圣人。真积力久则入学，至乎没而后止也。……礼者，法之大分，类之纲纪也，学至乎礼而止矣。……将原先王，本仁义,则礼正其经纬蹊径也。……不道(王念孙曰:"道者由也。")礼宪,以诗书为之,譬之犹以指测河也,以戈舂黍也,以锥飧壶也,不可以得之矣。故隆礼虽未明,法士也,不隆礼虽察辩,散儒也。

其四义曰贵全,贵全者,谓不为一曲之儒,且必一贯以求其无矛盾,此言所以示大儒之标准也。

> 君子知夫不全不粹之不足以为美也,故诵数以贯之,思索以通之,为其人以处之,除其害者以持养之。使目非是无欲见也,使耳非是无欲闻也,使口非是无欲言也,使心非是无欲虑也。……是故权利不能倾也,群众不能移也,天下不能荡也。生由乎是,死由乎是,夫是之谓德操。德操然后能定,能定然后能应,能定能应夫是之谓成人。天见其明,地见其光,君子贵其全也。

此虽仅示大儒之标准,其词义乃为约律主义所充满,足征荀子之教育论,乃全为外物主义,绝不取内心论者任何一端以为说。

荀子既言学不可以已,非外功不足以成善人,此与尽心率性之说已极相反,至于所学之对象,孟子以为求其放心,荀子则以为隆礼,亦极端相反。荀子所谓礼者兼括当时人所谓法,(《修身》篇曰:"故学也者,礼法也。"又曰:"故非礼是无法也。")凡先圣之遗训,后王之明教,人事之条理,事节之平正,皆荀子所谓礼也。(参见《修身》《正名》《礼论》各篇)故荀子之学礼,外学而非内也,节目之学而非笼统之义也。孟子"反身而观,乐莫大焉",荀子乃逐物而一一求其情理平直,成为一贯,以为学问之资(在此义上,程朱之格物说与荀子为近)。至其论学问之用于身也,无处不见约律主义,无处不是"克己复礼"之气象,与孟子诚如冰炭矣。

荀子之论学,虽与孟子相违,然并非超脱于儒家之外,而实为孔子之正传,盖孟子别走新路,荀子又返其本源也(参见本书下卷)。自孔子"克己复礼"之说引申之到极端,必有以性伪分善恶之论。自"非生而知之好古敏以求之"之说发挥之,其义将如《劝学》之篇。颜渊曰:"夫子博我以文,约我以礼。"此固荀子言学之方也(参见《劝学》《修身》等篇)。若夫"非礼勿视,非礼勿听,非礼勿言,非礼勿动",以及好仁不好学其蔽也愚,好知不好学其蔽也荡……等语,皆是荀学之根本。孟子尊孔子为集大成,然引其说者盖鲜,其义尤多不相干,若荀子,则为《论语》注脚者多篇矣。虽荀子严肃庄厉之气象非如孔子之和易,其立说之本质则一系相承者颇多耳。

言学言教,孔荀所同,言性则孔荀表面上颇似不类。若考其实在,二者有不相干,无相违也。孔子以为性相近,而习相远,此亦荀子所具言也。孔子别上智下愚,中人而上中人而下,此非谓生质有善恶也,言其材有差别也。盖孔子时尚无性善性不善之问题,孔子之学论固重人事工夫,其设教之本仍立天道之范畴,以义归之于天,斯无需乎以善归之于性,故孔子时当无此一争端也。迨宗教之义既衰,学者乃舍天道而争人性,不得不为义之为物言其本源,不能不为善之为体标其所出,于是乃有性善性恶之争。言性善则孟子以义以善归于人之生质,言性恶则荀子以义以善归之先王后圣之明表。孔子时既无此题,其立说亦无设此题之需要。故孔荀在此一事上是不相干而不可谓相违也。若其克己复礼之说,极度引申可到性恶论,则亦甚有联系矣。

荀子之天道观

荀子之性论,舍孟子之新路而返孔子之旧域,已如上文所述,其天道论则直向新径,不守孔丘、孟轲之故步,盖启战国诸子中积极人生观者最新派之天道论,已走尽全神论之道路,直入于无神论矣。请证吾说。早年儒家者,于天道半信半疑者也,已入纯伦理学之异域,犹不肯舍其宗教外壳者也。孔子信天较笃,其论事则不脱人间之世,盖其心中之天道已渐如后世所谓"象"者,非谆谆然之天命也。孟子更罕言天,然其决意扫尽一切功用主义,舍利害生死之系念,一以是非为正而毫无犹疑,尤见其宗教的涵养,彼或不自知,而事实如此。自孟子至于荀子,中经半世纪,其时适为各派方术家备极发展之世。儒家之外,如老子、庄周,后世强合为一,称之曰道家者,其天道论之发展乃在自然论之道路上疾行剧趋。老子宗天曰自然,庄子更归天于茫茫冥冥。荀子后起,不免感之而变,激之而厉,于是荀子之天道论大异于早年儒家矣。其言曰:

天行有常,不为尧存,不为桀亡。应之以治则吉,应之以乱则凶。强本而节用,则天不能贫,养备而动时,则天不能病,循道而不二,则天不能祸。故水旱不能使之饥渴,寒暑不能使之疾,妖怪不能使之凶。本荒而用侈,则天不能使之富,养略而动罕,则天不能使之全,信道而妄行,则天不能使之吉。……惟圣人为不求知天。……

故君子敬其在己者而不慕其在天者,小人错其在己者而不慕其在天者。君子敬其在己者而不慕其在天者,是以日进也。小人错其在己者而慕其在天者,是以日退也。……

雩而雨,何也?曰,无何也,犹不雩而雨也。日月食而救之,天旱而雩,卜筮然后决大事,非以为得求也,以文之也。故君子以为文,而百姓以为神。以为文则吉,以为神则凶也。……

大天而思之,孰与物蓄而裁之?从天而颂之,孰与制天命而用之?望时而待之,孰与应时而使之?(《天论》)

读此论,使人觉荀子心中所信当是无神论,夫老子犹曰"天道好还","天道无亲,常与善人",此所言比之老子更为贬损天道矣。

虽然,荀子固儒家之后劲,以法孔子自命,若于天道一字不提,口号殊有不便,于是尽去其实而犹存其名,以为天与人分职,复立天情、天君、天官、天养、天政等名词。此所谓天,皆自然现象也。荀子竟以自然界事实为天,天之为天者乃一扫而空矣。

《荀子·天道论》立说既如此,斯遭遇甚大之困难。夫荀子者,犹是积极道德论中人,在庄子"舍是与非",固可乐其冥冥之天,在荀子则既将天之威灵一笔勾销矣,所谓礼义者又何所出乎?凡积极道德论者,不能不为善之一谊定其所自,墨子以为善自天出,孟子以为善自人之生质出,荀子既堕天而恶性,何以为善立其大本乎?

于是荀子立先王之遗训,圣人之典型,以为善之大本,其教育法即是学圣人以克服己躬之恶。如以近代词调形容之,荀子盖以为人类之所以自草昧而进于开明,自恶而进于善者,乃历代圣人之合力,古今明王之积功,德义之成,纯由人事之层累。故遗训自尧舜,典型在后圣,后圣行迹具存,其仪范粲然明白而不诬也。(耶稣教亦性恶论者之一种,其称道"先天孽",是性恶论之极致。然耶教信天帝,归善于天帝,故无荀子所遭逢之困难也。)

第十章 本 卷 结 语

以上九章,具述先秦儒家性命说之来源、演成及变化,而墨家之天道观以类附焉。此一线外,犹有阴阳一派,老庄一流,今不详说者,以其与古儒家虽有关系,终非一物,非本书范围所应具也。(参看本书叙语)

先秦儒家较纯一,荀子虽援法家精义以入儒术,其本体仍是儒术,非杂学也。孟子虽为儒术中之心学,亦非杂学也。荀子訾孟子以造作五行之说,然《孟子》书中虽有天运之说(如其"一治一乱"及"五百年必有王者兴"诸语),终与五行论相去差远。《孟子》书辞遗传至今日者,在战国诸子中最为完纯无伪托，如造作五行，不容无所流露，然则五行是阴阳家托名子思、孟轲者耳。纵使孟子有世运之论，究非五德终始之说，五德论始于孟子后，太史公明言为邹衍一流人所创作也。

自阴阳家、儒家相混而有《易系词》，易学非儒家所固有也。今本《论语》有"五十以学易，可以无大过矣"之语，乃所谓古文将鲁论之亦字改作易字而变其句读者，文理遂不可通。（见《经典释文·论语篇》，此一改字，盖据太史公语而发，《史记·孔子世家》："孔子晚而喜易，韦编三绝，曰，假我数年，若是我于易则彬彬矣。"然若史迁所见之《论语》作易字，何遽不引，转作此摹仿语耶？又《儒林传》所记易家传授年代地理皆不可通，盖田何伪造也。）孟子绝无一语及易，荀子偶道之，亦缘荀子博学多方，然所引既无关弘旨，而卜筮又荀子所弃斥，斯可不论也。吾疑儒与阴阳之混合，始于阴阳而非始于儒，儒家本自迷信天道中步步解放出来，其立学之动机先与阴阳家根本违异，不容先离后合也。阴阳家之援儒而入，于史有证。《始皇本纪》记坑儒士，所坑乃阴阳神仙之士，而谓之坑儒，太子扶苏曰，诸生皆诵法孔子。据此可知战国末阴阳杂说之士以儒者自称也。自秦燔六经，卜筮不禁，儒者或亦不得已而杂入于阴阳。汉兴，儒术弛禁，而阴阳之感化已深。世或有不杂儒学之阴阳家，乃鲜有不杂阴阳之儒学，此类杂儒学亦著书立说，其成就者第一为《易系》，第二为《中庸》，（《中庸》一篇，自子曰"中庸之为德"，至"父母其顺矣乎"，当为先秦遗文，其"天命之为性"一段导语，及下篇大言炎炎之词，皆西京之作也。至于《大学》，虽成书或在汉武帝时，实祖述孟子一派者。以上各说，皆详余十年前致顾颉刚书中，见中山大学语言历史学周刊。）其含义多非先秦儒家所固有。故汉武名为罢黜百家，实则定于阴阳家之一尊，西汉学人自贾谊以来，亦无一不是杂家也。于是自迷信中奋斗而出之儒道两派天道观，急遽退化，再沦于一般民众之信仰中。人固有其司命之神，而朝代兴亡亦有符命天数。故西汉之儒学实为阴阳化之儒学,其天道论多为民间信仰传自远古未经古儒家之净化者。清代汉学家知周邵易说之不古,缘何不明汉代易学之非儒耶?(孙星衍之说性命,即用此等汉儒杂说。)

道家一名,亦汉代所立,循名责实,老子之学盖有不同之三期。其一曰关老,《庄子·天下篇》所述,盖老学之本体,道德之正宗,与庄周非一物者也。其二曰黄老,周末汉初权谋之士所宗奉。用世之学,君相南面之术也。其教则每忘五千文之积极方面(如"天道好还","佳兵不祥"等),力求发挥其消极方面(如"欲取姑与","守如处女"等),此以老子释黄帝也。(道与法本不相通,老子云:"太上不知有之,其次亲而誉之,其次畏之。"此岂韩非之旨耶。然在汉世则两派连合矣。)其三曰庄老,尽舍五千文中用世之义,而为看破一切与时俯仰之人生观也。此以老子释庄周,魏晋之风习也(干宝《晋纪总论》"学者以庄老为宗",明庄在老前)。五千言中之天道观,徘徊于仁不仁善不善之间,虽任自然,亦并不抹杀德义,惟以世儒为泥守不达耳。("上德不德,是以有德;下德不失德,是以无德",是犹以有德为祈向耳。)庄子则逍遥于德义之外,为极端之自然论,二者之天道说,亦大有不同处也。

西汉杂儒学与晚周儒学之天人论不同,而"性命古训"应以早年儒学为域,故本篇所论止于荀卿,荀卿而后,政治挟学术以变矣。(凡先秦诸子,立说皆有问题,出辞多具对象,非文人铺排之文,而是思想家辩证之文也。西汉则反是,磅礴其词,立意恍惚,不自觉其矛盾。自董仲舒以下,每有此现象,故其天人论虽言之谆谆,而听之者当觉其谬乱不一贯耳。)

下卷释绪

第一章　汉代性之二元说

先汉儒家之言性命也,皆分别言之:命谓天道,天道谓吉凶祸福也

（钱竹汀曰"经典言天道者，皆以吉凶祸福言"〔《潜研堂文集》卷九〕。此言其初义狭义）。性（无此一独立之性字，后人分生写之。说见上卷）谓人禀，人禀谓善恶材质也。孟子虽言其相联，言其合，未遽以为一名词也。以性命为一词而表一事者，始见于汉儒之书。《乐记》云：

> 方以类聚，物以群分，则性命不同矣。

如言品物之生，所禀各有别，言材质而非言祸福也，言性（生）而非言命也。在先秦以一字表之，或曰性（生），或曰材（才），或曰情者，此处以性命二字表之，其实一也。《中庸》亦云（《中庸》之时代，说见前）：

> 天命之谓性，率性之谓道，修道之谓教。

"天命之谓性"者，谓人所禀赋乃受之于天，此以天命释性，明箸其为一事，此解近于古训，古训性即生也，然亦有违于古训处，此所谓命非谓吉凶祸福也。"率性之谓道"者，率，循也，遵也（经典古注多用此训），言遵性而行者谓之道，此解差近于孟氏。"修道之谓教"者，修，治也（《中庸》郑注），夫言道之待治，治之在教，则又近于荀子矣。孔子所谓中庸者，取乎两端之中也，汉儒所谓中庸者，执两端而熔于一炉，强谓之为中和也。汉儒好制作系统，合不相干甚且相反者以为一贯，此其一例也。

汉人吉凶祸福之天道说虽为宗教思想史上一大问题，然与后来性命之学差少相干。后来所谓性命者，乃但谓性之一义，其中虽间联以不涉吉凶祸福之天体论，然主旨与其谓是论天，不如谓是论人。本卷拟为宋学探其原，故不论汉儒之言天道（此为整理纬学中事，盖汉人之天道说，乃以阴阳家言为主者也），姑以讨论性说为限焉。

汉儒性说之特点为其善恶二元论,此义今可征者,最早之书有《春秋繁露》。(按《淮南子》一书中,所言性情皆是道家任自然之论,此二元论之性说尚不可见,其语性则曰"全性","率性","便性","返性","通性","守性","存性","乐性"等,且曰"太上曰我其性与",复此性于斗极。其语情则曰"适情"而已,未尝以恶归之。此所谓情与《孟子》书中所谓情一也。故今以《春秋繁露》为具此说之最早者。)《深察名号篇》云:

今世暗于性,言之者不同,胡不试反性之名?性之名非生与?如其生之自然之资谓之性,性者质也。诘性之质于善之名,能中之与?既不能中矣,而尚谓之质善,何哉?……栏众恶于内,弗使得发于外者,心也,故心之为名栏也。人之受气苟无恶者,心何松哉?吾以心之名得人之诚。人之诚有贪有仁,仁贪之气两在于身。身之名取诸天,天两,有阴阳之施,身亦两,有贪仁之性。天有阴阳禁,身有情欲栏,与天道一也。……

必知天性不乘于教终不能栏(苏舆以荀子解此义,是也)。察实以为名,无教之时性何遽若是?故性比于禾,善比于米。米出禾中,而禾未可全为米也。善出性中,而性未可全为善也。善与米,人之所继天而成于外,非在天所为之内也。天之所为有所至而止,止之内谓之天性,止之外谓之人事。事在性外,而性不得不成德。

民之号取之暝也,使性而已善,则何故以暝为号?以霣者言,弗扶将则颠陷猖狂,安能善?性有似目。目卧幽而暝,待觉而后见。当其未觉,可谓有见质而不可谓见。今万民之性,有其质而未能觉,譬如暝者待觉,教之然后善。当其未觉,可谓有善质而不可谓善,与目之暝而觉一概之比也(此是修正荀子义)。静心徐察之,其言可见矣。性而暝之未觉,天所为也。效天所为为之起号,故谓

之民,民之为言固犹瞑也。随其名号以入其理则得之矣。是正名
号者于天地。天地之所生谓之性情,性情相与为一瞑,情亦性也。
谓性已善,奈其情何? 故圣人莫谓性善。累其名也,身之有性情
也,若天之有阴阳也。言人之质而无其情,犹言天之阳而无其阴
也。……

　　天生民性有善质而未能善,于是为之立王以善之。此天意也。
民受未能善之性于天,而退受成性之教于王,王承天意以成民之性
为任者也。(董子以为王承天,人兼爱,亦受墨学影响者也。)……
今万民之性待外教然后能善,善当与教不当与性。与性则多累而
不精,自成功而无贤圣。(此全是荀义。《实性篇》词义大同,不
具引。)

　　董子此论有两事可注意,其一为探字源以明义训,于是差若返于告
子之说。然用此法以为史的研究则可,以为义之当然则不可。文字孳
乳而变,思想引伸而长,后起之说,不得以古训诂灭之。深察名号者,可
以为语言历史之学,不足以立内圣外王之论。性善性恶之说皆有其所
故,不寻其故而执字训以抹杀哲人之论,董子之敝也。其第二事大体取
自荀义,而反复以驳孟子。(驳孟子文未引。)然孟子之言性善,为善立
其本也,今不为善立本,而言性未即善。若董子之立点为超于善恶者,
则足以自完其说矣,若犹未超于善恶,而以善为祈向,则董子虽立阴阳
善恶之二本,乃实无本矣。于是在彼之善之必然论中又援他义以入。
《玉杯篇》云:

　　人受命于天,有善善恶恶之性,可养而不可改,可豫而不可去,
若形体之可肥,而不可得革也。

此则颇邻于孟子甚远于荀义矣。夫孟荀二氏之极端主张，其是非姑不论，其系统则皆为逻辑的，坚固的。孟子以为善自性出，其教在于扩内；荀子以为善自圣人出，其教在于治外。孟子以为恶在外，荀子以为恶在内。今董子虽大体从荀，然又不专于荀，盖荀氏犹是儒家之正传，董子则以阴阳家之二元说为其天道论，将善恶皆本于天也。（两汉儒学义之不关阴阳者，多出自荀子，少出自孟子。即如《礼运》云："何谓人情？喜、怒、哀、乐、爱、恶、欲七者，弗学而能。何谓人义？父慈，子孝，兄良，弟弟，夫义，妇听，长惠，幼顺，君仁，臣忠，十者谓之义。讲信修睦，谓之人利。争夺相杀，谓之人患。故圣人所以治七情，修十义，讲信修睦，尚辞让，去争夺，舍礼何以治之？"此亦荀子义也。）

董子之阴阳善恶二元论，上文所引足以明之。夫曰"人亦两，有贪仁之性"，谓性中兼具善恶也。曰"天两，有阴阳之施"，谓天道兼具两相反义也。谓人之必象天，则董子一切立论之本也。谓天人一贯，人有善恶犹天之有阴阳，则此篇中固明言其"与天道一也"。

汉代性二元说之流行，参看后于董子之文籍乃大明。许慎《说文》曰：

性，人之阳气，性善者也。（按"性善"之性字，当为生字，谓人之阳气所以出善者也。传写既误，而段氏欲于性下断句，"阳气性"殊不解。）情，人之阴气有欲者。

郑玄《毛诗笺》云：

天之生众民，其性有物象，谓五行仁义礼知信也。其情有所法，谓喜怒哀乐好恶也。（《烝民笺》）

《白虎通德论·性情篇》云：

> 情性者，何谓也？性者阳之施，情者阴之化也。人禀阴阳气而生，故内怀五性六情。情者静也，性者生也，此人所禀六气以生者也。
>
> 故《钩命决》曰："情生于阴，欲以时念也。性生于阳，以就理也。阳气者仁，阴气者贪，故情有利欲，性有仁也。"
>
> 五性者何谓？仁义礼智信也。……六情者何谓也？喜怒哀乐爱恶谓六情，所以扶成五性。性所以五，情所以六何？本含六律五行之气而生，故内有五脏六腑，此性情之所由出入也。《乐动声仪》曰："官有六府，人有五脏。"

以上经师之说也，再看《纬书》。《纬书》在东汉与经师之说相互为证者也。

《孝经·援神契》云：

> 情者魂之使，性者魄之主。情生于阴以计念，性生于阳以理契。（《御览·妖异部》二引。《诗烝民·正义》引作"性生于阳以理执，情生于阴以系念"。又《孝经·钩命决》所云与此大同，已见引《白虎通》一节中。）性者，生之质，命者，人所禀受也。情者，阴之数，精内附著生流通也。（《诗烝民·正义》引）

进而检讨鸿儒之论。王充《论衡》云（《论衡·率性篇》，《初禀篇》，《本性篇》，皆论性道，多属陈言，辞亦拙劣，今但引其有承前启后之用者）：

周人世硕以为人性有善有恶,举人之善性养而致之,则善长。性恶养而致之,则恶长,如此则性各有阴阳善恶,在所养焉。故世子作养书一篇。(世硕书佚)

密子贱、漆雕开、公孙尼子之徒,亦论情性,与世子相出入,皆言性有善有恶。(书佚)

孟子作性善之篇,以为人性皆善,及其不善,物乱之也。谓人生于天地,皆禀善性,长大与物交接者,放纵悖乱,不善日以生矣。……

告子与孟子同时,其论性无善恶之分,譬之湍水,决之东则东,决之西则西。夫水无分于东西,犹人无分于善恶也。……

利卿有反孟子,作性恶之篇,以为人性恶,其善者伪也。性恶者,以为人生皆得恶性也,伪者,长大之后勉使为善者也。……刘子政非之曰:"如此,则天无气也。阴阳善恶不相当,则人之为善安从生?"

陆贾曰,天地生人也以礼义之性,人能察己所以受命则顺,顺之谓道。(书佚)

董仲舒览孙孟之书,作情性之说,曰,天之大经,一阴一阳。人之大经,一情一性。性生于阳,情生于阴。阴气鄙,阳气仁。曰性善者,是见其阳也,谓恶者,是见其阴也。……(今存《繁露》诸篇中无此语)

刘子政曰,性,生而然者也,在于身而不发。情,接于物而然者也,出形于外。形外则谓之阳,不发者则谓之阴。……(原书不可考)

自孟子以下,至刘子政,鸿儒博生闻见多矣。然而论情性竟无定是,惟世硕儒、公孙尼子之徒颇得其正。……实者,人性有善有恶,犹人才有高有下也。高不可下,下不可高,谓性无善恶,是谓人才无高下也。禀性受命，同一实也。命有贵贱，性有善恶，谓性无善恶，是谓人命无贵贱也。九州田土之性，善恶不均，故有黄赤黑之别，上中下之差。水潦不同，故有清浊之流，东西南北之趋。人禀天地之性，怀五常之气，或仁或义，性术乖也。动作趋翔，或重或轻，性识诡也。面色或白或黑，身形或长或短，至老极死不可变易，天性然也。余因以孟轲言人性善者，中人以上者也，孙卿言人性恶者，中人以下者也，扬雄言人性善恶混者，中人也。若反经合道，则可以为教，尽性之理则未也。

荀悦《申鉴》云：

或问天命人事。曰，有三品焉，上下不移，其中则人事存焉尔。命相近也，事相远也，则吉凶殊矣。故曰，穷理尽性以至于命。（此以三品说命，取孔子说性者以说命也。）

孟子称性善。荀卿称性恶。公孙子曰："性无善恶。"（见《孟子》）扬雄曰："人之性善恶浑。"（《法言·修身篇》云："人之性也善恶混，修其善则为善人，修其恶则为恶人。气也者，所以适善恶之焉也欤？"）刘向曰："性情相应，性不独善，情不独恶。"（说无考）曰，问其理。曰，性善则无四凶，性恶则无三仁。人（应作性）无善恶，文王之教一也，则无周公管蔡。性善情恶，是桀纣无性而尧舜无情也。性善恶皆浑，是上智怀惠，而下愚挟善也，理也未究矣。惟向言为然。或曰："仁义，性也，好恶，情也，仁义常善而好恶或有恶。故有情恶也。"曰，不然。好恶者，性之取舍也。实见于外，故谓之情耳，必本乎性矣。仁义者，善之诚者也，何嫌其常善？好恶者，善恶未有所分也，何怪其有恶？凡言神者，莫近于气。有气斯有形，有神斯有好恶喜怒之情矣。故人有情，由气之有形也。气有白黑，神有善恶,形与白黑偕,情与善恶偕。故气黑非形之咎,情恶非情之罪也。

……有人于此,嗜酒嗜肉,肉胜则食焉,酒胜则饮焉。此二者相与争,胜者行矣。非情欲得酒性欲得肉也。有人于此,好利好义,义胜则义取焉,利胜则利取焉。此二者相与争,胜者行矣,非情欲得利性欲得义也。其可兼取者则兼取之,其不可兼者,则只取重焉。若苟只好而已,虽(疑是难字)可兼取矣。若二好钧平,无分轻重,则一俯一仰,乍进乍退。(按,此解所以辩性情善恶二元说之不当,最为精辟。)

……昆虫草木皆有性焉,不尽善也。天地圣人皆称情焉,不主恶也。……

或曰:"善恶皆性也,则法教何施?"曰,性虽善,待教而成,性虽恶,待法而消。唯上智下愚不移。其次善恶交争,于是教扶其善,法抑其恶。得施之九品,从教者半,畏刑者四分之三,其不移大数九分之一也。一分之中又有微移者矣。然则法教之于化民也,几尽之矣。及法教之失也,其为乱亦如之。

或曰:"法教得则治,法教失则乱,若无得无失,纵民之情,则治乱其中乎?"曰,凡阳性升,阴性降,升难而降易。善,阳也,恶,阴也,故善难而恶易,纵民之情使自由之,则降于下者多矣。(此驳道家。)

相干之资料既已排比,则汉儒性说之分野粲然明白。分性情为二元,以善归之于性,以恶归之于情,简言之虽可以性包情,故亦谓性有善恶犹天之有阴阳,析言之则性情为二事,一为善之本,一为恶所出者,乃是西汉一贯之大宗,经师累世所奉承,世俗所公认,纬书所发扬,可称为汉代性论之正宗说者也。此说始于何人,今不可确知,然既以二元为论,似当在荀卿反孟之后。秦代挟策为禁,宜非秦代所能作,董子反复言之,若其发明之义,或竟为董子所创,亦未可知,不然,则汉初阴阳家之所为。是说至汉末犹为经师所遵守者,有许叔重、郑康成为证。是说与纬书相应者,纬学乃阴阳家后学假托儒术者,两汉经师皆深化于阴阳家,而东汉之纬学尤极一时之盛,故群儒议定五经同异于白虎观,采其说为性论之通义焉。今揭此说之源,并明其在两汉之地位者,缘此说之影响甚大,与宋儒之造为气质之性者,亦不无关系也。

此说虽磅礴一世者四百年,成为汉家一代之学。通人硕儒稽古籍而考事情,则亦不能无疑,故刘向之性情相应说,扬雄之善恶混说,王充之三品说,荀悦之性情相应兼三品说,皆对此正统说施其批评,献其异议。彼虽差异于正统说,然既皆以此说为其讨论之对象,则此说之必为当时风行者可知矣。

汉代硕儒之反此说者,大体有同归焉,即皆返于孟荀分道之前也。《论衡》诸篇所反复陈说者,谓人性有差别,一如命运之前定,上贤下恶皆不移,中人则皆因习待教以别善恶者也。荀悦所论者,谓未可尽以善恶分性情,而人性一如天命,有三品之不同。王荀二氏虽词气有不同,轻重或别异,其祈求以孔子品差的性论代汉代之二元的性论则一也,其认上智下愚不移,中人待教而化则一也。论性之风气,在东汉如此变转者,亦有故。持善恶以论性之群说,左之右之皆备矣。若超于善恶以为言,犹有可以翻新其说者,然超于善恶乃道家之途,非儒学所能至,变极则反,孔子固儒者之宗也。故王充曰:"孔子道德之祖,诸子之中最尊者也,而曰上智下愚不移,故知告子之言未得实也。"群说势穷,则反其朔以从至上之权威,亦思想演流之一式也。

括而言之,自晚周至魏晋之思想有三世。在晚周,学者认事明切,运思严密,各奋其才以尽其极,可谓为分驰之时代,性善性恶之异论皆此时生。在西汉以至东汉之初，百家合流，而不觉其矛盾，糅杂排合而不觉其难通，诸家皆成杂家，诸学皆成杂学，名曰尊诸孔子，实则统于阴阳。此时可谓为综合之时代，性情二元论此时为盛。自东汉下逮魏晋，人智复明，拘说迂论以渐荡扫，桓谭、张衡奋其始，何晏、王弼成其风，不特道家自愚妄中解放，即儒言亦自拘禁荒诞中脱离。此时可谓为净化之时代，在儒家，三品之性说以渐代二元之性说。

此后三品之性说乃为儒者之习言。《颜氏家训·教子篇》云："上智不教而成，下愚虽教无益，中庸之人不教不知也。"此虽述孔子之旧文，亦缘王荀之说在汉晋间已占上风，性论资以复古，历传至于梁隋也。至韩昌黎始用三品之名于其《原性》一文中。韩氏此文直是《论衡·本性篇》之节要约惜（韩昌黎受王充影响颇深，见其《后汉三贤传》），乃沾沾以新异自居者。唐代佛老盛行，韩氏复古者，转似创作。后人不寻其所自出，亦以为新说，陋矣。（韩氏此文，今日犹可逐句以汉儒说注其来源。）

第二章 理学之地位

理学者，世以名宋元明之新儒学，其中程朱一派，后人认为宋学正统者也。正统之右不一家，而永嘉之派最露文华，正统之左不一人，而陆王之派最能名世。陆王之派，世所谓心学也，其前则有上蔡，渊源程门，其后则有泰州龙溪，肆为狂荡，公认为野禅矣。程朱深谈性理，以为"如有物焉，得于天而具于心"（戴震讥词），然其立说实为内外二本，其教则兼"尊德性"与"道问学"，尤以后者为重，故心学对朱氏备致不满之词，王文成竟以朱子为其学问才气著作所累，复妄造朱子晚年悔悟之说（见《传习录》）。然则清代汉学家自戴震以降攻击理学者，其最大对象应心学，不应为程朱。然戴氏之舍去陆王力诋程朱则亦有故。王学在明亡后已为世人所共厌弃，程朱之学在新朝仍为官学之正宗。王学虽与清代汉学家义极端相反,然宗派式微,可以存而不论;朱学虽在两端之间,既为一时上下所宗,故辩难之对象在于此也。虽然,理学心学果于周汉儒学中无所本源,如戴氏所说者欤?

凡言德义事理自内发者,皆心学之一式也。今如寻绎自《孟子》迨《易系》《乐记》《中庸》诸书之说,则知心学之原,上溯孟氏,而《乐记》《中庸》之陈义亦无可疑。夫性理之学,为得为失,非本文所论,然戴氏既斥程朱矣,《孟子》以及《易系》《乐记》《中庸》之作者,又岂能免乎? 如必求其一"罪人斯得",则"作俑"者孟子耳。有《孟子》,而后有《乐记》《中庸》之内本论,有《乐记》《中庸》之内本论,而后有李翱、有陆王、有二程,虽或青出于蓝,冰寒于水,其为一线上之发展则无疑也。孟子以为"万物皆备于我矣,反身而诚,乐莫大焉"。又以为"人之所不学而能者,其良能也,所不虑而知者,其良知也"。又以为"仁义礼智非由外铄我也,我固有之也"。"操则存,舍则亡,凡相倍蓰而无算者,不能尽其才者也"。又以为"学问之道无他,求其放心而已矣"。又以为"存其心养其性,所以事天也"。(凡此类者不悉引。)凡此皆明言仁义自内而发,天理自心而出,以染外而沦落,不以务外而进德,其纯然为心学,陆王比之差近,虽高谈性理之程朱犹不及此。程叔子以为孟子不可学者此也。戴氏名其书曰《孟子字义疏证》,乃无一语涉及孟子字义,复全将孟子之思想史上地位认错,所攻击者,正是孟子之传,犹去孟子之泰甚者也,不亦慎乎?

设为程朱性气之论寻其本根,不可不先探汉儒心学之源。自孟子创心学之宗,汉儒不能不受其影响,今以书缺有间,踪迹难详,然其纲略犹可证也。《乐记》云(按《乐记》为汉儒之作,可以其抄袭《荀子》诸书为证):

> 人生而静,天之性也。感于物而动,性之欲也。物至知知,然

后好恶形焉。好恶无节于内,知诱于外,不能反躬,天理灭矣。夫物之感人无穷,而人之好恶无节,则是物至而人化物也,人化物也者,灭天理而穷人欲者也。

夫理者,以其本义言之,固所谓"分理,肌理,腠理,文理,条理"也(参看《孟子字义疏证》第一条)。然表德之词皆起于表质,抽象之词皆源于具体,以语学之则律论之,不能因理字有此实义遂不能更为玄义(玄字之本义亦为细微,然《老子》书中之玄字,则不能但以细微为训)。既曰天理,且对人欲为言,则其必为抽象之训,而超于分理条理之训矣。必为"以为如有物焉",而非但谓散在万物之别异矣。故程朱之用理字,与《乐记》相较,虽词有繁简,义无殊也。(郑氏注"天理"云:"理犹性也",康成汉儒戴氏所淑,亦未以理为"分理"也。)夫曰不能反躬则天理灭,明天理之在内也。以为人生而静天之性,人化物者灭天理,明义理之皆具于心,而非可散在外物中求之者也。《乐记》所言,明明以天理属之内,亦以修道之功夫(所谓反躬)属之内也。

《中庸》云(按《中庸》一篇非一时所作,其首尾当为汉儒手笔,说见前):

> 喜怒哀乐之未发,谓之中,发而皆中节,谓之和。中也者,天下之大本也,和也者,天下之达道也。致中和,天地位焉,万物育焉。

夫喜怒哀乐之未发,是何物乎? 未有物焉,何所谓中乎? 设若《中庸》云,"发而皆中节谓之中",乃无内学之嫌疑,今乃高标中义于喜怒哀乐未发之前,其"探之茫茫索之冥冥",下视宋儒为何如乎? 心学色彩如此浓厚,程叔子不取也,更未尝以为天地位万物育于此也。遗书记其答门人云:

苏季明问："喜怒哀乐未发之前求中,可否?"曰:"不可。既思于喜怒哀乐未发之前求之,又却是思也,既思即是已发。才发便谓之和,不可谓之中也。"又问:"吕学士言,当求于喜怒哀乐未发之前,如何?"曰:"若言存养于喜怒哀乐未发之前则可,若言求中于喜怒哀乐未发之前,则不可。"又问:"学者于喜怒哀乐发时,固当勉强裁抑,于未发之前,当如何用功?"曰:"于喜怒哀乐未发之前更怎生求?只平日涵养便是。涵养久,则喜怒哀乐发自中节。"曰:"当中之时,耳无闻目无见否?"曰:"虽耳无闻目无见,然见闻之理在始得。贤且说静时如何?"曰:"谓之无物则不可,然自有知觉处。"曰:"既有知觉,却是动也,怎生言静?人说'复'其见天地之心,皆以为至静能见天地之心,非也。'复'之卦下面一画,便是动也。安得谓之静?"或曰:"莫是于动上求静否? 曰,固是,然最难。释氏多言定,圣人便言止。如为人君止于仁,为人臣止于敬之类是也。《易》之'艮'言止之义曰,艮其止,止其所也。人多不能止。盖人,万物皆备,遇事时各因其心之所重者,更互而出,才见得这事重便有这事出,若能物各付物,便不出来也。"或曰:"先生于喜怒哀乐未发之前,下动字,下静字?"曰:"谓之静则可,然静中须有物始得,这里便是难处,学者莫若且先理会得敬,能敬则知此矣。"或曰:"敬何以用功?"曰:"莫若主一。"季明曰:"昞尝患思虑不定,或思一事未了,他事如麻又生,如何?"曰:"不可,此不诚之本也。须是习,习能专一时便好。不拘思虑与应事,皆要求一。"

此段最足表示程子之立点,程子虽非专主以物为学者,然其以心为学之分际则远不如《中庸》此说为重,盖《中庸》在心学道路上走百步,程子又退回五十步也。程子此言,明明觉得《中庸》之说不安,似解释之,实修正之。彼固以为喜怒哀乐未发之前,无中之可求,其用功处广言之,则平日涵养,狭言之则主敬致一。此与今日所谓"心理卫生"者微相近,绝非心本之学,尤绝非侈谈喜怒哀乐未发之前者,所可奉为宗也。

《中庸》章末极言诚。所谓诚,固孟子所谓反身而诚之训,然《中庸》言之侈甚矣。

> 诚者,天之道也,诚之者,人之道也。诚者,不勉而中,不思而得,从容中道,圣人也。
>
> 诚之者,择善而固执之者也。……
>
> 自诚明,谓之性,自明诚,谓之教,诚则明矣,明则诚矣。
>
> 唯天下至诚为能尽其性,能尽其性则能尽人之性,能尽人之性则能尽物之性,能尽物之性则可以赞天地之化育,可以赞天地之化育则可以与天地参矣。

《中庸》成书远在《孟子》之后,其首尾大畅玄风,虽兼采外物内我两派之说,终以内我派之立点为上风,是盖由于孟子之后,反对之说有力,而汉儒好混合两极端以为系统也。其曰:"诚者天之道",犹云上乘也,曰:"诚之者人之道",犹云下乘也。曰:"诚则明,明则诚",犹云殊途而同归也,曰:"自诚明谓之性,自明诚谓之教",亦示上下床之别也。其曰:"天下之至诚"也,由己性以及人性,由人性以及物性,其自内而外之涂术可知矣。故如以此言论宋儒,则程叔子、朱文公之学皆"自明诚谓之教"者。此义可于朱子补《大学·格物章》识之。

朱子之补《大学·格物章》,宋代以来经学中之大问题也。自今日思之,朱子所补似非作《大学》者之本心。然程朱之言远于心学而近于物学,比《孟子》《乐记》《中庸》更可免于戴氏之讥者,转可于错误中见之。《大学》原文云:"……欲诚其意者先致其知,致知在格物,物格而后知至，知至而后意诚……"郑注云："格，来也。物犹事也。其知于善深，则来善物，其知于恶深，则来恶物。言事缘人所好来也。"此解虽若上下文义不贯通，然实是格字之正训，《诗》所谓"神之格思"，《书》所谓"格于上下"，皆此训也。格又以正为训，《论语》所谓"有耻且格"，《孟子》所谓"格其君心之非"，皆谓能正之也。从前一义，则格物应为致物，从后一义，则格物应为感物（王文成所用即此说）。若朱子所补者，周汉遗籍中无此一训。上文有"物有本末，事有终始，知所先后，则近道矣"一言，似朱子所补皆敷陈此义者，然此语与格字不相涉。《大学》作者心中所谓格物究竟与此语有涉否，未可知也。汉儒著论好铺陈，一如其作词赋，后人以逻辑之严义格之，自有不易解处。程朱致误之由来在于此。朱子将此语移之下方，复补其说云：

> 右传之五章，盖释格物致知之义，而今亡矣。间尝窃取程子之意以补之曰：
>
> 所谓致知在格物者，言欲致吾之知，在即物而穷其理也。盖人心之灵莫不有知，而天下之物莫不有理，惟于理有未穷，故其知有不尽也。是以大学始教，必使学者即凡天下之物莫不因其已知之理而益穷之，以求至乎其极。至于用力之久而一旦豁然贯通焉，则众物之表里精粗无不到，而吾心之全体大用无不明矣。此谓物格，此谓知之至也。

试看格物致知在《大学》之道之系统中居诚意正心之前，即等于谓是修道之发轫，朱子将此根本之地说得如此，则准以王学称心学之例，朱学称"物学"自无不可。（朱子之究心训诂，名物，礼数，一如清代朴学家，"物学"之采色极重。朱子门人及其支裔诚多舍此但讲性命者。然东发、深宁竟为清代朴学之远祖。此不磨之事实也。清代朴学家之最大贡献,语学耳〔兼训诂音声〕,至于经学中之大题,每得自宋儒,伪古文《尚书》其一也,其对于《诗经》一书之理解乃远不如宋人。五十年后,人之量衡两大部经解者,或觉其可传者,未必如通志堂之多也。)朱子如此解格物,自非孟子之正传,聪明之王文成岂肯将其放过?(见《传习录》。)然而朱子之误释古籍,正由其乐乎"即物而穷其理",而非求涂路于"喜怒哀乐未发之前"也。清代朴学家之立场,岂非去朱子为近,去孟子为远乎?

程朱之学兼受陆王及戴氏之正面攻击者,为其二层性说。是说也,按之孟子之义,诚相去远矣,若求其思想史上之地位,则是绝伟大之贡献,上承孔子而详其说,下括诸子而避其矛盾。盖程朱一派之宗教观及道德论皆以此点为之基地。程伯子曰(《遗书》卷一):

> "生之谓性",性即气,气即性,生之谓也。人生气禀,理有善恶,然不是性中元有此两物相对而生也。有自幼而善,有自幼而恶,是气禀自然也。善固性也,然恶亦不可不谓之性也。盖"生之谓性","人生而静"以上不容说,才说性时便已不是性也。凡人说性,只是说"继之者善也",孟子言人性善是也。夫所谓继之者善也者,犹水流而就下也。皆水也,有流而至海,终无所污,此何烦人力之为也?有流而未远固已渐浊,有出而甚远,方有所浊,有浊之多者,有浊之少者,清浊虽不同,然不可以浊者不为水也。如此则人不可以不加澄治之功。故用力敏勇则疾清,用力缓怠则迟清,及其清也,则却只是元初水也。亦不是将清来换却浊,亦不是取出浊来置在一隅也。水之清则性善之谓也。故不是善与恶在性中为两物相对,各自出来。此理,天命也。顺而循之,则道也。循此而修之,各得其分,则教也。自天命以至于教,我无加损焉,此舜有天下而不与焉者也。

性出于天，才出于气。气清则才清，气浊则才浊。才则有善有不善，性则无不善。

朱子于此义复发明之云(《语类》四)：

孟子言性，只说得本然底，论才亦然。荀子只见得不好底，杨子又见得半上半下底。韩子所言却是说得稍近。盖荀杨说既不是，韩子看来，端的见有如此不同，故有三品之说，然惜其言之不尽，少得一个气字耳。程子曰："论性不论气，不备；论气不论性，不明。"盖谓此也。

孟子未尝说气质之性，程子论性，所以有功于名教者，以其发明气质之性也。以气质论，则凡言性不同者，皆冰释矣。退之言性亦好，亦不知气质之性耳。

道夫问，气质之说始于何人？曰，此起于张程。某以为极有功于圣门，有补于后学，读之使人深有感于张程，前此未曾有人说到此。如韩退之《原性》中说三品，说得也是，但不曾分明说是气质之性耳。性那里有三品来？孟子说性善，但说得本源处，下面却不曾说得气质之性，所以亦费分疏。诸子说性恶，与善恶混。使张程之说早出，则这许多说话自不用纷争。故张程之说立，则诸子之说泯矣。因举横渠"形而后有气质之性"，善反之，则天地之性存焉。故气质之性，君子有弗性者焉。又举明道云，"论性不论气不备，论气不论性不明"，二之则不是。且如只说个仁义礼智是性，世间却有生出来便无状底是如何？只是气禀如此。若不论那气，这道理便不周匝，所以不备。若只论气禀，这个善，这个恶，却不论那一原处只是这个道理，又却不明。此自孔子、曾子、子思、孟子理会得后，都无人说这道理。

程朱是说也,合孟轲、韩愈以为论,旁参汉晋之性情二元说,以求适于孔子所谓"性相近习相远",唯"上智与下愚不移"者也。孟子者,宗教的意气甚强大,宗教的形迹至微弱之思想家也。惟其宗教的意气甚强大,故抹杀一切功利论,凡事尽以其所信为是非善恶者为断。惟其宗教的形迹至微弱,故不明明以善归之天,而明明以善归之人,义内之辨,所以异于墨子之"义自天出"者也。故孟子之性善说,谓人之生质本善也,孟子之所谓才(例如"非才之罪也"之才字),与所谓情(例如"乃若其情则可以为善矣"之情字),皆性之别称也。当时生性二词未全然分立,孟子偶用比性(生)字更具体之各词以喻其说,故或曰才,或曰情,其实皆性(生)之一面之称也。(关于此点,戴氏辩程朱与孟氏异者,不易之说也。)故程朱之将气禀自性中分出,或名曰"气质之性"(参看《论语集注》),或竟名之曰"才"(程伯子语),以为兼具善恶,与"性之本""皆善"者不同,诚不可以为即是孟子之正传。朱子于此点亦未尝讳言之。然则程朱之"性之本"果何物乎?

程朱之"性之本",盖所谓"天命之谓性"也。程朱学之宗教的色彩虽与古儒家大致相同,即属于全神论的宗教观,而非活灵活现之鬼神论,然比之孟子,宗教之气息为重矣。(程朱之主敬即为其宗教的工夫。)故程朱之天亦有颇异于孟子之天者也。孟子之天,孟子未尝质言其为全仁也,且明言其"未欲平治天下",而使其不遇鲁侯也。程朱之天则全仁也,全理也,故天命之性,必为全善者也。(详见《语类》卷四。)然则程朱复为善之一物立其大本于天,而名之曰"本性",又曰,"性即理也"。在此点上,程朱之立场恰当墨孟之中途,不过墨子言之极具体,程朱言之极抽象耳。且墨子未尝以义字连贯天人,程朱则以理字连贯天人物。(墨子虽言义自天出,人应以天志为志,然其口气是命令的,所指示为应然的,未尝言天人一贯之理,如程朱之说理字也。)故程朱之言"理",性与天道皆在其中,而为"天命之谓性"一语作一抽象名词以代表之也。既连贯天人于一义之中矣，则道德之本基当立于是，故程朱以为本性善。此一本性虽与孟子所言性不尽为一物，其为道德立本则一，其自别于释道者亦在此也。（参看程朱辟佛诸说。）

然而性善之说，如孟子之兼括才质而言者，究竟不易说道。孟子之性善说恰似卢梭之生民自由论，事实上绝不如此，唯一经有大才气者说之，遂为思想史上绝大之动荡力，教育之基础观点受其影响，后人虽以为不安者，有时亦不能不迁就之也。韩文公即不安于性善说者最有力之一人，其三品说实等于说性不同耳。此所谓性，绝无天道论在其中，而是专以才质为讨论对象者也。扬雄之"善恶混"说，亦自有其道理，盖善恶多不易断言，而人之一生发展恒不定也。程朱综合诸说，作为气质之性，于是孟子性善说之不易说圆处，扬韩诸子说之错综处，皆得其条理。朱子以为张程此说出则"诸子之说泯"，此之谓也。

戴震以为气质之性说与孟子不合，是固然矣，然孟子固已与孔子大相违异，而张程此说，转与孔子为近。孔子之词短，张程之论详，故张程之论果皆合于孔子相近不移之用心否，今无从考知，然张程之立此说，固欲综合诸子，求其全通，调合孔孟，求无少违，移孟子之性说于天道上，而努力为孔子之"性相近习相远"说"上智下愚不移"说寻其详解，斯固集儒家诸子之大成，而为儒家天人论造其最高峰矣。过此以往，逃禅篡道则有之矣，再有所发明则未有也。故戴氏以程朱与孟子不合，诚为事实，设若此为罪过，则戴氏与程朱惟均，若其以此说归之儒家思想直接发展之系统外，则全抹杀汉代儒家之著作且不知程朱之说乃努力就孔子说作引申者也。（按，程朱与孟子之关系甚微妙。所有孟子道统之论，利义之辨，及其"儒者气象"，皆程朱不能不奉为正宗者。然孟子宗教气少，程朱宗教气较多，故其性论因而不同。此处程朱说根本与孟子不同，然程朱犹力作迁就之姿势，故朱子注《孟子》，遇性善论时，便多所发挥，似推阐而实修正，内违异而外迁就，或问亦然。两者治学之方亦大不同，若程朱之格物说，决非孟子所能许，或为荀子所乐闻。此非本书所能详论，姑志大意于此。）

兹列图以明程朱性说在儒家系统中之地位。

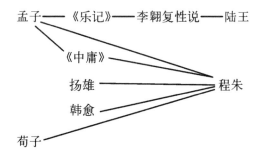

附论李习之在儒家性论发展中之地位

李习之者，儒学史上一奇杰也。其学出于昌黎，而比昌黎更近于理学，其人乃昌黎之弟子，足为其后世者也。（韩云，"从吾游者李翱、张籍其尤也"，李则于诔韩文中称之曰兄。盖唐人讳以人为师〔见昌黎《进学解》〕，实则在文章及思想上李习之皆传韩氏者也）。北宋新儒学发轫之前，儒家唯李氏有巍然独立之性论，上承《乐记》《中庸》，下开北宋诸儒，其地位之重要可知。自晋以降，道释皆有动人之言，儒家独无自固之论。安史之乱，人伦道尽，佛道风行，乱唐庶政，于是新儒学在此刺激下发轫。（新儒学起于中唐，此说吾特别为一文论之。）退之既为圣统说（即后世道统说所自来），又为君权绝对论，又以"有为"之义辟佛老，自此儒家乃能自固其藩篱，向释道反攻。习之继之，试为儒教之性论。彼盖以为吾道之缺，在此精微，不立此真文，则二氏必以彼之所有入于我之所无。李氏亦辟佛者，而为此等性说，则其动机当在此。遍览古籍，儒家书中，谈此虚高者，仅有《孟子》《易系》及戴记之《乐记》《中庸》《大学》三篇，于是将此数书提出，合同其说，以与二氏相角,此《复性书》之所由作也。戴记此三篇,在李氏前皆不为人注意,自李氏提出,宋儒遂奉之为宝书。即此一端论之,李氏在儒学史上之重要已可概见。清儒多讥其为禅学玄宗者,正缘其历史的地位之重要。夫受影响为一事,受感化为又一事,变其所宗、援甲入乙为又一事,谓《复性书》受时代之影响则可,谓其变换儒家思想而为禅学,则言不可以若是其亟也。

《复性书》三篇中,下篇论人之一生甚促,非朝夕警惕不足以进于道。此仅为自强不息之言,与性论无涉,可不论。至其上中两篇,立义所在,宜申详焉。

《复性书》上篇之要义可以下列诸点括之:

其一为性情二本,性明情昏说。此说乃汉代之习言,许郑所宗述,而宋儒及清代朴学家皆似忘之,若以为来自外国,亦怪事也。此论渊源,本书下篇第一章已详叙之,今知其实本汉儒,则知其非借禅学也。禅学中并无此二元说,若天台宗性恶之论,则释家受儒家影响也。果必谓李习之受外国影响,则与其谓为逃禅,毋宁谓为受祆教、景教、摩尼之影响,此皆行于唐代之善恶二元论者。然假设须从其至易者,汉儒既有二元论,则今日不必作此远飏之假设矣。

其二为复性之本义。此义乃以《乐记》"人而生静至灭天理而穷人欲者也"一节为基本,连缀《易系》《中庸》《大学》之词句而成其说也。所谓"寂然不动,感而遂通"者,《易系》之词也。所谓"尽性"者,《孟子》之词《中庸》之论也。所有张皇之词、虚高之论,不出《易系》则出《中庸》。铺张反复,其大本则归于制人之情以尽天命之性,犹《乐记》之旨也。今既已明辨古儒家有唯心一派之思想,则知李氏性说固未离于古儒家。李氏沾沾自喜,以为独得尼父之心传,实则但将《中庸》《大学》等书自戴记中检出而高举之,其贡献在于认出此一古代心学之所在,不在发明也。

《复性书》中篇则颇杂禅学，此可一望而知者。此篇设为问答之词，仍是以《易系》《中庸》为口号，然其中央思想则受禅学感化矣。此篇列问答十二，末一事问鬼神，以不答答之，自与性论无干。其前十一问则或杂禅学，或为《复性书》上之引申。其杂禅者，第一问"弗思弗念"，第二问"以情止情"，皆离于儒说，窃取佛说以入者。第三问"不睹不闻"，第四问格物，第五问"天命之谓性"，第六问"事解心解"，皆推阐古心学之词。如认清古之心学一派，知其非借禅学以立义矣。第七问凡人之性与圣人之性，第八问"尧舜岂有不情"，皆《复性书》上之引申义，第九问嗜欲之心所由生，乃是禅说。第十问性未灭，似禅而实是孟子义。第十一问亦近禅。意者《复性》三书非一时所作，即此十一问恐亦非一时所作，故不齐一耶？

约言之，《复性》上下两书皆不杂禅学者，中篇诸问则或杂或不杂。李氏于古儒学中认出心学一派，是其特识，此事影响宋儒甚大。若其杂禅则时代为之，其杂禅之程度亦未如阮元等所说之甚也。戴阮诸氏皆未认明古有心学之宗，更忽略汉儒之性情二元说，故李氏说之与禅无关，于儒有本者，号称治汉学者反不相识矣。

（《国立中央研究院历史语言研究所单刊乙种之五》，1940 年）

图书在版编目（CIP）数据

傅斯年论历史 / 傅斯年著. —— 上海：上海书店出版社，2020.10
（新原点丛书）
ISBN 978-7-5458-1951-9

Ⅰ.①傅… Ⅱ.①傅… Ⅲ.①中国历史－研究 Ⅳ.①K207

中国版本图书馆CIP数据核字（2020）第182250号

责任编辑 张冬煜
封面设计 郦书径

傅斯年论历史

傅斯年 著

出　　版 上海书店出版社
　　　　　（200001 上海福建中路193号）
发　　行 上海人民出版社发行中心
印　　刷 苏州市越洋印刷有限公司
开　　本 710×1000　1/16
印　　张 29.5
字　　数 360,000
版　　次 2020年10月第1版
印　　次 2020年10月第1次印刷
ISBN 978-7-5458-1951-9/K.379
定　　价 128.00元